DATE DUE

MAR 23 2011	
APR 06 2011	
NOV 09 2012	

BRODART, CO.   Cat. No. 23-221

IMPORTANT

HERE IS YOUR REGISTRATION CODE TO ACCESS MCGRAW-HILL
PREMIUM CONTENT AND MCGRAW-HILL ONLINE RESOURCES

For key premium online resources you need THIS CODE to
gain access. Once the code is entered, you will be able to
use the web resources for the length of your course.

Access is provided only if you have purchased a new book.

If the registration code is missing from this book, the registration screen on our
website, and within your WebCT or Blackboard course will tell you how to obtain
your new code. Your registration code can be used only once to establish
access. It is not transferable

To gain access to these online resources

1. USE your web browser to go to: **www.mhhe.com/avanti**

2. CLICK on "First Time User"

3. ENTER the Registration Code printed on the tear-off bookmark on the right

4. After you have entered your registration code, click on "Register"

5. FOLLOW the instructions to setup your personal UserID and Password

6. WRITE your UserID and Password down for future reference. Keep it in a safe place.

If your course is using WebCT or Blackboard, you'll be able to use this code to
access the McGraw-Hill content within your instructor's online course.

To gain access to the McGraw-Hill content in your instructor's WebCT or
Blackboard course simply log into the course with the user ID and Password
provided by your instructor. Enter the registration code exactly as it appears to
the right when prompted by the system. You will only need to use this code the
first time you click on McGraw-Hill content.

These instructions are specifically for student access. Instructors are not required
to register via the above instructions.

The McGraw-Hill Companies

Mc Graw Hill **Higher Education**

Thank you, and welcome to your
McGraw-Hill Online Resources.

ISBN-10: 0-07-321653-4 t/a
ISBN-13: 978-0-07-321653-9
Aski/Musumeci
Avanti: Beginning Italian, 1/e

Avanti!

Beginning Italian

Janice M. Aski
The Ohio State University

Diane Musumeci
University of Illinois at Urbana-Champaign

Boston Burr Ridge, IL Dubuque, IA Madison, WI New York
San Francisco St. Louis Bangkok Bogotá Caracas Kuala Lumpur
Lisbon London Madrid Mexico City Milan Montreal New Delhi
Santiago Seoul Singapore Sydney Taipei Toronto

The McGraw-Hill Companies

Higher Education

Published by McGraw-Hill, an imprint of The McGraw-Hill Companies, Inc., 1221 Avenue of the Americas, New York, NY 10020. Copyright © 2007. All rights reserved. No part of this publication may be reproduced or distributed in any form or by any means, or stored in a database or retrieval system, without the prior written consent of The McGraw-Hill Companies, Inc., including, but not limited to, in any network or other electronic storage or transmission, or broadcast for distance learning.

This book is printed on acid-free paper.

1 2 3 4 5 6 7 8 9 0 CCI/CCI 0 9 8 7 6

ISBN-13: 978-0-07-285983-6 (Student Edition)
ISBN-10: 0-07-285983-0 (Student Edition)

ISBN-13: 978-0-07-321206-7 (Instructor's Edition)
ISBN-10: 0-07-321206-7 (Instructor's Edition)

Editor in Chief: *Emily Barrosse*
Publisher: *William R. Glass*
Marketing Manager: *Nick Agnew*
Sponsoring Editor: *William R. Glass*
Director of Development: *Susan Blatty*
Development Editor: *Margaret A. Gallucci*
Project Manager: *Christina Gimlin*
Manuscript Editor: *Deborah Bruce*
Art Director: *Jeanne Schreiber*
Design Manager: *Violeta Dìaz*

Text and Cover Designer: *Susan Breitbard*
Art Editor: *Emma Ghiselli*
Illustrator(s): *Dave Bohn, Susan Detrich, Kathryn Rathke*
Photo Research Coordinator: *Alexandra Ambrose*
Photo Researcher: *Christine Pullo*
Supplements Producer: *Louis Swaim*
Production Supervisor: *Tandra Jorgensen*
Composition: *10/12 New Aster by GTS—York, PA Campus*
Printing: *45# Pub Matte, Courier*

Cover: *Edmund Nagele/myLoupe.com*

Credits: The credits section for this book begins on page C-1 and is considered an extension of the copyright page.

Library of Congress Cataloging-in-Publication Data
Aski, Janice M.
    Avanti!: beginning Italian / Janice M. Aski, Diane Musumeci.
      p. cm.
    ISBN 0-07-285983-0 (alk. paper)
    1. Italian language—Textbooks for foreign speakers—English. I. Musumeci, Diane. II. Title.

PC1129.E5A85 2005
458.2'421—dc22

2005056196

The Internet addresses listed in the text were accurate at the time of publication. The inclusion of a website does not indicate an endorsement by the authors or McGraw-Hill, and McGraw-Hill does not guarantee the accuracy of the information presented at these sites.

www.mhhe.com

About the Authors

Janice M. Aski is assistant professor and director of the Italian language program at The Ohio State University. She specializes in foreign language pedagogy and historical Italian/Romance linguistics. Her research in foreign language pedagogy explores a variety of topics, such as testing, teaching reading at the elementary level, and how first-year Italian textbooks and grammar practice activities reflect the most current research in second language acquisition. Her publications in historical Italian/Romance linguistics focus on the social, pragmatic and cognitive aspects of phonological and morphological change.

Diane Musumeci is Associate Professor of Italian and SLATE (Second Language Acquisition and Teacher Education) at the University of Illinois at Urbana-Champaign, where she is Head of the Department of Spanish, Italian, and Portuguese. She received her Ph.D. in Italian linguistics with a Certificate of Advanced Study in SLATE from the University of Illinois at Urban-Champaign in 1989. For sixteen years she was the Director of the Italian language program. She conducts research in content-based instruction and classroom language acquisition. She teaches a wide range of courses from Italian language and linguistics to doctoral seminars on the history of second language teaching. She has published numerous articles and chapters in books and is the author of *Il carciofo: Strategie di lettura e proposte d'attività* (McGraw-Hill, 1990) and *Breaking Tradition: An Exploration of the Historical Relationship Between Theory and Practice in Second Language Teaching* (McGraw-Hill, 1997).

Contents

	Strategie di comunicazione	Lessico

	Strategie di comunicazione	Lessico

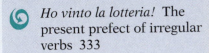

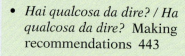

Strutture	Cultura	Per saperne di più

Preface

$\mathcal{W}$elcome to *Avanti!* The priority in the conceptualization of these materials was to create an introductory Italian language course that meets the needs of both instructors and learners. There are three significant characteristics that set *Avanti!* apart from the other first-year Italian texts that are currently available.

- First, in response to instructors' concern that most textbooks attempt to cover too much material in the first year, we have designed an elementary course that reflects reasonable expectations for the amount of material that most beginning learners can acquire in one year of classroom instruction.

- Secondly, *Avanti!* strives to satisfy students' desire to communicate in everyday situations right from the start and to explore the rich and unique Italian culture in meaningful ways.

- Thirdly, the methodology of *Avanti!* is firmly grounded in current findings of research in second language acquisition and foreign language pedagogy. The materials provide support for instructors, particularly those with limited experience, whose goals are to teach mainly, if not exclusively, in Italian, and to create the student-centered, communicative classroom environment that is promoted by this research.

The title *Avanti!* was chosen to convey the forward-thinking approach of this exciting new program.

Grammar in *Avanti!*

Unlike texts in other commonly taught languages, first-year Italian textbooks currently available in North America still attempt to "cover all the grammar." As a result, they present a large number of grammar points, with no distinction between structures that are more or less likely to be in active use by the end of the course. Given the number of structures that must be covered in a short period of time, students' exposure to any particular point is necessarily limited and, as a result, many instructors feel they are rushing through the material, with little time for students to engage in real language use. Students, too, can quickly feel overwhelmed by forms, rules, and exceptions to rules and achieve at best a superficial understanding of the structures examined. And, because they have manipulated forms instead of using them for real communication, by the end of the course students are often incapable of using even simple forms in spontaneous production. On the other hand, recent texts produced in Italy for learners of Italian as a second language tend to err in the opposite direction: they offer an abundance of communicative activities, but no language analysis, which could be expected from university students in an academic course. Furthermore, the Italian texts produced in Italy rely heavily on the linguistic and cultural expertise of an experienced, native speaking instructor teaching in a context in which students are surrounded by Italian outside the classroom. Consequently, they provide little support for the non-native speaking instructor or for the less-experienced instructor teaching in a foreign language context.

Avanti! makes the grammar more manageable by limiting the number of structures presented. A distinction is made between forms that students can be expected to acquire and use (albeit in a limited fashion) at the end of one year of language study, structures that students may be asked to learn but cannot be expected to use appropriately, and structures that are (typically) beyond the abilities of first-year students. The **Strutture** section of the main text includes structures that are essential for meaningful communication at the elementary level and that research and classroom experience have demonstrated to be the structures that will be part of students' active repertoire after one year. The verb forms in the indicative mood that are included in **Strutture** are: **il presente, il passato prossimo, l'imperfetto,** and **il futuro semplice,** and there is a brief introduction to the present conditional, subjunctive, and imperative moods. Within this framework, we include regular and common irregular verbs, reflexives and reciprocals, **si impersonale, piacere,** as well as direct and indirect object pronouns, and the relative pronoun **che.** The **passato remoto** is presented "for recognition only," which means that elementary students are expected to identify the forms and understand their meaning, but not to produce them. Therefore, the activities provided for the **passato remoto** do not require oral or written use of these structures; students are primarily asked to identify these forms when they encounter them or to select the correct forms among several options. In this way, students become familiar with this structure in preparation for more detailed study at the intermediate level.

The **Per saperne di più** section at the end of the text provides additional information (in English) about grammar points and other structures that students may be asked to learn, but of which accurate, spontaneous production should not be expected.

Review and Recycling

Reducing the number of grammatical structures presented in the first-year curriculum provides the much needed time to reiterate and practice structures that have already been learned. Since introducing and practicing each grammatical structure once in a year is not enough to promote acquisition, recycling structures and vocabulary for maximum exposure is a key feature of *Avanti!* Contextualized review is essential for courses that require midterm and final exams, and, at the same time, it builds communicative confidence in the language. There are 16 chapters in the text. Every fourth chapter provides practice of four previously taught grammar points, which are then expanded upon or followed by a related topic. Review in the form of interactive games is also provided at regular intervals (at the end of chapters 2, 6, 10, and 14) using materials provided in the *Instructor's Manual.*

Chapter Features

To address students' desire to learn Italian that is both authentic and can be used immediately, each chapter opens with **Strategie di comunicazione,** high-frequency expressions that perform a variety of practical functions. Through video, students see and hear Italians of all ages and backgrounds as they use the strategies in spontaneous speech. Because the interviews were filmed throughout Italy, students are also exposed to standard Italian as it is spoken in different areas (Northern, Central, and Southern Italy). In this way, students' first exposure to the language is in its actual context of use. By focusing on commonly used language formulae, students can begin immediately to use the expressions to meet their own communicative needs.

From fixed expressions in the **Strategie di comunicazione,** to the presentation of vocabulary in **Lessico,** to the analysis of forms in **Strutture,** students proceed gradually from working with Italian at the word and then the sentence level. In the final section of each chapter, **Cultura,** the preparation provided by the strategies, vocabulary, and grammar culminate and are fully-integrated as students engage in listening, reading, writing, and speaking activities at the discourse level. *Avanti!*'s strong cultural component is not limited to the **Cultura** section. It is incorporated into all aspects of the text, with abundant culture notes (**In Italia**) throughout and in the language practice activities. A more detailed description of the chapter organization is presented in the Guided Tour of *Avanti!*, page xx.

Input and Meaningful Interaction

The methodology of *Avanti!* is based on current research on the roles of comprehensible input, meaningful interaction, and production in the learning process. *Avanti!* differs from most texts in that it encourages the exclusive use of Italian in the classroom and teaches learners to construct meaning from linguistic and paralinguistic cues. New vocabulary is presented in the **Lessico** section in easily identifiable contexts or with visually appealing drawings, photographs, and realia so that learners are discouraged from relying on word-for-word translation from English to Italian, a practice that can lead to incomprehensible Italian. End-of-chapter vocabulary lists, the Italian–English and English–Italian glossaries at the back of the book include all lexical items appearing throughout the text which makes this information readily accessible. Moreover, identifying meaning and constructing and exchanging meaningful utterances is the principle underlying all practice of new vocabulary and grammatical structures throughout the text. Since all in-class activities require students to process form in conjunction with meaning, mechanical drills and patterned responses are not included in the text. Conventional, drill-like practice is found in the *Workbook / Laboratory Manual* (the online version of which provides automatic correction and immediate feedback to students' responses), so that class time can be dedicated to exchanging information and ideas with the instructor and classmates.

Using *Avanti!* in the Classroom

Avanti! is a teacher-friendly text that is designed to guide experienced and inexperienced instructors in creating a truly communicative, interactive classroom. The instructor annotations in the *Instructor's Edition* of the text as well as the design of the presentations and activities guide instructors to assume the role of facilitator and direct students to take an active role in the learning process. In addition, materials that accompany the culture component of the text serve to assist instructors with limited experience and resources so that they can present culture in an informative and sophisticated manner. A variety of activities and materials (visuals, scripts, additional ideas for games and activities) ensure that instructors will have an abundance of materials to choose from as they adapt the text to their personal style.

A Guided Tour of Avanti!

Chapter Opener

The text is divided into 16 chapters. Striking photographs and fine art openers by classical and contemporary Italian artists establish the chapter theme. The opener also includes a list of functional objectives and the media resources available to students and instructors.

Strategie di comunicazione

Each chapter opens with video segments of native Italians filmed on location in Italy using high-frequency expressions in real-life contexts that students can use immediately to meet their own communicative needs. Through the video, students see and hear Italians of all ages and backgrounds from all different parts of Italy. In addition to "what" Italians are saying, the video lets students see "how" Italians say it, including gestures, posture, and intonation. This section contains ample activities for students to practice the communicative topics modeled in the video clips.

Lessico

This section presents thematically grouped vocabulary in meaningful contexts using visually appealing illustrations, photographs, dialogues, and mini-readings with an abundance of activities for vocabulary development. English glosses are avoided wherever possible so that students can make form-meaning connections directly in Italian.

Strutture

There are two to five structure points in each chapter of *Avanti!* Each grammatical structure is introduced by an inductive activity that encourages students to analyze the grammatical point in question and formulate the rules themselves. Each inductive activity is followed by a concise explanation of the structure in English with examples in Italian. Communicative activities that provide meaningful interaction follow. Additional practice activities can be found in the *Workbook / Laboratory Manual* and on the *Avanti!* Online Learning Center website.

Ripasso

Every fourth chapter (Chapters 4, 8, 12, and 16) is a review chapter that recycles the communication strategies, vocabulary, and grammar presented in the three preceding chapters. In Chapters 4, 8, and 12, each **Strutture** section begins with contextualized practice of a previous grammar point, which is followed by the introduction of a new, related structure. The **Strutture** section of Chapter 16 contains only review materials.

Cultura

The culminating section of the chapter is divided into five parts: **Ascoltiamo!, Leggiamo!, Scriviamo!, Parliamo!,** and **Guardiamo!** This section allows students to fully integrate what they learned in the **Strategie, Lessico,** and **Strutture** sections by engaging them in listening, reading, writing, and speaking activities with a cultural focus.

- In **Ascoltiamo!,** students listen to a mini-lecture presented by their instructor on an aspect of Italian culture related to the chapter theme followed by comprehension and expansion activities. Scripts and support materials for this section are provided in the *Instructor's Manual.*

- In **Leggiamo!,** students read and respond to authentic texts that include literary excerpts, magazine ads and articles, festival programs, and cross-disciplinary readings taken from Italian sources.

- In **Scriviamo!,** students use what they've learned in the chapter to complete a variety of writing tasks to develop their written communication skills.

- In **Parliamo!,** students participate in pair, small group, or whole class discussions to solve problems or complete tasks to develop their speaking abilities.

- In **Guardiamo!,** which is an optional section, instructors may choose to show Italian films whose themes are related to the chapter topic. A brief synopsis is provided as well as comprehension and expansion activities. By ending the chapter with a film clip, students' language learning program begins and ends with experiencing Italian in context, as it is actually used by Italians today. All films are readily available at major video rental stores.

Piccola Madonna Cowper (c. 1505) Rafaello Sanzio

In italiano

An abbreviated way of referring to one's parents or relatives is to use the definite article and the possessive only.

—Come stanno **i tuoi**?
—Bene, grazie.

IN AMERICA

The Piccirilli family, a father and six sons, were Italian American stone sculptors. The studio that they established in the Bronx, New York, in 1889 was one of the largest and most successful in the nation. They carved the statue of Lincoln in the Lincoln Memorial in Washington, D.C., and the majestic lions outside the New York Public Library. Other works include 30 large allegorical figures for the cornice of the Brooklyn Museum, the New York Stock Exchange pediment, and various other monuments throughout Manhattan.

Clicca qui Two of the sons, Attilio and Furio, became famous sculptors in their own right. You can learn more about them at the *Avanti!* website Clicca qui (**www.mhhe.com/avanti**).

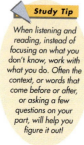

Study Tip

When listening and reading, instead of focusing on what you don't know, work with what you do. Often the context, or words that come before or after, or asking a few questions on your part, will help you figure it out!

In Italia

Culture is not limited to the **Cultura** section of the chapter. The **In Italia** feature, written in English or Italian, appears numerous times in every chapter and provides students with in-depth information about Italian life, music, history, literature, art, science, and society today.

In italiano

These feature boxes contain additional information on the nuances of the Italian language and grammar, additional vocabulary, idiomatic expressions, and useful structures.

In America

Each chapter culminates with this feature box that highlights the contributions of Italian Americans to the arts and sciences and society in general.

Clicca qui

These feature boxes and notes reference additional resources and information about the **In America** and **In Italia** topics available at the *Avanti!* Online Learning Center website, which allow students to explore the cultural topics further.

Study Tip

These tips in English offer students useful strategies for learning a new language.

Additional Features

Tanti saluti da... !

This postcard feature, which appears in Chapters 4, 8, 12, and 16, provides students with a short reading with additional information about the four cities in which the *Avanti!* video was filmed—Naples, Rome, Bologna, and Siena. There is a related cultural segment on the video that highlights each of these cities and the surrounding regions. Additional video footage and activities can be found on the website as well.

Per saperne di più

This section at the end of the textbook provides additional information (in English) about grammar points and other structures for students and instructors who would like more in-depth coverage of the points taught in each chapter. Practice activities for this section are provided in the *Workbook / Laboratory Manual*.

Supplements

As a full-service publisher of quality educational materials, McGraw-Hill does much more than just sell textbooks to your students; we create and publish an extensive array of print, video, and digital supplements to support instruction on your campus. Orders of new (versus used) textbooks help us to defray the cost of developing such supplements, which is substantial. Please consult your local McGraw-Hill sales representative to learn about the availability of the supplements that accompany *Avanti! Beginning Italian.*

For Students

Video to accompany *Avanti!* on DVD and VHS

Filmed on location throughout Italy, this text-specific video introduces the communicative themes of each chapter using authentic language. In the video, students see and hear Italians of all ages and backgrounds as they are introduced to communicative language they can use immediately. The video also contains four cultural segments, called **Tanti saluti da... !,** highlighting the four cities—Bologna, Rome, Naples, Siena, and the surrounding regions—where the video was filmed.

Workbook / Laboratory Manual

The *Workbook / Laboratory Manual* provides more conventional, drill-like practice of the **Strategie, Lessico,** and **Strutture** material presented in the textbook using a variety of written activities and audio activities. In addition, each chapter includes a **Cultura** section which expands upon the cultural themes of the chapter through additional listening activities (**Ascoltiamo!**), a new culture reading (**Leggiamo!**), and a writing activity (**Scriviamo!**). The **In Italia** feature reviews the cultural material presented in the chapter. At the end of each chapter of the *Workbook / Laboratory Manual* are the **Per saperne di più** practice activities for that chapter for those instructors who wish to cover more material in their curriculum.

The graph paper charts from the textbook are reproduced at the back of the *Workbook / Laboratory Manual* for those students who do not wish to write in their books.

Audio Program

The *Audio Program,* available for purchase on audio CDs, coordinates with the *Workbook / Laboratory Manual.* The end-of-chapter vocabulary for each chapter is included on a separate audio CD as part of the complete *Audio Program.* All audio recordings are also available on the *Avanti!* Online Learning Center website as Premium Content.

Quia™ Workbook / Laboratory Manual

This online version of the print *Workbook / Laboratory Manual* provides instant feedback to students, the full audio program, and an online gradebook feature for instructors.

Online Learning Center Website

The website provides additional practice activities for the **Lessico** and **Strutture** sections of the textbook and gives students instant feedback on their work as well as keywords and links for the cultural topics referenced in the **Clicca qui** feature in the textbook.

Also included on the website, free of charge, are the recorded versions of the end-of-chapter vocabulary lists.

Premium Content on the Online Learning Center Website

Students who purchase a *new* copy of *Avanti!* have access free of charge to the exciting Premium Content on the Online Learning Center website at **www.mhhe.com/avanti.** The card bound inside the book provides a registration code to access this content and is *unique to each individual user.* If students have purchased a used copy of *Avanti!* but would like access to the Premium Content, they may purchase a registration code for a nominal fee at the *Avanti!* Online Learning Center website (**www.mhhe.com/avanti**). Premium Content for *Avanti!* includes:

- The complete *Audio Program* that accompanies the *Workbook / Laboratory Manual.*
- **Flash™ Interactivities.** The Online Learning Center includes Flash™-based activities that provide a new level of interactive review and practice for *Avanti!* in an online format. Presented as Premium Content on the Online Learning Center, these fun yet practical activities take the place of an Interactive CD-ROM and provide a unified language experience for students online, thus eliminating the need for multiple components. Diverse interactive activity types such as Concentration, Tetris, and Drag-and-Drop engage students as they review vocabulary, grammar, and culture.

For Instructors

Annotated Instructor's Edition

The *Instructor's Edition* of the text, with annotations by the authors, includes a wide variety of suggestions for presenting each section of the book, ideas for recycling vocabulary, many helpful cultural notes, expansion activities, and follow-up activities. Answers are provided in the margins for the video-based **Strategie di comunicazione** activities, all listening activities, and the **Guardiamo!** film-based activities.

Instructor's Manual and Testing Program

This supplement includes an overview of the methodology of *Avanti!*, suggestions for planning a course syllabus, general teaching techniques, and additional activities for every chapter. It also includes the video script, the **Ascoltiamo!** scripts and support materials, and answers to student activities from textbook.

The *Testing Program* is comprised of a short test (two versions) for each chapter that can be combined with others to create midterm or final exams. Each quiz assesses students' listening comprehension and their mastery of the chapter's vocabulary and structure points. In addition to the tests, suggestions for assessing the students' oral and written skills are provided, along with the ACTFL guidelines.

Instructor's Resource CD

This CD contains the *Instructor's Manual and Testing Program* in an electronic format providing you the flexibility of modifying these materials to suit the needs of your classes. It also includes the complete *Audisocript* for the *Avanti! Audio Program.*

Adopter's Audio CD Program

This version of the *Audio Program* includes 20 sets of the Student *Audio Program* as described above.

Avanti! Online Learning Center Website, Instructor's Edition

The Instructor's Edition of the student website gives instructors access to the online student activities, a digital version of the *Instructor's Manual,* the complete *Audioscript* for the *Avanti! Audio Program,* support materials for the **Ascoltiamo!** section of the textbook including maps and charts, digital transparencies featuring thematic chapter art, and access to Premium Content. (See the description of Premium Content in the student supplement section). Unlike students, instructors do not need a special registration code for Premium Content when they access the site through the Instructor's Edition link on the *Avanti!* homepage. Please contact your local McGraw-Hill sales representative for your password to the Instructor's Edition.

Acknowledgments

The authors and the publisher would like to express their gratitude to the numerous instructors listed here who contributed to the development of *Avanti!* through their valuable participation in surveys, chapter reviews, and focus groups. (Note that the inclusion of their names here does not constitute an endorsement of the *Avanti!* program or of its methodology.)

Silvia Abbiati, Ithaca College; Fabian R. Alfie, University of Arizona; Kathleen Argyilan, Loyola University; Giovanna Bellesia, Smith College; Cathy Burton, Santa Rosa Jr. College; Antonio Carrara, University of Massachusetts, Boston; Natasha Chang, Middlebury College; Rosa Commisso, Kent State University, Kent; Claudio Concin, City College of San Francisco; Debbie Contrada, University of Iowa; Romana Cortese, Montgomery College (Texas); Julia Cozzarelli, Ithaca College; Daniela Dal Pra, University of North Carolina, Charlotte; Antonietta D'Amelio, Baruch College; Marina DeFazio, University of Kansas; Armando Di Carlo, University of California, Berkeley; Angelo R. Dicuonzo, Queens College; Patricia DiSilvio, Tufts University; Veronica Dristas, University of Pittsburgh; Emily Evans, Santa Rosa Jr. College; Charles Fantazzi, East Carolina University; Lidia Frazier, American River College; Lucia Gregori, American University; Meme Irwin, Johns Hopkins University; Cassie Isabelli, University of Nevada, Reno; Madeleine Kernen, Southwest Missouri State University; Caterina Labriola, Santa Rosa Jr. College; Flavia Laviosa, Wellesley College; Joseph Levi, Rhode Island College; Bruno Magliocchetti, University of Toronto; William Magrath, Ball State University; Pamela Marcantonio, University of Colorado, Boulder; Michele Martinisi, Santa Rosa Jr. College; Simonetta may, Pasadena City College; Silvia Metzger, University of San Diego; Guiseppe Natale, University of Nevada, Las Vegas; Elisabetta Nelsen, San Francisco State University; Cinzia Noble, Brigham Young University; Antonella D. Olson, University of Texas, Austin; Mirta Pagnucci, Northern Illinois University; Augustus Pallotta, Syracuse University; Sandra Parmegiani, University of Western Ontario; Cristina Pausini, Wellesley College; Susan Pezzino, Harold Washington College; Giovanna Picciano, Vanier College; Robin Pickering-Iazzi, University of Wisconsin, Milwaukee; Camilla Presti Russell, University of Maryland; Maria Teresa Bonfatti Sabbioni, Ohio University, Athens; Catherine Sama, University of Rhode Island; Colclough Sanders, Kean University; Colleen Ryan-Scheutz, Notre Dame University; Anneliese Schultz, University of British Columbia; Thomas Simpson, Northwestern University; Risa Sodi, Yale University; Dana Stewart, Binghampton University; Giovanna Summerfield, Auburn University; Mireille Taar, Fullerton College; Roberta Tabanelli, The Pennsylvania State University; Sabrina M. Tatta, University of Washington; Elisabetta Tosovic, University of Minnesota; Maria Traub, Neumann College; Brunella Windsor, California State University-Chico

One incurs many debts while working on a project of this size. I thank my co-author, Diane Musumeci, whose extraordinary creativity, vision, and expertise brought innovation and insight to this project. I owe a debt of gratitude to Susan Blatty, director of development, who tirelessly edited my work with impeccable precision and provided invaluable feedback. I also thank Bill Glass, sponsoring editor and publisher, for his kind and sustained support. I thank *il mio braccio destro*, Carla Onorato, who proofread pages and provided native insights throughout the writing process, Melinda Nelson for reading the manuscript, Christina Midlick and Alison Rolf, who tested activities in class and provided feedback, Ilda Amoretti, and Clemetina and Cristiano for their hospitality during my stay in Nettuno, and my kind and supportive colleagues. Special thanks are reserved for my best friend and husband, Antony Shuttleworth, who supports me in all that I do and without whom this book would have been inconceivable, our son, Julian, who brings me joy every minute of every day, and, of course, Windy.

—Janice M. Aski

What do a refrigerator, a car, a screen media company, a newspaper, a condom, a computer system, and this book have in common? The answer is the name *Avanti!* It just goes to show how one word can represent many different things to different people, which is exactly how this project came together: many people, each with different talents, all working together to create one terrific book. So, I'd like to thank the video crew, who made great memories as well as fabulous videos; the editorial team, especially director of development, Susan Blatty, who pulled it all together (and by working on the west coast got those of us in more eastern time zones to put in an extra 2–3 hours every night!); my co-author, Janice Aski, a veritable wellspring of creative activities and a great colleague; our sponsoring editor and publisher, Bill Glass, without whom *Avanti!* would be all of the things listed above, except a book in print; my students, especially Megan Cavender and Ryan Schermerhorn, for providing honest feedback on an early draft; and my family: Antonino, Gian-Paolo, Domenico, and Walter for feeding the dogs and my soul. *Grazie!*

—Diane Musumeci

We would also like to gratefully acknowledge all of the people at McGraw-Hill who worked tirelessly to produce *Avanti!* and its supplements. Our sincere thanks to our wonderful project manager Christina Gimlin and her colleagues in production and design, Alexandra Ambrose, Emma Ghiselli, Louis Swaim, and Tandra Jorgensen; in editorial: Meg Gallucci, Deborah Bruce, Lindsay Eufusia, Amanda Peabody, and Letizia Rossi; and in media: Allison Hawco, Ron Nelms, and Kate Boylan. Special thanks to Violeta Dìaz and Susan Breitbard for the beautiful cover and outstanding design. We would also like to thank Nick Agnew and Rachel Dornan for their efforts in marketing our new edition.

*P*er cominciare

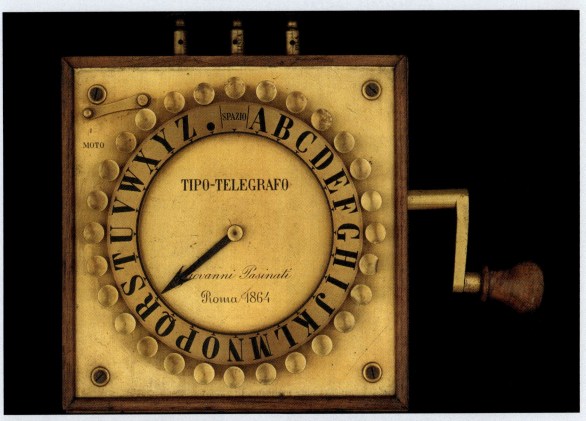

Tipo-telegrafo (1864), Giovanni Pasinati

Scopi

In this chapter you will learn:

- to greet someone, to find out her/his name and where the person is from, and to say good-bye
- to express likes and dislikes

- words and expressions you need to get started studying Italian
- to pronounce the letters and sounds of the alphabet
- seasons and months of the year

- the numbers 0–9,999
- to express the date
- to identify people and things
- to interpret common gestures

RISORSE MULTIMEDIALI

Strategie di comunicazione

Ciao / Buon giorno / Buona sera

Greeting someone

A. Buon giorno! Watch and listen as these Italians say hello. As you listen, indicate which greeting each person says.

a. buon giorno b. buona sera c. ciao

1.

4.

2.

5.

3.

IN ITALIA

- *Italians always greet each other: when they meet on the street, when they enter a store or a room, when they first wake up in the morning, when they return home in the afternoon. They usually touch when they meet, kissing each other on both cheeks or shaking hands.*
- *When do Italians switch from* **buon giorno** *(good morning, good day)* to **buona sera** *(good evening)? It depends on where they live! In northern Italy, people tend to use* **buona sera** *in the late afternoon; in central Italy and in the South, they might begin using it as early as noon.*

You can use **buon giorno** and **buona sera** with everyone, but you can use **ciao** *only* with family and people you would call by their first name. This is the distinction that Italians make between informal and formal *you* (**tu/Lei**). You will learn more about this topic later in the chapter.

B. *Buon giorno o ciao?* Decide whether the following people would say **ciao, buon giorno,** or either, by supplying the appropriate greeting. Compare your answers with your partner's.

1. a child to her mother   _____, mamma!

2. a mother to her child   _____, amore (*love*)!

3. a student to his (female) professor   _____, professoressa!

4. a client to his lawyer   _____, avvocato!

5. a news reporter to a woman on the street   _____, signora!

6. a patient to his doctor   _____, dottore!

7. a doctor to her patient, Mr. Feltri   _____, signor Feltri!

8. you to your roommate   _____, _____!

9. your classmate to you   _____, _____!

10. you to your instructor   _____, _____!

IN ITALIA

Italians call people by their professional titles—for example **dottore, professoressa, ingegnere** *(engineer),* **avvocato** *(lawyer)—much more frequently than Americans do. They regularly use* **signora** *(ma'am) when addressing women.* **Signorina** *(Miss) is a formal way to address young, unmarried women; its use is discouraged in contemporary Italian.*

—Buona sera, ingegnere!
—Buon giorno, signora!

Come ti chiami? / *Come si chiama?*

Finding out someone's name

A. Come si chiama? Watch and listen as the Italians you just met tell you their names. Number the names in the order in which they appear from 1 to 5.

_____ Cristina

_____ Adriano Casellani

_____ Stefania Cacopardo

_____ Giacinto Vicinanza

_____ Iolanda Mazzetti

Tu or **Lei**? The simple rule for informal and formal *you* is that you use the informal **tu** for family, friends, children, and animals. The formal **Lei** is used for older people who are strangers or whom you may know well but are not family, and people you address with titles. The actual rules are really much more complicated. In general, young people use the informal with other young people, and, overall, Italians today are much less formal than they were just a few generations ago. Although Italians do not expect non-Italians to know all of the rules for using **tu** and **Lei,** they will appreciate your efforts to use both, even if imperfectly.

- To ask someone's name, say:

  (**tu,** *informal*)
  Come ti chiami?   or   (**Lei,** *formal*)
  Come si chiama?

- If you want to introduce yourself first and then ask the other person's name, say:

  Sono or **Mi chiamo** + (your name)
  Ciao! Sono Paolo.   **Buon giorno. Sono Paolo Rossi.**

  Ciao! Mi chiamo Paolo.   **Buon giorno. Mi chiamo Paolo Rossi.**

- To ask *And you?* say:

  E tu?   or   **E Lei?**
  —**Come ti chiami?**   —**Come si chiama?**
  —**Susanna. E tu?**   —**Susanna Martinelli.**
  —**Marisa.**   **E Lei?**
  —**Ciao!**   —**Marisa Scapecci.**
                                           —**Piacere!**

- To say *nice to meet you,* you say **piacere** or, if you're using **tu,** you can just say **ciao.**

B. Come ti chiami? o Come si chiama? To ask the following people their names, decide if you would ask **Come ti chiami?** or **Come si chiama?** by supplying the appropriate question. (**Attenzione!** Use **Come ti chiami?** *only* if you can also use **ciao.**) When you've finished, compare your answers with your partner's.

1. someone your age you meet at a party
2. a child who seems lost
3. the administrative assistant who calls with a message for your roommate
4. the man working at the travel agency
5. a new student who just joined the class

In italiano

Prego is a versatile word in Italian. It can mean *you're welcome; come in; please sit down; make yourself comfortable; after you / you first; may I help you?; go ahead; help yourself; by all means.*

C. Ciao a tutti (everyone)! Circulate around the room and greet your classmates and instructor and ask their names. Make sure you use the appropriate greetings and expressions.

Di dove sei? / Di dov'è? Finding out where someone is from

A. Di dov'è? Watch and listen as the following people tell you their names and then where they are from. Look at the map and indicate where each person is from.

1. Francesca
2. Stefano
3. Elena
4. Giorgio
5. Paolo

To ask where someone is from, say:

(**tu**, *inform.*)		(**Lei**, *form.*)
Di dove sei?	or	**Di dov'è?**

B. E tu, di dove sei?

Parte prima. Circulate around the room. Greet several classmates and your instructor and find out where they are from. Take notes! (If you can't remember their names, you'll have to ask again.)

Parte seconda. Report to the class. Greet everyone, say your name, and say where you and at least two other students are from.

Esempio: Buon giorno. Sono Rita. Sono di Chicago. Jenny è di New York. David è di Santa Fe.

Ciao / Arrivederci   Saying good-bye

A. Ciao!   Watch and listen as the Italians in the video say good-bye.

The same informal/formal rule for saying hello applies to saying good-bye: you can use **arrivederci** (or **buon giorno / buona sera / buona notte**) with everyone, but **ciao** *only* with people you address informally. **ArrivederLa** is a very formal way to say good-bye. **Buona notte** (*Good night*) is used only when it's time for bed.

B. Arrivederci!   Decide whether the following people would say **arrivederci** or **ciao** or either, by supplying the appropriate expression. Check your answers with your partner's.

1. a child to his father _____, papà!

2. a husband to his wife _____, tesoro (*honey*; literally, *treasure*)!

3. a student to her (male) professor _____, professore!

4. a woman to Giuseppe, the fruit seller _____, signor Giuseppe!

5. you to your female friend _____, cara (*dear, sweetie*)!

6. your instructor to you _____, _____!

7. you to your instructor _____, _____!

C. Buon giorno!   With a partner, create the longest conversation you can in Italian using only the expressions you've learned so far. Then create the shortest. Be prepared to demonstrate to the class.

Ti piace... ? / Le piace... ? Expressing likes and dislikes

To ask, *Do you like* (a person, place, or thing)?, say:

Ti piace... ? (*inform.*) or **Le piace... ?** (*form.*)
Ti piace l'Italia? **Le piace Rossini?**

You will learn more about this expression later in this chapter.

A. Il cinema americano.

Parte prima. Watch and listen as these Italians answer the question, **Ti/Le piace il cinema americano?** (*Do you like American movies?*) Check whether their answer is **sì** or **no**.

	sì	no
1. Giacinta	☐	☐
2. Annalisa	☐	☐
3. Alessia	☐	☐
4. Laura	☐	☐
5. Lucia	☐	☐
6. Stefano	☐	☐
7. Annarita	☐	☐
8. Francesca	☐	☐

Parte seconda. Watch and listen a second time. This time, if they mention their favorite actors, write the names you recognize.

Lessico

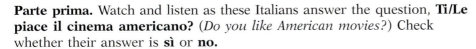

A come **amore,** *B* come **buon giorno** Alphabet and pronunciation

A	B (bi)	C (ci)	D (di)	E	F (effe)	G (gi)
aereo	bicicletta	cane	dizionario	esame	festa	gatto

(continued)

H (acca) hamburger	I inverno	L (elle) libro	M (emme) macchina	N (enne) numero	O orologio	P (pi) penna

Q (cu) quaderno	R (erre) residenza	S (esse) studente	T (ti) televisione	U università	V (vu) voto	Z (zeta) zaino

Le lettere straniere (*foreign*)

J (i lunga) jeep
K (cappa) ketchup
W (doppia vu) western
X (ics) fax
Y (ipsilon) yogurt

1. In Italian, double consonants are pronounced longer than single consonants. Sometimes it makes a difference in the meaning of the word. For example, **pala** means *shovel*, but **palla** means *ball*. Repeat the following pairs of words after your instructor.

capelli (*hair*)	**cappelli** (*hats*)
nonno (*grandfather*)	**nono** (*ninth*)
ditta (*company*)	**dita** (*fingers*)

2. There is no verb *to spell* in Italian! It's not because spelling isn't important; it's because words are spelled the way they are pronounced. In most cases, one letter represents one sound. However, there are some special combinations of consonants and vowels to learn. Repeat these combinations of letters and words after your instructor.

gn: lasagne	**gi:** giraffa	**ci:** cioccolato	**sci:** sci
	ge: gelato	**ce:** cellulare	**sce:** sceriffo
gli: famiglia	**ghi:** ghiaccio	**chi:** chitarra	**schi:** maschile
	ghe: spaghetti	**che:** perché	**sche:** scheletro

In italiano

Cognates (**parole simili**) are words that have similar spellings and meanings in Italian and English. For example, the English cognate of **antropologia** is *anthropology*. Can you figure out the English equivalents of these Italian subjects (**materie**)?

biologia	italiano	scienze della comunicazione
chimica	letteratura inglese	scienze politiche
economia	matematica	sociologia
filosofia	psicologia	studi internazionali
fisica	religione	

Attenzione! Not all words that look similar have exactly the same meaning in Italian and in English. A **classe** is a group of students (such as a graduating class or the freshmen class), a **corso** is a course, and a **lezione** is a lesson or an individual class period.

Study Tip

The English equivalents of the active vocabulary words for each chapter appear in the **Vocabolario** at the end of the chapter. The **Glossario** at the back of the book contains all the vocabulary words from all chapters in alphabetical order. When learning new words that are not cognates, try not to make connections directly to the English word. Instead, connect the word's meaning to an image or to a context. Learning Italian-English word pairs will force you to think in English, rather than in Italian.

A. Parole italiane. Even if this is the first time you've studied Italian, you probably already know lots of Italian words. Meet and greet a new partner. Together write as many Italian words as you can for each letter of the alphabet. When you've finished, read your list to the class. (Remember to say good-bye to your partner using the appropriate expression.)

B. *C o ch*? Listen as your instructor pronounces the following words. Complete each word with **c** or **ch.**

1. cal___io
2. Pinoc___io
3. ___iesa
4. bic___iere
5. ba___io
6. can___ello

C. *G o gh*? Listen as your instructor pronounces the following words. Complete each word with **g** or **gh.**

1. ___elato
2. spa___etti
3. fun___i
4. ___iornale
5. ___ianda
6. ___iallo

D. *Sc o sch*? Listen as your instructor pronounces the following words. Complete each word with **sc** or **sch.**

1. ma___io
2. pe___e
3. ___iare
4. ___iarpa
5. pe___e
6. ma___era

E. Le città italiane. Complete the spelling of the names of these Italian cities as your instructor says them. Then locate the cities on the map at the back of your book.

1. Bolo___a
2. Vene___ia
3. Le___e
4. Peru___ia
5. Bre___ia
6. Me___ina
7. Firen___e
8. Catan___aro
9. Ca___iari

F. Un piccolo dettato. Meet and greet a new partner. Each of you creates a secret list of five words chosen randomly from the chapter. Take turns saying each word to your partner, who will write it down. If your partner doesn't know how to spell the word, spell it for her/him.

 *I mesi e le stagioni*   Months and seasons

la primavera

marzo
aprile
maggio

l'estate

giugno
luglio
agosto

l'autunno

settembre
ottobre
novembre

l'inverno

dicembre
gennaio
febbraio

A. Ascolta. Listen as your instructor says the months of the year in Italian. Unscramble the letters on the following page and write the months on a separate sheet of paper. Then indicate the appropriate season for each month.

	primavera	estate	autunno	inverno
1. goninae	☐	☐	☐	☐
2. zorma	☐	☐	☐	☐
3. breettems	☐	☐	☐	☐
4. ligulo	☐	☐	☐	☐
5. obretto	☐	☐	☐	☐
6. gamigo	☐	☐	☐	☐
7. ognugi	☐	☐	☐	☐
8. baofrebi	☐	☐	☐	☐
9. emnovbre	☐	☐	☐	☐
10. redicebm	☐	☐	☐	☐
11. palrie	☐	☐	☐	☐
12. stagoo	☐	☐	☐	☐

B. I mesi. You and your partner take turns saying a letter of the alphabet. If there is a month that begins with that letter, name it. Continue until all the months have been named.

C. Le stagioni. Your partner names a season and you say the months associated with it. Then reverse roles. If it's too easy, try it with your books closed.

I numeri da 0 a 9.999   Numbers from 0 to 9,999

0 zero			
1 uno	11 undici	21 ventuno	40 quaranta
2 due	12 dodici	22 ventidue	50 cinquanta
3 tre	13 tredici	23 ventitré	60 sessanta
4 quattro	14 quattordici	24 ventiquattro	70 settanta
5 cinque	15 quindici	25 venticinque	80 ottanta
6 sei	16 sedici	26 ventisei	90 novanta
7 sette	17 diciassette	27 ventisette	100 cento
8 otto	18 diciotto	28 ventotto	200 duecento
9 nove	19 diciannove	29 ventinove	300 trecento
10 dieci	20 venti	30 trenta	400 quattrocento
			1.000 mille
			2.000 duemila

Expressing dates

a. To express the date in Italian, you use **il** + day + month, for example, **il 4 luglio** (**il quattro luglio**). The first of the month is written **il 1** + month, but is said **il primo** + month.

—**Qual è la data di oggi?**   *What is today's date?*
  Il primo o il due?   *The first or the second?*
—**Oggi è il primo settembre.**   *Today is the first.*
  Domani è il due.   *Tomorrow is the second.*

b. In Italy, dates are always abbreviated with the day first, then the month, and finally the year. So, **il 4 luglio** is **4/7** and **7/4** is **il 7 aprile!**

c. In Italian, the year is always said in its entirety: **1861** = **milleottocentosessantuno** (unlike English 18-61). **Mille** means *one thousand*; it has an irregular plural: **mila.** So, the year 2006 is **duemilasei.**

IN ITALIA

- *Did you notice that in Italy* **un punto** *(period) is used instead of* **una virgola** *(comma) in numbers above 999?*

  (U.S.) $1,325
  (Italia) euro (€) 1.325

- *Also note that commas are used instead of decimal points!*

  (U.S.) 92.5% = (Italia) 92,5%

Clicca qui You can find the latest exchange rates for euros at the *Avanti!* website, **Clicca qui (www.mhhe.com/avanti).**

A. Il mio numero di telefono.
Introduce yourself to the class, then say your telephone number. Another student writes the number on the board.

Esempio: Buon giorno. Sono Giovanni. Il mio numero di telefono è quattro, cinque, sei, nove, otto, uno, tre (456-9813)

B. L'indirizzo e-mail.
Dictate the e-mail addresses below to your partner, spelling when necessary. Here are some helpful terms:

@ = chiocciola (*at*)   **- = trattino / lineetta** (*hyphen*)
. = punto   **__ = lineetta bassa** (*underscore*)

Esempio: thomas240@yahoo.it
ti-acca-o-emme-a-esse due quattro zero chiocciola yahoo punto it

1. rugero345@yahoo.com
2. sebastiani96@msn.com
3. melissano12@tiscali.it
4. mancini1532@yahoo.it
5. tinibaby22@virgilio.com
6. giovanni542@yahoo.it

C. La data.
The following dates are in Italian; practice saying them.

1. 4/11
2. 1/1
3. 15/8
4. 31/10
5. 25/12
6. 2/3
7. 3/2

D. L'anno di nascita (*birth*).
With a partner, take turns saying the years listed in column A. Can you match the birth years to the famous Italians listed in column B?

A	B
1. 1265	a. Roberto Benigni
2. 1952	b. Dante Alighieri
3. 1883	c. Benito Mussolini
4. 1564	d. Leonardo da Vinci
5. 1451	e. Cristoforo Colombo
6. 1452	f. Galileo Galilei

IN ITALIA

When Italians say or write a street address they say the street (**via, viale, corso**) first and the number second.

—**Dov'è la biblioteca?**
—**In via Vivaldi, 12.**

—**Dov'è un punto Internet** (*Internet access point*) **qui vicino** (*near here*)**?**
—**In corso Italia, 6.**

E. Il mio indirizzo di casa. Circulate around the room. Introduce yourself to two classmates and tell each where you live following the Italian model. Then find out where they live.

Esempio: Ciao, sono Gessica Thomas. Abito (*I live*) in via Lane, al numero 34. E tu?

𝒮trutture

1.1 𝑀aschile o femminile? Gender

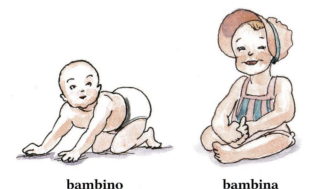

bambino   **bambina**

What is the difference between these two nouns in Italian?

(*continued*)

1. Unlike English, all Italian nouns have gender: they are either masculine or feminine. This is true for nouns referring to people as well as for those referring to objects. For example, **porto** (*port*) is masculine but **porta** (*door*) is feminine.

2. Most nouns that end in **-o** are masculine and most nouns that end in **-a** are feminine. Nouns ending in **-e** are either masculine or feminine. In this case, you can't tell the gender just by looking at the nouns, so you'll need to memorize their gender.

▶ For other common patterns and exceptions to the gender of nouns, see **Per saperne di più** at the back of your book.

3. Here are some things to remember about the gender of nouns.

    a. Nouns that end in **-ione,** like **televisione** and **informazione,** are usually feminine.

    b. Nouns that end in a consonant, like **hamburger** and **bar,** are usually masculine.

A. Il genere. Place the words below into the appropriate category in the chart, according to the final vowel.

aereo	inverno	residenza
bicicletta	libro	studente
cane	macchina	televisione
dizionario	numero	università
esame	orologio	voto
festa	penna	zaino
gatto	quaderno	

-*o* (*m.*)	-*a* (*f.*)	-*e* (*m.* o *f.*)
aereo		

▶ Answers to this activity are in Appendix 2 at the back of your book.

1.2 *Un cappuccino, per favore*　　Indefinite articles

Each of the following nouns is preceded by the Italian equivalent of *a/an*. Can you figure out when to use the different forms?

un corso

un'amica

uno studente

una lezione　　un esame

1. Uno is an indefinite article (**un articolo indeterminativo**). It means both *one* and *a/an*. The forms of **uno** change according to the gender and first letter of the word that follows.

2. The masculine indefinite article has two forms.

un	before all nouns	**un dizionario, un anno** (*year*)
except		
uno	before **s** + consonant, **z, ps, gn**	**uno sport, uno zoo, uno psicologo** (*psychologist*), **uno gnomo** (*gnome, troll*)

3. The feminine indefinite article has two forms.

una	before all consonants	**una professoressa, una studentessa**
un'	before vowels	**un'amica, un'eccezione** (*exception*)

Note: Only the feminine form has an apostrophe before a vowel.

A. L'articolo e il genere.

Here are some nouns that you probably recognize. Decide which are feminine and which are masculine. How can you tell?

un CD
un animale
un film
un tè
una fotografia
un hotel
una stagione
un cinema
un ospedale
un'opera
uno zero
un limone
un mese
un elefante
un ristorante
un errore
un'informazione
una stazione

IN ITALIA

Bars are commonplace in Italy and very popular, but they aren't what you might expect. At **il bar** *in Italy, you'll find young people, old people, singles, couples, families, business people, students, children, and, sometimes, even a customer with a dog. People come for a quick coffee, a soft drink, maybe* **una brioche** *(a type of sweet roll),* **un panino** *(sandwich), a glass of wine, or* **un drink.** *If there are tables, you might see men playing cards, people reading the paper, or others just watching people go by.* **Un pub,** *instead, is open only in the evenings and comes from the British tradition;* **un discopub** *offers dancing, too. A bar in the American sense is called . . .* **un American bar!**
An easy way to ask for something at a **bar** *is to name it and then say* please.

—**Un caffè, per favore.**
—**Un bicchiere** (*glass*) **d'acqua, per piacere.**

B. Al bar. You and your classmates go to **un bar** after class. How would you ask for the following drinks? Supply the appropriate indefinite article.

1. _____ tè, per favore.

2. _____ birra, per favore.

3. _____ coca-cola, per piacere.

4. _____ cappuccino, per favore.

5. _____ succo d'arancia (*orange juice*), per piacere.

6. _____ bicchiere di latte, per favore.

7. _____ bottiglia (*bottle*) d'acqua, per favore.

8. _____ cognac, per favore.

C. Vuoi altro? (*Do you want anything else?*) Work with a partner and order something from the menu below. Your partner (the server) will repeat your order to make sure s/he understood it correctly. If it's correct, say: **Sì, grazie!**

Esempio: **S1:** Un succo di frutta, per favore.
S2: Un succo di frutta?
S1: Sì, grazie.

D. Memoria. Work in teams. Your instructor will display a group of objects in the front of the room. You will have a short amount of time to study them, after which your instructor will cover them. Write the names of all the objects you remember. Don't forget to include the appropriate articles. The team with the most items wins.

1.3 *Due cappuccini, per favore*   Number

un libro	**due libri**

In English, the plural is usually formed by adding **-s** to the end of the singular noun. What happens to the **-o** of masculine singular nouns when they become plural?

In Italian, the final vowel of a noun changes to make the plural. If a singular noun ends in **-o** or **-e,** in the plural it ends in **-i.** Singular nouns ending in **-a** change to **-e** in the plural.

	SINGOLARE		PLURALE	
MASCHILE	**-o**	ragazz**o**		ragazz**i**
MASCHILE/FEMMINILE	**-e**	esam**e** (*m.*) class**e** (*f.*)	**-i**	esam**i** class**i**
FEMMINILE	**-a**	studentess**a**	**-e**	studentess**e**

Note: Nouns ending in a consonant, like **hamburger,** proper nouns like **Fanta** or **San Pellegrino,** and words ending in an accented vowel, such as **università,** do not change in the plural.

▶ For other common patterns and exceptions, see **Per saperne di più** at the back of your book.

A. Il numero.   Decide whether the following nouns are singular or plural. (**Attenzione!** You may need to consult the glossary at the back of your book.)

1. notte
2. bar
3. spaghetti
4. tè
5. pizza
6. telefono

B. Forma il plurale.   Here are some singular nouns. Make them plural.

1. casa
2. cappuccino
3. amore
4. film
5. errore
6. città

C. Forma il singolare. Here are some plural nouns. Make them singular. (**Attenzione!** What problem do you encounter with plural nouns ending in **-i**?)

1. ragazze
2. cani
3. tè
4. ballerine
5. zucchine
6. porti

D. Ancora al bar. A friend is going to join you at the bar, so you'll need to order two of everything. Your partner (the server) will repeat what you've ordered to make sure that s/he understood correctly.

> **Esempio:** **S1:** Due caffè, per favore.
> **S2:** Due caffè?
> **S1:** Sì, grazie.

1. Due t___, per favore.

2. Due birr___, per favore.

3. Due cappuccin___, per favore.

4. Due bicchier___ di latte, per favore.

5. Due bottigli___ d'acqua minerale, per favore.

E. Tutti al bar. Work in small groups. Imagine that you are in an Italian bar. Using the menu on page 16, find out what your friends would like to have by asking each one **Cosa prendi?** (*What will you have?*). Then order for the group.

> **Esempio:** **S1:** Cosa prendi?
> **S2:** Un cappuccino.
> **S1:** E tu?
> **S3:** Un cappuccino e una pasta (*pastry*), grazie.
> **S1:** (*al barista* [*bartender*]): Due cappuccini e una pasta, per favore.

1.4 *L'università è fantastica!* Definite articles

Study Tip

The definite article is used much more in Italian than English. It indicates the gender of nouns except when they begin with a vowel. Try to learn nouns, particularly those ending in **-e,** with their definite articles.

Each of the following nouns is preceded by the Italian equivalent of *the*. Can you figure out when to use the different forms?

> il libro
> l'amico
> i libri
> la penna
> l'amica
> le penne
> gli amici   le amiche

1. The definite article (**l'articolo determinativo**) is the equivalent of the word *the* in English. The form of the definite article changes according to the gender (masculine or feminine) and number (singular or plural) of the noun.

2. The masculine *singular* definite article has three forms.

il	before a consonant	**il bambino, il supermercato**
l'	before a vowel	**l'animale, l'errore**
lo	before **s** + consonant, **z, ps, gn**	**lo sport, lo zoo, lo psicologo, lo gnomo**

3. The feminine *singular* definite article has two forms.

la	before all consonants	**la villa, la studentessa**
l'	before vowels	**l'amica, l'eccezione**

4. The masculine *plural* definite article has two forms.

i	before a consonant	**i bambini, i supermercati**
gli	before vowels, **s** + consonant, **z, ps, gn**	**gli errori, gli sport, gli zoo, gli psicologi, gli gnomi**

5. The feminine *plural* definite article has one form.

le	before all consonants and vowels	**le ville, le eccezioni**

6. Here is a summary of the forms of the definite article.

	SINGOLARE	PLURALE
MASCHILE + **consonante** + **vocale** + *s* + **consonante**; *z, ps, gn*	**il** libro **l'**esame **lo** zaino	**i** libri **gli** esami **gli** zaini
FEMMINILE + **consonante** + **vocale**	**la** penna **l'**informazione	**le** penne **le** informazioni

A. Maschile o femminile, singolare o plurale?

Decide if the following nouns are singular or plural, masculine or feminine by checking the appropriate boxes. (**Attenzione!** Notice how important it is to pay attention to the definite article as well as the final vowel.)

	singolare o plurale?		maschile o femminile?	
1. le bevande	☐	☐	☐	☐
2. il cane	☐	☐	☐	☐
3. l'ombrello	☐	☐	☐	☐
4. i bar	☐	☐	☐	☐
5. i tè	☐	☐	☐	☐
6. gli animali	☐	☐	☐	☐

B. Scrivi il plurale.   Give the plural form of these singular nouns and their definite articles.

1. il professore
2. l'antenna
3. lo scaffale (*bookcase*)
4. l'oroscopo
5. la pizza
6. la penna

C. Scrivi il singolare.   Give the singular form of these plural nouns and their definite articles.

1. gli zaini
2. le città
3. le fotografie
4. le professoresse
5. le notti
6. i computer

D. Un quiz.   Work with a partner. Each of you makes a secret list of seven singular or plural nouns with their definite articles chosen randomly from this chapter. Take turns saying each noun to your partner, who will give the corresponding singular or plural form.

1.5 *Mi piace l'italiano!*   The verb **piacere**

The people below are talking about what they like. Can you figure out when to use **piace** and when to use **piacciono**?

Mi piace l'Italia!

Mi piacciono le scarpe!

1. If the person or thing that you like is singular, you use **mi piace.** If the person or thing that you like is plural, you use **mi piacciono.**

2. If you don't like something, place **non** before **mi piace** or **mi piacciono.**

Non mi piace il cioccolato.   **Non** mi piacciono gli esami!

3. To ask someone you address with **tu** if s/he likes something, use **ti piace** and **ti piacciono.** For the formal, use **Le piace** and **Le piacciono.**

—**Ti piace la musica? (Le piace la musica?)**
—**Sì, mi piace molto.**

—**Ti piacciono i corsi? (Le piacciono i corsi?)**
—**No, non mi piacciono.**

A. *Piace o piacciono?*

Parte prima. Decide whether **piace** or **piacciono** is used with each of these nouns.

la pizza
l'università   le lasagne
gli sport   l'italiano   i tortellini
gli esami   il caffè   l'Italia   le feste
gli hamburger   il gelato

Parte seconda. Find out if your partner likes the above items.

Esempio: **S1:** Ti piace (Le piace) l'università?

   S2: Sì, mi piace moltissimo (*very much*)! (No, non mi piace.)

B. Ti piace l'italiano?

Parte prima. Here is a list of academic subjects. Put a ✓ by all the courses that you like.

☐ la biologia   ☐ l'italiano   ☐ le scienze della
                                                     comunicazione
☐ la chimica   ☐ la letteratura inglese
                                                ☐ le scienze politiche
☐ l'economia   ☐ la matematica
                                                ☐ la sociologia
☐ la filosofia   ☐ la psicologia
                                                ☐ gli studi internazionali
☐ la fisica   ☐ la religione

Parte seconda. Now, your partner will interview you to find out which courses you like and don't like.

Esempio: **S1:** Ti piacciono le scienze politiche?

   S2: Sì, mi piacciono. (No, non mi piacciono.)

C. I cibi (*foods*) e le bevande (*drinks*).

Parte prima. As a class, make a list of six foods or drinks from this chapter and write them in the first column of your chart.

i cibi / le bevande	le donne (*women*)		gli uomini (*men*)	
	sì	no	sì	no
lo yogurt				
il cappuccino				

Parte seconda. Go around the room and interview three women and three men to find out which foods they like.

> **Esempio:** **S1:** Ti piacciono i tortellini?
>
> **S2:** No, non mi piacciono. (Sì, mi piacciono.)

Parte terza. As a class, find out if a particular food/drink is more popular with the men or the women.

 IN ITALIA

In 1998 researchers conducted a study on hedonism (a doctrine that espouses pleasure as the chief good in life) in eight European countries. Men and women were asked to rate items in order from most pleasurable (1) to least pleasurable (10). Here were the results from Italy.

I PIACERI[1] PREFERITI

	Uomini	Donne
1°	il sesso	la TV e i video
2°	la musica	la musica
3°	lo sport	lo shopping
4°	lo shopping	il sesso
5°	i latticini[2]	lo sport
6°	la TV e i video	il caffè o il tè
7°	il caffè o il tè	i dolci[3]
8°	cenare fuori[4]	i latticini
9°	le sigarette	la cioccolata
10°	i dolci	cenare fuori

[1]pleasures [2]dairy products [3]sweets [4]dining out

In italiano

Did you notice that the ordinal numbers (first, second, third . . .) in the chart, **i piaceri preferiti,** are abbreviated with a superscript "o"?

1st = 1°   **2nd = 2°**   **3rd = 3°**   **4th = 4°**

That's because in Italian, they are abbreviations of **primo, secondo, terzo, quarto, quinto, sesto, settimo, ottavo, nono, decimo.** In this case they are describing **il posto** (*place*).

You will learn more about adjective agreement in **Capitolo 2, Strutture 2.1.**

D. I piaceri preferiti.   Interview your classmates to find out which of the activities or items listed in the **In Italia** box they find pleasurable.

> **Esempio:** **S1:** Ti piace la cioccolata?
>
> **S2:** Sì, mi piace la cioccolata. (No, non mi piace la cioccolata. Mi piace lo sport.)

Cultura

Ascoltiamo!

I gesti° italiani: *How to speak Italian without saying a word*

I... *Gestures*

A. Ascolta. Italians are notorious for their use of gestures as they speak. Listen as your instructor demonstrates and explains, in Italian, several gestures that Italians use to communicate their thoughts and needs. During the explanation you should raise your hand when you don't understand something. You may want to ask for clarification by using one of the expressions inside the front cover of your book.

B. Completa. Now your instructor will show you 10 gestures, one at a time. Below you will see a list of 14 possible meanings. Choose the one that matches each gesture you see and write its letter in the corresponding blank. (**Attenzione!** There are more meanings than there are gestures.)

Gesto:
1. _____   5. _____   9. _____

2. _____   6. _____   10. _____

3. _____   7. _____

4. _____   8. _____

Significato:
a. I'm furious!
b. So thin!
c. Yum!
d. You're nuts!
e. Got a cigarette?
f. I'm sleepy.
g. Please help me.
h. money
i. Let's eat!
j. What do you want?
k. I've got an idea!
l. Call me!
m. I have no clue.
n. Quiet!

C. Tocca a te! (*Your turn!*) Demonstrate which gesture you would use to express **Mi piace moltissimo!**

Leggiamo!

L'italiano, l'inglese e il marketing

Look at the following advertisement for a fitness class promotion sponsored by the superstore **Le Zagare.** Find all the Italian words. How many do you understand?

CoolMagazine di Andrea Bonina

This ad is interesting because it is written for Italians, but most of the words are in English! Could it just as easily have been an American ad? What would have been different? What could stay the same?

Why do you think companies use English and Italian this way? What are they trying to convey? How do *you* intend to use Italian?

Scriviamo!

Mi piacciono i puzzle!

Many Italians are fond of word games and they look forward to the latest issue of ***La settimana enigmistica*** (*Puzzle Week*) and ***Domenica quiz*** (*Sunday Quiz*), among the many publications that appear weekly on newsstands throughout Italy. Here are two of the most popular types of puzzles for you to try: **un rebus,** a word and picture puzzle, and **un cruciverba** (*crossword puzzle*).

A. Un rebus; due rebus.   Use the clues below to solve the puzzles.

Una materia. (7) (The answer is one word with seven letters.)

(Write the name of the sport, one letter per space.)

____ ____ ____ **E N Z A**

Un mezzo di trasporto (*means of transportation*)**. (5)** (The answer is one word with five letters.)

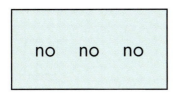

(Write how many **no**'s there are, one letter per space.)

____ ____ ____ **NO**

B. Un cruciverba. Use the clues below to complete the following crossword puzzle.

Orizzontali

1. H_2O
7. «.»
10. 10
11. un orologio, due _____
13. giugno, luglio, agosto
15. Garfield, Morris e il cheshire, per esempio
16. *English* in italiano
18. Un té, per _____!
19. Come ti _____?

Verticali

2. *aloha* in italiano
3. dodici mesi
4. marzo, _____, maggio
5. _____ cane, due cani
6. 16
8. Di _____ sei?
9. A, B, C...
12. tu (*informale*) = _____ (*formale*)
14. 30
17. 2 + 2

CLICCA QUI

If you enjoy puzzles, you can find links to a variety of types of **enigmistica** at the *Avanti!* website, **Clicca qui (www.mhhe.com/avanti).**

Parliamo!

Bla, bla, bla!

As a class, create the longest conversation you can. To begin, two students come to the front of the room. At random points in the conversation, your instructor will tap one of the speakers, who will be replaced by another student who will continue the conversation at the exact point where it left off. Try to make the conversation last until everyone has had a chance to participate. Include as many of the expressions you learned in this chapter as possible.

> Come ti chiami?
>
> Come si chiama?   Di dove sei?
>
> Di dov'è?   Ti piace... ?   Le piace... ?
>
> Ciao!   Arrivederci!   Buona sera!
>
> Buon giorno!   Mi piace...
>
> Non mi piace...

Guardiamo!

Film: *Mimì metallurgico ferito nell'onore* (Commedia. Italia. 1971. Lina Wertmuller, Regista [*Director*]. 121 min.)

Riassunto (*Synopsis*)**:** Mimì (Giancarlo Giannini), who has lost his job because of his leftist politics, leaves his wife and child in Sicily to find work in a factory in Torino. Once there, he meets Fiore (Mariangela Melato), a beautiful Northerner who shares his politics and his bed. Mimì's life in the North is complicated, but it becomes even more so when he returns to Sicily to discover that, in his absence, his wife has had an affair of her own. Mimì then devises a plan to defend his honor.

Scena: DVD chapter 4 (32:45): Mimì and Fiore "talk" to each other across a busy street, using only gestures.

Ciak, si gira! (*Action, rolling!*)

A. Cosa vuol dire... ?   As you watch the scene, see how many gestures you can identify. Ask your instructor the meaning of any that you don't understand.

B. Senza parole.   With a partner, create a "dialogue" using only gestures. Perform it for the class.

Vocabolario

Domande ed espressioni

abito in...	I live on (*name of street*)
arrivederci	good-bye
buon giorno	good morning, good day
buona sera	good evening
buona notte	good night
ciao	hi; bye
Come ti chiami? / Come si chiama?	What's your name (*inform./ form.*)?
Mi chiamo...	My name is . . .
Di dove sei? / Di dov'è?	Where are you from (*inform./form.*)?
Sono di...	I'm from . . .
grazie	thank you
Il mio numero di telefono è...	My phone number is . . .
(Non) ti piace / piacciono... ?	Do (don't) you (*inform.*) like . . . ?
(Non) Le piace / piacciono... ?	Do (don't) you (*form.*) like . . . ?
per favore / per piacere	please
Piacere!	Pleased to meet you!
prego	you're welcome; come in; etc. (*See page 5.*)
Qual è la data di oggi?	What is today's date?

Sostantivi (il bar)

l'acqua	water
il bicchiere	glass
la birra	beer
la bottiglia	bottle
il caffè	coffee
il cappuccino	cappuccino

il panino	sandwich
il succo d'arancia	orange juice
il tè	tea

Sostantivi (l'università)

l'aereo	airplane
l'amico/l'amica (*m./f.*)	friend
l'anno	year
l'antropologia	anthropology
la bicicletta	bicycle
la biologia	biology
il cane	dog
la casa	house, home
il CD	CD-ROM
la chimica	chemistry
il cinema	cinema, movie theater
la città	city
la classe	group (*of students*), classroom
il computer	computer
il corso	course
il dizionario	dictionary
l'economia	economy, economics
l'errore (*m.*)	error, mistake
l'esame (*m.*)	exam
la festa	party; holiday
il film	film, movie
la filosofia	philosophy
la fisica	physics
la fotografia	photograph
il gatto	cat
il gelato	ice cream
l'hamburger (*m.*)	hamburger

l'informazione (*f.*)	information	maggio	May
l'italiano	Italian	giugno	June
la letteratura inglese	English literature	luglio	July
la lezione	lesson, individual class period	agosto	August
		settembre	September
il libro	book	ottobre	October
la lingua	language	novembre	November
la macchina	car	dicembre	December
la matematica	mathematics		
la materia (di studio)	subject matter		
il numero	number, issue		
l'orologio	clock, watch		

Le stagioni

la primavera	spring
l'estate (*f.*)	summer
l'autunno	autumn
l'inverno	winter

la penna	pen
la porta	door
il professore / la professoressa (*m./f.*)	professor
la psicologia	psychology
il quaderno	notebook
la religione	religion
la residenza	residence
il ristorante	restaurant
le scienze della comunicazione	Communication (*subject matter*)
le scienze politiche	political science
la sociologia	sociology
lo sport	sport
lo studente / la studentessa (*m./f.*)	student
gli studi internazionali	International Studies
la televisione	television
l'università	university
il voto	grade
lo zaino	backpack

I numeri da 0 a 9.999

(*See page 11.*)

I numeri ordinali da 1 a 10

primo	first
secondo	second
terzo	third
quarto	fourth
quinto	fifth
sesto	sixth
settimo	seventh
ottavo	eighth
nono	ninth
decimo	tenth

I mesi

gennaio	January
febbraio	February
marzo	March
aprile	April

Com'è?

Primavera (c. 1485), Sandro Botticelli

Scopi

In this chapter you will learn:

- to ask how someone is
- to ask someone's nationality
- to describe people, places, and things
- to express your age
- to say what belongs to you and others
- to recognize the origins of different family names in Italian

RISORSE MULTIMEDIALI

Strategie di comunicazione

Come stai? / Come sta? / Come va?

Asking how someone is

To ask how someone is say:

(tu)	**(Lei)**
Come stai?	**Come sta?**
—**Ciao, Clara! Come stai?**	—**Buon giorno, Signora Rossi! Come sta?**

For either **tu** or **Lei,** you can also use the Italian equivalent of *How's it going?*

Come va?

A. Come va? How would you greet the following people and ask how they are? Write the appropriate question next to the description of each person. Check your answers with your partner's.

Esempio: your mother   Ciao, mamma. Come stai?

1. the elderly lady next door   _____
2. the bus driver on your daily route   _____
3. your physics professor   _____
4. your roommate's friend   _____
5. your brother's girlfriend   _____
6. your Italian instructor   _____

IN ITALIA

- As in English, the expected answer to the question **Come stai? / Come sta? / Come va?** *is some form of* **bene** (well).

  —**Ciao, Antonietta! Come stai?**
  —**Bene, grazie. E tu?**

  —**Buon giorno, signora! Come va?**
  —**Non c'è male, Signor Tucci. E Lei?**

- *If someone answers anything less positive than* **Non c'è male** (Not too bad), *the other person will be obliged to inquire further, by asking* **Cosa c'è?** (What's the matter?)
- *When someone asks how you are it is polite to say* **grazie** *after you answer and then return the question by asking,* **E tu?** *or* **E Lei?**

B. E tu? Greet at least three different classmates, by name, and ask how they are. See how many remember to ask *you* how you are in return!

BENISSIMO !!!

MOLTO BENE !!

BENE !

NON C'È MALE.

COSÌ COSÌ.

INSOMMA.

 Sei italiano/a? / Asking someone's nationality
È italiano/a?

Two other ways to answer the question **Di dove sei? / Di dov'è?** are:

Sono + nationality
or
Sona nato/a a (*I was born in*) + name of city

People sometimes add the name of the city that they currently live in if it is different from their birthplace: **ma abito a** (*but I live in*) + name of city.

Sono italiana.
Sono nata a Roma, ma abito a Milano.

A. Di dove sei? / Di dov'è?

Parte prima. Watch and listen as the following people say who they are and where they are from. Put a checkmark next to those who are not Italian.

1. ☐ _____

2. ☐ _____

3. ☐ _____

4. ☐ _____

5. ☐ _____

6. ☐ _____

7. ☐ _____

(continued)

Parte seconda. Watch and listen again. Indicate where each person is from by writing their nationality or the name of their country under their photo. Use the **In italiano** box to find the names of the countries and/or nationalities that you don't know.

In italiano

	(m.)	(f.)
l'Australia	australiano	australiana
l'Austria	austriaco	austriaca
il Canada	canadese	canadese
la Cina	cinese	cinese
Cuba*	cubano	cubana
la Francia	francese	francese
la Germania	tedesco	tedesca
il Giappone	giapponese	giapponese
l'Inghilterra	inglese	inglese
l'Irlanda	irlandese	irlandese
l'Italia	italiano	italiana
il Messico	messicano	messicana
il Portogallo	portoghese	portoghese
la Spagna	spagnolo	spagnola
la Turchia	turco	turca
gli Stati Uniti (USA)	americano	americana

_____   _____   _____

If your country and nationality don't appear here, ask your instructor how to say them and then add them to the list.

*__Note:__ You do not use a definite article with Cuba.

To ask someone's nationality, say:

(tu)	**(Lei)**
Sei... ?	**È... ?**

—**Cristina, sei americana?**   —**Dottore, Lei è italiano?**
—**No, sono tedesca.**   —**Certo** (*Certainly*), **sono italiano, di Bari.**

Did you notice that for some nationalities the last letter changes, depending on whether the reference is to a man or a woman?

B. Un po' di geografia.
How well do you know geography? Tell your partner that you are from one of the following cities. Your partner will have to guess your nationality.

Esempio: **S1:** Sono di Chicago.

S2: Allora (So), sei americano/a!

1. Toronto
2. Osaka
3. Parigi
4. Berlino
5. Pechino (*Bejing*)

C. Sei... ?
Give your nationality and say where you are from. Then ask the person next to you.

Esempio: Sono italiana, di Catania. E tu? (E Lei?)

D. Domande e risposte.

Parte prima. Find the correct answer to each of the following questions.

Le domande	Le risposte
1. Come ti chiami?	a. No, no, spagnola, di Madrid.
2. Sei italiana?	b. Sono Flavio. E tu?
3. Di dov'è?	c. Ah! Sei americano. Io sono portoghese.
4. Sono di New York. E tu?	d. Di Milano. E Lei?

Parte seconda. Check your answers by asking your partner one of the questions. S/he should reply with the appropriate answer.

E. Conversazione.
With a partner, create a long conversation in Italian using the expressions provided. Be prepared to demonstrate to the class.

Ciao!
Buona sera!
Buon giorno!
Sono... e tu?
Come stai? Come sta?
Sei americano/a?
E Lei? Ti piace... ?
Bene, grazie! Non c'è male! Sei messicano/a?
Ti piacciono? Di dove sei? Di dov'è?
Come ti chiami? Cosa c'è? Come si chiama?
Le piace... ? Arrivederci! Sei australiano/a?
Insomma. Allora, sei... ?
Allora, è... ?

𝓛essico

𝓢ono allegro!   Describing people, places, and things

Here are some common adjectives used to describe people, places, and things. Can you match the pairs of opposites?

allegro

grasso

giovane

magro

alto

attivo

debole

anziano

forte

basso

veloce

ricco

pigro

povero

triste

lento

Here are more adjective pairs of opposites:

bello (*beautiful*) ≠ brutto (*ugly*)
buffo (*funny*) ≠ serio (*serious*)
buono (*good*) ≠ cattivo (*bad*)
divertente (*entertaining, fun*) ≠
   noioso (*boring*)
grande (*big*) ≠ piccolo (*small*)

impegnato (*busy*) ≠ libero
   (*free; not busy*)
nuovo (*new*) ≠ vecchio (*old*)
simpatico (*nice, pleasant*) ≠
   antipatico (*unkind, unpleasant*)
vicino (*near*) ≠ lontano (*far*)

In italiano

Adjectives are used to describe the weather (**il tempo**).

Che tempo fa? (*What's the weather like?*)

Fa bello. (*It's beautiful.*) ≠ **Fa brutto.** (*It's bad/ugly weather.*)
Fa freddo. (*It's cold.*) ≠ **Fa caldo.** (*It's hot.*)

In italiano

You learned about cognates (**parole simili**) in **Capitolo 1.** Can you recognize these adjectives?

contento, curioso, difficile, disordinato, estroverso, generoso, intelligente, interessante, introverso, nervoso, ordinato, sincero, stressato, studioso, stupido, tranquillo

I colori

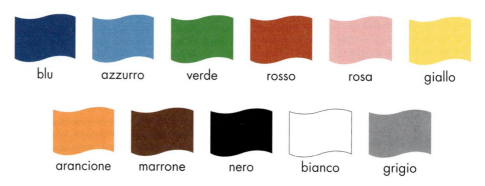

| blu | azzurro | verde | rosso | rosa | giallo |

| arancione | marrone | nero | bianco | grigio |

 IN ITALIA

In Italian culture, certain colors are so closely linked with particular objects that they have come to mean the object:

gli Azzurri	*the national sports teams (based on the color of their uniforms)*
un giallo	*a detective story (based on the traditional color of the dust jacket)*
i Verdi	*members of the pro-ecology party (Green Party)*

In other cases, the color changes the meaning of the noun:

la croce (cross) **verde**	*emergency medical assistance*
un numero verde	*a toll-free number*
una storia rosa	*a love story*

A. I nomi famosi.
Can you find the colors hidden in these famous names? (If you don't know who they are, find their identities at the bottom of the page.)*

Giuseppe Verdi   Gioacchino Rossini   Nerone
Edoardo Bianchi   Biancaneve e i sette nani

B. I colori.
What color(s) do you associate with these objects?

1. la bandiera (*flag*) italiana
2. la tua squadra (*team*) di calcio
3. una Ferrari
4. l'amore
5. una penna
6. la pizza
7. il vino
8. la pace (*peace*)
9. la bandiera americana
10. l'espresso
11. il gelato
12. l'autunno

C. Com'è?
Which adjectives would you use to describe the following people or things?

1. un amico
2. un nemico (*enemy*)
3. un cappuccino
4. un computer
5. un film
6. un cane
7. il mare (*sea*)
8. Babbo Natale (*Santa Claus*)
9. un bambino

D. Come sta?

Parte prima. Paolo and Paola are students. Use the words provided to complete the sentences describing how each one is feeling.

Paolo: arrabbiato (*angry*), **triste, allegro, ammalato** (*ill*), **stressato, stanco, innamorato** (*in love*)

Paolo sta benissimo perché (*because*) è ___.

Sta così così perché è ___.

Non sta bene perché è ___.

Paola: arrabbiata, triste, allegra, ammalata, stressata, stanca, innamorata

Paola sta bene perché è ___.

Sta male perché è ___.

Sta così così perché è ___.

Parte seconda. E tu, come stai? Now describe to the class how you're feeling today and why. Use the words for Paolo if you're male and for Paola if you're female.

Sto bene perché sono... (Non sto bene perché sono...)

---

*Giuseppe Verdi, compositore (1813–1901); Gioacchino Rossini, compositore (1792–1868); Nerone, imperatore romano (38–68); Edoardo Bianchi, industriale e progettista (*designer*) di biciclette (1865–1946); Biancaneve, protagonista di una fiaba (*fairy-tale*)

Strutture

2.1 *L'italiano è divertente!* Adjectives

Look at the advertisement (**pubblicità**) and identify all the adjectives. What are they describing? What relationship do you notice between the nouns and their adjectives?

SE A QUESTO PUNTO NON BEVI LATTE, LA COLPA DI CHI E'?

è puro   è buono   è digeribile

è bianco   è naturale

è energetico   è rilassante

è sportivo   è equilibrato

è disintossicante   è dissetante

è sali minerali   è economico

è vitamine   è completo

è proteine   è sano

Consorzio Produttori Latte

1. Adjectives (**gli aggettivi**) agree in gender and number with the nouns that they describe.

	SINGOLARE	PLURALE
MASCHILE	il ragazz**o** alt**o**	i ragazz**i** alt**i**
FEMMINILE	la penn**a** ross**a**	le penn**e** ross**e**

Note: When describing a group of people or objects where at least one item in the group is masculine, the adjective is masculine plural.

Maria e Roberto sono **alti.**   **La penna e il quaderno** sono **rossi.**

2. Adjectives for certain colors (**arancione, beige, blu, rosa, viola**) are invariable, that is, they never change their endings.

una giacca blu   **due T-shirt beige**
due bandiere rosa   **un quaderno viola**

3. Adjectives that end in **-e** only show number, not gender. This is why the endings of the adjectives don't always match the endings of the nouns.

	SINGOLARE	PLURALE
MASCHILE	il corso interessant**e**	i corsi interessant**i**
FEMMINILE	la casa grand**e**	le case grand**i**

To learn about the plural forms of adjectives ending in **-ca, -co, -ga,** and **-go,** see **Per saperne di più** at the back of your book.

In italiano

- To say that someone is *very* tall, place the adverb **molto** (or **tanto**) in front of the adjective.

  una ragazza **molto** alta   due ragazze **tanto** alte

- You can also drop the final vowel of the adjective and add the suffix **-issimo/a/i/e.**

  una ragazza alt**issima**   due ragazze alt**issime**

4. As you may have noticed already, adjectives usually follow the noun. However, there are several adjectives that always come before the noun and omit the definite article.

a. **molto** (*many / a lot of*) and **poco** (*few / not much, not many*)

molto/poco caffè   **molti/pochi** amici
molta/poca pizza   **molte/poche** lezioni

b. **questo** (*this*) **and quello** (*that*)

- **Questo** indicates people or things that are near to you. Use **quello** for items that are far away.

- The forms of **questo** are like those of any adjective that ends in **-o**:

questo	→	**questi**
questa	→	**queste**

  Note that **quest'** is commonly used before singular nouns that begin with a vowel.

  quest'amica   **quest'**esame

- **Quello** follows the pattern of the definite article that you learned in **Capitolo 1**.

To learn about the use of **questo** and **quello** as pronouns, see **Per saperne di più** at the back of your book.

To learn about other adjectives that precede the noun, see **Per saperne di più** at the back of your book.

		SINGOLARE	PLURALE
MASCHILE	+ **consonante** + **vocale** + **s** + **consonante;** **z, ps, gn**	que**l** libro que**ll'**esame que**llo** zaino	que**i** libri que**gli** esami que**gli** zaini
FEMMINILE	+ **consonante** + **vocale**	que**lla** penna que**ll'**università	que**lle** penne que**lle** università

A. Ascolta.

Is your instructor talking about a woman or a man? Circle the name of the person being described. If you can't tell, circle both.

1. Paolo   Paola
2. Silvio   Silvia
3. Roberto   Roberta
4. Mario   Maria
5. Enrico   Enrica

B. Completa l'aggettivo.

Complete the endings of the adjectives so that they agree with the nouns.

1. i corsi interessant___
2. molt___ film divertent___
3. un esame molto difficil___
4. molt___ birra fredd___
5. un uomo stanc___
6. molt___ caffè fort___
7. gli stadi (*stadiums*) molto grand___
8. la macchina verd___
9. il cane tranquill___
10. un quaderno giall___
11. le persone molto intelligent___
12. poc___ pasta al dente

C. Questo e quello.

Choose the appropriate forms of **questo** or **quello**.

1. (questo / questi / queste) attori
2. (quei / quelle / quegli) studenti
3. (quella / quel / quell') film
4. (quel / quello / quella) ragazzo
5. (quest' / questo / queste) amica
6. (quella / quello / quel) rivista (*magazine*)

D. *Quello.* Give the appropriate forms of **quello**.

1. _____ errori
2. _____ cappuccino
3. _____ birra
4. _____ zucchine
5. _____ ville
6. _____ cellulari

E. Articolo, nome, aggettivo. With a partner, combine the articles, nouns, and adjectives below to form logical phrases. **Attenzione!** Some of the adjectives will have to change their ending to agree with the nouns you've chosen.

il la
i l' le
gli

caffè
corsi festa
zaino studenti
uomo bambine
università

verde
forte divertente
intelligente grande
tranquillo difficile
anziano

F. Al centro commerciale (*mall*). Look at the school supplies on the tables below. Using the appropriate forms of **questo** and **quello,** indicate to your partner three items that you would like. Your partner will tell you how much your total purchase costs (**quant'è**).

Esempio: **S1:** Vorrei (*I would like*) questo computer, quello zaino e questi quaderni. Quant'è?

S2: € 1.306.

G. Ti piace o no? Complete the sentences below using the expressions **mi piace / mi piacciono** or **non mi piace / non mi piacciono** and one of the adjectives from the list below.

assurdo
orribile
bello
interessante
divertente
triste
buffo
forte
serio
noioso
emozionante (*exciting, thrilling*)
violento
bravo (*able, good*)
anziano
intelligente
stupendo
giovane
simpatico
creativo
estroverso
introverso
allegro

Study Tip

Don't hesitate to speak Italian because you don't know all the words. When learning a new language, there will always be words you don't know. One strategy to get your idea across is to describe what it is you want to say. Italians will usually tell you the word you need.

È un liquido, è costoso, è per l'automobile.

È la benzina (*gasoline*)**.**

Esempio: Mi piace *La Vita* (*Life*) è *bella* perché è *divertente ma anche triste.*

1. _____ (il nome di un film) perché è _____.

2. _____ (il nome di un'attrice) perché è _____.

3. _____ le partite di calcio (*soccer games*) perché sono _____.

4. _____ gli italiani perché sono _____.

2.2 *Quanti anni hai?* The verbs *to be* and *to have*

The following statements are all things you might say about yourself. Figure out the meanings of the underlined verbs, then check **vero** (*true*) if the statement is true, or **falso** (*false*) if it is not.

	vero	falso
1. <u>Sono</u> una persona tranquilla.	☐	☐
2. <u>Ho</u> una macchina rossa.	☐	☐
3. <u>Sono</u> allegro/a oggi.	☐	☐
4. <u>Ho</u> un cane.	☐	☐
5. <u>Sono</u> giovane.	☐	☐
6. <u>Ho</u> una grande famiglia.	☐	☐

1. The verbs **essere** (*to be*) and **avere** (*to have*) are used frequently to describe people, places, and things. You have already encountered several forms of the verb **essere.** Here is the whole conjugation.

essere			
io (*I*)	**sono**	noi (*we*)	**siamo**
tu (*you, sing., inform.*)	**sei**	voi (*you, pl.*)	**siete**
lui (*he*) lei (*she*) Lei (*you, form.*)	**è**	loro (*they*)	**sono**

2. All verbs have six forms, one for each person (**io, tu, lui/lei/Lei, noi, voi, loro**). There are three subject pronouns that mean *you.* You have already learned two of them: the informal **tu** and formal **Lei.** The pronoun **voi** is both formal and informal, and is used when talking to more than one person.*

Note that:

a. **Lei** (formal *you*) is often capitalized to distinguish it from **lei** (*she*) in writing.

b. Unlike English, subject pronouns in Italian are usually omitted. They are only used for emphasis or contrast. For example, the equivalent of *he is kind* in Italian is **è gentile.**

c. Italian does not usually use a subject pronoun for *it:*

—**Ti piace il libro?** —*Do you like the book?*
—**Sì, è interessante.** —*Yes, it is interesting.*

3. Here is the conjugation of the verb **avere.**

avere			
io	**ho**	noi	**abbiamo**
tu	**hai**	voi	**avete**
lui lei Lei	**ha**	loro	**hanno**

4. The verb **avere** is used to talk about possessions.

Gli studenti **hanno** il libro d'italiano *Avanti!*
Salvatore non **ha** una macchina, **ha** una bicicletta.

It is also used to talk about certain physical features.

---

*The **Loro** form can be used for the plural formal *you*, but it is very formal and often replaced by **voi.**

Antonella **ha** i capelli biondi e ricci. Luca **ha** i capelli castani e lisci.

Rita **ha** gli occhi azzurri e Mauro **ha** gli occhi castani.

Samuele **ha** gli occhiali, ma Margherita **ha** le lenti a contatto.

Study Tip

Although it's tempting, try to avoid translating word for word from Italian to English or vice versa. Many expressions do not translate, or if you do translate them literally, they have a completely different meaning that often doesn't make sense. For example, to say I'm having a good time, students often incorrectly say **Ho un buon tempo.** In Italian this literally means I have a good weather. The correct expression in Italian is **Mi diverto.**

○ To learn additional idiomatic expressions with **avere,** see **Per saperne di più** at the back of your book.

In italiano

You have already seen **come** in the expression **Come stai? Come sta?** to ask how someone is feeling.

Come is also used with the verb **essere** to ask what a person is like:

—**Com'è** Maria?
—Bella e simpatica. È alta e ha i capelli castani e gli occhi verdi.
—**Come sono** Luca e Marco?
—Sono molto atletici. Sono alti e hanno grossi muscoli (*big muscles*).

5. The verb **avere** is also used in idiomatic expressions. These are expressions that do not make sense when translated literally into another language. **Attenzione!** In English, the Italian idiomatic expressions shown below are formed with the verb *to be*.

Mario **ha caldo.**	*Mario is hot.*
Ugo **ha freddo.**	*Ugo is cold.*
Sandra **ha sete.**	*Sandra is thirsty.*
Silvia **ha fame.**	*Silvia is hungry.*

Note: To ask someone's age, you say:

(tu)	(Lei)
—**Quanti anni hai?**	—**Quanti anni ha?**
—**Ho vent'anni.**	—**Ho settantacinque anni.**

A. Il pronome appropriato. Replace the italicized nouns with the appropriate subject pronouns.

Esempio: —Tina e Enrica hanno il CD?
—No! Solamente *tu e Gina* avete il CD.
—No! Solamente **voi** avete il CD.

1. —Chi (*Who*) è arrabbiato?
   —*Il professore.*
2. —Hai fame tu?
   —No! *Lisa, Gianni e Maurizio* hanno fame.
3. —Chi ha i compiti oggi?
   —*La studentessa irlandese.*
4. —Chi ha gli occhi azzurri?
   —*Gianni ed io.*
5. —Tina è ammalata oggi?
   —No! *Roberto e Simona* sono ammalati.
6. —Roberta e Gina hanno il libro?
   —No! Solamente *tu e Roberta* avete il libro.

B. Ascolta. In groups of three or four, listen as your instructor describes a person or thing. Each member of the team secretly writes down the name of a person or thing that fits the description. Points are awarded to the group that has the most students with the same answers.

C. Frasi complete! With a partner, formulate complete sentences using the words below. How many different sentences can you make in three minutes?

tu e Maria   non   ho
divertenti   hanno   sono
io e la mia amica   io   ha   francese
la macchina gialla   Giancarlo e Anna
avete   belle   bassi   stupido   molto
i capelli rossi   Gina e Luisa   è   siete
un cane   Massimo   intelligenti   siamo
sportive   felici   fame   abbiamo
allegro
di Roma   20 anni

D. Il verbo appropriato.

Parte prima. Complete the statements by choosing the appropriate verbs.

1. Marina (è / ha) di Firenze.

2. Rosaria e Rosario sono gemelli (*twins*). (Sono / Hanno) vent'anni. (Sono / Hanno) alti, belli e simpatici. (Sono / Hanno) gli occhi verdi e i capelli neri.

3. Io e Roberto non (siamo / abbiamo) un appartamento grande.

4. Tu e Gianfranco (siete / avete) molto simpatici.

(continued)

Parte seconda. Complete the statements with the appropriate form of either **avere** or **essere.**

1. Rita e Sara _____ allegre, attive e _____ molti amici.

2. Michele _____ pigro e molto noioso, ed _____ anche una persona triste.

3. Perché tu _____ due panini? _____ molta fame?

4. Il mio cane _____ molto vecchio; _____ 16 anni.

E. Avere o essere? Describe Silvia and Roberto using the words below.

le lenti a contatto
simpatica   generosa
attiva   **Silvia**   18 anni
i capelli biondi

gli occhi azzurri
alto   **Roberto**   allegro
gli occhiali   sportivo
intelligente

2.3 *I miei corsi sono interessanti!*   Possessive adjectives

Identify the forms of *my* in the following statements, and then decide if the statements are **vero** or **falso.** Share your answers with the class.

	vero	falso
1. I miei corsi sono molto interessanti.	☐	☐
2. I miei amici sono noiosi e poco intelligenti.	☐	☐
3. La mia macchina è nuova.	☐	☐
4. Il mio zaino è nero.	☐	☐
5. Le mie lezioni sono sempre di mattina.	☐	☐

1. Possessive adjectives (**gli aggettivi possessivi**) are equivalent to English *my, your (sing.), his/her, our, your (pl.), their.* Just like the adjectives we have seen in this chapter, possessive adjectives agree in gender and number with the noun they modify. Unlike most adjectives, however, they precede the noun.

2. Here are the forms of the possessive adjectives:

	SINGOLARE		PLURALE	
	MASCHILE	**FEMMINILE**	**MASCHILE**	**FEMMINILE**
my	il mio	la mia	i miei	le mie
your (**tu**)	il tuo	la tua	i tuoi	le tue
her/his/its *your* (**Lei**)	il suo*	la sua	i suoi	le sue
our	il nostro	la nostra	i nostri	le nostre
your (**voi**)	il vostro	la vostra	i vostri	le vostre
their	il loro	la loro	i loro	le loro

Note that:

a. The **loro** form is invariable—it is always **loro** no matter which noun follows.

    la loro macchina   **i loro amici**

b. The only irregular forms are **miei, tuoi,** and **suoi.** The rest of the adjectives change their ending to **-o, -a, -i, -e** to match the gender and number of the noun.

c. If the noun ends in **-e** or an accented vowel, the endings of the possessive adjective may not always match those of the noun: **il mio esame, le nostre città.**

Study Tip

Look for regularities and highlight them. Language is very systematic—there is no need to memorize all the items in a table.

3. In Italian, the possessive adjective agrees in gender and number with the noun it modifies, not with the person or thing that owns it. For this reason, the forms of *her/his* are ambiguous.

Il suo cane è grande.	*Her/His dog is big.*
La sua macchina è rossa.	*Her/His car is red.*

To clearly specify the possessor, you can use **di** (*of*) + the name of the person.

Il cane di Marcella è grande.	*The dog of Marcella is big.* (*Marcella's dog is big.*)
La macchina di Roberto è rossa.	*The car of Roberto is red.* (*Roberto's car is red.*)

A. Scegli il possessivo. Choose the appropriate possessive adjective to complete the sentence.

1. Ho molti libri nello zaino. _____ libri sono pesanti (*heavy*)!

    a. Le mie   b. Il mio   c. La mia   d. I miei

*The **s** in **suo, sua,** and so on may be capitalized (**Suo, Sua**) to distinguish between *her/his/its* and *your* (formal), just as with **lei/Lei.**

2. Sandro e io abbiamo tante amiche. _____ amiche sono molto simpatiche.

    a. La nostra   b. I nostri   c. Le nostre   d. Le sue

3. Margherita e Salvatore hanno un gatto. _____ gatto ha 12 anni.

    a. Il loro   b. Il suo   c. I loro   d. I suoi

4. Tu e Giancarlo avete pochi compiti (*homework*) stasera. _____ compiti sono anche facili.

    a. I loro   b. I vostri   c. I nostri   d. Le vostre

B. Ascolta.
Listen as your instructor describes the following people. Complete each description by selecting the appropriate possessives.

1. (I suoi / I tuoi) cani e gatti sono belli e simpatici.

2. (I vostri / I loro) compiti di matematica sono particolarmente difficili.

3. (I nostri / I vostri) amici sono simpatici, intelligenti e attivi.

4. Purtroppo (*Unfortunately*) (i miei / i tuoi) sci sono vecchi.

5. Purtroppo (i nostri / i vostri) spaghetti sono sempre freddi.

C. Il compleanno. (*Birthday.*)
Go around the room to find out when everyone's birthday is.

Esempio: **S1:** Quando è il tuo / il Suo compleanno?

               S2: È il 25 (venticinque) gennaio.

D. Le nostre cose.
With a partner, take turns describing the belongings or the people associated with the individuals listed below. Be sure your descriptions for each are different. Use the adjectives provided or come up with your own.

> grasso grande
> piccolo simpatico cattivo
> giallo verde azzurro nero
> stressante tranquillo difficile
> facile divertente disordinato
> ordinato interessante
> noioso buono

Esempio: Sara (la macchina) → La sua macchina è rossa.

1. Sara (il computer, la bicicletta, la casa)

2. io (gli amici, la famiglia, la casa)

3. Roberto (il corso avanzato di matematica, lo scooter, la vita)

4. Silvia e Gianni (la macchina, il professore di chimica, il computer)

5. tu e i tuoi amici (gli esami, i corsi)

E. Le tue cose.

Look at the list below and check off the items that you have. Then show your list to your partner. S/he will ask you for more information about your list using the questions provided below.

Come si chiama?   Di che colore è?

Quanti anni ha?   Com'è?

Esempio: **S1:** un cane ☑ **sì** ☐ **no**

S2: Come si chiama il tuo cane?

	sì	no
1. una macchina	☐	☐
2. una bicicletta	☐	☐
3. un fidanzato / una fidanzata (*serious boyfriend/girlfriend*)	☐	☐
4. un programma televisivo preferito	☐	☐
5. una stazione radio preferita	☐	☐

F. Il ladro! (*Thief!*)

Parte prima. You and your partner have been robbed! Each person selects five items from the list provided. Take turns telling your partner, **il carabiniere** (*police officer*), what **il ladro** took. Your partner will take notes.

il cellulare

il dizionario   la macchina

la bicicletta   il computer   lo stereo

i quaderni   i libri   le penne

le matite   la chitarra   l'orologio

lo zaino   il cane

il gatto

Esempio: **S1:** Cosa ha preso il ladro? (*What did the thief take?*)

S2: Il mio cellulare...

Parte seconda. The police officer needs descriptions of your possessions. Working from your notes from **Parte prima,** ask your partner to describe each stolen item.

Esempio: **S1:** Com'è il Suo cellulare?

S2: È...

Parte terza. The police officer needs a description of **il ladro.** Take turns describing her/him while the police officer makes a sketch. Make your description as complete as possible; be sure to give the colors of her/his hair, eyes, and so on. Share your sketches with the class. Here are some additional words that might come in handy: **la giacca** (*jacket*), **le scarpe** (*shoes*), **la maglietta** (*T-shirt*), **i jeans.**

Cultura

 ## Ascoltiamo!

I cognomi° degli italiani   I... *Family names*

What's in a name? That which we call a rose by any other name would smell as sweet.
—William Shakespeare

Parents choose names for their children based on a variety of factors: relatives' names, friends' names, names of popular actors, or just because they like how the name sounds or what it means. They do not choose our last names, however. Those get passed along from generation to generation. Where do they come from?

A. Ascolta. Listen as your instructor explains the origins of many Italian family names. During the explanation you should raise your hand when you don't understand something. You may want to ask for clarification by using one of the expressions inside the front cover of your book.

B. Completa. Write each **cognome** that your instructor says. Then, using the information you heard in the lecture, write the letter from the list below that corresponds to the origin of each family name. **Attenzione!** Some letters are used more than once.

COGNOME	ORIGINE
1. _____	_____
2. _____	_____
3. _____	_____
4. _____	_____
5. _____	_____
6. _____	_____
7. _____	_____
8. _____	_____
9. _____	_____
10. _____	_____

a. un colore

b. una provenienza geografica

c. una professione

d. il carattere / la personalità

e. il nome del padre

f. un aspetto fisico

 ## IN ITALIA

The top five most common **cognomi** *in Italy are*

1° *Rossi*
2° *Ferrari*
3° *Russo*
4° *Bianchi*
5° *Colombo*

Clicca qui
To find out more about common Italian family names, go to **Clicca qui** at the *Avanti!* website (**www.mhhe.com/avanti**).

Leggiamo!

Italiani famosi

On the website page shown below, you can read about some of the Italians who have won **il Premio Nobel.** Use the information on the web page to fill in the missing information in the table on the next page. (**Attenzione!** Use whatever clues you can find—the format, titles of sections and links, color of the text, **parole simili**—to help you.)

fisica		medicina
letteratura	**Un secolo di Nobel:**	pace
chimica	**i laureati italiani**	economia

1909

Guglielmo Marconi
(1874–1937)
Marconi Wireless Telegraph Co. Ltd., London, Great Britain
insieme a
Carl Ferdinand Braun
(1850–1918)
Germany, Strasburg University

"in riconoscimento del loro contributo allo sviluppo del telegrafo senza fili"
Vai alla pagina del Nobel

1934

Luigi Pirandello
(1867–1936)

"per il suo coraggioso rinnovamento dell'arte scenica e drammatica"
Vai alla pagina del Nobel

1986

Rita Levi-Montalcini
(1909–)
Istituto di Biologia Cellulare - C.N.R., Roma, Italia
insieme a
Stanley Cohen
(1922–)
U.S.A., Vanderbilt University School of Medicine, Nashville

"per le loro scoperte sui fattori della crescita"
Vai alla pagina del Nobel

1997

Dario Fo
(1926–)

"per avere emulato i giullari del Medio Evo, flagellando l'autorità e sostenendo la dignità degli oppressi"
Vai alla pagina del Nobel

Anno	Nome e cognome	Campo (*Field*)
1. ____	Guglielmo Marconi	la fisica
2. 1934	_____	la letteratura
3. 1986	_____	_____
4. ____	_____	la letteratura

Scriviamo!

Cerco compagno/a di casa...

Looking for the perfect housemate? How would you describe yourself in order to find the ideal match? Use the form provided to jot down the information requested. Then use your answers to write a paragraph in which you describe yourself, your likes, and dislikes. Remember that to make a good match, you need to offer lots of information! You must answer all of the following questions, but your description should not be limited only to the answers.

CLICCA QUI

You can find out more about all the Italian Nobel Prize winners at the *Avanti!* website, **Clicca qui (www.mhhe.com/avanti).** Find the answers to the following questions: How many Italians have won the Nobel Prize? In which categories? How many men? How many women? In which category have Italians won the most?

Come ti chiami? _____

Quanti anni hai? _____

Di dove sei? _____

Come sei? _____

Cosa ti piace? la musica **Quale?** _____

                 la cucina **Quale?** _____

                 lo sport **Quale?** _____

                 il cinema **Quale?** _____

Sei fumatore/fumatrice (*a smoker*)**?** _____

Hai animali? _____

Altro: _____

Your instructor will read the ads to the class. As you listen, be prepared to say why you would, or would not, be compatible with the person being described.

Parliamo!

Amnesia totale!

Your instructor will tape the name of a famous person on your back. You must go around the room asking yes/no questions to figure out who you are. Two rules: you can only ask questions whose answers are either **sì** or **no,** and everyone must only speak Italian. When you think you know who you are, check with your instructor. If you're right, you may sit down.

Guardiamo!

Film: *Johnny Stecchino* (Commedia. Italia. 1991. Roberto Benigni, Regista. 100 min.)

Riassunto: Actor-director Benigni plays two roles in this film: a mild-mannered bus driver, Dante, and a tough gangster, Johnny Stecchino. By accident, Dante meets and falls in love with Maria (Nicoletta Braschi), the gangster's girlfriend who, upon realizing that Dante looks exactly like her lover, plots to have Dante killed to get Johnny out of trouble.

Scena: [VHS min. 4:35:33–7:37:66]: Dante meets the beautiful Maria when she almost runs him over with her car. In the course of the encounter she is very distracted, until she looks closely at Dante for the first time and realizes that he looks exactly like Johnny, her gangster lover.

Ciak, si gira!

A. Santa Cleopatra! (*Good grief!*)   As you watch the scene, listen for the expressions you've learned so far and make a list of them. Check what you've written with a partner. Did you find the same expressions?

B. Come si dice?   Here are some other common expressions that Maria says to Dante in the scene. Use the words you recognize and the context of the scene to match them with their English equivalents.

1. Tutto a posto?   a. It's all my fault.

2. Meno male!   b. Thank goodness!

3. È tutta colpa mia.   c. Everything OK?

C. Perché si chiama così?   **Stecchino** in Italian means *little stick* or *toothpick*. Why do you think the name **Johnny Stecchino** was chosen for the gangster?

IN AMERICA

Can you match the following famous Italian Americans with their original **cognomi?**

1. Mary Lou Retton	a. Coppola
2. Nicolas Cage	b. Siciliano
3. Tony Bennett	c. Masciarelli
4. Penny Marshall	d. Rettoni
5. Charles Atlas	e. Totto
6. Georgia O'Keefe	f. Benedetto

In America (Answers): 1. d 2. a 3. f 4. c 5. b 6. e

$\mathscr{V}$ocabolario

$\mathscr{D}$omande ed espressioni

Che tempo fa?	What is the weather like?
Fa bello / brutto / caldo / freddo.	It's beautiful / bad / hot / cold (weather).
Com'è... ? / Come sono... ?	What is she/he/it like? / What are they like?
Come stai? / Come sta?	How are you (*inform./form.*)?
bene	well, fine
benissimo	great
così così	so-so
insomma	not very well
molto bene	very well
non c'è male	not bad
Come va?	How's it going?
Mi diverto.	I have fun.
Quanti anni hai/ha?	How old are you (*inform./ form.*)?
Sei americano? / È americano?	Are you (*inform./form.*) American?
Sono di (+ city) **/ Sono** (+ nationality)	I'm from (*Chicago*) / I'm (*American*)

$\mathscr{V}$erbi

avere	to have
avere caldo / freddo / sete / fame	to be hot / cold / thirsty / hungry
essere	to be

$\mathscr{S}$ostantivi

i capelli (biondi / castani / lisci, ricci)	hair (blond / brown / straight, curly)
gli occhi (azzurri / verdi)	eyes (blue / green)
gli occhiali	eyeglasses
le lenti a contatto	contact lenses

$\mathscr{S}$ostantivi (*i paesi*)

l'Australia	Australia
l'Austria	Austria
il Canada	Canada
la Cina	China
Cuba	Cuba
la Francia	France
la Germania	Germany
il Giappone	Japan
l'Inghilterra	England
l'Irlanda	Ireland
l'Italia	Italy
il Messico	Mexico
il Portogallo	Portugal
la Spagna	Spain
la Turchia	Turkey
gli Stati Uniti	United States

Aggettivi (i colori)

arancione	orange
azzurro	(sky) blue
beige	beige
bianco	white
blu	dark blue
giallo	yellow
grigio	gray
marrone	brown
nero	black
rosa	pink
rosso	red
verde	green
viola	violet

Aggettivi (le caratteristiche personali)

alto	tall
ammalato	ill
antipatico	unkind, unpleasant
anziano	old, elderly (*persons*)
arrabbiato	angry
attivo	active
basso	short
bello	handsome
brutto	ugly
buffo	funny
buono	good
cattivo	bad, naughty, mean
contento	content
curioso	curious
debole	weak
difficile	difficult
divertente	entertaining, fun
estroverso	extroverted
felice	happy
forte	strong
generoso	generous
giovane	young
grande	big, great
grasso	fat
impegnato	busy
innamorato	in love
intelligente	intelligent
interessante	interesting
introverso	introverted
lento	slow
libero	free, not busy
lontano	far
magro	thin
nervoso	nervous
noioso	boring
nuovo	new

piccolo	small, little
pigro	lazy
povero	poor
ricco	rich
serio	serious
simpatico	nice
sincero	sincere
stanco	tired
stressato	stressed
studioso	studious
stupido	stupid
tranquillo	calm
triste	sad
vecchio	old
veloce	fast
vicino	near

Aggettivi (le nazionalità)

americano	American
australiano	Australian
austriaco	Austrian
canadese	Canadian
cinese	Chinese
cubano	Cuban
francese	French
giapponese	Japanese
inglese	English
italiano	Italian
messicano	Mexican
portoghese	Portugese
spagnolo	Spanish
tedesco	German

Aggettivi possessivi

mio	my
tuo	your (*sing. inform.*)
Suo	your (*sing. form.*)
suo	her / his / its
nostro	our
vostro	your (*pl.*)
loro	their

Altri aggettivi

molto	many, a lot of
poco	few, not much
quello	that
questo	this

Cosa ti piace fare?

Scopi

In this chapter you will learn:

- to get someone's attention
- to ask and tell time and to say when events occur
- to check for comprehension and/or agreement
- to say what you like to do in your free time
- to talk about your daily routine
- about a typical daily routine in Italy

Ballerina blu (1912), Gino Severini

RISORSE MULTIMEDIALI

Strategie di comunicazione

Scusa/Scusi, che ora è? Asking and telling time

- To get the attention of a person you address as **tu,** say: **Scusa,... ?**
  To get the attention of a person you address as **Lei,** say: **Scusi,... ?**
- To ask the time, use either:

  Che ora è? or **Che ore sono?**

- To tell the time, say:

  È + l'una, mezzogiorno, mezzanotte.
  Sono + le due, le tre, le quattro...

Here are some additional words used to express time:

Mezzo (or **mezza**) can be replaced by **trenta.**

  È l'una e mezzo = È l'una e trenta.

Note: For times after the half-hour, it is common to use **meno.**

  Sono le sette e quarantacinque = Sono le otto meno un quarto.

A. Che ora è? Use what you already know to match the following times with the clocks.

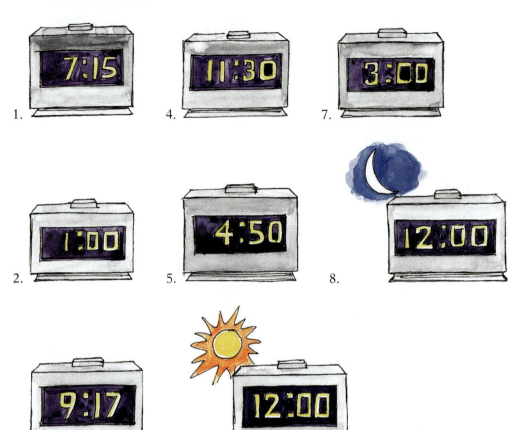

1. 7:15
4. 11:30
7. 3:00
2. 1:00
5. 4:50
8. 12:00
3. 9:17
6. 12:00

a. È mezzogiorno. (Sono le dodici.)
b. È mezzanotte. (Sono le ventiquattro.)
c. È l'una.
d. Sono le tre.

e. Sono le undici e mezzo.
f. Sono le sette e un quarto.
g. Sono le cinque meno dieci.
h. Sono le nove e diciassette.

IN ITALIA

*In Italy, the 24-hour "military" clock is commonly used. Times posted in public places are always written using the 24-hour clock instead of the 12-hour clock. In conversation, you can use the 24-hour clock or you can use **di mattina** (in the morning), **del pomeriggio** (in the afternoon) and **di sera** (in the evening) to distinguish between A.M. and P.M.*

Sono le ventidue. = Sono le dieci di sera.
Sono le quattordici. = Sono le due del pomeriggio.

B. Un secondo, per favore!
Put the following measurements of time in order from the smallest to the largest. The first one is done for you.

_____ un anno

_____ una settimana (*week*)

_____ un minuto   _____ un'ora

_____ un mese   _/_ un secondo

_____ un giorno

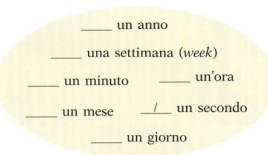 *A che ora... ?*   Asking when events occur

A. Osserva ed ascolta.
Watch and listen as some Italians tell you when they do certain things. Then indicate at what time each activity happens.

VIDEO

1. Lo studente, Stefano, si alza (*gets up*)…

   a. alle 3.30.
   b. alle 7.00.
   c. alle 8.00.
   d. alle 9.00.
   e. alle 7.30 (19.30).

2. La madre, Stefania, sveglia (*wakes up*) la bimba…

3. La studentessa, Lucia, cena (*eats dinner*)…

(continued)

4. L'idraulico (*plumber*), Paolo,
   si alza...

5. La studentessa, Cristina, ritorna
   dalla discoteca...

B. Quale domanda?

You have heard two different questions referring to time. What's the difference between them? Check all the possible replies to the following questions:

Che ora è?

1. ☐ Sono le tre.

2. ☐ All'una.

3. ☐ È mezzogiorno.

4. ☐ Non lo so. (*I don't know.*)
   Non ho l'orologio.

5. ☐ Sono le otto meno venti.

A che ora?

1. ☐ Sono le sei e mezzo.

2. ☐ Alle due.

3. ☐ A mezzanotte.

4. ☐ Presto! Alle sette di mattina.

5. ☐ Non lo so. Non ho l'orario
   (*schedule*).

To express when something happens, say:

A che ora?   **all'**una
               alle due, **alle** tre, **alle** quattro...
               a mezzogiorno, **a** mezzanotte

C. A che ora apre (*opens*)... ? A che ora chiude (*closes*)... ?

Parte prima. Work with a partner to find out at what time the following places open and close. Be sure to use **scusa** or **scusi** to get your partner's attention.

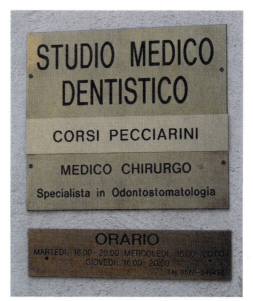

Esempio: **S1:** Scusa, a che ora apre la pinacoteca (*art gallery*) il lunedì (*on Mondays*)?

S2: Alle otto e mezzo.

S1: A che ora chiude?

S2: Alle tredici e trenta.

S1: Grazie!

1. A che ora apre lo studio medico-dentistico? A che ora chiude?
2. A che ora apre il negozio (*store*) la mattina? A che ora chiude?
3. A che ora riapre (*reopens*) il negozio il pomeriggio? A che ora chiude la sera?
4. A che ora apre il parrucchiere (*hairdresser*)? A che ora chiude il sabato (*Saturday*)?

Parte seconda. Using the model in **Parte prima,** formulate the questions you would ask to find out the following information.

1. what time the gallery opens Tuesday–Saturday (**da martedì a sabato**) and what time it closes
2. what time the gallery opens on Sundays (**la domenica**) and what time it closes

Parte terza. With a partner, take turns asking and answering the questions you've just formulated.

In italiano

- To check if you agree (or if you understand), Italians add: **ok?** or **va bene?** to the end of the sentence. To say they agree (or understand) they answer:

  Sì!, Ok!, or **Va bene!**

- Other replies include:

  Bene!, Benissimo!, Certo!, Perfetto!

- Sometimes Italians use an enthusiastic combination of several expressions:

  —**Stasera alle venti, va bene?**
  —**Sì, sì, sì, certo, va benissimo!**

Nel tempo libero cosa ti/ Le piace fare?

Saying what you like to do in your free time

- To say you like to do something, say:

  Mi piace + infinitive

- To ask someone if s/he likes to do something, say:

(*informal*)	(*formal*)
Ti piace + infinitive	**Le piace** + infinitive
—**Ti piace viaggiare** (*to travel*)?	—**Le piace leggere** (*to read*)?
—**Certo, ma ho pochi soldi** (*money*)!	—**Sì, mi piacciono i gialli.**

Attenzione! You always use **piace** with an infinitive or a singular noun, but you still need to change to **piacciono** for plural nouns.

You will learn more about **piace** + infinitive later in this chapter.

A. Osserva ed ascolta.

Watch and listen as Elisabetta describes what she likes to do in her free time. Put a ✓ next to the activities she enjoys. Then watch and listen as Paolo says what he likes to do and check the ones he enjoys. Which activities do they both enjoy?

	Elisabetta	Paolo
1. andare a bere qualcosa (*something*) con gli amici	☐	☐
2. andare (*to go*) al cinema	☐	☐
3. ascoltare la musica	☐	☐
4. ballare / andare in discoteca	☐	☐
5. giocare a calcio	☐	☐
6. leggere	☐	☐
7. viaggiare	☐	☐

B. Il tuo tempo libero.

Parte prima. Work with a partner. Put a star by activities listed in Activity A that you think your partner enjoys in her/his free time. Then find out which ones your partner really likes to do by taking turns asking **Ti piace... ?** How many did you guess correctly?

Parte seconda. Now, report to the class which activities you both enjoy and those that neither likes to do.

> **Esempio:**   A noi piace...
>
> A noi non piace...

In italiano

Two common idiomatic expressions in Italian contain the word **ora:**

fare le ore piccole = *to stay up late*
—**Ti piace fare le ore piccole?** (*Do you like to stay up late?*)

non vedere l'ora (di fare qualcosa) = *to not be able to wait (to do something)*
—**Non vedo l'ora di rivederti!** (*I can't wait to see you again!*)

C. Presto o tardi?

Parte prima. Your partner will ask if you like to do the following activities at the times listed. Tell her/him what you think: **è troppo presto** (*too early*), **è troppo tardi** (*too late*), or **è l'ora giusta** (*the right time*).

Esempio: **S1:** Ti piace guardare (*to watch*) la TV alle sei di mattina?
 S2: No, no! È troppo presto!

Ti piace...

	troppo presto	l'ora giusta	troppo tardi
1. frequentare (*to attend*) una lezione alle dieci di mattina?	☐	☐	☐
2. arrivare a una festa alle ventidue?	☐	☐	☐
3. andare a una partita di football a mezzogiorno?	☐	☐	☐
4. cenare alle venti?	☐	☐	☐
5. andare al cinema alle diciassette?	☐	☐	☐
6. rientrare (*to come home*) il sabato sera alle ventidue?	☐	☐	☐

Parte seconda. Compare your answers with your partner's. Do you agree?

Esempio: **S1:** Mi piace cenare alle venti.
 S2: Anche a me! (*Me, too!*) (Oh no! È troppo tardi. Mi piace cenare alle diciotto.)

In italiano

Presto and **tardi** can also be used to say good-bye:

A presto! *See you soon!*
A più tardi! *See you later!*

Lessico

Che fai di bello? Talking about your daily activities

Although Salvatore e Riccardo are twins (**gemelli**), they are very different. Read the brief descriptions they give of themselves and of the activities they like to do.

Ciao. Sono Salvatore DiStefano. Ho 20 anni e sono studente di scienze politiche all'Università degli Studi di Bologna. Ho molti amici e una ragazza (*girlfriend*). La mia ragazza si chiama Angela. Mi piace molto lo sport.

Ciao. Sono Riccardo DiStefano, il fratello (*brother*) gemello di Salvatore. Anch'io ho 20 anni, ma non sono studente. Sono cameriere (*waiter*) in una pizzeria nel centro di Bologna. Mi piacciono i libri e la musica.

Based on your recognition of **parole simili** and the words that you have already learned, match each phrase from page 68 to the appropriate picture. (If you need help from your instructor, be sure to use the appropriate questions inside the front cover of your book.)

1. _____

3. _____

5. _____

2. _____

4. _____

6. _____

(*continued*)

7. _____

10. _____

13. _____

8. _____

11. _____

9. _____

12. _____

a. Servo la pizza.
b. Guardo la TV con la mia ragazza.
c. Lavoro tutte le sere fino alle due di notte.
d. La mattina faccio colazione con cappuccino e biscotti.
e. Gioco a carte con la mia ragazza.
f. Ballo in discoteca.

g. Faccio sport.
h. Leggo molti libri.
i. Lavo i piatti.
j. Torno a casa molto tardi.
k. Vado al cinema.
l. Ascolto la musica.
m. Parlo al telefonino.

▶ Answers to this activity are in Appendix 2 at the back of your book.

Now, based on what you know about Salvatore and Riccardo, complete their descriptions of themselves by writing which activities each brother would include in his list of typical activities. **Attenzione!** Some may be appropriate for both brothers.

Ciao. Sono Salvatore DiStefano. Ecco le mie attività tipiche:

Guardo la TV con la mia ragazza.

Ciao. Sono Riccardo DiStefano. Ecco le mie attività tipiche:

▶ Answers to this activity are in Appendix 2 at the back of your book.

Here are more of Salvatore and Riccardo's comments about themselves. Can you figure out which brother is speaking?

Pulisco la pizzeria.	*I clean the pizzeria.*
Frequento le lezioni tutte le mattine.	*I attend class every morning.*
Bevo un'aranciata.	*I drink an orange soda.*
Mangio alla mensa.	*I eat at the cafeteria.*
Prendo un caffè.	*I have a coffee.*
Dormo a lungo.	*I sleep late.*
Prendo l'autobus per andare all'università.	*I take the bus to go to the university.*
Esco con gli amici.	*I go out with friends.*
Studio in biblioteca.	*I study in the library.*

A. Ascolta! Listen as your instructor reads a variety of statements. Decide if Salvatore or Riccardo is speaking.

	Salvatore	Riccardo
1.	☐	☐
2.	☐	☐
3.	☐	☐
4.	☐	☐
5.	☐	☐
6.	☐	☐
7.	☐	☐
8.	☐	☐
9.	☐	☐
10.	☐	☐

B. Le tue attività.
Indicate how often you do the following activities by checking the appropriate box: **mai** (*never*), **ogni tanto** (*sometimes*), **spesso** (*often*), or **sempre** (*always*). Compare your answers with your partner or with the class.

	mai	ogni tanto	spesso	sempre
1. Gioco a carte.	☐	☐	☐	☐
2. Suono uno strumento (il pianoforte, il violino, la chitarra [*guitar*]).	☐	☐	☐	☐
3. Faccio sport.	☐	☐	☐	☐
4. Mangio la pizza.	☐	☐	☐	☐
5. Faccio shopping.	☐	☐	☐	☐
6. Pulisco la mia camera (*room*).	☐	☐	☐	☐
7. Vado a letto (*bed*) alle due di mattina.	☐	☐	☐	☐
8. Prendo un cappuccino.	☐	☐	☐	☐
9. Prendo l'autobus per andare a scuola.	☐	☐	☐	☐
10. Vado a scuola in bicicletta.	☐	☐	☐	☐
11. Dormo più di (*more than*) 8 ore.	☐	☐	☐	☐
12. Leggo una rivista (*Vogue, GQ*).	☐	☐	☐	☐
13. Arrivo puntuale alla lezione.	☐	☐	☐	☐

C. Ancora le tue attività.
Decide if the following statements are true for you. If the statement is false, correct it. Then share your responses with the class.

	vero	falso
1. La mattina dormo fino (*until*) alle 11.00.	☐	☐
2. Vado a letto molto presto.	☐	☐
3. Non lavo i piatti tutti i giorni.	☐	☐
4. Studio con la musica o la televisione accesa (*turned on*).	☐	☐
5. Scrivo molte e-mail.	☐	☐
6. Non mi piace mangiare alla mensa.	☐	☐
7. Leggo ogni (*every*) giorno.	☐	☐
8. Vado al cinema con gli amici il weekend.	☐	☐
9. Durante la settimana non esco (*I don't go out*).	☐	☐
10. Il weekend, quando esco con gli amici, torno a casa presto.	☐	☐

IN ITALIA

In Italy, Monday is the first day of the week, and Sunday is the last!

I giorni della settimana

**lunedì   martedì   mercoledì   giovedì   venerdì
sabato   domenica**

Did you notice that the days of the week are not capitalized?
To ask what day it is, say:

—**Che giorno è oggi?**
—**È lunedì.**

D. La mia agenda.

Parte prima. Using the blank agenda page below as a model, create your schedule for next week. List one or two activities for each day at various times.

	lunedì	martedì	mercoledì	giovedì	venerdì
9.00					
12.00					
15.00					

Parte seconda. Now, find out if your partner has something fun or interesting planned each day of the week by asking: **Che cosa fai di bello? (tu)** or **Che cosa fa di bello? (Lei)**

Esempio: **S1:** Che cosa fai di bello venerdì?

  S2: Frequento la lezione d'italiano alle dieci e mezzo, mangio alla mensa all'una, e vado in discoteca a mezzanotte. E tu?

o

  S1: Che cosa fa di bello sabato?

  S2: Dormo fino alle undici e poi studio tutto il giorno! E Lei?

In italiano

If you do an activity *every* Monday, you say: **il lunedì** but if you are only referring to *this* Monday, you say: **lunedì.**

Esco con gli amici **il sabato.**   *I go out with my friends on Saturdays.*

Lavoro **martedì.**   *I am working this Tuesday.*

Strutture

3.1 Mi piace studiare l'italiano! The infinitive of the verb

1. Verbs end in **-o** when a person is talking about her/his own activities. Verbs also have an infinitive form, **l'infinito.** Infinitives in English are preceded by *to: to walk, to run, to eat.* Many of the verbs in this chapter are listed below; match them with their infinitive forms. For example: **dormo** (*I sleep*) → **dormire** (*to sleep*).

io

arrivo pulisco
frequento prendo
gioco ballo lavo guardo
ascolto lavoro
inizio **dormo** parlo mangio
studio scrivo chiudo leggo
preferisco servo torno
suono apro

l'infinito

frequentare
giocare ascoltare prendere
guardare lavorare iniziare
ballare **dormire** leggere mangiare
chiudere pulire servire
scrivere studiare suonare tornare
preferire aprire parlare
lavare arrivare

2. There are three types of infinitives (or conjugations) in Italian that vary according to their endings. Verbs ending in **-are** belong to the first conjugation; verbs ending in **-ere** belong to the second; verbs ending in **-ire** belong to the third. Write all of the infinitives provided in their appropriate box.

▶ Answers to this activity are in Appendix 2 at the back of your book.

-are	-ere	-ire

3. Here are seven verbs that don't follow the pattern of most verbs. These are called irregular verbs. See if you can match the forms. (You already know two of them!)

io

sono
faccio   vado
esco
bevo
ho   vengo

l'infinito

avere   andare
fare
venire (*to come*)   uscire
essere   bere

▶ Answers to this activity are in Appendix 2 at the back of your book.

A. Preferisco dormire!

Share your opinions with the class. If none of the choices applies to you, add your own.

1. Durante le vacanze (*vacation*), preferisco _____.
   a. leggere un buon libro
   b. guardare la TV
   c. pulire la casa
   d. ?

2. Dopo le lezioni, preferisco _____.
   a. dormire
   b. studiare in biblioteca
   c. fare sport
   d. ?

3. Ogni mattina, prima di uscire di casa, preferisco _____.
   a. fare colazione
   b. fare i compiti
   c. bere un caffè
   d. ?

4. Il venerdì sera preferisco _____.
   a. andare al cinema
   b. guardare un film a casa con gli amici
   c. uscire con gli amici
   d. ?

In italiano

To indicate your preferences, say **preferisco** followed by the infinitive.

Non mi piace guardare la TV, preferisco andare al cinema.
I don't like to watch TV, I prefer to go to the movies.

IN ITALIA

Here's how Italian youth spend their free time. How do you compare?

incontrare (*to meet with*) **gli amici**	32,4%
fare sport	22,3%
ascoltare la musica	14,4%
leggere	10,7%
andare al cinema	5,1%
giocare al computer	3,4%
ascoltare la radio	2,5%
guardare la TV	2,0%
fare del volontariato (*volunteer work*)	1,6%
andare a teatro	0,6%
altro (*other*)	5,0%

B. Ti piace studiare? Answer the questions provided. Add more questions to the list, and then find a classmate who can answer **sì** to each of your questions.

1. Ti piace giocare a carte?
2. Ti piace pulire la casa?
3. Ti piace giocare a golf?
4. Ti piace studiare in biblioteca?
5. Ti piace suonare la chitarra?
6. ?
7. ?
8. ?
9. ?
10. ?

IN ITALIA

Traditional Italian **carte da gioco** (playing cards) *vary slightly in design from region to region and are quite different from the French decks that were adopted in the United States. The cards shown below represent* **il due di spade** (two of spades) *from five different decks.*

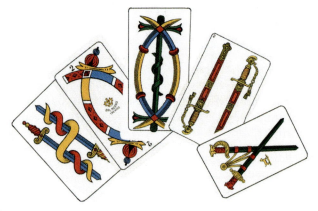

Clicca qui You can read more about regional variations of **carte da gioco** and learn the rules for two popular Italian card games, **Scopa** and **Briscola,** at the *Avanti!* website, **Clicca qui (www.mhhe.com/avanti).**

In italiano

- To say that *she* enjoys an activity, use **le piace** + infinitive.
  Le piace leggere.
- To say that *he* enjoys a particular activity, use **gli piace** + infinitive.
  Gli piace guardare la TV.

C. Le piace fare sport!
Can you remember the activities that your classmates like? Form a circle. Each person states the activity that s/he enjoys and then repeats the preferred activities of all the students preceding her/him in the circle. The first person in the circle doesn't have much to do, but the last person must have a very good memory!

> **Esempio:** Mi piace giocare a tennis, le piace dormire, gli piace fare sport... eccetera.

D. Ti va di andare al cinema?

Parte prima. Make a list of your preferred activities for the following days and times.

> **Esempio:** martedì alle 18.00   andare al cinema

1. martedì alle 18.00
2. giovedì alle 14.00
3. sabato alle 22.00
4. domenica alle 16.00

Parte seconda. Find someone who wants to do each activity with you. Your partner may use one of the expressions below in her/his response.

> **Esempio:** **S1:** Ti va di andare al cinema martedì sera alle sei?
>
> **S2:** No, grazie. Non mi va. (Sì, grazie.)

> *In italiano*
>
> To find out if a friend feels like doing a particular activity, you can ask:
>
> **Ti va di** + infinitive?
> —**Ti va di andare al cinema stasera?**
> —**Sì. (No, non mi va.)**

No, grazie! È troppo presto.

No, grazie. È troppo tardi.

No, grazie. Non mi va.

Sì, grazie! Buon'idea!

Sì, grazie.

3.2 *Studio l'italiano*
The present indicative of regular verbs

Put a ✓ next to the statements about your instructor that you think are true. When you are finished, your instructor will confirm your responses. Who knows the instructor best?

1. ☐ Mangia spesso la pizza.
2. ☐ Lava i piatti tutte le sere.
3. ☐ Suona il pianoforte.
4. ☐ Dorme otto ore ogni notte.
5. ☐ Gioca bene a tennis.
6. ☐ Ascolta la musica classica.
7. ☐ Guarda molti film italiani.
8. ☐ Parla tre lingue (*languages*).
9. ☐ Balla bene.
10. ☐ Al bar prende sempre un cappuccino.

1. The present tense (**il presente indicativo**) in Italian is equivalent to two constructions in English.

Dorme a lungo.	*S/he sleeps late.*	*S/he is sleeping late.*
Lava i piatti.	*S/he washes the dishes.*	*S/he is washing the dishes.*

2. You have already noticed that to talk about your own activities in the present, you drop the **-are, -ere,** or **-ire** ending of the infinitive and add **-o** to the stem.

					(io)
lavorare	→	**lavor-**	→	lavor**o**
prendere	→	**prend-**	→	prend**o**
dormire	→	**dorm-**	→	dorm**o**

3. Here are the endings for the other subject pronouns.

	lavorare	**prendere**	**dormire**
io	lavor**o**	prend**o**	dorm**o**
tu	lavor**i**	prend**i**	dorm**i**
lui, lei; Lei	lavor**a**	prend**e**	dorm**e**
noi	lavor**iamo**	prend**iamo**	dorm**iamo**
voi	lavor**ate**	prend**ete**	dorm**ite**
loro	lavor**ano**	prend**ono**	dorm**ono**

Note that all three conjugations have the same endings in the **io, tu,** and **noi** forms. The **-ere** and **-ire** conjugations share the same endings in the third-person singular (**lui, lei; Lei**) and plural (**loro**) forms.

Now complete the conjugations of these regular verbs.

◗ Answers to this activity are in Appendix 2 at the back of your book.

	parlare	**scrivere**	**aprire**
io	parlo	scrivo	apro
tu		scrivi	
lui, lei; Lei			apre
noi		scriviamo	
voi	parlate		
loro			aprono

4. There are two groups of **-ire** verbs. Some **-ire** verbs are conjugated like **dormire**, but most add an **-isc-** to all but the **noi** and **voi** forms.

Here is the present indicative of **capire** (*to understand*), a verb belonging to the second group of **-ire** verbs. Can you figure out the forms of **finire** (*to finish*), **preferire,** and **pulire**?

▶ Answers to this activity are in Appendix 2 at the back of your book.

		capire	finire	preferire	pulire
io		cap isc o			
tu		cap isc i			
lui, lei; Lei		cap isc e			
noi		cap iamo			
voi		cap ite			
loro		cap isc ono			

5. Some common verbs have spelling changes in the **tu** and **noi** forms. Verbs that end in **-iare,** such as **mangiare** and **studiare,** retain only one **-i-.**

	mangiare	studiare
io	mangio	studio
tu	**mangi**	**studi**
lui, lei; Lei	mangia	studia
noi	**mangiamo**	**studiamo**
voi	mangiate	studiate
loro	mangiano	studiano

6. Verbs that end in **-care** and **-gare,** such as **giocare** and **pagare** (*to pay [for]*), add an **-h-** in the **tu** and **noi** forms to maintain the hard sound of the consonant.

	giocare	pagare
io	gioco	pago
tu	**giochi**	**paghi**
lui, lei; Lei	gioca	paga
noi	**giochiamo**	**paghiamo**
voi	giocate	pagate
loro	giocano	pagano

Here are some other common verbs that end in **-care** and **-gare:**

cercare *to look for*	**pregare** *to pray*
dimenticare *to forget*	**spiegare** *to explain*
praticare *to practice*	

7. Here are some points to remember when using the present tense.

a. To make a statement negative, just put **non** before the verb.

Non pulisco la casa.   **Non** faccio i compiti.

b. Asking questions in Italian is easy! Intonation (the rise and fall in pitch of the voice) always rises at the end of a question, and if a subject is expressed, it often appears at the end. Listen to your instructor say the following statements and questions.

(statement) **Gianni e Maria** mangiano al ristorante.
(question) Mangiano al ristorante **Gianni e Maria**? ↗
(question) **Gianni e Maria** mangiano al ristorante? ↗

c. Remember, if you are asking someone a question and need to use the formal form (**Lei**), use the third-person singular form of the verb. Compare these questions.

(tu)	**(Lei)**
Gianni, **mangi** gli spaghetti?	Signora Tozzi, **mangia** gli spaghetti?
Mangi gli spaghetti, Gianni?	**Mangia** gli spaghetti, Signora Tozzi?

In italiano

There are two ways to say *every day* in Italian:

tutti i giorni
or
ogni giorno

A. Vero o falso? Choose the correct ending for each verb in the following sentences. Based on what you learned about Salvatore and Riccardo (page 67), decide if the statements are true. If any are false, correct them.

	vero	falso
1. Riccardo prend__ (-e / -a) l'autobus ogni mattina.	☐	☐
2. Salvatore lavor__ (-e / -a) in una pizzeria in centro tutti i giorni.	☐	☐
3. Salvatore mangi__ (-e / -a) spesso alla mensa.	☐	☐
4. Riccardo e Salvatore dorm__ (-ono / -ano) a lungo ogni mattina.	☐	☐
5. Salvatore ball__ (-e / -a) molto bene.	☐	☐
6. Riccardo e Salvatore guard__ (-ono / -ano) la TV insieme ogni sera.	☐	☐
7. Salvatore e Riccardo gioc__ (-ono / -ano) a carte.	☐	☐
8. Riccardo studi__ (-e / -a) sempre in biblioteca.	☐	☐
9. Riccardo serv__ (-e / -a) la pizza ai clienti.	☐	☐

B. Frasi nuove. With a partner, complete each sentence on the next page with the appropriate verb ending from column A and a logical item from column B. Some items in column A may be used more than once, others not at all. Those in column B are only used once.

	A	B
1. Le amiche di Pietro legg-	-iamo	il pianoforte.
2. Io e i miei amici suon-	-e	il film.
3. Sandro e Anna prend-	-a	un buon libro.
4. Tu e la tua amica scriv-	-i	tutta la notte.
5. Il professore guard-	-ate	al ristorante.
6. Il mio cane mangi-	-ete	un caffè al bar.
7. Le ragazze lavor-	-ite	molte e-mail.
8. Gli studenti frequent-	-ono	tutte le lezioni.
9. Il bambino non dorm-	-ano	molti biscottini (*biscuits*).

C. Le nostre attività.

Find out if and how often your partner does the activities listed in the circle below. One student asks a question with a phrase from the circle, the other responds truthfully with a phrase from the square.

lavare i piatti

guardare la televisione

dormire in aula (*classroom*)

mangiare la pizza   pulire la casa

studiare l'italiano   lavorare

andare al cinema

tutti i giorni

spesso

non... mai

ogni weekend

ogni tanto

ogni venerdì

> ## In italiano
> If you *never* do a particular activity, place **non** before the verb, and **mai** after.
>
> **Non** bevo **mai** il cappuccino.

Esempio: **S1:** Guardi la televisione?

S2: No, non guardo mai la televisione.

D. La vita di Antonella.

Parte prima. Antonella is a student at the University of Napoli and her parents own a restaurant. This week her parents are away on vacation. Read this description of Antonella's week and complete the paragraph with the correct forms of the appropriate verbs (each verb is used once): **avere, giocare, lavare, mangiare, prendere, pulire, studiare.**

Questa settimana Antonella è molto impegnata perché lavora tutte le sere al ristorante e ha un esame di chimica da preparare. Lunedì mattina alle nove _____[1] un appuntamento dal dentista, e poi, all'una _____[2] alla mensa con la sua amica. Martedì pomeriggio _____[3] in biblioteca con Roberto e poi loro _____[4] a tennis con Rita e Ginevra

(continued)

alle cinque. Mercoledì mattina fa (*takes*) l'esame e poi dorme tutto il pomeriggio perché è stanca. Giovedì mattina _____[5] un caffè con Roberto e nel pomeriggio _____[6] la casa e _____[7] i piatti perché i suoi genitori (*parents*) tornano venerdì pomeriggio.

Parte seconda. Now, with a partner, formulate five questions about Antonella's week using **quando** (*when*) or **a che ora.** When you are finished, find out how much of Antonella's week you and your classmates remember. Join another group and take turns asking and answering one another's questions with your books closed.

Esempio: **S1:** A che ora ha un appuntamento dal dentista?
S2: Alle nove.
S1: Quando fa l'esame di chimica?
S2: Mercoledì mattina.

3.3 *Dove vai?* Irregular verbs

At what time do you do each of these activities? Share your answers with the class.

> Bevo un succo d'arancia.
>
> Vengo all'università.
>
> Faccio i compiti.
>
> Esco con gli amici.
>
> Vado a letto.

1. You have already learned two irregular verbs: **essere** and **avere.** As you know, these verbs do not follow the same patterns as regular verbs. Here are the conjugations of five more irregular verbs.

	andare (*to go*)	**bere** (*to drink*)	**fare** (*to do, to make*)	**uscire** (*to go out, to exit*)	**venire** (*to come*)
io	vado	bevo	faccio	esco	vengo
tu	vai	bevi	fai	esci	vieni
lui, lei; Lei	va	beve	fa	esce	viene
noi	andiamo	beviamo	facciamo	usciamo	veniamo
voi	andate	bevete	fate	uscite	venite
loro	vanno	bevono	fanno	escono	vengono

2. Here are some points to remember about each verb.

a. To express that you are on your way to do something, use the construction **andare + a +** infinitive.

Rita e Tina **vanno a studiare** in biblioteca.
Maurizio **va a giocare** a tennis.

b. Note that the only irregular form of **bere** is the infinitive! The verb stem is **bev-** (not **b-**) throughout the conjugation.

c. There are many idiomatic expressions with **fare** that don't translate literally into English. You have already learned several of them: **fare bello / brutto / caldo / freddo, fare colazione, fare le ore piccole, fare sport, fare yoga.** Here are a few more.

Mario **fa una foto.**   Rita e Tulio **fanno una passeggiata.**

Gli studenti **fanno** molte **domande.**

Margherita ha fame. **Fa uno spuntino** alle quattro del pomeriggio.

The irregular verbs **rimanere** (*to stay, to remain*) and **scegliere** (*to choose*) are presented in **Per saperne di più** in the back of your book.

d. Use the verb **uscire** to express *to leave a place, to exit,* or to express *to go out* (*with others*).

Roberto **esce di casa** alle otto di mattina e va a lavorare.
Gianna **esce con gli amici.**

Note, however, that you use **andare** when going to a place.

Gianna e i suoi amici **vanno** al* cinema.

e. The **noi** and **voi** forms of **venire** are regular: **veniamo, venite.**

Uscita della libreria di Feltrinelli

A. Ascolta! Listen as your instructor reads a phrase, then select the logical ending to complete the sentence.

1. a. un libro   b. una domanda
2. a. simpatici   b. una macchina rossa
3. a. a lezione   b. un succo d'arancia
4. a. alto   b. i capelli neri
5. a. a casa   b. l'amico
6. a. beve una birra   b. fa il letto
7. a. al bar   b. un succo d'arancia
8. a. al cinema   b. con gli amici

B. Quale verbo irregolare? Complete the following sentences with the appropriate forms of these verbs: **andare, avere, bere, essere, fare, uscire, venire.** Some verbs may be used more than once.

---

*You will learn more about articulated prepositions (prepositions that combine with definite articles [**a** + **il** = **al**]) in **Capitolo 5, Strutture 5.3.**

1. Salvatore e gli amici _____ ogni venerdì sera. Di solito (*Usually*)

   _____ al cinema o in discoteca.

2. A Mario piace camminare (*to walk*). Spesso _____ una passeggiata nel parco vicino a casa sua (*his house*).

3. La bambina _____ sete e _____ un succo d'arancia.

4. Gli studenti non capiscono la lezione; _____ molte domande al professore.

5. Riccardo non _____ mai con gli amici perché lavora tutte le sere.

6. Stasera io e il mio ragazzo _____ a mangiare in un buon ristorante.

7. Tu e Simona _____ colazione al bar ogni mattina. Tu _____ un cappuccino e lei _____ un tè.

8. Mio fratello _____ molto pigro, ma mia sorella ed io _____ molto sportive.

9. Gianni non _____ a casa mia a studiare stasera; va al cinema con Marco.

C. Che bevi?

C. Che bevi? Interview two classmates to find out what beverage they drink on the following occasions. Take notes and be ready to report back to the class.

a colazione

quando hai molta sete

al cinema   quando guardi la TV

quando fai sport   in discoteca

quando mangi la pizza   al bar

quando studi

Esempio: Che bevi quando hai molta sete?

D. Vai o esci?

D. Vai o esci? Complete the questions below with either **vai** or **esci**. Then ask your partner each question.

1. Dove (*Where*) _____ il sabato sera?

2. Quando _____ con gli amici?

3. _____ spesso al cinema?

4. Quando _____ al bar a prendere un caffè?

5. A che ora _____ di casa ogni mattina?

E. *Firma qui, per favore.* (Sign here, please.)

Parte prima. Complete Column B by writing an appropriate sentence according to the conditions given in Column A. Before you begin, as a class, add more conditions to Column A.

A	B	Firma qui, per favore!
Quando sono stressato/a,	*faccio yoga*	
Quando ho caldo,		
Quando sono innamorato/a,		
Quando...		
Quando...		

Parte seconda. Go around the room to find people who have the same responses as you do, and then ask for their signatures.

Esempio: **S1:** Quando sei stressato/a che fai?

   S2: Faccio yoga.

   S1: Anch'io! Firma qui, per favore!

IN ITALIA

In a recent survey, Italians were asked: **Cosa preferisce fare in due ore di tempo libero?**

Here are the five most popular answers (not in this order):

fare una passeggiata
guardare la televisione
leggere un libro
navigare in Internet
altro

E tu, cosa preferisci fare?

Cultura

Ascoltiamo!

L'orario degli italiani

Eating habits are such an integral part of culture that we take them for granted. In North America, for example, restaurants can advertise an *early bird special* served prior to the regular dinner hour without further explanation. Breakfast can be served all day or just until 11:00 A.M. Sunday brunch, a midnight snack, or an after-school snack are commonplace for many North Americans. Would you be surprised to know that all of these habits are unheard of in Italy?

A. Ascolta.
Listen as your instructor describes a typical workday (**giorno lavorativo**) schedule in Italy and explains how it differs from a typical schedule in North America. Listen carefully and ask questions in Italian if you don't understand or if you need to hear something repeated.

B. Completa.

Parte prima. Based on what you heard, match the time with the corresponding activity. **Attenzione!** One activity will be used twice.

1. fare colazione
2. cenare
3. pranzare
4. fare uno spuntino al bar

a. alle diciassette
b. alle undici
c. alle otto
d. alle tredici e trenta
e. alle venti e trenta

Parte seconda. Complete the following sentences with the appropriate words from the list. **Attenzione!** There are three extra words.

a letto	**a scuola**	**chiudono**	**iniziano**
pasta	**presto**	**tardi**	

1. Generalmente, al Sud si mangia più _____ che al Nord.

2. Molti negozi e uffici (*offices*) _____ alle diciannove e trenta.

3. I bambini vanno _____ alle ventidue o anche dopo.

4. I concerti e gli spettacoli (*shows*) teatrali _____ alle ventuno.

C. Tocca a te!
Which daily schedule do you prefer? Why? Choose one and complete the sentence:

Personalmente, preferisco l'orario italiano / nordamericano perché...

Leggiamo!

Avere una doppia° vita   *double*

In this article from *Donna moderna*, a popular magazine for women in their 20s to 30s, you will learn about the double life of a young Italian university graduate.

(emozioni)
donne moderne

Di giorno lavoro al museo.
Ma di notte divento dj

Chiara Andres *durante* la settimana organizza *visite guidate* per le scuole. E nei weekend fa ballare i ragazzi in discoteca

Napoletana, carina, 29 anni e una laurea in Beni Culturali. Chiara Andres di giorno organizza le attività per i ragazzi al museo della Scienza e della Tecnica di Milano. Di notte e nei weekend invece si trasforma *in*[1] dj. Raggiunge[2] le discoteche più in voga in Europa e si scatena[3] con la musica techno. [...]

Come riesce a vivere[4] queste due vite completamente diverse?

«Per fortuna[5] il lavoro di dj occupa soltanto i weekend. Faccio *una* vitaccia[6] e ho sempre le valigie pronte.[7] Ma è quello che voglio.[8] Non potrei[9] fare una vita a senso unico. Mi piace stare in mezzo a persone diverse, alternative. Così non mi annoio,[10] mai!».

Elvia Grazi

[1] si... *changes into*; literally, *transforms herself*
[2] *She arrives at*
[3] si... *she lets loose*, literally *unchains herself*
[4] *riesce... do you* (form.) *manage to live*
[5] *Per... Luckily*
[6] *crazy life*
[7] *valigie ... suitcases ready (to go)*
[8] *I want*
[9] *Non... I couldn't*
[10] *non... I don't get bored*

«Il mio cuore è diviso a metà. Batte per la techno e per la tecnologia»

DONNA MODERNA 37

A. Chi è Chiara?　Read the first paragraph to find the answers to the following questions:

1. Di dov'è Chiara Andres?
2. Quanti anni ha?
3. Cosa fa di giorno?
4. Cosa fa di notte e nei weekend?
5. Che genere (*kind*) di musica le piace?

B. I weekend con le valigie (*suitcases*).　Read the last paragraph to find the answers to the next two questions.

1. Com'è possibile mantenere (*to maintain*) tutti e due (*both*) i lavori?
2. Perché le piace la sua vita?

Scriviamo!

E tu, che fai di giorno e di notte?

Use the reading *Di giorno lavoro al museo. Ma di notte divento dj* to write a short description of yourself and your life outside of class. Use a separate sheet of paper.

Parte prima. First, rewrite the title to personalize it.

　Di giorno... Ma di notte...

Parte seconda. Briefly describe yourself, using the first paragraph of the reading as a model and questions 1–4 from Activity A of the **Leggiamo!** section to help you.

Parte terza. Use the last paragraph of the reading as a model and the questions from Activity B of the **Leggiamo!** section to explain how *you* manage to live both lives. Like Chiara, be sure to state what it is that you like about what you are doing.

Parte quarta. Share your stories with the class. How many different activities are your classmates involved in when they aren't being students?

Parliamo!

Il telefonino (il cellulare), che passione!

Cellphones are extremely popular in Italy. They are everywhere and everyone seems to have one: the elderly gentleman on the bus, the cashier at the supermarket, the teenagers zipping by on a Vespa, and even the second grader on the playground. While convenient, they can also ring at inopportune moments and their use is prohibited in some places. For example, it is common to see large announcements posted inside churches

(*continued*)

and museums reminding visitors that **il cellulare non ti serve** (*doesn't help you*) **per parlare con Dio** (*God*) or simply telling them to **Spegnere** (*Turn off*) **i telefonini, per favore.** Students' cellphone use is strictly prohibited during national exams.

In the following activity, you will practice making phone calls—but you never know where your partner is or what s/he is doing when you call!

IN ITALIA

Traditionally, Italians answer the phone saying **Pronto!** *(Hello!; literally, Ready!)*

With so many cellphones with caller id in use, it has become common for the caller's first question to be **Dove sei?**

Pronto, che fai?

Parte prima. Use what you've learned. Complete the following phone conversation with the words provided. Some words are used more than once.

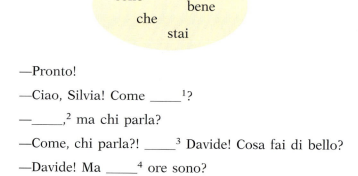

dormo
sono
che
bene
stai

—Pronto!

—Ciao, Silvia! Come _____[1]?

—_____,[2] ma chi parla?

—Come, chi parla?! _____[3] Davide! Cosa fai di bello?

—Davide! Ma _____[4] ore sono?

—_____ le due. _____[5] fai?

—_____[6]!

Parte seconda. Now, work with a partner to create a new phone conversation. One of you will be the caller (a friend, someone's mother, a relative); the other will answer the phone. Be prepared to demonstrate your conversations for the class.

 ## Guardiamo!

Film: *Nuovo Cinema Paradiso.* (Commedia. Italia. 1990. Giuseppe Tornatore, Regista. 124 min.)

Riassunto: A famous Italian filmmaker, Salvatore (Salvatore Cascio) returns to his hometown in Sicily after an absence of 30 years. While at home, he remembers the events that shaped his life, especially his friendship with Alfredo (Philippe Noiret), who first introduced him to movies.

Scena (DVD Chapter 17 "Salvatore's Footage," 1:07:43–1:08:43): In this scene a teenaged Salvatore (Totò) plays back the movie footage he just shot, including scenes of Elena, the new girl in school. Alfredo, who is now blind, can't see the film, so he asks Totò to describe her to him.

Ciak, si gira!

A. È bellissima! Alfredo asks Totò to describe Elena. Complete the sentences with the words that Totò uses in response to the question **Com'è?**

Simpatica. Ha l'età mia. _____.[1] Con i capelli_____,[2] _____.[3] Gli occhi

_____,[4] _____.[5] L'espressione _____.[6] E una _____[7] macchia di fragola[a]

sulle labbra.[b]

[a]macchia... *beauty mark;* literally, *spot of strawberry* [b]sulle... *on the lips*

B. Hai ragione? Check your answers against another student's. Did you identify all of them?

IN AMERICA

Ti piace il cinema italiano? *The American film industry has recognized the genius of Italian filmmaking with more Oscars for Best Foreign Language Film awarded to Italy than any other nation. Can you name any of the 13 Italian films that have won an Academy Award?*

Italy 13
France 12
Spain 3
Holland 3
Sweden 3
Japan 3
Former USSR 3

Vocabolario

Domande ed espressioni

A che ora... ?	At what time . . . ?
Che ora è? (Che ore sono?)	What time is it?
È mezzogiorno/ mezzanotte	It's noon/midnight
Cosa fai/fa di bello?	What fun (interesting) thing do you (*inform./form.*) have planned?
di mattina	in the morning
del pomeriggio	in the afternoon
di sera	in the evening
È presto/tardi	It's early/late
Nel tempo libero cosa ti/Le piace fare?	What do you (*inform./form.*) like to do in your free time?
mi piace (+ *inf.*)	I like to (*do something*)
non... mai	never
ogni tanto	sometimes
Pronto!	Hello! (*on the telephone*)

quando	when
sempre	always
spesso	often
scusa/scusi	excuse me (*inform./form.*)
ti / le / gli piace (+ *inf.*)	you (*inform.*) / she / he likes to (*do something*)
Ti va di (+ *inf.*)?	Do you (*inform.*) feel like (*doing something*)?
troppo presto	too early
troppo tardi	too late
tutti i giorni / ogni giorno	everyday

Verbi

andare	to go
andare + a + (*inf.*)	to go (*to do something*)
andare a letto	to go to bed
aprire	to open
ascoltare	to listen to
ballare	to dance
bere	to drink
capire	to understand
cercare	to look for
chiudere	to close
dimenticare	to forget
dormire	to sleep
fare	to do, to make
fare colazione	to eat breakfast
fare le ore piccole	to stay up late
fare shopping	to go shopping
fare sport	to play sports
fare una domanda	to ask a question
fare una foto	to take a photo
fare una passeggiata	to take a walk
fare uno spuntino	to have a snack
fare yoga	to do yoga
finire	to finish
frequentare	to attend
giocare	to play (*a game*)
giocare a calcio / carte / golf / tennis	to play soccer / cards / golf / tennis
guardare	to look at, watch
iniziare	to begin
lavare	to wash
lavorare	to work
leggere	to read
mangiare	to eat
pagare	to pay
parlare	to talk, to speak
praticare	to practice

preferire	to prefer
prendere	to take
prendere l'autobus	to take the bus
prendere un caffè	to have a coffee
pulire	to clean
rientrare	to come home
scrivere	to write
servire	to serve
spiegare	to explain
studiare	to study
suonare	to play (*an instrument*)
tornare	to return
uscire	to leave a place, to exit, to go out (*with others*)
non vedere l'ora (**di** + *inf.*)	to not be able to wait (*to do something*)
venire	to come

Sostantivi

l'autobus (*m.*)	bus
la biblioteca	library
la chitarra	guitar
il cinema	movie theater; film
la discoteca	discotheque
l'e-mail (*f.*)	e-mail
la mensa	cafeteria
il pianoforte	piano
il piatto	plate, dish
la rivista	magazine
lo shopping	shopping
i soldi (*m. pl.*)	money
lo sport	sport
il telefonino	cellphone
il telefono	telephone
le vacanze (*f. pl.*)	vacation
il violino	violin

I giorni della settimana

lunedì	Monday
martedì	Tuesday
mercoledì	Wednesday
giovedì	Thursday
venerdì	Friday
sabato	Saturday
domenica	Sunday

Che bella famiglia!

Il padre Amilcare Anguissola con i figli Minerva e Asdrubale, Sofonisba Anguissola (1557–58)

Ripasso

In this chapter you will review how:

- to introduce yourself and meet others
- to express possession
- to ask questions
- to talk about daily activities and routines
- to describe people, places, and things

Scopi

In this chapter you will learn:

- to find out what people do for a living
- to comment on things and compliment people
- to talk about your family and their activities
- more about formulating questions
- to compare and contrast people and things
- how the Italian family has changed over the past 50 years

RISORSE MULTIMEDIALI

Strategie di comunicazione

Chi sei? / Chi è? Cosa fai? / Cosa fa?

Meeting people and finding out what they do for a living

- You have learned how to introduce yourself by providing the answers to the following questions: **Come ti chiami? / Come si chiama?, Di dove sei? / Di dov'è?, Quanti anni hai? / Quanti anni ha?**
- An additional piece of information that people may offer when introducing themselves is the answer to the question: **Cosa fai? / Cosa fa?** *What do you do* (*for a living*)?

  —**Tu, Marisa, cosa fai?**
  —**Studio** (*or* **Faccio**) **informatica** (*computer science*).

  —**Lei, signora, cosa fa?**
  —**Sono casalinga** (*homemaker*).

A. Osserva ed ascolta.

Parte prima. First, watch and listen as these Italians introduce themselves, then complete the chart. Insert the following jobs into the appropriate spaces: **commerciante** (*shopkeeper*), **direttore del museo, fotoreporter, mamma, medico, studente.**

Chi è?	Come si chiama?	Quanti anni ha?	Di dov'è?	Cosa fa?
1.				

Chi è?	Come si chiama?	Quanti anni ha?	Di dov'è?	Cosa fa?
2.				
3.				
4.			Siena	
5.				

(continued)

Parte seconda. Read the following questions and possible answers. Now listen as the same people comment on some aspect of their life. Match each question with the appropriate answer.

1. Com'è Roma?
2. Com'è la lingua inglese?
3. Com'è il Suo lavoro?
4. Com'è l'accento napoletano?
5. Com'è la tua famiglia (*family*)?

a. È molto allegra.
b. È molto bella.
c. È molto caotica.
d. È molto interessante, molto soddisfacente (*satisfying*).
e. È terrificante (*terrifying*).

 *Che bello!*   Commenting on things and complimenting people

To express an opinion or compliment someone, say:

- **che** + adjective

  —**Andiamo in montagna in estate.**
  —**Che bello!**

- **che** + noun

  —**Non ho soldi.**
  —**Che disastro!**

- **che** + adjective + noun (**che** + noun + adjective)

  —**Quella è la nuova macchina di Roberto.**
  —**Che bella macchina!**

Note: This expression is the equivalent of the English *How* + adjective*!* or *What a* + noun*!*

Attenzione! Whenever you use an adjective, it must agree in number and gender with the noun it refers to.

Here are some common expressions with **che** that are used in informal, conversational Italian:

Che bello(a/i/e)!	(adjective)	*How beautiful/wonderful/great!*
Che genio!	(noun)	*What a genius!*
Che furbo(a/i/e)!	(adjective)	*How clever (sly)!*
Che schifo!	(noun)	*How gross!*
Che scemo/a!	(noun, *m./f.*)	*What a moron!*
Che mattone!	(noun)	*What a bore!* (literally, *brick*)

A. Il contrario. For every expression your partner gives, say the opposite. If it's positive, make it negative; if it's negative, make it positive. Take turns, but don't repeat any adjectives. How long can you keep going?

Esempio: **S1:** Che bello!

           S2: Che brutto!

           S1: Che caldo!

           S2: Che freddo!

B. Che bello! Now express your opinion!

Parte prima. Give an example of each of the following.

1. il nome di un attore
2. il titolo di un film
3. il nome di un'attrice
4. il titolo di un libro
5. il nome di un gruppo musicale

6. il titolo di una canzone (*song*)
7. un cibo
8. una bevanda
9. una materia

Parte seconda. Tell your partner one of the items on your list. S/he will comment, using the **che** construction. Take turns. If you don't recognize the item your partner says, ask **Chi è?** or **Cos'è?**

> **Esempio:** **S1:** il tiramisù
> **S2:** Che buono!

In italiano

- To ask *who* someone is, say: **Chi è?**
- To ask *what* something is, say: **Cos'è?**

C. Che bell'idea! With a partner, create a brief dialogue using the following expressions and the **che** construction.

guardare la TV?

dormire a lungo?

guardare la partita?

fare shopping?

uscire con gli amici?

pulire la casa?

andare al cinema?

> **Esempio:** **S1:** Cosa facciamo di bello questo weekend?
> **S2:** Balliamo in discoteca!
> **S1:** Che bell'idea! (Che noia [*How boring*]!)

Lessico

Che bella famiglia!

Talking about your family

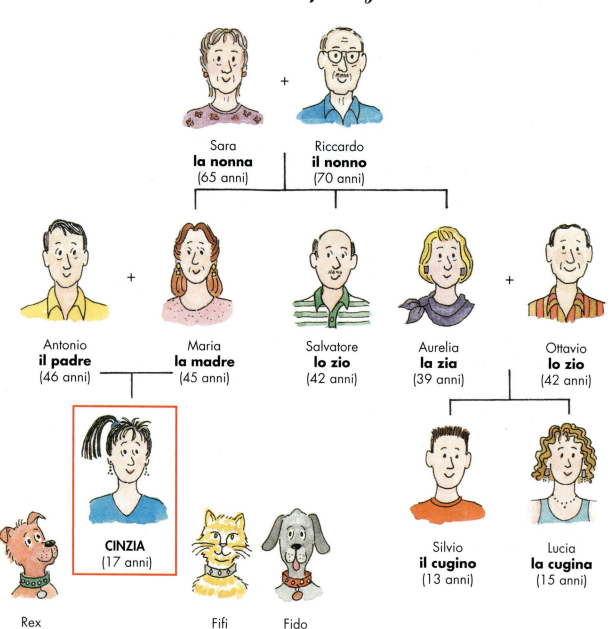

Sara
la nonna
(65 anni)

Riccardo
il nonno
(70 anni)

Antonio
il padre
(46 anni)

Maria
la madre
(45 anni)

Salvatore
lo zio
(42 anni)

Aurelia
la zia
(39 anni)

Ottavio
lo zio
(42 anni)

CINZIA
(17 anni)

Silvio
il cugino
(13 anni)

Lucia
la cugina
(15 anni)

Rex

Fifi

Fido

Read the statements based on Cinzia's family tree, then answer the questions.

Il padre di Cinzia si chiama Antonio.
Maria è **la madre** di Cinzia.
La sorella di Silvio si chiama Lucia.
Il fratello di Lucia si chiama Silvio.

Antonio è **il marito** di Maria.
Sara è **la moglie** di Riccardo.
La figlia di Maria e Antonio si chiama Cinzia.
Silvio è **il figlio** di Aurelia e Ottavio.

1. Chi è il padre di Maria?
2. Quanti anni ha la madre di Salvatore?
3. Come si chiama la sorella di Aurelia?
4. Quanti anni ha il fratello di Maria?
5. Chi è il marito di Aurelia?
6. Chi è la moglie di Antonio?
7. Come si chiamano le figlie di Riccardo e Sara?
8. Quanti anni ha il figlio di Aurelia e Ottavio?
9. Quanti animali domestici ha Cinzia?

Now complete the sentences with the appropriate family relationships from Cinzia's point of view.

Esempio: La figlia di mia zia è mia <u>cugina</u>, si chiama <u>Lucia</u>.

1. Il fratello di mia madre è mio _____, si chiama _____.
2. Il padre di mia madre è mio _____, si chiama _____.
3. Il figlio di mia zia è mio _____, si chiama _____.
4. La sorella di mia madre è mia _____ si chiama _____.
5. La madre di mia madre è mia _____ si chiama _____.

● The answers to this activity are in Appendix 2 at the back of your book.

In italiano

Attenzione! il nipote / la nipote = *grandchild* and *niece/nephew*
Attenzione! Mia madre e mio padre sono **i miei genitori.**
         I nonni, gli zii, i cugini e i nipoti sono **i miei parenti.**

A. Ascolta. Your instructor will make a series of statements about Cinzia's family. Decide if they are **vero o falso.** Correct any false statements.

	vero	falso		vero	falso
1.	☐	☐	6.	☐	☐
2.	☐	☐	7.	☐	☐
3.	☐	☐	8.	☐	☐
4.	☐	☐	9.	☐	☐
5.	☐	☐			

B. I membri della famiglia.
With a partner, give the names of all the possible people in Cinzia's family who could make the following statements. Compare your list to another group's. Are they the same?

1. Ho due figli.
2. Ho una figlia.
3. Ho due cugini.
4. Ho una cugina.
5. Ho tre nipoti.
6. Mio nonno si chiama Riccardo.
7. Sono sposato (*married*).
8. Sono sposata.
9. Ho una zia.

C. L'identità segreta.
Secretly assume the identity of one of the people on Cinzia's family tree. Your partner will ask questions about your family to figure out who you are.

Esempio:
S1: Chi è Sara?
S2: Mia nonna.
S1: Chi è Silvio?
S2: Mio fratello.
S1: Sei Luisa?
S2: Sì!

D. L'albero della famiglia.

Parte prima. Work with a partner. Draw your partner's family tree by asking questions about her/his family. Then reverse roles. At a minimum, find out who's in the family and how old they are. **Attenzione!** You may need to use **Non ho... .**

Esempio:
S1: Cominciamo con tua madre. Come si chiama?
S2: Rebecca.
S1: Quanti anni ha?
S2: Ha 45 anni.

In italiano

To highlight a difference between people or things, use **invece** (*instead, on the other hand*):

Cinzia non ha fratelli; è figlia unica. Silvio, **invece,** ha una sorella.
Maria e Aurelia abitano a Milano. Salvatore, **invece,** abita in Svizzera (*Switzerland*).

Parte seconda: Compare your family to your partner's family. Write a paragraph describing the similarities and differences between your two families.

Strutture

Ripasso: *Porto i miei amici alla festa*   Possessive Adjectives

There is a party tonight. Put a ✓ beside each of the following things you would like to bring.

☐ le mie amiche

☐ il mio cane

☐ il mio zaino

☐ la mia borsa (*purse*)

☐ i miei CD preferiti

☐ il mio migliore (*best*) amico

☐ il mio libro d'italiano

☐ il mio ombrello

▶ Answers to this activity are in Appendix 2 at the back of your book.

Now, complete these phrases with the appropriate words.

1. _____ miei amici

2. le _____ sorelle

3. _____ mio esame

4. la _____ coca-cola

4.1 *Com'è tua madre?*   Possessives with family members

1. You have probably noticed that the possessive works slightly differently with members of the family. The definite article is *not* used with family members in the *singular*, except for **loro.** Compare the following:

mio padre   **i miei** cugini
tua madre   **le tue** sorelle
suo fratello   **i suoi** nipoti
nostro figlio   **i nostri** nonni
vostra sorella   **le vostre** zie
il loro nipote   **i loro** zii

2. However, the definite article *is used* with **papà/babbo** (*dad*) and **mamma** (*mom*).

    il mio babbo   **la** tua mamma

The definite article is also used with singular family members that are modified by an adjective or a suffix.

la mia sorella **maggiore** (*older*)   il vostro nipot**ino** (*little*
il nostro fratello **minore**   *nephew/grandson*)
(*younger*)   la tua sorell**ina** (*little sister*)

In italiano

An abbreviated way of referring to one's parents or relatives is to use the definite article and the possessive only.

—Come stanno **i tuoi**?
—Bene, grazie.

A. L'articolo o no? Complete the phrase with the appropriate definite article, if necessary.

1. _____ mia madre
2. _____ vostra macchina
3. _____ tuoi cugini
4. _____ mio padre
5. _____ mia famiglia
6. _____ loro zio
7. _____ tuo computer
8. _____ sua nipote

9. _____ sua bici
10. _____ loro sorella
11. _____ vostra cugina
12. _____ tuoi nipoti
13. _____ mio fratello maggiore
14. _____ sua figlia minore
15. _____ nostra casa

B. La famiglia di Cinzia. Read Cinzia's description of her family. Complete the paragraph with the appropriate definite articles, if necessary.

_____[1] mia madre si chiama Maria e _____[2] mio padre è Antonio. Non ho fratelli—sono figlia unica—ma non mi sento sola (*alone*) perché abitiamo vicino a molti parenti. _____[3] miei nonni hanno un appartamento nel nostro palazzo, e _____[4] miei zii, lo zio Ottavio e la zia Aurelia, abitano a due chilometri da noi. Vedo spesso _____[5] miei cugini perché frequentiamo la stessa scuola. Purtroppo _____[6] mio zio Salvatore abita in Svizzera, quindi (*therefore*) lo vediamo poco, solo durante le feste.

C. Come sono?

Parte prima. With a partner, look at the pictures of Cinzia's family members in the **Lessico** section and use two different adjectives or expressions to describe the physical and emotional characteristics of each person.

▶ **Attenzione!** See **Capitolo 2, Lessico** if you need help with adjectives, and don't forget to pay attention to agreement!

la nonna	il nonno	la madre	il padre	lo zio Salvatore	la zia	lo zio Ottavio	i cugini

Parte seconda. Based on your characterization of each member of Cinzia's family, what do you think would be their preferred activities on a Sunday afternoon?

▶ See **Capitolo 3, Strutture 3.1** and **3.2** if you need ideas.

Esempio: La domenica pomeriggio sua nonna preferisce giocare a carte.

D. L'intervista.

Parte prima. Make a list of all the members of your family and their names and give it to your partner.

Esempio: mia madre Eleanora; mio padre Giuseppe; mio fratello Giovanni; mio figlio Edoardo; eccetera.

Parte seconda. Your partner must find out the following information about each person by asking the appropriate questions. After the interview, your partner will report to another group or to the class.

nome	età (*age*)	professione	descrizione	attività preferite
la madre, Eleanora				

La madre is central to the Italian family. Throughout history she has been celebrated in poems, songs, and art.

The bond between an Italian mother and son is so strong that, when exaggerated, it has a name, **il mammismo.** Seventy percent of unmarried Italian men are still living at home with their mothers when they are 30. Forty-three percent of Italians live within a kilometer of their parents. Seventy percent of Italian sons not living at home call their mothers every day!

Piccola Madonna Cowper (c. 1505) Rafaello Sanzio

Ripasso: *Dove vai?* Interrogatives

Complete each of the following questions with one of the question words below. **Attenzione!** Two questions have more than one right answer. Can you figure out which two they are?

quale   chi   dove   come

perché   quando   che (cosa)*

1. _____ fai domani sera?
2. _____ esci?
3. _____ vai?
4. _____ sei triste?
5. _____ ti chiami?
6. _____ abiti?
7. _____ corso preferisci, l'italiano o la fisica?

*The expressions **che / che cosa / cosa** are interchangeable.

▶ Answers to this activity are in Appendix 2 at the back of your book.

In italiano

- In Italian, sentences and questions never end with a preposition.

Di **dove sei?**	Where are you *from*?
Con **chi esci stasera?**	Who are you going out *with*?

4.2 Quanti anni hai?

The interrogatives **quanto** (*how much*) and **quale** (*which*)

As you can see from the examples in the **Ripasso** section on the preceding page, the endings of most question words never change. The exceptions are **quanto** and **quale,** which are adjectives and therefore agree in gender and number with the noun that follows.

1. When **quanto** is singular, it means *how much*, and when it is plural, it means *how many*.

	SINGOLARE	PLURALE
MASCHILE	**Quanto** caffè bevi?	**Quanti** fratelli hai?
FEMMINILE	**Quanta** pasta prepariamo?	**Quante** sorelle hai?

2. When **quanto** precedes a verb and means *how much*, it is invariable.

Quanto costa?	*How much does it cost?*
Quanto costano?	*How much do they cost?*

3. Use **quale** (*which*) when the answer requires a choice. Since **quale** ends in an **-e,** it only has one singular and one plural form.

	SINGOLARE	PLURALE
MASCHILE	**Quale** film preferisci?	**Quali** libri ti piacciono?
FEMMINILE	**Quale** rivista ti piace, *Vogue* o *People*?	**Quali** macchine sono veloci?

4. The invariable expression, **qual è** means *what*. It is used to ask for information, such as a telephone number, an address, or a favorite color.

Qual è il tuo numero di telefono?
Qual è il tuo indirizzo?
Qual è il tuo colore preferito?

A. Per conoscerci meglio. (Getting to know each other better.)

Find out more about your instructor or a classmate. Formulate questions by combining elements from the three ovals on the next page. Then ask her/him the questions.

che (cosa)
con chi   quando
perché   a che ora
quale   dove

fare
studiare   andare
guardare
bere   tornare
comprare
mangiare   ascoltare
uscire   prendere
avere   telefonare
preferire

al lavoro
l'italiano   fratelli
la TV   a casa   la macchina
a pranzo (*lunch*)   a colazione
sport   a cena (*dinner*)
la musica   l'autobus   al cinema
sabato sera   la mattina
a un amico

B. Tutte le domande.

With a partner, come up with all the possible questions that can be answered by the following statements. Pay attention to the subjects of your verbs! See who can come up with the most questions for each statement.

1. Il padre di Mauro è medico.
2. Cinzia ha due cani e un gatto.
3. Rita ed io andiamo a prendere un caffè al bar sabato mattina.
4. Torniamo a casa oggi alle quindici.
5. Gli studenti studiano almeno (*at least*) quattro ore tutti i giorni.
6. Non mi piace ballare!
7. Maria esce con Paolo stasera! Che scandalo!
8. Gli studenti italiani preferiscono l'esame orale, non l'esame scritto (*written*).

C. Le preferenze.

Use the correct form of **quale** to find out your partner's favorites. Pay attention to agreement.

Esempio: Quale squadra (*team*) di calcio preferisci?

1. le attrici
2. il gruppo musicale
3. il programma (alla TV)

4. i film
5. l'insegnante
6. i corsi

7. la macchina
8. le canzoni

IN ITALIA

If an Italian asks **Giochi a pallone?,** s/he isn't asking about baseball, basketball, or football. The only sport referred to as just playing ball *in Italy is soccer!* The most famous Italian soccer clubs are Juventus, Milan, Inter, Roma, and Lazio, but every town—no matter how small—has at least one team. **I tifosi** are fans. **Fare il tifo per** *is to be a fan of.* **Per quale squadra fai il tifo tu?**

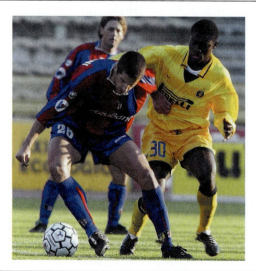

D. Quanti ne hai?

Parte prima. Write down how many of the following family members, friends, or items you have: **fratelli, sorelle, cugine, compagni di casa, macchine, CD, televisori, telefonini, computer.**

Parte seconda. Find out how many of these family members, friends, or items your partner has. Take notes, then report to the class about how much you have in common.

> **Esempio:** **S1:** Quanti fratelli hai?
>
> **S2:** Due.
>
> **S1:** Quante sorelle hai?
>
> **S2:** Non ho sorelle.
>
> **S1:** Roberta ed io abbiamo due fratelli. Io ho una sorella, ma Roberta non ha sorelle.

⟲ Ripasso: *Che fai nel tempo libero?* The present indicative

Here are **i passatempi** (*pastimes*) of Cinzia's family members. Which conjugation do each of these regular verbs belong to, **-are** or **-ere**? Can you conjugate each verb?

Cinzia **guarda** la partita.

Suo zio Salvatore **scia** in montagna.

I suoi nonni **prendono** lezioni di ballo.

Sua madre **dipinge.**

(*continued*)

Suo cugino **corre.**

Suo padre **nuota** in piscina.

Sua cugina **cucina.**

I suoi zii, Aurelia e Ottavio, **viaggiano.**

In italiano

The basic meaning of **prendere** is *to take:* **prendere l'autobus / l'aereo / lezioni di (karate, pianoforte, inglese).** Note that **prendere** is also used in the following idiomatic expressions: **prendere un caffè** (*to have a coffee*), **prendere il sole** (*to sunbathe*).

4.3 *Sai sciare?* More irregular verbs

To review the conjugation of **avere,** see **Capitolo 2, Strutture 2.2,** and for **fare,** see **Capitolo 3, Strutture 3.3**.

1. There are three irregular verbs whose forms are similar to those of **avere** and **fare.** Complete the conjugations of **avere** and **fare** on the next page and compare them to those of **dare** (*to give*), **sapere** (*to know*), and **stare** (*to be; to stay*).

● The answers to this activity are in Appendix 2 at the back of your book.

avere	fare	dare	sapere	stare
	faccio	do	so	sto
		dai	sai	stai
		dà	sa	sta
abbiamo	facciamo	diamo	sappiamo	stiamo
avete		date	sapete	state
		danno	sanno	stanno

2. The conjugation of **dire** (*to say, to tell*) is irregular.

dire
dico
dici
dice
diciamo
dite
dicono

Study Tip

Have you noticed that the **voi** *form of irregular verbs is always regular? For example:* **avete, fate, date, dite, sapete, state.** *Always look for patterns to help you remember.*

3. Here are some points to remember about each verb:

a. Note the use of the preposition **a** (*to*) in the sentences with **dare**.

| Mario **dà** il libro **a** Sandra. | *Mario gives the book to Sandra.* |
| **Diamo** i compiti **a** Marco. | *We give the homework to Marco.* |

b. There are two verbs that mean *to know* in Italian: **conoscere** and **sapere**.

- Use **conoscere** when you know or are acquainted with a person or place.

| Veronica **conosce** mio zio. | *Veronica knows my uncle.* |
| **Conosciamo** bene la città. | *We know the city well.* |

- Use **sapere** when you know a fact or have knowledge of a situation.

| Gina **sa** chi è il primo ministro italiano. | *Gina knows who the Italian Prime Minister is.* |
| **Sappiamo** dov'è il ristorante Stella. | *We know where the restaurant Stella is.* |

- Use **sapere** + infinitive to express *to know how* (to do something).

| Mio padre **sa suonare** il violino. | *My father knows how to play the violin.* |

c. You have already learned the most common use of **stare**, as in the question, **Come stai? Stare** can also mean *to stay, to remain*.

—**Esci** stasera?
—No. **Sto** a casa.

(continued)

d. The verb **dire** means *to say, to tell* but **parlare** means *to speak, to talk.*

Gianni **dice** sempre la verità.	*Gianni always tells the truth.*
Sofia **dice** Ciao!	*Sofia says* Hi!
Parlo italiano.	*I speak Italian.*
Parlo con mia madre.	*I am talking with my mother.*

A. Il verbo appropriato. Choose the appropriate verb.

1. Paolo non _____ alla festa.

   a. esce   b. va

2. Io e Marcello _____ molte persone.

   a. conosciamo   b. sappiamo

3. Riccardo ed io giochiamo a tennis da tre ore. _____ sete!

   a. Siamo   b. Abbiamo

4. «Ciao ragazze! Dove _____?»

   a. andate   b. uscite

5. Mio fratello _____ giocare bene a tennis.

   a. conosce   b. sa

6. Tu e Mariella _____ i capelli biondi.

   a. siete   b. avete

7. Mariella _____ solo 19 anni!

   a. è   b. ha

8. I miei genitori _____ un buon ristorante in via Piemonte.

   a. sanno   b. conoscono

9. Maurizio non _____ perché Gino non parla con Ferdinando.

   a. sa   b. conosce

10. Andiamo in piscina perché _____ bel tempo.

    a. ha   b. fa

11. Sandra _____ al telefono con la sua amica.

    a. parla   b. dice

B. Che ne sai? (*What do you know about it?*) Complete the statements
by selecting the appropriate question words, then indicate whether or not
you know the facts. Who knows the most answers? Discuss the answers
in class.

	sì	**no**
1. So <u>chi / come</u> si chiama il presidente della Repubblica Italiana.	☐	☐
2. So <u>quanto / quando</u> costa la benzina (*gasoline*) in Italia.	☐	☐
3. So <u>quale / quando</u> l'Italia fu (*was*) unita.	☐	☐

	sì	no

4. So perché / quando i negozi in Italia sono chiusi dalle 13.00 alle 15.30.   ☐ ☐

5. So di come / dove è Roberto Benigni.   ☐ ☐

6. So quale / chi inventò (*invented*) il telegrafo.   ☐ ☐

7. So chi / quale sport preferiscono gli italiani.   ☐ ☐

C. I verbi irregolari.

Complete the paragraphs with the appropriate form of one of the five verbs provided. Some verbs are not used, and others may be used more than once.

> andare
>
> bere uscire
>
> stare fare

1. Tre volte alla settimana Antonio _____ yoga con la sua amica, Francesca. Poi, il venerdì sera Antonio _____ con i suoi amici. Di solito _____ a ballare o al cinema. Francesca preferisce _____ a casa.

> andare
>
> essere sapere
>
> fare avere

2. Sandro _____ solo 18 anni, ma è un buon musicista. _____ suonare il pianoforte, il sassofono e la chitarra. Fa molti concerti in tutto il mondo (*all over the world*). Quando viaggia, Sandro _____ molte foto e scrive molte cartoline (*postcards*).

> stare
>
> dare bere
>
> sapere fare

3. A colazione, i miei fratellini _____ solo il latte, io _____ il succo d'arancia e mangio dei biscotti, e mia madre _____ il caffè. Mio padre _____ colazione al bar prima di andare a lavorare.

(*continued*)

stare

uscire   avere

sapere   essere

4. Salvatore e Mirella _____ giocare a football americano e giocano con gli amici ogni weekend. Purtroppo, questo weekend Salvatore non gioca perché _____ male; _____ un raffreddore (*cold*).

uscire

andare   dire

dare   avere

5. La babysitter _____ una bicchiere di latte alla bambina perché _____ sete. Dopo, (loro) _____ a giocare nel parco.

D. *Firma qui, per favore!*   You are looking for classmates who have certain items or do certain things. Add three items to the list, then go around the room and find at least one person who can answer **Sì** to each. When you find that person, ask her/him to sign her/his name by saying **Firma qui, per favore!**

Esempio: **S1:** Hai una nonna italiana?
S2: Sì.
S1: Firma qui, per favore!

Cerco (*I am looking for*) una persona che...	Firma qui, per favore!
ha una nonna italiana	
sa contare da 0 a 100 in italiano	
preferisce stare a casa la domenica	
conosce una persona famosa	
non dice mai bugie[a]	

[a]*lies*

⟳ Ripasso: *Com'è la tua famiglia?*   Adjectives

Read the following comments about the members of Cinzia's family, then describe them using the adjectives provided. **Attenzione!** Be sure to make the nouns and adjectives agree!

avventuroso

creativo

attivo   anziano

estroverso

magro   agitato

generoso

1. Sara ha 65 anni e Riccardo ha 70 anni.
2. Antonio nuota tre volte alla settimana e gioca a calcio ogni weekend.
3. Maria fa foto, dipinge, scrive poesie e canta.
4. Salvatore paga tutto (*everything*) quando i suoi nipoti vanno in Svizzera.
5. Silvio è alto e pesa (*weighs*) 50 chili (*kilograms*).
6. Lucia è sempre preoccupata per gli esami. La settimana prima di (*before*) un esame mangia e dorme poco.
7. Cinzia parla con tutti, anche con le persone che non conosce.
8. Aurelia e Ottavio fanno spesso viaggi esotici con destinazioni poco conosciute (*not well-known*).

▶ The answers to this activity are in Appendix 2 at the back of your book.

4.4   *L'italiano è più bello di...*   The comparative

1. In English, comparisons of inequality are usually made by adding *-er* to the adjective or by saying *not as*: *John is taller than Mary* or *Mary is not as tall as John*. In Italian, you use the expressions **più** + adjective + **di** (*more than*) or **meno** + adjective + **di** (*less than*).

Silvio è **più** alto **di** Cinzia.   Cinzia è **meno** alta **di** Silvio.

▶ To learn about other types of comparisons, see **Per saperne di più** at the back of your book.

Note that the adjective agrees in number and gender with the subject of the sentence.

Antonio è più attiv**o** di Maria.	*Antonio is more active than Maria.*
Maria è più creativ**a** di Antonio.	*Maria is more creative than Antonio.*
Cinzia e Luisa sono più studios**e** di Silvio.	*Cinzia and Luisa are more studious than Silvio.*
Aurelia e Ottavio sono più avventuros**i** di Maria.	*Aurelia and Ottavio are more adventurous than Maria.*

A. I paragoni.
Complete the statements below with appropriate adjectives.

1. Una giraffa è più _____ di un serpente.

2. Due signore anziane sono meno _____ di due ragazze giovani.

3. King Kong è più _____ di un elefante.

4. Un esame d'italiano è meno _____ di un esame di chimica.

5. Due vincitori (*winners*) del premio Nobel sono più _____ di due studenti.

B. Ascolta.
Remember the twins, Riccardo and Salvatore, from **Capitolo 3**? Listen as your instructor reads statements about them and complete the sentences with either **più** or **meno.**

1. Salvatore è _____ bravo in cucina di Riccardo.

2. Salvatore è _____ timido di Riccardo.

3. Salvatore è _____ paziente di Riccardo.

4. Salvatore è _____ veloce di Riccardo.

5. Salvatore è _____ creativo di Riccardo.

6. Salvatore è _____ pigro di Riccardo.

C. Paragoniamo.
With a partner, think of an adjective to describe each of the following items, then create a sentence comparing the first item with the second one. Share your answers with another group or the class. Do you agree?

Esempio: un cane / un gatto → Un cane è più intelligente di un gatto.

1. un cavallo / un elefante
2. un viaggio in Italia / un viaggio in Australia
3. un espresso / un tè
4. un concerto di musica rock / un'opera
5. una vacanza al mare / una vacanza in montagna
6. un film di Fellini / un documentario
7. una Ferrari / una Ford

D. Una graduatoria (ranking).

Parte prima. With a partner, rank each of these elements from 1 to 4
(1 = **massimo**, 4 = **minimo**) based on the characteristic given.

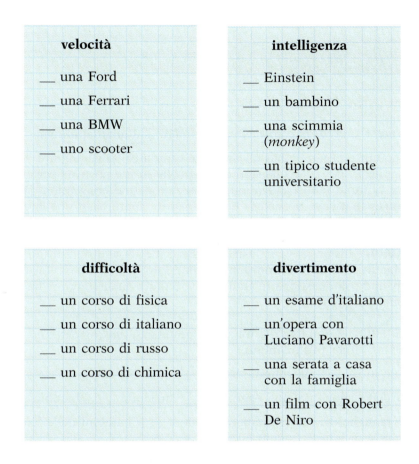

velocità

__ una Ford

__ una Ferrari

__ una BMW

__ uno scooter

intelligenza

__ Einstein

__ un bambino

__ una scimmia (*monkey*)

__ un tipico studente universitario

difficoltà

__ un corso di fisica

__ un corso di italiano

__ un corso di russo

__ un corso di chimica

divertimento

__ un esame d'italiano

__ un'opera con Luciano Pavarotti

__ una serata a casa con la famiglia

__ un film con Robert De Niro

Parte seconda. Make a series of statements comparing the items in each
group. Discuss your comparisons with those of another group or the
class. Do you agree?

Esempio: Un corso d'italiano è più facile di un corso di chimica.

Cultura

Ascoltiamo!

La famiglia italiana oggi

Italy is not a state. It is a collection of families. —Italian aphorism

The importance of family has always been central in Italian culture. Family structure itself, however, changed dramatically in the postwar period in response to rapid industrialization, urbanization, and emigration. Despite the changes that have occurred, Italian identity continues to be largely defined by family.

A. Ascolta. Listen as your instructor describes how different today's Italian family is from the traditional Italian family of the past. Listen carefully and ask questions in Italian if you don't understand or need to hear something repeated.

B. Completa. Complete the following sentences, *making them all true* by inserting either **più** or **meno.**

1. Oggi in Italia i matrimoni sono _____ numerosi che in passato.

2. La popolazione italiana oggi ha _____ anziani e _____ bambini.

3. Le famiglie dei nuovi immigrati hanno _____ bambini delle famiglie italiane di lunga residenza.

4. _____ italiani hanno membri della famiglia che abitano in città differenti.

5. _____ nonni abitano con figli e nipoti.

6. _____ italiani sono agricoltori (*farmers*).

7. Oggi il divorzio è _____ comune, e la Chiesa cattolica ha _____ controllo sulla vita degli italiani.

8. Nell'Italia moderna, _____ donne italiane hanno una professione.

Leggiamo!

La famiglia Gonzaga nella Camera degli Sposi

Use the painting, its caption, and the descriptive statements below to complete the activities about the Gonzaga family.

Andrea Mantegna (pittore, 1431–1506) affrescò (*frescoed*) la Camera degli Sposi (Palazzo Ducale, Mantova) fra il 1465 e il 1474 in onore del marchese Ludovico II Gonzaga e di sua moglie Barbara di Brandeburgo.

- Ludovico II, figlio di Francesco I e Paola Malatesta, è il secondo marchese di Mantova. Nasce[1] nel 1414, sposa[2] nel 1433 Barbara di Brandeburgo, diventa[3] Signore di Mantova nel 1444, muore[4] nel 1478.

- Barbara si fidanza[5] con Ludovico II nel 1433 e in quello stesso anno si sposa. Notoriamente Barbara non è molto graziosa e l'unione viene conclusa molto in fretta perché si teme un ripensamento da parte di[6] Ludovico.

- Alessandro Gonzaga, fratello di Ludovico II, sta parlando[7] al Signore di Mantova.

- Federico, figlio primogenito[8] del marchese Ludovico II, diventa Signore di Mantova all'età di 36 anni, alla morte del padre.*

[1]*He is born* [2]*marries* [3]*becomes* [4]*dies* [5]*gets engaged* [6]*si... fears a change of mind on the part of* [7]*is speaking* [8]*first-born*

---

*Federico si trova tra (*between*) il padre e la madre. Ha un abito (*outfit*) giallo.

I condottieri (soldiers of fortune, captains) **e le loro famiglie.** *From the end of the thirteenth until the sixteenth century the Italian peninsula was fragmented into a number of small states, fearful of each other and vying to extend their influence. The constant wars between them were fought with hired companies of professional soldiers in exchange for money, land, and power. At first, these mercenary troops were led by their own foreign captains, but eventually some of these* **condottieri** *were native Italians. Occasionally, it was possible for a* **condottiero** *to become the lord (***signore***) of the city or district that he had helped subdue. Some of the most famous and powerful families of the time arose from beginnings as* **condottieri:** *Francesco Sforza, Bartolommeo Colleoni, Federigo d'Urbino, Giovanni delle Bande Nere (father of Cosimo I de' Medici), and Francesco Gonzaga I (1407–1444), the first marquis (***marchese***) of Mantova. The painting that accompanies the reading depicts some members of the Gonzaga family and its court.*

Clicca qui You can learn more about **i condottieri** or other famous Italian families at the *Avanti!* website, **Clicca qui (www.mhhe.com/avanti).**

▶ To read about another famous Italian family from the same period, see *Capitolo 4, Cultura, Leggiamo!* in the *Workbook / Laboratory Manual.*

A. L'affresco (*fresco*). Read the caption for the painting. Who was the artist? Is it a painting on canvas? How long did it take to complete the work? If you want to see this painting, where would you have to go? Find the city on the map at the front of your book.

B. La famiglia. Read the descriptions of the Gonzaga family members who appear in the painting and see if you can match the people in the painting with their descriptions.

Scriviamo!

Una famiglia famosa

Write a description of a famous family. The family can be historical, political, or from literature, film, or television. Be careful not to mention the last name of the family, but include the number of family members, their relationships to each other, their names and ages, and what they do. Share your description with the class and see if they can guess who it is.

Parliamo!

Mamma!

What if you were trying to find long-lost family members and you had some pieces of information, but not many to go on? Your instructor will give each student a card with information about an imaginary person (**nome, stato civile** [marital status], **città dove abita, professione, eccetera**). Everyone will go around the room, meet each other and ask and answer questions in Italian to find the other members of their imaginary families. When you think you've found everyone, sit down together in a group. When everyone is seated, be prepared to introduce your family member(s) to the rest of the class.

Guardiamo!

Film: *La famiglia* (Drammatico. Italia. 1987. Ettore Scola, Regista. 127 min.)

Riassunto: On the occasion of his eightieth birthday, Carlo (Vittorio Gassman) recounts the story of his life, in particular his relationship with his younger brother Giulio (Carlo Dapporto), his wife Beatrice (Stefania Sandrelli), and with her sister Adriana (Fanny Ardant), with whom Carlo has always been infatuated.

Scena: VHS [Opening scene]: As Carlo dresses for his birthday party, he recalls his christening day in 1906. While looking at a photograph of the event, he points out his family members and mentions many family relationships.

Ciak, si gira!

A. Quanti parenti! As you watch the scene, put a ✓ next to each family relationship you hear. (If you hear the same one more than once, check it again.)

nonno	madre	figlio	fratello	sorella	zia	zio	cugino
nonna	padre (papà)	nipote	fratelli	sorelle	zie	zii	cugina

B. Che fanno queste persone? In this scene you heard references to many family members. Match the family member with the appropriate description. **Attenzione!** Some family members have more than one description.

1. La madre di Carlo
2. Il padre di Carlo
3. Le sorelle del padre
4. Il cugino di Carlo
5. Il fratello della madre

a. mangia sempre.
b. ha gli occhi celesti.
c. dipinge.
d. canta.
e. non sono sposate.
f. si chiama Enrico.
g. parlano con il dottore.

> **Study Tip**
>
> When listening and reading, instead of focusing on what you don't know, work with what you do. Often the context, or words that come before or after, or asking a few questions on your part, will help you figure it out!

IN AMERICA

The Piccirilli family, a father and six sons, were Italian American stone sculptors. The studio that they established in the Bronx, New York, in 1889 was one of the largest and most successful in the nation. They carved the statue of Lincoln in the Lincoln Memorial in Washington, D.C., and the majestic lions outside the New York Public Library. Other works include 30 large allegorical figures for the cornice of the Brooklyn Museum, the New York Stock Exchange pediment, and various other monuments throughout Manhattan.

Clicca qui Two of the sons, Attilio and Furio, became famous sculptors in their own right. You can learn more about them at the *Avanti!* website **Clicca qui (www.mhhe.com/avanti).**

Tanti saluti da... Napoli!

Napoli è fantastica! Un proverbio dice: «Vedi Napoli e poi muori.»[1] Perché? Perché è la città più bella del mondo?[2] O perché il traffico è incredibile??? I napoletani hanno inventato[3] la pizza Margherita, quella[4] con la mozzarella, che qui è buonissima! Il Vesuvio, il vulcano che distrusse[5] Pompei, è a 3 km dal centro della città.

   La Costa amalfitana è bellissima. Qui vicino hanno girato[6] molti film. Al porto, un uomo—si chiama Rosario—mi ha fatto una serenata![7] A Vietri sul Mare ho comprato[8] delle ceramiche. Domani... Roma!
Ciao ciao!

[1]Vedi... *See Naples and then die.*   [2]più... *most beautiful in the world*
[3]hanno... *invented*   [4]*the one*   [5]*destroyed*   [6]hanno... *filmed*   [7]mi...
serenaded me   [8]ho... *I bought*

Clicca qui You can hear Rosario's serenade on the *Avanti!* website (**www.mhhe.com/avanti**).

 Video Connection: In the video, can you spot **Monte Vesuvio,** a woman eating pizza, and Amalfi's intricately patterned cathedral?

ocabolario

Domande ed espressioni

Che (+ *adj.*)
  Che bello!   How beautiful!
  Che furbo (a/i/e)!   How clever!
  Che scemo (a/i/e)!   What a moron/idiot!
Che (+ *n.*)
  Che disastro!   What a disaster!
  Che genio!   What a genius!
  Che schifo!   How gross/disgusting!
  Che mattone!   What a bore!
Che (+ *adj.* + *n.*)
  Che bella macchina!   What a beautiful car!
  Che bell'idea!   What a great idea!
Che (+ *n.* + *adj.*)
  Che film noioso!   What a boring film!
Chi è?   Who is it?
Chi sei? / Chi è?   Who are you (*inform./form.*)?
Cos'è?   What is it?
Cosa fai? / Cosa fa?   What do you (*inform./form.*) do for a living?

invece   instead; on the contrary
più / meno (+ *adj.*) **+ di**
  più alto di   taller than
  meno interessante di   less interesting than

Verbi

conoscere   to know (a person or place)
correre   to run
cucinare   to cook
dare   to give
dipingere   to paint
dire   to say, to tell
fare il tifo per   to be a fan of, to cheer for
nuotare (in piscina)   to swim (in the pool)
prendere   to take
  prendere l'aereo   to travel by plane
  prendere l'autobus   to take the bus
  prendere lezioni di...   to take lessons in . . .
  prendere il sole   to sunbathe
sapere   to know (*a fact*)
sapere (+ *inf.*)   to know (*how to do something*)
sciare   to ski

stare   to be; to stay, to remain
viaggiare   to travel

Sostantivi (la famiglia)

il cugino / la cugina   cousin
la famiglia   family
il figlio / la figlia   son/daughter
il fratello   brother
i genitori   parents
la madre   mother
il marito   husband
la moglie   wife
il nipote / la nipote   grandson/granddaughter; nephew/niece
il nonno / la nonna   grandfather / grandmother
il padre   father
i parenti   relatives
la sorella   sister
lo zio / la zia   uncle/aunt

Aggettivi

agitato   excited, nervous
avventuroso   adventurous
celibe/nubile (*m./f.*)   single, unmarried
creativo   creative
divorziato   divorced
generoso   generous
maggiore   older
minore   younger
separato   separated
sposato   married
unico   sole, only

Interrogativi

che (cosa)   what
chi   who
come   how
dove   where
perché   why; because
qual è... ?   what is . . . ?
quale   which
quando   when
quanto   how much; how many

A tavola!

Le prugne, i gelsomini, le noci e i convolvoli, Giovanna Garzoni (1600–1670)

Scopi

In this chapter you will learn:

- to invite someone to do something
- to accept and decline invitations
- to make excuses

- restaurant terms and items on an Italian menu
- to indicate the presence of someone or something
- to talk about what you want to do, have to do, and can do

- to specify where, when, and with whom activities take place
- to express unspecific quantities of things
- about Italian meals and dining etiquette

RISORSE MULTIMEDIALI

Strategie di comunicazione

Ti piacerebbe... ? / *Le piacerebbe... ?*

Inviting someone to do something

A. Osserva ed ascolta.

Parte prima. Osserva ed ascolta come questi italiani si presentano e come rispondono alla domanda: «Ti/Le piacerebbe visitare gli Stati Uniti?» Scrivi il nome di ogni persona sotto la foto.

1. _____

3. _____

2. _____

4. _____

(continued)

5. _____

Parte seconda. Dividi le persone che hai appena ascoltato (*that you just listened to*) in due gruppi. Scrivi il nome della persona nella categoria appropriata.

Sì, mi piacerebbe visitare gli Stati Uniti.	No, non mi piacerebbe visitare gli Stati Uniti.

- Instead of replying simply **sì** or **no** to an invitation, you can express agreement or indecision with any one of the following answers, or you may use them in combination.

    Sì! Certo! Come no?!
    Beh. Insomma. Mah.

    —**Ti piacerebbe cenare fuori?**
    —**Certo! Mi piacerebbe provare** (*to try*) **quel nuovo ristorante.**
    (Beh. Insomma. Perché non stiamo a casa?)

    Attenzione!

Ti/Le piace means *Do you like . . . ?* —**Ti piace ballare?** —**Sì, molto!**	**Ti/Le piacerebbe** means *Would you like . . . ?* —**Ti piacerebbe ballare?** —**Sì, grazie! Mi piacerebbe molto.**

B. Mi piacerebbe visitare...

Parte prima. Indica (✓) tutti i paesi che ti piacerebbe visitare.

1. _____ l'Italia
2. _____ l'Australia
3. _____ il Messico
4. _____ la Cina

5. _____ la Turchia
6. _____ il Giappone
7. _____ il Brasile
8. _____ la Nuova Zelanda

Parte seconda. Invita il tuo compagno / la tua compagna a visitare i paesi con te.

> **Esempio:** **S1:** Ti piacerebbe visitare l'Italia?
>
> **S2:** Certo! (Insomma.)

- When you accept or decline an invitation, be sure to add **grazie**.

(tu)	**(Lei)**
—**Ti piacerebbe prendere un gelato?**	—**Le piacerebbe cenare con me stasera?**
—**Grazie, ma sono a dieta.**	—**Sì, grazie. Mi piacerebbe molto.**

Attenzione! Italians say **grazie** in instances where North Americans might say *please:*

—**Prendi un caffè?**
—**Sì, grazie.**

C. Ti piacerebbe... ?

Parte prima. Invita il tuo compagno / la tua compagna a fare le seguenti attività. Prima di cominciare, aggiungi due altre attività alla lista. Scrivi le risposte del tuo compagno / della tua compagna: ne avrai bisogno (*you will need them*) per la seconda parte di quest'attività.

> **Esempio:** **S1:** Ti piacerebbe vedere un film?
>
> **S2:** Sì, certo!

	sì	mah	no
1. vedere un film	☐	☐	☐
2. fare una passeggiata	☐	☐	☐
3. studiare insieme	☐	☐	☐
4. prendere un gelato	☐	☐	☐
5. mangiare un boccone*	☐	☐	☐
6.	☐	☐	☐
7.	☐	☐	☐

---

*__Un boccone__ is, literally, *a mouthful*. **Mangiare un boccone** means *to grab a bite to eat*.

- Here are other ways to invite someone to do something, expressing *Do you want . . .* ?:

(tu)	**(Lei)**
vuoi + infinitive	**vuole** + infinitive
ti va di* + infinitive	—

—**Vuoi entrare?**	—**Vuole vedere il menu?**
—**Ti va di ballare?**	—

- You can use the **noi** form, which means *Let's . . . .*

—**Mangiamo?**
—**Volentieri** (*Gladly*)! **Ho fame!**

Parte seconda. Ricorda (*Remind*) al tuo compagno / alla tua compagna che cosa ha accettato di fare (*agreed to do*), poi fai un'altra domanda per ottenere ulteriori particolari. Vedi se è possibile mettervi d'accordo su almeno un'attività da fare insieme. Fate tutti i programmi (*plans*) in italiano. Preparatevi a presentare i vostri programmi alla classe.

Esempio: **S1:** Allora, vuoi vedere un film. Quale?

S2: (*name of film*). Va bene?

S1: Sì, sì, benissimo. Quando?

S2: Domani sera?

S1: OK. A che ora? (eccetera)

Grazie, ma non posso   Declining an invitation

Whereas Americans may offer something once and, if the other person says "no, thanks" consider the matter settled, Italians consider it polite to decline the first offer, so as not to appear too eager or to cause their host any trouble. The host may offer a second (and possibly even a third time) before the offer is accepted.

—**Prendi un caffè?**
—**No, no, grazie.**
—**Sicuro?**
—**Grazie, ma no. Non voglio disturbare.** (*I don't want to bother you.*)
—**Ci mancherebbe altro.**[†] **Preparo il caffè!**
—**Allora, sì, grazie. Sei molto gentile.**

(*continued*)

---

*You've already seen **Ti va.** It is very informal, the equivalent of *Do you feel like . . .* ?
[†]**Ci mancherebbe altro** does not have a direct translation in English. It's the equivalent of saying *Not a problem! No big deal!*

Sometimes **no,** even with its accompanying **grazie,** is just too abrupt. In those cases, a reason for the refusal may be in order. Here are a few ways to soften the **no:**

non posso	*I can't*
devo	*I have to* + infinitive
forse	*maybe*
un'altra volta	*another time*
ho un altro impegno	*I have something else I have to do*

A. Perché no?

Parte prima. Abbina a ogni invito una scusa appropriata.

1. Ti piacerebbe fare una passeggiata dopo cena?
2. Vuoi venire al nuovo discopub sabato con noi?
3. Ti va di fare un giro in moto?
4. Ti piacerebbe venire a pranzo domenica?

a. Grazie, ma non posso. Vado a trovare gli zii questo weekend.
b. Grazie, ma non posso. Stasera devo studiare.
c. Grazie, ma non posso. Non ho il casco (*helmet*).
d. Grazie, ma non posso. Non so ballare.

Parte seconda. Confronta le tue risposte rivolgendo un invito al tuo compagno / alla tua compagna e rispondendo al suo.

B. Grazie, ma...

Ritorna alla lista delle attività elencate in Attività C, **Ti piacerebbe... ?** a pagina 123. A turno, invita un compagno / una compagna a fare le attività con te. Se lei/lui si rifiuta (*refuses*), deve offrire (*must offer*) una scusa.

Esempio: **S1:** Vuoi vedere un film stasera?

S2: Sì, grazie! (Grazie, ma non posso. Ho un altro impegno.)

C. Dove vuoi mangiare?

Parte prima. Osserva le pubblicità di alcuni ristoranti alla pagina seguente. Con un compagno / una compagna, decidete dove cenare insieme a Bologna.

Esempio: **S1:** Vuoi mangiare a Nicola's?

S2: No, non mi va di mangiare una pizza.

S1: Allora, ti piacerebbe... ?

Clorofilla - vegetariano

Strada Maggiore, 64/c
051 235343
Aperto dal lunedì al sabato dalle 12.15 alle 15.00 e dalle 19.30 alle 24.00
Chiuso la domenica
Bus: 14,18,25,27 – Fermata Strada Maggiore

Ambiente: È' un ristorante **vegetariano,** nel pieno centro della città. La sua cucina, genuina e appetitosa, conquista anche gli amanti della carne!

Attenzione! Il locale **non prevede zona fumatori.**

Tipo di Cucina: Tra le specialità ricordiamo **i wurstel vegetali,** i vari centrifugati di frutta e verdura fresca, le numerose e diversissime insalate.

Tra i dolci trovate la **torta clorofilla al cacao o alle fragole** e la torta di carote e mandorle.

Spesa media. 20 euro

Nicola's

Piazza San Martino, 9
40126 Bologna
051232502
aperto dalle 12.00 alle 15.00 e dalle 19.00 alle 24.00
chiuso il **martedì**
Bus 50 Piazza San Martino

Ambiente. La pizzeria si affaccia sulla suggestiva Piazza San Martino. Il locale è molto accogliente.

In primavera e in estate i tavoli vengono disposti all'aperto ed è possibile mangiare in mezzo al panorama della bella piazza.

Cucina. La pizza di Nicola's è buonissima ed è fatta secondo la vera tradizione napoletana.

Spesa media. 10–12 euro

TAVERNA PARTENONE

Ambiente: Il locale si trova in **pieno centro,** a metà strada tra Piazza Maggiore e Piazza VIII Agosto. Facile da raggiungere anche a piedi, ha **due sale** arredate in modo **semplice e confortevole.**

Tipo di cucina: I piatti tipici e le specialità greche sono tutte a base di **carne e verdure: Musakà, Suvlakki, Kleftiko, Kurabies.**

Tutti i clienti possono avere uno sconto del 20% a mezzogiorno, escluso il sabato.

I possessori di Carta Giovani possono avere uno sconto del 25% a pranzo e cena, escluso il sabato.

Spesa media: 18.00 euro

Piazza S. Martino, 4/a
051 230185
Aperto dal martedì alla domenica, dalle 12.30 alle 14.30 e dalle 19.30 alle 23.30
Chiuso il lunedì

Parte seconda. Spiega la vostra decisione alla classe.

Esempio: Mangiamo al Clorofilla perché siamo vegetariani.

Lessico

Tutti a tavola!

Restaurant terms and items on an Italian menu

Studia il menu e rispondi alle seguenti domande.

La Torre
Via delle due Torri, 46
Bologna

Antipasti
patè di fegato................... 4,50
liver patè
prosciutto e melone 6,00
cured ham and melon
salmone affumicato...................10,30
smoked salmon
affettati misti................... 8,50
assortment of sliced meats and sausages

Primi Piatti
tortellini in brodo................... 7,00
tortellini in broth
gnocchi al sugo di pomodoro................... 6,50
dumplings with tomato sauce
risotto alla marinara................... 8,50
creamy rice with seafood
spaghetti alla bolognese................... 6,30
spaghetti with meat sauce

Secondi Piatti
braciola di vitello................... 9,30
veal cutlet
pollo arrosto con funghi................... 8,00
roast chicken with mushrooms
pescespada alla brace................... 13,00
charcoal-grilled swordfish
bistecca fiorentina................... 15,00
Florentine steak

Contorni
peperoni alla griglia................... 3,50
grilled peppers
zucchine e fagiolini................... 5,20
zucchini and green beans

patate fritte................... 3,70
french fries
insalata mista................... 3,00
mixed salad

Formaggi
mozzarella di bufala................... 6,50
fresh buffalo milk mozzarella
gorgonzola................... 5,00
Gorgonzola cheese
parmigiano................... 5,50
Parmesan cheese
formaggi misti................... 8,50
mixed cheeses

Dolci
frutta fresca di stagione................... 4,50
seasonal fresh fruit
gelato alla crema................... 3,50
cream ice cream
torta al cioccolato................... 5,00
chocolate cake

Bevande
vino della casa house wine
   mezzo litro (1/2 liter)................... 4,00
   litro................... 6,00
Pinot/Chardonnay................... 20,00
Merlo/Lambrusco................... 18,00
acqua minerale (naturale/gassata)
mineral water (still/sparkling)
   mezzo litro................... 2,00
   litro................... 3,00
birra................... 3,00
beer

coperto (cover charge): 5,00

1. Quando si mangia (*does one eat*) l'antipasto, prima (*before*) o dopo (*after*) il primo piatto?
2. Qual è la differenza tra il primo piatto e il secondo piatto?
3. Con quale piatto si mangia il contorno?
4. Quando si mangia il formaggio, prima o dopo il dolce?

(continued)

● The answers to this activity are in Appendix 2 at the back of your book.

5. Quali parole del menu associ con queste categorie?

la carne (*meat*)	il pesce	la verdura (*vegetables*)	la frutta

IN ITALIA

- *In Italy there are different types of restaurants. A* **trattoria** *has a relaxed environment and tends to be less formal and expensive than a* **ristorante.** *The* **pizzeria** *is very informal and primarily offers pizza, although it often offers a limited menu of* **primi** *and* **secondi** *also. The* **tavola calda** *(literally, hot table) serves pizza slices and dishes that are pre-prepared and ready to eat, and the* **osteria** *serves primarily wine and beer, but also small dishes and light snacks. Look at La Torre's menu again. What type of establishment do you think La Torre is?*

- *What about* **la mancia** *(tip)? Some restaurants automatically add* **un coperto** *(cover charge) to* **il conto** *(bill) for each customer for the cost of the bread or breadsticks that are brought to the table before the meal and for the use of the table linens. Others charge simply for* **il pane** *(bread).* **Il servizio** *(service charge) may appear on the bill. If you don't see it listed, then a tip may be in order. In humble* **trattorie** *and in* **pizzerie** *it is customary to leave 5%. Regardless of how upscale the place is, patrons rarely leave more than 10%. If the service was poor, don't feel ashamed to leave nothing.*

Apparecchiamo!   Let's set the table!

il pane

il tovagliolo

il piatto

i bicchieri

il cucchiaio

la forchetta

il coltello

Quali posate (*silverware*) usi per mangiare questi cibi?

il gelato

il brodo

le lasagne

i piselli (*peas*)

la bistecca

la torta al cioccolato

il tiramisù

Esempio: Mangio i broccoli con la forchetta.

IN ITALIA

The city of Bologna is known as **la Grassa** (Fat One) *because its cuisine is among the best in Italy. The entire region of Emilia-Romagna is the gastronomical center of Italy. It is especially well known for its* **pasta fresca,** *golden-yellow from fresh eggs and made entirely by hand.* **Tagliatelle, lasagne,** *and* **tortellini** *come from this region, as do* **tortelli** *and* **tortelloni,** *larger versions in the same shape. The Bolognese meat sauce,* **ragù,** *has made it into every Italian home and onto almost every Italian restaurant menu in the world. The Emilia-Romagna region is also famous for its* **prosciutto** (smoke-cured ham), **mortadella** (the original bologna), **aceto balsamico** (balsamic vinegar), *and* **parmigiano reggiano** (parmesan cheese).

Bologna has other nicknames. You can learn more about them in **Tanti saluti da Bologna!** *at the end of* **Capitolo 12.**

A. I colori. Quali colori associ con questi cibi e bevande? Vedi **Capitolo 2, Lessico** se non ricordi i colori.

gli spinaci

i broccoli   il formaggio   il limone   la mostarda (la senape)

la pasta   il vino   il tiramisù

la banana   l'olio di oliva

la carne   la carota   il caffè

i peperoni   l'insalata   la pasta   il pepe (*pepper*)

il ketchup   la birra   il sale (*salt*)

la maionese

IN ITALIA

There are many types of pasta of different shapes and colors. How many have you tried?

Il Museo Nazionale delle Paste Alimentari *is in Rome, near the Trevi Fountain. At this museum, you can learn about the history of pasta and its production.*

Clicca qui You can learn more about Rome's pasta museum at the *Avanti!* website, **Clicca qui (www.mhhe.com/avanti).**

B. I piatti. A quali piatti associ questi cibi?

l'antipasto

il dolce

il secondo

il primo

il contorno

1. gli scampi alla brace
2. i calamari fritti
3. il minestrone (*vegetable soup*)
4. le patate lesse (*boiled*)
5. le linguine
6. il tiramisù
7. i ravioli al prosciutto
8. i piselli
9. la bruschetta
10. le lasagne verdi
11. il coniglio (*rabbit*)

C. Da ordinare o da evitare (*avoid*)? Queste persone mangiano stasera a La Torre. Quali piatti e/o bevande ordinano e quali evitano?

Esempio: **S1:** Maria è a dieta.

S2: Allora, ordina il pollo arrosto e l'insalata. Evita la pasta e la torta al cioccolato.

1. Gianni non ha molta fame.
2. Salvatore e Giacomo hanno molta fame.
3. Sara e Michele sono vegetariani.
4. Giovanni ha mal di pancia (*stomachache*).

5. Rita va in palestra dopo cena.
6. Gianni è astemio (non beve alcolici).
7. Riccardo ha fretta (*is in a hurry*).
8. Marco non mangia carboidrati.

IN ITALIA

Many Italians are resisting the influx of fast food into Italy by joining the Slow Food movement. Slow Food is an international organization founded in 1986 whose aim is to preserve the pleasure of eating from the homogenization of modern fast food and of life. Its headquarters are in Bra, Piemonte, site of the first national association. Slow Food boasts 80,000 members in over 100 countries, organized into almost 800 eating clubs. Italy is home to almost half the membership and 350 chapters known as **condotte.**

Clicca qui You can learn more about the Slow Food movement at the *Avanti!* website, **Clicca qui (www.mhhe.com/avanti).**

D. Non mangio mai...

Parte prima. Guarda il menu di La Torre a pagina 127 e fai una lista di cinque cibi e bevande che non mangi o non bevi mai.

Non mangio mai...	Non bevo mai...
1. *il formaggio*	1. *la birra*
2.	2.
3.	3.
4.	4.
5.	5.

Parte seconda. Intervista tre compagni/compagne e segna (✓) se loro evitano gli stessi (*same*) cibi e bevande.

    Esempio: **S1:** Non mangio mai il fegato. Maria, tu mangi il fegato?

             S2: No, non mangio mai il fegato. (✓)

Parte terza. Con chi hai più cose in comune? Riferisci i risultati ai compagni.

    Esempio: Maria ed io non beviamo mai il vino, non mangiamo mai il fegato...

E. Ordiniamo! (Let's order!)

Il Menu

Antipasti
Sformatino[1] di carciofi e piselli in salsa delicata
Varietà di antipasti tipici siciliani caldi e freddi
Gran[2] fritto di verdure fresche di stagione e formaggi

Primi piatti
Raviolini in salsa di pistacchi e mandorle[3]
Tagliatelle ai funghi porcini dell'Etna
Zuppa di funghi

Secondi piatti
Bocconcini[4] di pollo dorati[5] all'aceto balsamico
Filettino di bue[6] con funghi e marsala
Pesce del giorno
(I piatti sono tutti guarniti con un contorno.)

Dessert
Semifreddo[7]
Sorbetto al limone

[1]soufflè [2]Gran = grande [3]pistacchi... pistachios and almonds
[4]nuggets (literally, little mouthfuls) [5]golden [6]filettino... filet
mignon [7]ice cream cake (literally, half-cold)

Parte prima. Il signor Cecchi cena da solo al ristorante. Il cameriere (*waiter*) ha già portato (*already brought*) un litro di acqua gassata e adesso il signore Cecchi deve ordinare. Completa il dialogo.

IL CAMERIERE: Cosa desidera?
IL SIGNORE CECCHI: Per primo vorrei _____.[1]
IL CAMERIERE: E da bere?
IL SIGNORE CECCHI: _____.[2]
IL CAMERIERE: E per secondo?
IL SIGNORE CECCHI: _____.[3]
IL CAMERIERE: Desidera altro?
IL SIGNORE CECCHI: _____.[4]

Parte seconda. A turno, svolgete il ruolo del cameriere. Cosa ordina il tuo compagno / la tua compagna? Usa il menu da ristorante La Pigna. Ricorda di usare le forme formali!

Esempio: **S1:** Cosa desidera per antipasto?

S2: Vorrei…

S1: E per primo?

Strutture

5.1 C'è un primo, ma ci sono due secondi

There is / There are

Tavolo 1

Tavolo 2

Tavolo 3

Leggi le seguenti frasi e indica i tavoli che esse (*they*) descrivono.

1. _____ **C'è** una signora che mangia il pesce.

2. _____ **C'è** una signora che ordina dal cameriere.

3. _____ **Ci sono** due persone maleducate (*ill-mannered*).

4. _____ **Ci sono** due persone che mangiano il secondo.

In ognuna di queste frasi, **ci** precede il verbo **essere.** Che significa **ci**?

Attenzione! Ci diventa **c'** davanti a **è.**

▶ Answers to this activity are in Appendix 2 at the back of your book.

1. C'è and **ci sono** indicate the presence of someone or something. They are the equivalent of *there is* and *there are* in English, so **c'è** is followed by a singular noun, and **ci sono** is followed by a plural noun.

2. C'è and **ci sono** also express the idea of *being in* or *being here*. Notice the use of **c'è** in the following telephone conversation, in which Gianna calls her friend, Silvia, and Silvia's mother answers the phone.

> LA MAMMA DI SILVIA: **Pronto?**
>
> GIANNA: **Buona sera, sono Gianna. *C'è* Silvia?**
>
> LA MAMMA DI SILVIA: **Sì, un attimo** (*one moment*) **per favore.**

A. Cosa c'è nel ristorante?

Decidi se queste frasi che descrivono la scena a pagina 133 sono vere o false. Se un'informazione è falsa, riscrivi la frase.

	vero	falso
In questo ristorante...		
1. C'è un cameriere.	☐	☐
2. Ci sono tre donne.	☐	☐
3. C'è un uomo.	☐	☐
4. Ci sono tre tavoli.	☐	☐
5. Su (*on*) ogni tavolo c'è il pane.	☐	☐
6. Ci sono 5 forchette e 5 coltelli.	☐	☐
7. Ci sono due cucchiai.	☐	☐
8. Ci sono due finestre (*windows*).	☐	☐

B. Cosa c'è nello zaino?

Parte prima. Indovina (*Guess*) quanti dei seguenti oggetti ci sono nello zaino del compagno / della compagna.

> **Esempio:** Ci sono *due* penne, c'è *un* cellulare, non ci sono matite...

1. a. C'è _____ penna.	b. Ci sono _____ penne.	c. Non ci sono penne.
2. a. C'è _____ cellulare.	b. Ci sono _____ cellulari.	c. Non ci sono cellulari.
3. a. C'è _____ matita.	b. Ci sono _____ matite.	c. Non ci sono matite.
4. a. C'è _____ libro.	b. Ci sono _____ libri.	c. Non ci sono libri.
5. a. C'è _____ quaderno.	b. Ci sono _____ quaderni.	c. Non ci sono quaderni.
6. a. C'è _____ panino.	b. Ci sono _____ panini.	c. Non ci sono panini.

Parte seconda. Verifica le tue risposte.

> **Esempio:** **S1:** Quante penne ci sono nel tuo zaino?
>
> **S2:** Ci sono 3 penne. (Non ci sono penne.)

IN ITALIA

Parlano i numeri

8 sono gli anni che un essere umano (*human being*) passa mangiando nel corso di una vita media di 75 anni.

132 sono i chilogrammi di frutta che mangia in media un italiano ogni anno.

2.500 è il numero di olive necessarie per produrre un litro di olio extra vergine.

24 mila sono le persone che attualmente muoiono di fame nel mondo.

41 mila sono le persone che ogni giorno morivano di fame 20 anni fa.

920 mila sono le pizze consumate quotidianamente in Italia. Ogni giorno 1 italiano su 63 sceglie, a pranzo o a cena, di mangiare una pizza.

C. A Giacomo piace Raffaella.

Parte prima. A Giacomo piace moltissimo Raffaella e finalmente trova il coraggio di telefonare a lei. Completa la loro conversazione con **c'è** o **ci sono.**

RAFFAELLA:	Pronto?
GIACOMO:	Buona sera, sono Giacomo. _____[1] Raffaella?
RAFFAELLA:	Sono io. Chi parla?
GIACOMO:	Ciao Raffaella! Sono Giacomo. Ti telefono per sapere se ti va di cenare con me stasera. _____[2] una nuova trattoria in Via Gramsci.
RAFFAELLA:	Grazie, Giacomo, ma non posso uscire stasera.
GIACOMO:	Allora, ti piacerebbe andare al cinema domani sera? _____[3] tanti bei film questa settimana.
RAFFAELLA:	Grazie, ma non posso. Ho un altro impegno.
GIACOMO:	Senti,[a] sabato _____[4] una partita di calcio allo stadio. Vado con mio fratello. Vuoi venire con tua sorella?
RAFFAELLA:	Grazie, ma non possiamo.[b] Dobbiamo[c] pulire la casa. Scusa, ma adesso devo correre all'università. Ci vediamo. Ciao.
GIACOMO:	Ciao.

[a]*Listen* [b]*non… we can't* [c]*We have to*

Parte seconda. Da' almeno tre ragioni per cui (*reasons why*) Raffaella non vuole (*want to*) uscire con Giacomo. Poi, con i compagni votate per la ragione più probabile.

Raffaella non vuole uscire con Giacomo perché...

D. Cosa c'è nell'aula?

Parte prima. Collabora con un compagno / una compagna. Fate una lista di sette oggetti e persone che ci sono nella vostra aula. Dovete mettere (*you must put*) nella lista anche due informazioni false.

Esempio: Nella nostra aula...

Parte seconda. Scambiate (*Exchange*) liste con un altro gruppo e correggete le frasi false.

5.2 *Vuoi mangiare qualcosa?* Verb + infinitive

▶ The answers to this activity are in Appendix 2 at the back of your book.

Completa le coniugazioni. Cerca le forme giuste (*look for the correct forms*) dei verbi **dovere** (*to have to, must*), **potere** (*to be able to, can, may*), e **volere** (*to want*) nella conversazione telefonica dell'Attività C, **A Giacomo piace Raffaella,** a pagina 135.

	dovere	potere	volere
io			voglio
tu	devi	puoi	
lui/lei/Lei	deve	può	vuole
noi			vogliamo
voi	dovete	potete	volete
loro	devono	possono	vogliono

Study Tip

English speakers often incorrectly express *to have to (do something)* with the verb **avere** because they are translating word for word from English. The correct verb to use is **dovere.**

Devo andare a casa.
I have to go home.

Beware of the tendency to translate from English—it will get you into trouble!

1. You have already learned two verbs followed by the infinitive to express your preferences.

> **preferire:** **Preferisco** stare a casa stasera.
> **piacere:** **Mi piace** sciare, ma non **mi piace** giocare a calcio.

2. The verbs **dovere, potere, volere** are often followed by the infinitive.

> **Voglio** mangiare una pizza.   *I want to eat pizza.*
> Non **posso** bere il latte.   *I can't drink milk.*
> **Devo** studiare.   *I must study.*

In italiano

- Two other verbs, **amare** (*to love*) and **odiare** (*to hate*), can also be followed by the infinitive.

  Amo andare al cinema.   **Odio** pulire la casa.

- However, note that the verbs **amare, odiare,** and **volere** are not always followed by the infinitive.

  Gianna **ama** il cioccolato.
  Enrica **odia** gli spinaci.
  Marco **vuole** le lasagne.

IN ITALIA

Although **voglio** *is the correct form of* **volere** *for* **io,** *Italians consider it very* **maleducato** *to use it when making a request. Instead they use* **vorrei** *(I would like):*

> **Vorrei gli spaghetti al pomodoro, per favore.**
> **Vorrei offrire** (to pay, *lit.* to offer) **io il pranzo. Va bene?**

A. Vuoi uscire, ma devi studiare.

Parte prima. Completa le frasi con il verbo appropriato.

1. —Ciao Maria e Valeria. <u>Dovete / Volete</u> andare a mangiare la pizza con noi?
   —Sì, buon'idea. Ma prima <u>possiamo / dobbiamo</u> passare dal banco-mat (*ATM*) a prendere dei soldi (*money*).

2. —Sono molto impegnata oggi.
   —Cosa <u>puoi / devi</u> fare?
   —<u>Posso / Devo</u> lavorare tutto il giorno e poi preparare la cena per quattro ospiti (*guests*).

3. <u>Posso / Voglio</u> venire alla festa venerdì?

4. —Gianni, quando pulisci la casa?
   —La settimana prossima. Questa settimana non <u>devo / posso</u> perché <u>devo / posso</u> studiare molto.

5. Salvatore e Riccardo non pranzano con noi perché <u>possono / devono</u> andare a trovare la madre.

6. —Il sugo di pomodoro non è buono.
   —Cosa <u>voglio / devo</u> aggiungere (*add*)?
   —Un po' di sale.

7. —Cosa <u>devi / vuoi</u> mangiare stasera?
   —Solo il primo.

Parte seconda. Adesso, completa le frasi con una forma appropriata di **dovere, potere** o **volere.**

1. —Ciao Fiona, _____ giocare a tennis oggi alle 17.00?
   —Grazie, ma non _____, ho un appuntamento alle 17.15.

2. Mio marito ed io non compriamo una macchina nuova adesso perché _____ pagare le tasse (*taxes*) il mese prossimo.

3. Tu e il tuo amico non prendete un caffè al bar perché c'è un cliente che aspetta in ufficio e _____ tornare subito.

4. Rita _____ comprare una macchina rossa o verde?

B. Cosa vogliono? Cosa vogliono queste persone?

Esempio: **S1:** Maria ha sete.

S2: Vuole un bicchiere d'acqua.

1. Gianni deve sempre prendere l'autobus.
2. Claudio ed io amiamo gli animali domestici.
3. Tu e Salvatore odiate la birra.
4. Il bambino ha la nausea e non sta bene.
5. Mio padre ed io siamo vegetariani e abbiamo molta fame.
6. Sabrina e Graziella hanno molta fame ma non hanno molto tempo.
7. Io ho sete.

C. Gli inviti.
Francesca, una studentessa italiana che visita la vostra università per un mese, è molto impegnata. L'insegnante fa la parte di Francesca. Tu e i compagni invitate Francesca a fare varie attività, ma lei è sempre impegnata. Completa la tabella sulla base (*based on*) delle sue risposte.

Esempio: STUDENTI: Vuoi prendere un caffè domenica mattina con noi?

FRANCESCA: Grazie, ma non posso. Devo andare in chiesa.

	sabato	domenica
mattina		*va in chiesa*
pomeriggio		
sera		

IN ITALIA

Even among Italians, Neapolitan pizza is considered the best in the world, primarily because of two local ingredients: tomatoes cultivated in the fertile, volcanic soil of Vesuvius and fresh mozzarella, called mozzarella di bufala, *made from the milk of water buffaloes. To be considered authentic Neapolitan pizza, its production must adhere to the strict guidelines of the* **Associazione Verace Pizza Napoletana** *(Association of True Neapolitan Pizza). Only 100% natural, genuine ingredients can be used and most of the labor must be done by hand. Because the pizza must be cooked in a wood-fired brick oven which can take hours to heat up, many* **pizzerie** *do not open until evening.*

 Clicca qui You can read more about Neapolitan pizza at the *Avanti!* website, **Clicca qui (www.mhhe.com/avanti).**

Andiamo al ristorante   Prepositions

Le preposizioni, come *on, to, at,* e *for,* in inglese, legano (*link, connect*) due parole o frasi. Riesci a capire il significato o i significati delle preposizioni sottolineate in queste frasi?

di	a	da	in	con	su	per

1. Vado <u>a</u> Milano.

2. Studio <u>a</u> casa.

3. Studio <u>da</u> mezzogiorno <u>a</u> mezzanotte.

4. Parto <u>da</u> New York <u>per</u> Roma.

5. Vado <u>in</u> chiesa <u>con</u> mia madre.

6. Compro il gelato <u>per</u> mia sorella.

7. Questa è la musica <u>di</u> un famoso compositore.

8. Parliamo <u>di</u> Enrico Fermi nel corso di fisica.

9. Metto il bicchiere <u>su</u> questo tavolo.

▶ To learn more about the prepositions **di** and **da**, see **Per saperne di più** at the back of your book.

In italiano

In colloquial Italian, the preposition **da** + **matti** (*crazy*) is used to express the following meanings:

una cosa da matti	*a crazy thing/situation*
prezzi da matti	*crazy prices*
ridere da matti	*to laugh like crazy*

Da is also used in the following expressions:

un film da vedere	*a "must see" film*
un libro da leggere	*a "must read" book*

1. Italian prepositions include: **a** (*to/at*), **da** (*from*), **per** (*for*), **in** (*in/to*), **con** (*with*), **di** (*of/about*), **su** (*on*), and **tra/fra** (*between*). Prepositions can stand alone, **le preposizioni semplici.** However, they are frequently contracted with the definite article to form one word (**le preposizioni articolate**), such as **alle** (**a + le**).

Read the description on the next page of Raffaella's first date with Giacomo. Circle all of **le preposizioni semplici** and underline **le preposizioni articolate.** One of each is already done for you. (Remember Giacomo and Raffaella? If not, see Activity C, **A Giacomo piace Raffaella,** page 135.)

► The answers to this activity are in Appendix 2 at the back of your book.

Raffaella esce (con) Giacomo. Vanno a mangiare al ristorante La Torre. Giacomo arriva a casa di Raffaella alle 19.00. La prenotazione (*reservation*) è per le 20.00, ma Giacomo non vuole essere in ritardo perché è un ristorante molto frequentato ed* è difficile trovare un parcheggio (*parking space*). Quando arrivano il cameriere li accompagna (*accompanies them*) ad un tavolo vicino ad una finestra dalla quale possono vedere un bel panorama; l'atmosfera è molto romantica. La cena è splendida, ma la gente del tavolo accanto (*next*) è molto maleducata: parlano a voce alta, il ragazzo mangia gli spaghetti con le mani (*hands*), e la ragazza ha un gomito (*elbow*) sulla tavola mentre mangia la minestra!

2. Now, can you figure out all the preposition and definite article combinations?

Esempio: a + il = al
a + le = alle

Follow the pattern and complete the chart with all the prepositions and their combinations with the definite articles.

► The answers to this activity are in Appendix 2 at the back of your book.

	il	lo	la	l'	i	gli	le
a	al		alla		ai		alle
da		dallo		dall'		dagli	
su	sul					sugli	
di		dello	della		dei		delle
in	nel		nella	nell'	nei		nelle
con	con il			con l'			con le
per		per lo	per la			per gli	

Note that:

a. **di** and **in** change to **de-** and **ne-** in contractions.

b. **con** and **per** do not contract with the definite article.†

Study Tip

There is no need to memorize each combination. Just remember that each contraction has the same ending as the definite article, and that contractions with the articles that begin with an **l** (**la, lo, l',** **le**) have two **l**s:

a + *la* = *alla*
a + *lo* = *allo*
a + *l'* = *all'*
a + *le* = *alle*
a + *i* = *ai*
a + *il* = *al*
a + *gli* = *agli*

*If the preposition **a** or the conjunction **e** (*and*) are followed by a word beginning with a vowel, they may become **ad** and **ed: ad esempio** (*for example*); **tu ed io** (*you and I*).
†In formal, written Italian you may find that **con** combines with the articles **il** and **i** to form the contractions **col** and **coi.**

3. In **Capitoli 3** and **4** you learned several expressions with **a** and some common phrases designating locations with **in** that do not have a definite article:

Ettore gioca	**a carte (a golf, a calcio, a tennis).**
va	**a letto.**
esce	**a mezzogiorno** e ritorna **a mezzanotte.**
va	**a ballare.**
va	**in biblioteca.**
va/balla	**in discoteca.**
va	**in montagna.**
va/nuota	**in piscina.**

Note that:

a. When talking about home or school, you don't use the article with the preposition **a:**

Ritorno **a** scuola.   Vado **a** casa.

b. When talking about a city, use **a,** and when talking about a country, use **in** to express *to*:

Vado **a** Milano.   Andiamo **in** Italia.

A. Scegli. Completa le frasi con le preposizioni giuste.

1. Mario e Sandro vanno <u>a / di</u> sciare <u>in / di</u> montagna quest'inverno.

2. Mia sorella ed io nuotiamo <u>su / in</u> piscina tre volte alla settimana.

3. Mettiamo le candeline (*candles*) <u>sulla / alla</u> torta.

4. Michela va sempre <u>a / al</u> letto <u>a / al</u> mezzanotte.

5. Mio padre mette molto zucchero <u>sul / nel</u> caffè.

6. Giuseppe gioca <u>a / di</u> calcio <u>per / con</u> i suoi amici il sabato.

7. Mi piace studiare <u>in / con</u> biblioteca.

8. Paolo fa il cameriere. Ogni sera finisce di lavorare <u>alle / all'</u> una e non arriva <u>a / per</u> casa fino (*until*) <u>alle / all'</u> due.

9. Sandro vuole fare un viaggio <u>in / a</u> Francia. Vuole andare <u>a / in</u> Parigi.

10. Stasera mangiamo <u>con la / alla</u> pizzeria, *da Luigi,* ma non mi piace perché c'è poco <u>dal / sul</u> menu.

11. Gli studenti tornano <u>dell' / dall'</u> Italia il primo del mese.

12. Cameriere! C'è un insetto <u>dal / nel</u> mio bicchiere!

▶ To learn how the pronoun **ci** is used to replace phrases with **a/in,** see **Per saperne di più** at the back of your book.

B. Le preposizioni articolate.
Unisci la preposizione all'articolo giusto e scrivi la preposizione articolata. Poi fai le domande al tuo compagno / alla tua compagna. Prendi appunti (*take notes*) e riferisci (*report*) le risposte agli altri compagni.

Esempio: Che fai lunedì (a + ? =) una?
Che fai lunedì *all'una*?

1. Cos'hai (in + ? = ____) zaino?
2. Che fai sabato (a + = ____) 21.00?
3. A che ora arrivi (a + ? = ____) università?
4. A che ora torni a casa (da + ? = ____) università?
5. Quale giorno (di + ? = ____) settimana preferisci? Perché?
6. C'è un programma (a + ? = ____) televisione che ti piace molto? Quale?
7. Con chi parli (a + ? = ____) telefono più spesso?
8. Metti lo zucchero (in + ? = ____) caffè?

C. La storia continua.
La storia di Giacomo e Raffaella continua. Completa la storia con le preposizioni semplici o articolate.

Raffaella ed io usciamo _____[1] ristorante _____[2] 22.30 e andiamo _____[3] ballare _____[4] discoteca fino alle 4.00 di mattina. Prima di tornare a casa andiamo _____[5] prendere un caffè _____[6] bar _____[7] gli amici. Raffaella torna _____[8] casa _____[9] 5.30. Domani telefono a Raffaella per sapere se vuole andare _____[10] cinema.

D. Tante domande.

Parte prima. Collabora con un compagno / una compagna. Completate queste domande. Usate una preposizione.

Esempio: A che ora tornate *dall'università*?

1. A che ora tornate... ?
2. Quando andate... ?
3. Preparate la cena... ?
4. Andate a lezione... ?
5. Giocate... ?
6. Venerdì sera uscite... ?
7. Prendete un caffè... ?
8. Che cosa fate... ?

Parte seconda. Fate le domande ad un'altra coppia. Discutete le risposte con i compagni.

Esempio: Gina torna dall'università alle 17.00 ma Tommaso torna alle 14.00.

5.4 *Compro del pane* The partitive

Gessica fa la spesa al supermercato. Guarda il suo carrello e segna (✔) le cose che compra. Come si dice *some* in italiano?

Gessica compra...

☐ del latte.

☐ delle banane.

☐ dell'olio di oliva.

☐ dei broccoli.

☐ degli spaghetti.

☐ del pane.

☐ dell'acqua.

☐ del formaggio.

☐ della pasta.

1. The equivalent of *some* in Italian is the articulated preposition **di** + *article*. Fill in the missing forms in the table.

	il	lo	la	l'	i	gli	le
di	del			dell'		degli	

▶ The answers to this activity are in Appendix 2 at the back of your book.

2. When used with a singular noun, **di** + *article* means *some* to indicate part of a whole. When used with a plural noun, it also means *some*, but indicates an unspecified quantity.

Vorrei **dell'acqua.**	*I would like (some) water.*
Gino mangia **delle banane.**	*Gina eats (some) bananas.*
Compriamo **delle paste.**	*We are buying some pastries.*

Note: Although the word *some* is not always expressed in English, it must be used in Italian except in questions and negative statements.

3. Di + *article* is almost always omitted in questions and negative sentences.

—**Avete pane?**	*Do you have bread?*
—**No, non abbiamo pane.**	*No, we don't have bread.*

4. An equivalent of **di** + *article* that means *a bit of* or *some* is **un po' di** + noun (without the definite article).

Mangio **un po' di** pasta = Mangio **della** pasta.
Bevo **un po' di** spumante = Bevo **dello** spumante.

A. Il partitivo giusto. Abbina i partitivi con i nomi giusti.

del
degli   dei
della
delle   dell'
dello

cioccolato   torta
tortellini   scampi aranciata
birra   risotto   banane
biscotti   tè   zucchero

B. Il cuoco. (*The cook.*) Abbina le espressioni dell'insieme A con le espressioni dell'insieme B per completare le frasi. Poi, sostituisci **un po' di** con **di** + **articolo.**

Il cuoco mette (*puts*)...

A	**B**
1. un po' di aceto balsamico	a. sulle tagliatelle.
2. un po' di latte	b. nella limonata.
3. un po' di ghiaccio (*ice*)	c. nel caffè.
4. un po' di parmigiano	d. nell'insalata.
5. un po' di pepe	e. sulla bistecca.

Paste siciliane in una pasticceria (Taormina)

C. Il carrello. (*Shopping cart.*)

Scegli cinque cose dalla lista da mettere (*to put*) nel tuo carrello. Il tuo compagno / La tua compagna deve indovinare (*guess*) quello che compri usando **di** + **articolo.** Devi dire i prodotti che non ha indovinato. Il gioco continua finché (*until*) il compagno / la compagna non ha indovinato tutte le cose del carrello.

- ☐ latte
- ☐ pane
- ☐ acqua
- ☐ birra
- ☐ funghi
- ☐ bistecche

- ☐ pasta
- ☐ paste
- ☐ pomodori
- ☐ spinaci
- ☐ sale
- ☐ fagiolini

- ☐ banane
- ☐ carne
- ☐ patate
- ☐ formaggio
- ☐ peperoni
- ☐ fegato

Esempio:
S1: Compri del latte, della pasta,...
S2: Non compro latte.
S1: Compri dei funghi.
S2: Sì.

D. Ti piace la maionese?

Devi scoprire (*discover*) cosa mette il tuo compagno / la tua compagna sui/nei cibi dell'insieme A. Il compagno / La compagna risponde con gli elementi dell'insieme B.

A

l'hamburger
la bistecca
il panino
il pane
la pasta
le patate fritte
le uova (*eggs*)
i cereali
il tè freddo
il tè caldo
il caffè

B

il burro (*butter*)
il limone
il latte
il pepe
la marmellata (*jam*)
lo zucchero
la mostarda (la senape)
la maionese
il sale
l'olio d'oliva
il parmigiano
il miele (*honey*)
il formaggio
la cipolla (*onion*)
il pomodoro
il sugo
il ketchup

Esempio:
S1: Cosa metti sull'hamburger?
S2: Del ketchup e della cipolla.
S1: Cosa metti nel tè?
S2: Del miele.

Cultura

Ascoltiamo!

Il galateo° a tavola   Il... Etiquette

A. Ascolta. Ascolta mentre l'insegnante ti parla delle regole di comportamento (**il galateo**) in Italia.

B. Completa. Completa in italiano le seguenti frasi, inserendo la parola più appropriata della lista qui sotto. Usa ogni parola *una sola volta*. **Attenzione!** La lista contiene 10 parole; devi usarne solamente otto.

> altrettanto
> astemia   beneducata
> bicchieri   il tovagliolo
> le mani   la forchetta
> piatti   l'ospite
> salute

1. Una persona _____ osserva le regole del galateo anche a tavola.

2. È necessario apparecchiare la tavola secondo criteri precisi e fare attenzione alla posizione delle posate: il coltello va a destra, _____ a sinistra.

3. Per l'acqua e il vino, si devono usare _____ differenti.

4. _____ beneducato porta fiori o dolci alla padrona di casa (*female head of the house*).

5. _____ devono rimanere sul tavolo.

6. La risposta a «Buon appetito!» è «Grazie, _____!»

7. Non è beneducato insistere per far bere una persona _____.

8. Prima di bere, si dice «_____».

C. Tocca a te! E tu, rispetti le regole del galateo? Usa le informazioni di questa lezione per completare la frase seguente:

A tavola io sono beneducato/a (maleducato/a) perché... e perché...

La dieta mediterranea

LA PIRAMIDE DELLA DIETA

La piramide rappresenta la distribuzione in frequenza e quantità di tutti gli alimenti principali compresi[1] nella Dieta Mediterranea. E' una semplificazione grafica utile per individuare velocemente la frequenza di consumo consigliata dei diversi alimenti al fine di ottenerne un apporto utile[2] per la dieta quotidiana. Alla base troviamo quelli che possiamo consumare tutti i giorni, al vertice quelli il cui consumo[3] sarebbe meglio[4] limitare.

[1]*included*   [2]*al… in order to obtain from them a useful contribution*   [3]*il… whose consumption*   [4]*sarebbe… it would be better*

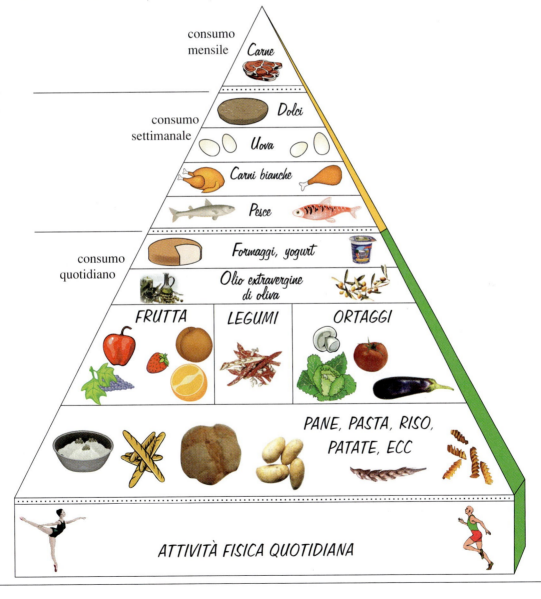

Una dieta sana (*healthy*).   Usa la piramide della dieta mediterranea per rispondere a queste domande:

1. **Quotidiano** significa **al giorno, mensile** significa **al mese.** Cosa significa **settimanale**?

2. Le frasi seguenti sono tutte false. Cambia in ogni frase le parole in corsivo (*italicized*) per farla (*to make it*) vera.

   a. Nella dieta mediterranea le patate sono nella categoria *degli ortaggi.*

   b. L'attività fisica *sporadica* è fondamentale per la dieta mediterranea.

   c. La dieta mediaterranea distingue fra due tipi di carne: quella rossa e quella *cruda.*

   d. Nella dieta mediterranea è consigliato il consumo dell'olio *di mais* (*corn*).

3. Vuoi seguire (*follow*) la dieta mediterranea? Perché sì o perché no?

  *Scriviamo!*

Il buon ospite

Cosa deve fare un buon ospite? Cosa non deve fare? Scrivi **Le cinque regole d'oro** (*golden*).

Esempio: Un buon ospite
1. *deve fare i complimenti al cuoco.*
2. *non deve parlare a bocca piena.*[a]
3.

[a]*full mouth*

Che maleducati!

Quanti errori di galateo trovi in questa vignetta? Spiega al tuo compagno / alla tua compagna (o alla classe) chi è maleducato e perché.

Guardiamo!

Film: *Big Night*. (Drammatico. USA. 1996. Campbell Scott e Stanley Tucci, Registi. 107 min.)

Riassunto: Trying to make it in America, two brothers, Primo (Tony Shalhoub) and Secondo (Stanley Tucci), run a failing Italian restaurant. To save the restaurant from bankruptcy, they plan to invite the musician Louis Prima and serve a fabulous meal, but complications arise involving a love triangle, their competitors, and chef Primo's obsession with culinary perfection.

Scena (DVD Capitolo 3): An American couple orders a meal, but when it arrives it is not what they expected. Suave manager, Secondo, tries to make the customers happy. Chef Primo, however, is outraged. All the characters are frustrated because they don't understand each other. The problem isn't the language; what is it?

Study Tip

Many misunderstandings arise, not because people don't know the vocabulary words, but because they don't know the culture. When you see something in a video, a film clip, or a reading that you don't understand, ask your instructor. It may lead to an interesting discussion! For example, if you grew up in America you may have heard your mother say a million times, "Put your hand in your lap!" when you were eating. Instead, Italian mothers say, «Metti le mani sul tavolo!»

Ciak, si gira!

A. Cosa c'è? Puoi spiegare, in italiano, che cosa non ha funzionato bene? Usando una parola da ciascuna colonna, crea delle frasi per spiegare perché tutti sono insoddisfatti.

la signora	è	frustrata	perché	non	vuole	mangiare	gli spaghetti
il signore		frustrato			deve	preparare	i clienti
Primo					può	accontentare*	la moglie
Secondo							

B. Tu sei l'esperto/a!

Parte prima. Tu sei seduto/a (*seated*) al tavolo vicino alla coppia americana, e loro ti dicono: "No spaghetti. No meatballs. What kind of Italian restaurant is this anyway?" Cosa rispondi?

Parte seconda. Chef Primo esce dalla cucina e ti chiede: «Ma perché questi americani non sanno mangiare?» Cosa dici?

 IN AMERICA

Una pizzeria americana
An Italian immigrant named Gennaro Lombardi opened the first American pizzeria in 1895 in New York City. It's still there today—Lombardi's, 32 Spring Street.

La dieta mediterranea
The benefits of **la dieta mediterranea** were recognized by American doctor Ancel Keys (1904–2004), after he disembarked in Salerno with his squadron in 1945 during World War II. Dr. Keys noticed that cardiovascular disease was much less prevalent in Italy than in the United States, prompting him to investigate the influence of diet on health. He compared dietary habits in the United States, Japan, Yugoslavia, Germany, Finland, and Italy. The results confirmed that the more a diet digressed from the Mediterranean model, the higher the rate of cardiovascular disease.

---

*accontentare = **fare contento/a**

Vocabolario

Domande ed espressioni

c'è / ci sono	there is / there are
forse	perhaps, maybe
Grazie, ma non posso.	Thanks, but I can't.
ho un altro impegno	I have something else I have to do
mi dispiace	I'm sorry
un po' di	a bit of
Ti piacerebbe… ? / Le piacerebbe… ?	Would you (*inform./form.*) like . . . ?
un'altra volta	another time
Vorrei…	I would like . . .

Verbi

amare	to love
apparecchiare (la tavola)	to set (the table)
dovere	to have to, must
odiare	to hate
potere	to be able, can, may
volere	to want

Sostantivi

l'aceto	vinegar
l'acqua minerale (naturale/gassata)	mineral water (still/ sparkling)
gli affettati misti	assortment of sliced meats and sausages
l'antipasto	appetizer
la bevanda	drink
il bicchiere	glass
la birra	beer
la bistecca	steak
la braciola	cutlet
il brodo	broth
il burro	butter
il cameriere / la cameriera	waiter/waitress
la carne	meat
il cioccolato	chocolate
la cipolla	onion
il coltello	knife
il conto	bill
il contorno	side-dish
il coperto	cover charge
il cucchiaio	spoon
il dolce	dessert
i fagiolini	green beans

il fegato	liver
la forchetta	fork
il formaggio	cheese
la frutta	fruit
i funghi	mushrooms
il gelato	ice cream
gli gnocchi	gnocchi
l'insalata	salad
il latte	milk
la marmellata	jam
il melone	melon
il miele	honey
la mozzarella	mozzarella
il pane	bread
il parmigiano	Parmesan cheese
le patate fritte	french fries
il pepe	pepper
il peperone	bell pepper
il pesce	fish
il piatto	plate, dish
i piselli	peas
il pollo arrosto	roast chicken
il pomodoro	tomato
il prosciutto	ham
il primo (piatto)	first course
il risotto	rice dish
il sale	salt
il salmone	salmon
il secondo (piatto)	second course
il sugo	sauce
la torta	cake
i tortellini	tortellini
il tovagliolo	napkin
l'uovo (*pl.* le uova)	egg
la verdura	vegetable
il vino	wine
il vitello	veal
lo zucchero	sugar
le zucchine	zucchini

Preposizioni

a	to; at; in
con	with
da	from
di	of, about
in	in; to; at
per	for
su	on
tra/fra	between

Capitolo 6

Cosa hai fatto questo weekend?

Scopi

In this chapter you will learn:

- common interjections to express surprise, pain, and so on
- how to ask and tell what happened
- to talk about your weekend activities
- to talk about what you did in the past
- to express negative ideas
- about music traditions in Italy

Concerto (20° secolo), Anonimo

RISORSE MULTIMEDIALI

Strategie di comunicazione

 *Dai!* Expressing surprise, pain, and so on

Le interiezioni (*interjections*) are those little exclamation words we use to express surprise, pain, encouragement, disbelief, uncertainty, or exasperation.

> Dov'è via Amerigo Vespucci?

> Boh! Non sono di qui.

> Ahi!

A. Osserva ed ascolta. Come rispondono Chiara, Rosario, Claudia, Cassandra e Giovanni alle seguenti domande? Abbina l'interiezione che senti e la domanda.

Chiara

1. Ti piace il game show *Eredità*?

a. Boh!
b. Magari!
c. Mamma mia!
d. Oddio!
e. Peccato!

Rosario

2. Sa l'inglese?

Claudia

3. Puoi dire qualcosa in inglese?

Cassandra

4. Chi sono i tuoi attori e attrici preferiti?

Giovanni

5. Le piacerebbe visitare gli Stati Uniti?

B. Uffa! (*Oh man!*)

Parte prima. Abbina le domande con le risposte appropriate.

1. Quando mangiamo?
2. Fa troppo caldo.
3. Non posso uscire stasera. Devo studiare.
4. Chi è l'autore di *La Divina commedia*?
5. È tua quella Alfa Romeo?

a. Magari! La mia è quella piccola Ford.
b. Uffa! Stai sempre sui libri. Non vuoi mai uscire.
c. Boh! Non mi ricordo. (*I don't remember.*)
d. Dai! Hai sempre fame!
e. Macché! È un giorno bellissimo!

Parte seconda. Confronta le tue risposte con quelle di un compagno / una compagna. Lui/Lei dice una delle frasi e tu rispondi con l'interiezione appropriata. Scambiate i ruoli.

C. Come si dice *ouch* in italiano?
Completa la tabella con le espressioni equivalenti in inglese e in italiano. Alcune parole (*Some words*) sono già state inserite.

In questa situazione...	gli americani dicono:	gli italiani dicono:
1. You see a friend across the street and want to get her/his attention.		**Ehilà!**
2. You grab a pot on the stove and it's hot.	*Ow! Ouch!*	
3. You look at your watch and realize you're late for an appointment.	*Omigosh!*	
4. You want your friend to get up off the couch and come for a run with you.		**Dai!**
5. Your friend tells you a story that you just can't believe.	*Get outta here! No way!*	
6. You're eager to go out and your parents keep adding to the list of chores they want you to do before you leave.		**Uffa!**
7. Someone asks you a question and you haven't got a clue.	*I dunno.*	
8. Someone asks if you've ever done something that's cool (you haven't, but you wish you had).		**Magari!**
9. Someone invites you to a concert, but it's on the same night as your exam.		**Peccato!**

▶ The answers to this activity are in Appendix 2 at the back of your book.

Cos'è successo? Asking what happened

To find out what happened, ask:
Cos'è successo?

A. Che brutta giornata!

Parte prima. Oggi va tutto male. Perché? Cos'è successo? (Le risposte sono al passato; trovi il passato in **Strutture 6.1** in questo capitolo.) Scegli l'interiezione appropriata per iniziare ogni frase.

1. Ho dimenticato (*I forgot*) il libro d'italiano.
   a. Oddio!   b. Dai!   c. Ahi!

2. Non ho dormito (*I didn't sleep*) abbastanza e oggi devo lavorare.
   a. Dai!   b. Uffa!   c. Ehilà!

3. Ho perso (*I missed*) l'autobus.
   a. Mamma mia!   b. Boh!   c. Magari!

4. Non ho capito (*I didn't understand*) la lezione.
   a. Macché!   b. Oddio!   c. Boh!

5. I miei hanno telefonato (*my parents called*) per dirmi che arrivano domani e la mia casa è un porcile (*pig-sty*).
   a. Dai!   b. Uffa!   c. Magari!

Parte seconda. Completa le frasi seguenti, usando i seguenti verbi. **Attenzione!** Puoi usare ciascun verbo *una sola volta*.

dormire   fare   guardare   pulire   venire

1. Puoi _____ a lungo questo weekend.

2. Puoi _____ la casa stasera invece di uscire.

3. Puoi _____ con me in macchina.

4. Possiamo _____ i compiti insieme.

5. Puoi _____ il mio libro.

Parte terza. Chiedi al tuo compagno / alla tua compagna **Cos'è successo?** Lui/Lei dice qual è il problema dalla **Parte prima.** Tu proponi un modo per rimediare la situazione con le frasi che hai creato nella **Parte seconda.**

Esempio: **S1:** Cos'è successo?

S2: Oddio! Ho dimenticato il libro d'italiano.

S1: Non c'è problema! Puoi guardare il mio libro.

Lessico

Il mio weekend
Talking about your weekend activities

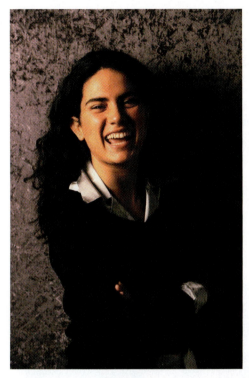

Gessica   **Luigi**

Gessica e Luigi sono studenti all'università di Pisa. Gessica è di Pisa, ha 20 anni, e studia lingue e letterature straniere. Luigi è di Arezzo, ha 21 anni, e studia biologia.

IN ITALIA

Italian students attend school six days per week, Monday through Saturday, from about 8:30 to 13:00. University students often have classes in the morning and in the afternoon on weekdays. They also have class on Saturday morning. That's why their weekend doesn't begin until Saturday afternoon.

Gessica è molto impegnata questo weekend. Completa la sua agenda con i numeri delle frasi appropriate. Cerca di capire il significato delle parole dal contesto o da una parola simile in inglese. C'è solo una risposta corretta.

1. Dorme fino alle 9.00, fa colazione, legge un libro e scrive un'e-mail alla sua amica americana.
2. Dorme fino alle 8.00, fa colazione, poi va alla lezione di letteratura inglese delle 9.30.
3. **Festeggia** il compleanno di Sandra a casa di Luisa.
4. Pranza dalla nonna (*She has lunch at her grandmother's house*) e **fa un giro in bici** con il suo fratellino.
5. Va a **teatro** a **vedere uno spettacolo** di Shakespeare per il corso di letteratura inglese.
6. **Fa il bucato** perché tutti (*all*) i jeans sono sporchi (*dirty*), poi fa shopping. Compra un bel **regalo** per il compleanno dell'amica Sandra: il nuovo CD di Zucchero.

Il weekend di Gessica		
	sabato	**domenica**
la mattina		
il pomeriggio		
la sera	3	

 The answers to this activity are in Appendix 2 at the back of your book.

IN ITALIA

Zucchero, aka Adelmo Fornaciari, a well-known contemporary Italian musician, received his nickname, Sugar, from an elementary school teacher. He began playing guitar in his home province of Reggio Emilia, focusing on music in the Blues/R&B mold. In 1978 he began writing Italian pop songs for other artists, and more blues-oriented material for himself. He released his first album, Un Po' di Zucchero, in 1983. During the late 80s and early 90s, he became one of the best-selling artists in Italy and a favorite all over Europe. He performed at the 1994 Woodstock Festival and has appeared with Eric Clapton, Buddy Guy, the Scorpions, and Luciano Pavarotti.

Clicca qui You can learn more about Zucchero and his music at the *Avanti!* website, **Clicca qui (www.mhhe.com/avanti).**

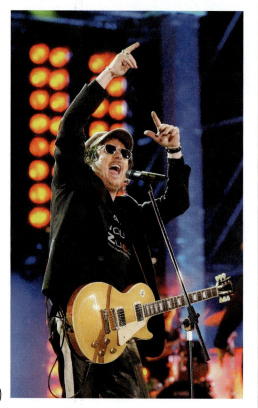

Zucchero in concerto (Milano)

Anche Luigi è molto impegnato questo weekend. Completa la sua agenda con i numeri delle frasi appropriate.

1. Guarda **la partita** di calcio con gli amici.
2. Va alla lezione di biologia alle 10.00.
3. Prende il treno alle 13.00 per **andare a trovare** gli amici a Siena.
4. Prende il treno alle 18.00 per tornare a Pisa perché ha un esame lunedì mattina presto.
5. Va al **concerto** di Jovanotti a Siena con il suo amico Roberto, ma non è contento perché Jovanotti canta solo **le canzoni** del nuovo CD.
6. Dorme fino alle 14.00.

 The answers to this activity are in Appendix 2 at the back of your book.

Il weekend di Luigi		
	sabato	domenica
la mattina		
il pomeriggio	3	
la sera		

Lorenzo Cherubini, aka Jovanotti, is not considered a rapper but a pop artist who uses rap as an element in his music. He began his career in 1987 as a DJ on the popular Radio Deejay *in Milan. Jovanotti transformed himself from his early recordings—such as* Jovanotti for President *and* La mia moto, *geared toward pre-teens—to the more socially conscious releases* Una tribù che balla *and* Lorenzo 1992. *Jovanotti is often the only name Americans know when Italian rap is mentioned. His song* Piove *is featured on the CD* Peppers & Eggs *from the soundtrack of the TV series* The Sopranos.

Clicca qui You can learn more about Jovanotti and his music at the *Avanti!* website, **Clicca qui (www.mhhe.com/avanti).**

Jovanotti in concerto (Napoli)

In italiano

Italians use the expression **andare a trovare** to refer to visiting people. The verb **visitare** refers to visiting places, such as cities and museums. It is also used to talk about a doctor examining a patient.

Luigi va a trovare i suoi amici.
Gessica visita un museo d'arte moderna a Firenze.
Il medico visita la paziente in clinica.

A. Ascolta! L'insegnante comincia (*begins*) una frase; segna (✓) la fine appropriata.

1. ☐ il bucato ☐ in macchina ☐ in casa
2. ☐ un CD ☐ lo spettacolo ☐ le canzoni
3. ☐ il bucato ☐ i miei compiti ☐ un regalo
4. ☐ un film ☐ una canzone ☐ uno spettacolo
5. ☐ un biglietto ☐ uno stadio ☐ uno spettacolo
6. ☐ mia madre ☐ la mia amica ☐ un museo (*museum*)
7. ☐ una pasticceria ☐ mia nonna ☐ un museo

B. Le attività tipiche. In base a quello che sai di Gessica e di Luigi, decidi quali possono essere attività tipiche di Gessica e quali possono essere attività tipiche di Luigi.

1. Fare il bucato ogni fine settimana.
2. Andare a trovare gli amici a Milano in un weekend prima di un esame importante.
3. Andare a vedere uno spettacolo a Firenze.
4. Ascoltare la musica rap.
5. Leggere un libro di James Joyce.
6. Giocare a calcio.
7. Fare una colazione abbondante domenica mattina alle 9.00.
8. Non fare colazione.

C. Il weekend ideale.

Parte prima. Scrivi nella tabella tutte le attività che vuoi fare durante il tuo weekend ideale.

Il mio weekend ideale		
	sabato	**domenica**
la mattina		
il pomeriggio		
la sera		

Parte seconda. Dai la tua tabella al tuo compagno / alla tua compagna. Lui/Lei deve decidere se il tuo weekend è più simile a quello di Gessica o a quello di Luigi. Poi lui / lei deve spiegare ai compagni perché ha preso questa decisione.

> **Esempio:** Il weekend di Johnny è simile al weekend di Gessica perché...

D. Ogni quanto?

Parte prima. Con i compagni, indicate quanto spesso gli studenti fanno queste attività.

> mai ogni giorno una volta (*once*) alla settimana
>
> una volta al mese

> **Esempio:** Gli studenti non puliscono mai la casa.

1. fare il letto
2. fare il bucato
3. cucinare
4. fare la spesa al supermercato
5. fare un giro in bici
6. fare una festa in casa
7. andare a teatro
8. andare al cinema
9. andare ad un concerto di musica rock
10. andare a trovare la famiglia

Parte seconda. Adesso indica quanto spesso fai tu queste attività. Sei il classico studente / la classica studentessa? Comunica i tuoi risultati ai compagni.

> **Esempio:** Io sono il classico studente / la classica studentessa perché non pulisco mai la casa.

Strutture

6.1 Che hai fatto questo weekend?

The present perfect of regular verbs

Lunedì mattina Gessica e Luigi si raccontano quello che hanno fatto il weekend (*tell each other what they did this weekend*). Tutti i verbi sono al passato prossimo e alla prima persona singolare (**io**). Sottolinea tutti i verbi e scrivi ognuno (*each one*) accanto all'infinito appropriato. Due verbi sono già stati inseriti. Riesci a (*Are you able to*) capire come si forma il passato prossimo?

▶ The answers to this activity are in Appendix 2 at the back of your book.

Gessica	**Luigi**
Sabato mattina **sono andata** alla lezione di letteratura inglese. Il pomeriggio ho fatto il bucato e poi ho fatto shopping. Ho comprato un bel regalo per il compleanno di Sandra—il nuovo CD di Zucchero. Sabato sera ho festeggiato il compleanno di Sandra a casa di Luisa. Sono tornata a casa verso mezzanotte. Domenica mattina ho letto un libro e ho scritto delle e-mail. Sono andata a pranzo da mia nonna e dopo ho fatto un giro in bici con mio fratello. La sera ho visto un bello spettacolo di Shakespeare.	Sabato mattina **sono andato** alla lezione di biologia. All'una ho preso il treno per Siena. La sera sono andato ad un concerto di Jovanotti e sono tornato a casa molto tardi. La mattina dopo ho avuto un gran mal di testa (*headache*) e ho dormito fino alle 2.00. Il pomeriggio ho guardato la partita con gli amici e la sera sono tornato a Pisa verso le 11.00.
comprare _____	avere _____
fare _____	dormire _____
festeggiare _____	guardare _____
leggere _____	prendere _____
scrivere _____	
vedere _____	
andare *sono andata*	andare *sono andato*
tornare _____	tornare _____

1. The **passato prossimo** is a tense used to talk about the past. As you can see in the chart, the **passato prossimo** is made up of two words: the present tense of **avere** or **essere** (known as the auxiliary verb) and **il participio passato** (past participle) of the verb.

Ho comprato un biglietto.   *I bought, I have bought a ticket.*
Sono andato/a al cinema.   *I went, I have gone to the movies.*

2. The past participles of **-are** and **-ire** verbs are formed by dropping the infinitive endings **-are** and **-ire** and adding **-ato** and **-ito**.

guard **- are**   →   **ato**   →   **guardato**
usc **- ire**   →   **ito**   →   **uscito**

The past participle of **-ere** verbs is formed by dropping the infinitive ending **-ere** and adding **-uto**.

cred **- ere** (*to believe*)   →   **uto**   →   **creduto**

3. Some verbs (such as **fare, leggere, prendere, scrivere,** and **vedere**) have irregular past participles. You will learn more about these in the next section.

4. Some verbs take **avere** and some take **essere** as their auxiliary. When **avere** is used as the *auxiliary*, the past participle ends in **-o**, regardless of the subject of the verb. When **essere** is used as the *auxiliary*, the past participle always agrees in gender and number with the subject of the verb. Therefore, the past participle has four forms ending in **-o, -a, -i, -e.**

> ▶ The forms of **sapere** and **conoscere** in the **passato prossimo** are regular, but their meanings change. See **Per saperne di più** at the back of your book for more information.

avere	essere
Gessica <u>ha ballat**o**</u> tutta la notte.	Gessica <u>è andat**a**</u> in discoteca.
Gessica e Tina <u>hanno ballat**o**</u> tutta la notte.	Gessica e Tina <u>sono andat**e**</u> in discoteca.
Luigi <u>ha mangiat**o**</u> la pasta.	Luigi <u>è tornat**o**</u> a casa.
Luigi e Massimo <u>hanno mangiat**o**</u> la pasta.	Luigi e Maria <u>sono tornat**i**</u>* a casa.

5. Which verbs take **essere** and which take **avere**? Most verbs take **avere,** and relatively few take **essere.** Although there is no straightforward rule for identifying all the verbs that take **essere,** many express motion from one place to another. Here are the most frequent **essere** verbs with regular past participles (you will learn a few more verbs with irregular past participles in this chapter in **Strutture 6.2**).

> ▶ *Piacere* takes *essere.* See **Per saperne di più** at the back of your book for more information.

andare   **entrare** (*to enter*)   **stare**
arrivare (*to arrive*)   **partire** (*to depart/leave*)   **tornare**
                                                 uscire

(*continued*)

---

*Attenzione! If a verb is conjugated with **essere** and there are multiple subjects of the verb and at least one is masculine, the ending of the past participle is masculine plural (**-i**).

Now complete the conjugations of these verbs.

The answers to these activities are in Appendix 2 at the back of your book.

	comprare	credere	dormire
io		ho creduto	
tu	hai comprato		
lui, lei, Lei			ha dormito
noi			abbiamo dormito
voi	avete comprato		
loro		hanno creduto	

	andare	uscire
io		
tu	sei andato/a	
lui, lei, Lei		è uscito/a
noi		
voi	siete andati/e	
loro		sono usciti/e

Study Tip

Each person has a different learning style. For example, some students like to work in groups and others prefer to study alone. Some listen to music or the TV while studying, others need perfect silence. Flashcards work for visual learners, while repetition works for aural learners. The color coding in the **passato prossimo** charts in this section—green for verbs conjugated with **avere,** and blue for verbs conjugated with **essere**—may serve as a helpful tool for visual learners. The key to being a successful learner is identifying what works best for you.

6. Here are some time expressions used to express the past: **ieri** (*yesterday*), **scorso/a/i/e** (*last*), **fa** (*ago*).

Ieri ho giocato a calcio.
La settimana **scorsa** sono andata al cinema.
Ho comprato una macchina due mesi **fa.**

A. Giulia o Giulio?   Per ogni frase, indica chi ha fatto l'attività, **Giulia** o **Giulio,** o se non si sa (*can't tell*). Spiega le tue scelte (*choices*).

	Giulia	Giulio	Non si sa.
1. È stata a casa ieri sera.	☐	☐	☐
2. Ha comprato un libro.	☐	☐	☐
3. È arrivato tardi alla festa sabato scorso.	☐	☐	☐
4. Ha dormito otto ore.	☐	☐	☐
5. È tornata a casa alle 11.00.	☐	☐	☐
6. Ha mangiato un gelato.	☐	☐	☐
7. Ha studiato molto la settimana scorsa.	☐	☐	☐
8. È entrato nel bar.	☐	☐	☐

B. L'esame di fisica. Lunedì Marina e Lisa hanno un esame d'italiano e Rocco e Martino hanno un esame di fisica. Guarda le frasi e decidi chi ha fatto le varie attività il weekend prima dell'esame. Secondo te, chi ha preso (*received*) il voto più alto? Perché?

Marina e Lisa   Rocco e Martino

1. Sono tornate a casa alle 3.00 di mattina sabato sera.

2. Sono uscite con gli amici domenica sera.

3. Sono stati a casa sabato sera e sono andati a letto presto.

4. Lunedì mattina sono partiti di casa presto per studiare in biblioteca prima dell'esame.

5. Sono andati a studiare in biblioteca venerdì sera.

6. Sono andati al cinema domenica sera e sono tornati a casa alle 21.00 per studiare.

7. Sono arrivate tardi all'università lunedì mattina.

8. Sono andate in discoteca venerdì sera.

IN ITALIA

Pino Daniele can be considered the musician who made **contaminazione,** *the mixing of different musical genres,* successful in Italy. In the early years of his career, which began in the 1970s, he was known for combining R & B with the Neopolitan dialect. In later years, his use of **contaminazione** took new forms. He infuses African rhythms, collaborates with the biggest names in American jazz, and widens his horizons toward world music, *inspired by different genres.*

Clicca qui You can learn more about Pino Daniele and his music at the *Avanti!* website, **Clicca qui (www.mhhe.com/avanti).**

Pino Daniele in concerto

C. Il compleanno di Sandra.

Ieri è stato il compleanno di Sandra. Descrivi la serata. Forma le frasi con un elemento dell'insieme A, uno dell'insieme B e uno dell'insieme C.

Esempio: Massimo e Maria sono arrivati molto tardi.

A	B	C
Massimo e Maria	arrivare	tutti i panini
Beatrice ed io	partire	un CD di Pino Daniele a Sandra
tu	mangiare	molto tardi
Antonio e Francesca	suonare	a comprare delle patatine (*chips*)
gli amici	dare	molto presto
tu e Rinaldo	lavare	la chitarra
Cassandra	andare	tutti i piatti dopo la festa

In italiano

If you have *never* done a particular activity in the past, place **non** before the auxiliary and **mai** after it.

Maria **non** è **mai** andata a teatro.   Gianni e Roberto **non** hanno **mai** mangiato il pesce.

D. L'ultima volta che (*The last time that*)...

Parte prima. Quando è stata l'ultima volta che hai fatto queste attività? Completa i verbi e poi completa le frasi con l'espressione di tempo più giusta. Se c'è un'attività che non hai mai fatto, cambia la frase con **non... mai.**

la settimana scorsa

due settimane fa   il weekend scorso

due giorni fa   un mese fa   ieri

più di un mese fa   più di un anno fa

non... mai

1. Ho lavat_____ la macchina...

2. Sono uscit_____ con gli amici...

3. Ho comprat_____ un CD...

4. Sono andat_____ all'opera...

5. Ho festeggiat_____ il compleanno di un amico...

6. Sono tornat____ a casa dopo mezzanotte…

7. Sono arrivat____ a lezione in ritardo…

8. Ho pulit____ la casa…

9. Ho guardat____ un bel film…

10. Ho mangiat____ la pizza…

Parte seconda. Intervista il compagno / la compagna per conoscere le sue risposte e prendi appunti. (Fai attenzione ai participi passati dei verbi con **essere!**)

> **Esempio:** **S1:** Quando hai lavato la macchina?
>
> **S2:** La settimana scorsa.

Parte terza. Confronta (*Compare*) le tue risposte con quelle del tuo compagno / della tua compagna e preparate tre frasi da presentare ai compagni.

> **Esempio:** Gianni ed io abbiamo comprato un CD ieri.
>
> Gianni ha lavato la macchina ieri, ma io ho lavato la macchina la settimana scorsa.

In italiano

When you are telling a story that includes a series of events, words like **prima** (*first*), **poi** (*then*), and **dopo** or **dopo di che** (*after*) come in handy.

Prima ho fatto shopping poi sono tornata a casa e ho preparato la cena. Dopo ho telefonato a Maria e abbiamo parlato per mezz'ora.

E. I personaggi.

Parte prima. Insieme ai compagni scegliete il nome e l'età di questi personaggi, e poi descrivete il carattere di ciascuno (*personality of each*). Usa la fantasia! (Hai bisogno di ripassare gli aggettivi? Vedi **Capitolo 2, Strutture 2.1**)

(*continued*)

Parte seconda. Formate gruppi di cinque o sei studenti e descrivete quello che hanno fatto questi personaggi l'estate scorsa. Lavorate così: Il primo studente scrive una frase e poi passa il foglio al secondo. Il secondo legge e scrive una frase che continua la storia e poi passa il foglio al terzo. Il terzo... Alla fine, l'ultimo studente deve leggere tutta la storia al gruppo.

6.2 *Ieri abbiamo vinto la partita* The present perfect of irregular verbs

Alcuni verbi hanno participi passati irregolari. Scrivi nella tabella il passato prossimo (**io**) dei seguenti verbi accanto all'infinito appropriato. Otto verbi sono già stati inseriti. Quale coniugazione ha un numero maggiore (*larger number*) di verbi irregolari: **-are**, **-ere**, o **-ire**?

> ho corso ho offerto
> sono morto/a ho chiuso
> ho rotto
> ho perso ho dipinto ho preso
> ho vinto ho scritto sono nato/a
> ho scelto ho detto
> ho letto

▶ The answers to this activity are in Appendix 2 at the back of your book.

-are		**-ere**		**-ire**	
fare	ho fatto	bere	ho bevuto	aprire	ho aperto
		chiudere	_____	dire	_____
		correre	_____	offrire (*to offer*)	_____
		dipingere	_____		
		leggere	_____		
		mettere	ho messo		
		perdere (*to lose*)	_____		
		prendere	_____		
		rispondere (*to respond*)	ho risposto		
		rompere (*to break*)	_____		
		scegliere (*to choose*)	_____		
		scrivere	_____		
		vedere	ho visto		
		vincere (*to win*)	_____		
		nascere (*to be born*)	_____	venire	sono venuto/a
		rimanere (*to stay, remain*)	sono rimasto/a	morire (*to die*)	_____

Some points about irregular verbs in the **passato prossimo**:

a. **-ere** verbs have the largest number of irregular past participles.

b. **essere** and **stare** have the same past participle (**stato/a/i/e**).

c. **essere** and **avere** take themselves as their auxiliaries in the past tense.

   Gianna **è stata** all'opera ieri sera.
   Franca **ha avuto** un appuntamento all'una.

A. Essere. Trova tutti i verbi con l'ausiliare **essere** al passato prossimo. (**Attenzione!** Ci sono 12 verbi.)

essere
ascoltare   avere
festeggiare
leggere   andare
giocare   uscire
navigare   entrare   ballare
aprire   arrivare
scrivere   pulire   venire
mettere   partire   scrivere
lavorare   lavare   seguire   dare   rimanere
telefonare
stare   vedere   perdere   avere
tornare
sapere   morire   dipingere
nascere   nuotare

B. Participi passati. Completa i participi passati di ogni verbo e poi decidi se le frasi sono vere per te.

Ieri...

	vero	falso
1. sono s＿＿ molto contento/a quando ho finito i compiti.	☐	☐
2. ho pre＿＿ l'autobus.	☐	☐
3. ho vi＿＿ un bel programma alla TV.	☐	☐
4. ho le＿＿ un libro interessante.	☐	☐
5. ho scri＿＿ un'email al mio professore.	☐	☐
6. ho rispo＿＿ al telefono due volte.	☐	☐
7. ho me＿＿ i libri nello zaino.	☐	☐
8. ho giocato alla lotteria e ho vin＿＿ mille dollari.	☐	☐
9. sono rima＿＿ in casa tutta la sera.	☐	☐

C. Una volta.

Parte prima. Completa le frasi. Puoi rispondere con qualcosa che tu o qualcun'altro ha fatto.

> **Esempio:** Una volta ho mangiato il pesce e sono stata molto male.

1. Una volta _____ e sono stato/a molto male.

2. Una volta _____ e sono stato/a molto contento/a.

3. Una volta _____ e sono stato/a molto arrabbiato/a.

4. Una volta _____ e sono stato/a molto triste.

5. Una volta _____ e sono stato/a molto imbarazzato/a.

Parte seconda. In gruppi di quattro o cinque, confrontate le vostre risposte. Poi, riscrivete le frasi in modo che siano vere per tutti.

> **Esempio:** Una volta abbiamo mangiato il pesce e siamo stati molto male.

D. Che fai di solito?

Parte prima. Completa le frasi. Fai un paragone tra (*make a comparison between*) quello che queste persone fanno **di solito** (*usually*) e quello che **invece** hanno fatto una volta.

> **Esempio:** Di solito Marco va a letto presto. Ieri, invece, è uscito con gli amici ed è andato a letto molto tardi.

1. Di solito prendete un caffè al bar dopo pranzo. Ieri pomeriggio, invece,...

2. Di solito Luisa e Gianpaolo vincono quando giocano a tennis. La settimana scorsa, invece,...

3. Di solito Gianna e la sua famiglia vanno in Italia durante l'estate. L'anno scorso, invece,...

4. Di solito Mario guarda la partita. Domenica scorsa, invece,...

5. Di solito la segretaria risponde al telefono. Ieri mattina, invece,...

Parte seconda. Adesso, insieme ad un compagno / una compagna, scrivete frasi che sono vere per tutti e due.

1. Di solito (noi)...   Ieri, invece,...

2. Di solito...   Venerdì scorso, invece...

3. Di solito...   Domenica mattina, invece...

E. Cos'è successo? Leggi le situazioni e poi spiega cos'è successo. Ascolta le spiegazioni (*explanations*) dei compagni e poi vota per la spiegazione migliore (*best*).

Esempio: **S1:** Maria è molto triste oggi. Cos'è successo?

S2: La sua squadra ha perso il campionato (*championship*).

Oggi...

1. Pino ha un gran mal di testa.

2. Gianni e Rita vanno all'ospedale.

3. La casa è in disordine. Tutti i piatti e i bicchieri sono sporchi.

4. Il professore è molto arrabbiato.

5. La professoressa è contenta.

6. Salvatore e Marco dormono durante la lezione di matematica.

7. Gianna non ha i compiti d'italiano.

IN ITALIA

Quale percentuale degli italiani partecipa in queste attività?

Teatro	*18,7%*
Cinema	*50%*
Musei, mostre (exhibitions)	*28,1%*
Discoteche	*25,2%*
Spettacoli sportivi	*27,3%*

F. Cosa hai fatto? Fai domande al tuo compagno / alla tua compagna per sapere cosa ha fatto lo scorso weekend. Fai almeno (*at least*) tre domande per conoscere tutti i dettagli. Quando sai tutto, scrivi un paragrafo che descrive il suo weekend.

quando?

con chi?

come?   dove?   a che ora?

perché?   quanto?

cosa?

Esempio: **S1:** Cosa hai fatto venerdì sera?

S2: Sono andato a una mostra d'arte moderna.

S1: Dove?

S2: Al museo.

S1: Con chi?

With its four centuries of history, the **Galleria degli Uffizi** can be considered one of the oldest museums in the world. The construction of the Uffizi Palace began in 1560, when the Duke Cosimo I de' Medici decided to build a special seat for the **uffizi** (offices; in modern Italian, **uffici**) of the thirteen magistracies, that is, for the administrative center of the Florentine State. Cosimo's son, Francesco I, started the transformation of the **uffizi** to a museum by placing part of the granducal collection, which included jewelry, medals, arms, paintings, and scientific instruments, on the second floor. Being the insatiable collectors that they were, the Medici continued to enrich the collection. Today, the museum has 45 **sale** (rooms) and its collection is comprised of approximately 1,700 paintings, 300 sculptures, 46 tapestries, and 14 pieces of furniture and ceramics.

Galleria degli Uffizi (Firenze)

Clicca qui You can learn more about the Uffizi at the *Avanti!* website, **Clicca qui (www.mhhe.com/avanti).**

6.3 *Non studio mai dopo mezzanotte!*

Negative expressions

Quando Gessica e Luigi studiano, hanno abitudini (*habits*) diverse. Leggi le descrizioni delle loro abitudini e cerca di capire il significato delle parole evidenziate. Poi, segna (✓) le abitudini simili alle tue (*similar to yours*).

Gessica	Luigi
☐ A mezzanotte **non** studia **più.** Va a letto.	☐ Studia fino alle 3.00 di mattina. Di solito va a letto alle 3.30.
☐ Studia sempre presto di mattina. Qualche volta (*sometimes*) si alza (*she gets up*) alle 6.00 di mattina per studiare.	☐ **Non** studia **mai** presto di mattina. Gli piace studiare di notte.
☐ Quando prepara un esame, le piace studiare con un compagno di classe. Non le piace studiare da sola.	☐ Quando prepara un esame, **non** studia con **nessuno.** Deve essere da solo per concentrarsi (*concentrate*).
☐ Mentre (*while*) studia di solito mangia i popcorn o le patatine e beve caffè.	☐ Mentre studia **non** mangia e **non** beve **niente.**

1. Some common negative expressions are: **non... più** (*not anymore, no longer*), **non... mai** (*never*), **non... nessuno** (*no one, nobody*), and **non... niente** (*nothing*).

2. In the present tense **non** appears before the conjugated verb and **più, mai, nessuno,** and **niente** are placed after the verb.

Non leggo **più** quella rivista.	*I don't read that magazine anymore.*
Non bevo **mai** il tè.	*I never drink tea.*
Luigi **non** studia con **nessuno.**	*Luigi doesn't study with anyone.*
Il bambino **non** vuole mangiare **niente.**	*The child doesn't want to eat anything.*

(continued)

3. In the **passato prossimo, non** appears before the verb, but **più** and **mai** are placed between the auxiliary and the past participle.

Dopo una cattiva cena, **non** ho **più** frequentato quel ristorante.
Virginia **non** è **mai** stata in Inghilterra.

Note, however, that **nessuno** and **niente** are placed after the past participle.

Non ho comprato **niente** al supermercato.
Non ho visto **nessuno** al bar.

4. Nessuno and **niente** can also be the subject of the verb, which is always in the third person singular. Note that **non** is not used in these constructions.

Nessuno è arrivato.
Niente è facile.

For additional negative expressions, see **Per saperne di più** at the back of your book.

In italiano

Mai, when used without **non,** means *ever,* and can also be used to form generic questions.

—Sei **mai** stata in Inghilterra? *Have you ever been to England?*

—No, **non** sono **mai** stata in Europa! *No, I've never been to Europe!*

E tu? Sei mai stato/a in Europa?

A. Ascolta! L'insegnante parlerà di (*will talk about*) diversi tipi di persone. Scegli la definizione più adatta a ciascuna di esse (*the definition that best describes each*).

1. ☐ uno studente interessato   ☐ uno studente disinteressato

2. ☐ una persona generosa   ☐ una persona egoista

3. ☐ una persona estroversa   ☐ una persona timida

4. ☐ uno studente motivato   ☐ uno studente non motivato

5. ☐ un ragazzo educato   ☐ un ragazzo maleducato

IN ITALIA

Giuseppe Verdi's operas are the most widely performed in Italy.
Can you match the names of the following composers with their operas?

1. Giuseppe Verdi
2. Gioacchino Rossini
3. Vincenzo Bellini
4. Ruggero Leoncavallo
5. Giacomo Puccini

a. *Tosca*
b. *Pagliacci*
c. *Aida*
d. *Il Barbiere di Siviglia*
e. *Norma*

Nabucco di Giuseppe Verdi

Conosci alcune opere liriche italiane? Hai un'opera o un'aria preferita?

Risposte: 1. c 2. d 3. e 4. b 5. a

Clicca qui You can learn more about these composers and their works at the *Avanti!* website, **Clicca qui (www.mhhe.com/avanti).**

B. Le espressioni negative.
Sottolinea le espressioni negative in ogni frase. Poi, indica quali di queste frasi sono vere per te.

	vero	falso
1. Ieri sera non ho visto nessuno. Sono stato/a a casa da solo/a.	☐	☐
2. Una volta ho fatto una festa, ma non è venuto nessuno.	☐	☐
3. Non compro mai regali per i miei amici.	☐	☐
4. Non studio più la matematica perché non mi piace.	☐	☐
5. Non sono mai stato/a ad un'opera lirica italiana.	☐	☐

C. Confusione!
Metti le parole in ordine per formare frasi complete.

1. Irlanda / è / Gianni / non / stato / in / mai

2. niente / Paolo / ragazza / per / comprato / la / ha / non / sua

3. in / andato / Marco / è / non / bici / dopo / più / l'incidente (*accident*)

4. più / non / ha / Carlo / visto / gli amici

5. andato / sabato / nessuno / al / è / concerto / sera

D. La festa.
Gessica e Luigi ieri hanno fatto una festa e oggi Gessica è arrabbiata con Luigi. Secondo Luigi le sue accuse (*accusations*) sono completamente sbagliate (*wrong*). Completa le accuse di Gessica con un'espressione negativa. Dopo, scrivi le risposte di Luigi.

mai   nessuno   niente   più

GESSICA: Non hai preparato _____[1] per la festa!

LUIGI: Non è vero. Ho preparato le pizze e ho apparecchiato la tavola!

GESSICA: Non hai ballato con _____[2]!

LUIGI: Non è vero...

GESSICA: Non hai _____[3] parlato con la mia migliore amica.

LUIGI: Non è vero...

GESSICA: Dopo mezzanotte, non hai _____[4] suonato la chitarra.

LUIGI: Non è vero...

Cultura

La musica in Italia

A. Ascolta. Ascolta mentre l'insegnante vi parla della musica in Italia.

B. Completa. Completa in italiano le seguenti frasi, inserendo la parola più appropriata della lista qui sotto. Usa ogni parola *una sola volta*. **Attenzione!** La lista contiene 12 parole; devi usarne solamente 9.

> alla Scala   canzoni
>
> Jovanotti   i concerti   il dialetto
>
> in discoteca   l'anfiteatro   leggera
>
> Puccini   opere liriche   Pavarotti
>
> un festival

1. Rossini, Verdi e _____ sono compositori di _____.

2. Il Teatro _____ di Milano è uno dei teatri più importanti per la rappresentazione dell'opera.

3. Ai giovani italiani piace molto andare a sentire _____ dal vivo (*live*) in piazza.

4. Zucchero ha collaborato anche con cantanti famosi come _____.

5. _____ ha introdotto l'hip hop e elementi di rap nella musica italiana.

6. Invece dell'italiano, alcune canzoni usano _____.

7. Ogni anno, a Sanremo, si organizza _____ di musica _____.

C. Tocca a te! Cosa pensi della musica italiana? Scrivi la tua opinione.

Per quello che ho imparato della musica italiana io preferisco _____ perché...

IN ITALIA

Famous opera houses of Italy include:

Il Teatro alla Scala di Milano
Il Teatro la Fenice di Venezia
Il Teatro San Carlo di Napoli
Il Teatro Massimo di Palermo

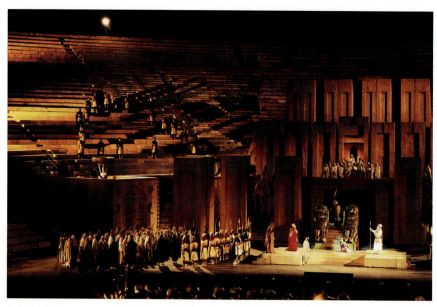

Arena di Verona

Although it is not an opera house per se, **l'Arena** *in Verona is world famous for its summer opera season, held in a Roman amphitheater.*

Clicca qui You can learn more about Italian opera houses, check their performance schedules, and find out where you can take virtual tours at the *Avanti!* website, **Clicca qui (www.mhhe.com/avanti).**

Leggiamo!

Una serata misteriosa

Leggi la storia per capire cos'è successo.

Piero e Vittoria abitano a Siracusa. Lavorano nella stessa ditta e si frequentano da anni (*they've been going out together for years*). Trascorrono (*they spend*) la domenica sempre insieme. Questo weekend Piero ha fatto una sorpresa a Vittoria: ha invitato Vittoria a un concerto per martedì sera e aspetta la sua risposta. Lunedì quando arriva in ufficio trova questa e-mail:

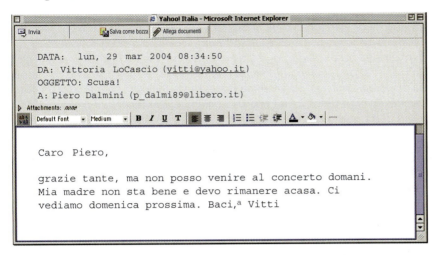

DATA: lun, 29 mar 2004 08:34:50
DA: Vittoria LoCascio (vitti@yahoo.it)
OGGETTO: Scusa!
A: Piero Dalmini (p_dalmi89@libero.it)

Caro Piero,

grazie tante, ma non posso venire al concerto domani. Mia madre non sta bene e devo rimanere a casa. Ci vediamo domenica prossima. Baci,[a] Vitti

[a]*Kisses*

Però (*however*) domenica, a casa di Vittoria, Piero vede questo biglietto sul tavolo:

Cos'è successo?

Parte prima. Puoi aiutare Piero a capire cos'è successo? Leggi il biglietto e rispondi alle domande.

1. Come si chiama il teatro dove l'opera è stata rappresentata?
2. In quale città è situato questo teatro? Trovala (*find it*) sulla cartina d'Italia all'inizio del libro.
3. In quale data ha avuto luogo (*took place*) questa rappresentazione dell'opera?
4. A che ora è cominciato lo spettacolo?
5. Quanto è costato l'ingresso (*entry*) a persona?

Parte seconda. Allora, Vittoria ha detto la verità? È rimasta a casa con sua madre? Perché Vittoria non è andata al concerto con Piero?

▶ You can read a plot summary of *Turandot* in the *Workbook / Laboratory Manual*, **Capitolo 6.**

IN ITALIA

Italy, like all of Western Europe throughout the late eighteenth to early twentieth centuries, was fascinated by the Orient, which it defined broadly to include Russia, Egypt, the Near East, India, and the Far East. This intense interest was reflected in all forms of art: painting, furniture, and music, especially opera. Opulent sets and elaborate costumes adorned the stages of the famous opera houses. Puccini's Turandot, *the last great Italian opera to enter the international repertory, is set in the Far East and was first performed at* **La Scala** *on April 25, 1926.*

Turnadot di Puccini al Teatro Regio di Torino

Scriviamo!

E tu, cos'hai fatto di bello lo scorso weekend?

Parte prima. Lavorate in gruppi di tre studenti. Ognuno scrive un breve paragrafo in cui descrive cosa ha fatto lo scorso weekend. Il paragrafo può essere «vero» o «fantastico».

Parte seconda. Quando avete finito di scrivere, vi scambiate i paragrafi per controllarli e discutere insieme sulle cose non chiare. Gli altri ti fanno domande se non hanno capito.

Parte terza. Quando tutti e tre avete capito e controllato tutte e tre le storie, fate le correzioni che credete necessarie e date all'insegnante le versioni finali. (È necessario l'uso di questi paragrafi più avanti per l'attività **Parliamo!**)

Esempio: Questo weekend sono andato al mare. Ho preso l'aereo da Chicago a Fort Lauderdale. Sono arrivato a Fort Lauderdale a mezzanotte...

Parliamo!

Mai dire «boh»!

Tre studenti che hanno lavorato insieme nel gruppo per l'attività *Scriviamo!* si siedono (*sit*) di fronte alla classe. L'insegnante (o un altro studente) legge ad alta voce un paragrafo che uno dei tre ha scritto per l'attività. Gli altri studenti, a turno, fanno domande ai tre su quanto hanno sentito. Anche se il paragrafo è stato scritto solo da uno dei tre, tutti e tre devono cercare di rispondere alle domande in modo da convincere la classe che l'autrice/l'autore del paragrafo è lei/lui. La classe deve dire chi in realtà ha scritto il paragrafo.

Esempio: Allora, questo weekend dove sei andato?

    S1: Al mare!

    S2: Al mare!

    S3: Al mare!

Film: *Il Mostro*. (Commedia. Italia. 1995. Roberto Benigni & Michel Filippi, Registi. 112 min.)

Riassunto: A serial killer is on the loose and the police are out to find him. Under the direction of police psychologist Taccone (Michel Blanc), undercover cop Jessica (Nicoletta Braschi) is assigned to tail Loris (Roberto Benigni), the suspect who, unaware, often finds himself in compromising, but innocent, situations.

Scena (DVD Capitolo 11): Loris is short on funds, but he needs to "pick up" some things at the **ipermercato** (*superstore*). He devises a plan to check out without paying with the unsuspecting help of the other customers and the manager.

Ciak, si gira!

Cos'è successo? Guarda la scena e poi rispondi alla domanda **Cos'è successo?** mettendo i verbi al passato prossimo. **Attenzione!** I verbi in rosso hanno il participio passato irregolare.

1. Nel reparto (*section*) «articoli sanitari», Loris _____ (mettere) tre spazzolini da denti (*toothbrushes*) nella borsa di una signora.

2. Nel reparto «giocattoli» (*toys*) _____ (posare [*to place*]) un peluche (*stuffed animal*) nella carrozzina della bambina.

3. Poi _____ (gettare [*to throw*]) una scarpetta da bambina nella tasca (*pocket*) di un signore.

(continued)

4. Nel reparto «frutta e verdura» _____ (infilare [*to stick*]) un fermaglio (*hair clip*) fra i capelli della donna manager.

5. Nel reparto «dolci», Loris _____ (prendere) un pacchetto di chewing-gum.

6. La signora con la bambina _____ (finire) di fare la spesa ed è passata con la carrozzina.

7. _____ (suonare) l'allarme.

8. La donna manager _____ (telefonare) al centro amminstrazione e poi _____ (assicurare) tutti: è stato un semplice guasto (*it was only a minor mechanical problem*).

9. Loris _____ (uscire) tranquillamente.

IN AMERICA

Italian singers have enjoyed tremendous popularity, performing a wide variety of music styles. How many of these performers do you recognize?

Cecilia Bartoli
Andrea Bocelli
Enrico Caruso
Adriano Celentano
Jovanotti
Lunapop
Laura Pausini
Luciano Pavarotti
Eros Ramazzotti
Renata Scotto

www **Clicca qui** You can learn more about these artists at the *Avanti!* website, **Clicca qui (www.mhhe.com/avanti).**

Italian-American singers have also been extremely popular, especially in the 1930s and 1940s. Do you recognize any of these artists or the songs that made them popular?

Tony Bennett (Anthony Dominick Benedetto), I Left My Heart in San Francisco
Perry Como, It's Impossible
Frankie Laine (Frank Paul Lo Vecchio), High Noon (Rawhide *theme*)
Mario Lanza (Alfredo Arnold Cocozza), aria from Pagliacci
Dean Martin (Dino Paul Crocetti), That's Amore
Frank Sinatra (Francis Albert Sinatra), I'll Be Seeing You

Vocabolario

Domande ed espressioni

Cos'è successo?   What happened?

Verbi

andare a teatro	to go to the theater
andare a trovare	to visit (*people*)
andare al cinema	to go to the movies
arrivare	to arrive
entrare	to enter
fare il bucato	to do laundry
fare un giro in bici	to go for a bike ride
(moto/macchina)	(motorcycle ride / car ride)
festeggiare	to celebrate
morire	to die
nascere	to be born
offrire	to offer
partire	to leave
perdere	to lose
rimanere	to stay, to remain
rispondere	to respond
rompere	to break
scegliere	to choose
stare	to stay
vedere	to see
vincere	to win
visitare	to visit (*places*)

Sostantivi

il biglietto	ticket
la canzone	song
il compleanno	birthday
il concerto	concert
il fine settimana /	weekend
il weekend	
la partita	game, match
il pranzo	lunch

il regalo	gift
lo spettacolo	show
il teatro	theater

Aggettivi

scorso   last

Avverbi di tempo

dopo / dopo di che	after
fa	ago
ieri	yesterday
mai	ever
poi	then
prima	before

Interiezioni

ahi!	ow!, ouch!
boh!	I dunno!
dai!	come on!
ehilà!	hey!
macché!	get outta here!, no way!
magari!	I wish!
mamma mia!	omigosh!
oddio!	omigosh!
peccato	too bad!
uffa!	oh man!, geez!

Espressioni negative

non... mai	never
(non...) nessuno	no one, nobody
(non...) niente	nothing
non... più	not anymore, no longer

I vestiti e la moda

Scopi

In this chapter you will learn:

- to make a polite request
- to ask permission
- to describe what you are wearing
- how to refer to people and things already mentioned
- how to talk about actions in progress
- to talk about your daily activites
- to describe how and when people do things
- about the Italian fashion industry

Ritratto di Eleonara di Toledo con il figlio Giovanni (1545), Agnolo Bronzino

RISORSE MULTIMEDIALI

Strategie di comunicazione

Mi puoi... ? / Mi può... ?

Making polite requests

- To ask someone politely to do something for you, say:

(tu)	(Lei)
Mi puoi + infinitive	**Mi può** + infinitive

—**Mi puoi dire a che ora arriva l'autobus?**

—**Mi può dire quanto costano questi jeans?**

- If you ask someone to give or to show you something, the answer is likely to contain a form of **ecco** (*here it is / here they are*):

—**Mi puoi dare quella bottiglia d'acqua?**
—**Certo! Eccola.** (*Of course! Here it is.*)

—**Mi può dire dove sono le t-shirt per ragazze?**
—**Subito. Eccole.** (*Right away. Here they are.*)

You will learn more about the pronouns (**lo, la, le...**) that follow **ecco** later in **Capitolo 11, Strutture 11.2. Attenzione!** Their forms depend on the gender and number of the nouns they refer to.

A. Osserva ed ascolta.

Leggi le seguenti domande. Poi osserva ed ascolta. Scrivi la lettera della domanda accanto al nome della persona che ha risposto a quella richiesta.

a. Scusa, mi puoi descrivere la tua famiglia?
b. Scusa, mi puoi parlare un po' della cucina bolognese?
c. Scusa, mi puoi dire come ti chiami, quanti anni hai e cosa fai?
d. Scusa, mi puoi spiegare la differenza tra i napoletani e i romani?
e. Scusi, mi può dire il nome di questa chiesa?
f. Scusi, mi può dire l'orario del negozio?

1. _____ Nunzio

2. _____ Paolo

(continued)

3. _____ Lucia

5. _____ Nunzia

4. _____ Lorenzo

6. _____ Natalia

B. Scusa, mi puoi fare un favore? Chiedi al tuo compagno / alla tua compagna di farti questi favori, poi rispondi tu alle sue richieste. Aggiungi due richieste alla lista.

Esempio: **S1:** Scusa, mi puoi dare il numero del tuo cellulare?

S2: Sì, certo! È 390 123 4567. (Non posso. Non ho un cellulare.)

S1: Grazie! (Peccato!)

1. dare il numero del tuo cellulare
2. dire come si chiama l'insegnante
3. fare una fotografia
4. prestare (*to loan*) una penna
5. spiegare la regola per formare il plurale di un nome italiano
6. ?
7. ?

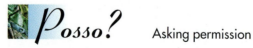 *Posso?*   Asking permission

To ask permission to do something, use: **posso** + infinitive

—**Posso entrare?** (*May I come in?*)
—**Posso parlare?** (*May I speak?*)
—**Certo! Prego!**

A. Scusa (Scusi), posso... ?

Parte prima. Trova la domanda giusta per ogni situazione.

1. Devo spedire (*send*) una lettera.
2. Vorrei vederti.
3. Non mi piace questo programma.
4. Ho un problema.
5. Ho una fame da lupo.*
6. Sono agitato.

Scusa/Scusi, posso...

vedere il menu?

avere una busta (*envelope*)?

parlare con il direttore?   fumare?

venire a casa tua stasera?

cambiare canale?

Parte seconda. Con un compagno / una compagna, alternatevi a fare le domande che avete appena fatto e a dare a queste le risposte seguenti.

non c'è   certo!   peccato!   non lo so

è vietato (*prohibited*)   eccolo   eccola

Esempio: **S1:** Scusa, sono molto agitato. Posso fumare?
S2: Certo! (Peccato! È vietato.)

B. Mamma (Papà), posso... ?

Parte prima. Collabora con un compagno / una compagna: uno di voi fa la parte del genitore, l'altro quella del figlio / della figlia adolescente. Il figlio / La figlia deve chiedere il permesso di fare le cose seguenti. Il genitore deve decidere se rispondere «sì, certo» oppure «no». Aggiungi due richieste alla lista.

Esempio: FIGLIO/A: Mamma/Papà, posso uscire stasera?
MAMMA/PAPÀ: Sì, certo! (No, peccato!)

1. usare la macchina stasera
2. invitare un amico (un'amica) a cena
3. trascorrere (*to spend*†) il weekend al mare con gli amici
4. avere 50 dollari
5. saltare (*to skip*) la scuola domani
6. ?
7. ?

*I'm as hungry as a bear (literally, I have a wolf's hunger).
†The verb **trascorrere** can only be used to express *to spend time; to spend money* is **spendere.**

Parte seconda. Con un nuovo compagno / una nuova compagna, ripetete l'attività precedente. Però questa volta, se il genitore dice «sì», deve far seguire una domanda. Se dice «no», allora deve spiegare la ragione.

Esempio: FIGLIO/A: Posso usare la macchina stasera?

MAMMA/PAPÀ: Sì, certo, tesoro! Dove vuoi andare? (No, mi dispiace. Devi rimanere a casa con la tua sorellina.)

Sometimes it's enough just to say **posso?** all by itself. The context, with or without an accompanying gesture, will convey the meaning.

(*pointing to the seat next to you on the bus*)
Posso? = *May I sit here?*

(*poking your head through a partially opened door*)
Posso? = *May I come in?*

(*holding up a pair of pants in a clothing store*)
Posso? = *May I try these on?*

 IN ITALIA

- *Some ways of saying no are internationally recognized.*

vietato fumare   **vietato parcheggiare**

- *Two common Italian gestures that you can use to say no without saying a word are (1) to wag your index finger back and forth, and (2) (typical in southern Italy) to lift your head back and make a clicking sound with your tongue.*

Lessico

Cosa porti?

Describing your clothes

Una grande sfilata (fashion show) dell'ultima moda (fashion) italiana a Milano!

la maglietta

i pantaloncini

i calzini

le scarpe da ginnastica

la felpa

la cravatta

la camicia

la giacca

i pantaloni

la camicia

il berretto

il costume da bagno

le scarpe/ un paio* di scarpe

gli accessori

la cintura

la borsa

gli orecchini

gli occhiali da sole

la collana

la sciarpa

la gonna

gli stivali

il giubbotto

il maglione

i sandali

I modelli indossano gli abiti (*clothing*) del più famosi stilisti (*designers*) italiani. Mostrano le nuove linee per tutta la famiglia e tutte le stagioni.

***Paio** (*Pair*) is irregular in the plural: **il paio** → **le paia.**

In italiano

- **Il vestito** can refer to a suit or dress. The plural, **i vestiti,** can mean *suits, dresses,* or *clothes* (in general).

- In contemporary Italian, some English terms are frequently used instead of their Italian equivalents.

una t-shirt	=	**una maglietta**
un pullover	=	**un maglione**
un trench	=	**un impermeabile**
gli short	=	**i pantaloncini**

  Two terms, **un cardigan** and **i jeans,** do not have Italian equivalents.

Osserva il disegno a pagina 189 e scrivi tutti i vestiti e gli accessori dei seguenti colori. Poi, aggiungi alle liste i vestiti e gli accessori di questi colori che avete tu e i tuoi compagni.

1. azzurro
2. blu
3. nero

4. bianco
5. arancione
6. giallo

7. rosso
8. verde
9. marrone

IN ITALIA

Italian fashion design is world famous and the designers are almost household names. How many of the following top designers do you recognize?

Giorgio Armani	*Alberta Ferretti*	*Miuccia Prada*
Roberto Cavalli	*Gai Mattiolo*	*Francesco e Beatrice Trussardi*
Dolce & Gabbana	*Ottavio Missoni*	*Valentino Garavani*
Sorelle Fendi	*Anna Molinari*	*Donatella Versace*

Clicca qui You can learn more about the designers and their collections at the *Avanti!* website, **Clicca qui (www.mhhe.com/avanti).**

In italiano

The verb **portare** has two meanings in Italian. It can mean *to wear:* **Il ragazzo porta una maglia rossa.** It can also mean *to bring:* **Gianni porta Maria alla festa.** Can you find another verb that means *to wear* in the vocabulary presented earlier?

A. Ascolta! L'insegnante dice 10 frasi che descrivono i vestiti del disegno, però non tutte le descrizioni sono precise. Scrivi le 10 frasi e poi guarda il disegno e decidi se le frasi sono **vere** o **false.**

	vero	falso
1. _____	☐	☐
2. _____	☐	☐

B. Cosa porti? Cosa porti in questi luoghi?

1. ad un concerto di musica rock
2. ad un concerto di musica classica
3. ad un appuntamento al buio (*blind date*) in un ristorante elegante
4. ad una partita di football americano
5. al mare
6. in montagna
7. ad una festa con amici
8. al matrimonio di un buon amico

C. Un regalo.

Parte prima. Cosa vorresti ricevere (*would you like to receive*) dai tuoi compagni per il tuo compleanno? Scegli sette vestiti e accessori.

> **Esempio:** Vorrei ricevere...

Parte seconda. Senza guardare la lista del tuo compagno / della tua compagna, devi scegliere i regali per lui/lei. Quali vestiti o accessori vuoi comprare per il tuo compagno / la tua compagna?

> **Esempio:** Per il mio compagno / la mia compagna, voglio comprare...

Parte terza. Paragona (*Compare*) la lista dei regali che desideri alla lista dei regali che il tuo compagno / la tua compagna vuole comprare. Ci sono le stesse cose?

La risposta: indossano (indossare)

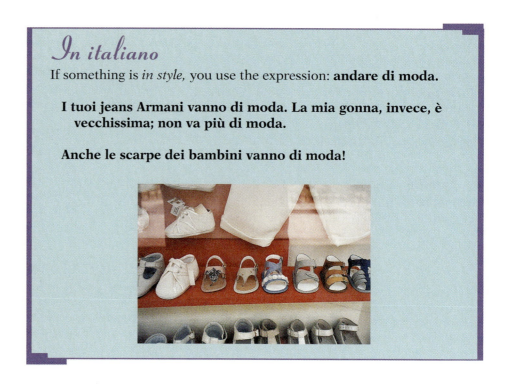
D. I gusti. (*Taste* [*in clothes*].)

Parte prima. Scegli i vestiti e gli accessori che ti piacciono.

Parte seconda. Intervista il compagno / la compagna per sapere se ha gli stessi gusti. Parole utili: **con le strisce verticali/orizzontali** (*with vertical/horizontal stripes*), **a scacchi** (*plaid*).

Esempio: **S1:** Ti piace la cravatta rossa?

S2: Sì, mi piace molto! (No, non mi piace per niente [*at all*]!)

In italiano

There are two differents words in Italian for *size:* **taglia** for clothing and **numero** for shoes.

—**Signora, che taglia porta?**
—**Sono piccola. Porto la 40.**

—**Signore, che numero porta?**
—**Ho i piedi** (*feet*) **grandi. Porto il 46.**

Strutture

 7.1 *Lo stilista dà il vestito alla modella*

Direct and indirect objects

Ci sono tre nomi (*nouns*) in questa frase. Qual è il soggetto (*subject*) del verbo, **dare**?

> Lo stilista dà il vestito alla modella.

1. The subject of the verb **dare** is **lo stilista. Dare** also has a direct object and an indirect object. A direct object (**complemento diretto**) answers the question *What?* or *Whom?* So, in the sentence above, the designer gave *what* to the model? Circle the direct object.

2. An indirect object (**complemento indiretto**) answers the question *To whom?* or *For whom?* In the sentence above, the designer gave the dress *to whom?* Put a box around the indirect object. **Attenzione!** In Italian the indirect object is always preceded by a preposition, such as **a** or **per.**

You should have circled the direct object, **il vestito,** and put a box around the indirect object, **alla modella.**

Lo stilista   dà   il vestito   alla modella.

(soggetto)   (complemento diretto)   (complemento indiretto)

3. Attenzione! Some verbs that are followed by a preposition in English take a direct object in Italian.

ascoltare	**Ascolto** la radio.	I *listen to* the radio.
aspettare	**Aspetto** l'autobus.	I *wait for* the bus.
cercare	**Cerco** le scarpe.	I *look for* the shoes.
guardare	**Guardo** le foto.	I *look at* the photographs.
pagare	**Pago** la gonna.	I *pay for* the skirt.
provare	**Provo** i pantaloni.	I *try on* the pants.

Unlike English, the verb **telefonare** is always followed by an indirect object.

Telefono **a Maria** stasera.

A. Complemento diretto o indiretto? Completa queste frasi con un complemento diretto (**Luigi**) o un complemento indiretto (**a Luigi**).

	Luigi	a Luigi
1. Abbiamo guardato	☐	☐
2. Marco telefona	☐	☐
3. Salvatore parla	☐	☐
4. Vedo	☐	☐
5. Date il regalo	☐	☐
6. Marta conosce	☐	☐
7. Tina scrive una lettera	☐	☐

In italiano

As you know, the subjects of verbs do not always appear in sentences.

Gianni ed io compriamo un gelato. or **Compriamo un gelato.**

However, when the subject does appear, the most common word order in Italian is subject-verb-object.

Silvia ha comprato la collana.

Remember that in questions, the subject may appear at the end (or not at all).

Ha comprato la collana Silvia?   **Ha comprato la collana?**

B. Soggetto o complemento? Decidi se l'elemento in corsivo in ogni frase è il soggetto, il complemento diretto o il complemento indiretto.

	soggetto	complemento diretto	complemento indiretto
1. *Mia zia* ha preparato le lasagne.	☐	☐	☐
2. Mio nonno ha letto *un libro*.	☐	☐	☐
3. Gli studenti hanno risposto *alla professoressa.*	☐	☐	☐
4. Ha provato la gonna rossa *Maria?*	☐	☐	☐
5. Salvatore ha scritto *a Emilia* la settimana scorsa.	☐	☐	☐
6. Marisa porta *una giacca azzurra*.	☐	☐	☐
7. Ho comprato *una sciarpa* per la mia amica.	☐	☐	☐

C. Frasi nuove. Combina i soggetti dell'insieme A con i verbi dell'insieme B e uno o più complementi dell'insieme C per formare frasi complete. Quante frasi puoi fare in cinque minuti?

A   B   C

Tommaso e Marco
io   Marco   Grazia ed io
tu e Giovanni   mia nonna
i tuoi zii   io e la mia famiglia
tu
la mia amica

comprare
dipingere   bere
telefonare   guardare
servire   cucinare
perdere   festeggiare
provare

il compleanno di
mio fratello
il primo piatto   una borsa di Prada
a Maria
un quadro (*picture*)
il maglione giallo
la pasta
per i bambini   l'acqua minerale
agli ospiti
la partita   per un'amica
le chiavi (*keys*)

 IN ITALIA

Italians tend to do most of their shopping in **il centro** (*the town center*), *which has many stores of brand names or designers, such as Benetton, Prada, Max Mara, and Bruno Magli. Larger* **centri commerciali** (*shopping centers*), *similar to North American malls with discount stores and outlets, are located on the outskirts of the city.*

The first indoor shopping mall was built between 1865 and 1877 in Milan: **la Galleria Vittorio Emanuele.** *Named in honor of the first king of Italy, it was designed by Giuseppe Mengoni. It is neoclassical in design, with a vaulted glass ceiling. Filled with shops, boutiques, bars, and gelaterie, it remains one of the trendiest places to shop in the city.*

Galleria Vittorio Emanuele a Milano

D. La frase più lunga. Formate gruppi di quattro. La prima persona sceglie un soggetto e poi coniuga (*conjugates*) il verbo. Gli altri, a turno, devono aggiungere elementi logici. Vince il gruppo che ha formato le frasi più lunghe. **Attenzione!** Non si possono usare le congiunzioni, **e** e **o,** ma si possono usare **perché** e **quando.**

Esempio: andare

S1: Maria va

S2: alla Galleria Vittorio Emanuele

S3: con il suo amico

S4: dopo pranzo perché...

1. aspettare
2. fare
3. viaggiare
4. entrare
5. parlare
6. uscire

7.2 Che stai facendo? Present progressive

Giacomo dice la verità (*truth*) o una bugia?

> Giacomo, cosa stai facendo?
>
> Sto studiando.

*La risposta: Ho scritto a Maria.

1. If you want to stress that an action is in progress or is occurring at the moment you are speaking, you use the present progressive (**il presente progressivo**). It is formed with the present tense of the verb **stare** and the gerund (**il gerundio**) of the verb. Do you remember the forms of **stare**? (See **Capitolo 4, Strutture 4.3.**)

stare	
io	sto
tu	
lui, lei, Lei	sta
noi	
voi	state
loro	

● The answers to this activity are in Appendix 2 at the back of your book.

2. The gerund corresponds to the *-ing* form of the verb in English (for example, *eating, sleeping*). It is formed by dropping the infinitive ending **-are, -ere, -ire** and adding **-ando** to **-are** verbs and **-endo** to **-ere** and **-ire** verbs.

mangi**are**	→	mangi**ando**
perd**ere**	→	perd**endo**
dorm**ire**	→	dorm**endo**

3. The gerunds of **fare** (**facendo**) and **bere** (**bevendo**) are irregular.

Cosa stai facendo tu in questo momento?

A. Ascolta! L'insegnante descrive varie situazioni. Cosa stanno facendo queste persone nelle varie situazioni?

1. a. Maria sta comprando un regalo.   b. Maria sta festeggiando.

2. a. Paolo sta andando ad un concerto con il suo amico.   b. Paolo sta studiando la fisica con il suo amico.

3. a. Molti italiani stanno dormendo.   b. Molti italiani stanno pranzando.

4. a. Stai mangiando il pesce.   b. Stai mangiando il risotto.

5. a. Stiamo andando al cinema.   b. Stiamo giocando a tennis.

6. a. I ragazzi stanno uscendo dalla discoteca.   b. I ragazzi stanno preparando la cena.

7. a. Sto provando un paio di scarpe.   b. Sto dormendo.

IN ITALIA

Italy is famous for its gold industry, creating some of the most beautiful jewelry in the world. The areas of Arezzo, Torre del Greco, Valenza, and Vicenza produce most of Italy's jewelry, each with a particular specialization: Arezzo for jewelry in the mid-price range, Torre del Greco for coral and cameos, Vicenza for jewelry in the mid- to high-price range, and Valenza for the most expensive pieces.

Arezzo ranks first in domestic gold production. It works 230,000 tons of gold annually and produces almost 70% of Italy's exports.

The coral and cameos produced in Torre del Greco are fashioned by hand by master artisans. Much of the production is done in family-run workshops.

Over 70% of the precious stones imported into Italy are worked in Valenza and 65% of its production is then exported, primarily to the United States, Japan, Germany, and Switzerland.

Vicenza's goldsmithing tradition dates back to the 1300s. In the city's Piazza dei Signori *you can see workshops well over 600 years old. Three international trade fairs per year (January, June, and September) for gold buyers and sellers make Vicenza Italy's gold capital.*

Orefice (*goldsmith*) al lavoro (Vicenza)

Clicca qui You can learn more about Italy's gold industry at the *Avanti!* website, **Clicca qui (www.mhhe.com/avanti).**

B. Facciamo una frase.
Formate gruppi di tre. La prima persona sceglie il soggetto, la seconda persona fornisce la forma corretta del verbo al presente progressivo e la terza persona completa la frase con un complemento diretto o indiretto.

Esempio: provare

S1: Alessandra

S2: Alessandra sta provando

S3: Alessandra sta provando gli occhiali da sole.

1. guardare
2. comprare
3. parlare
4. prendere
5. dipingere
6. scrivere
7. servire il primo piatto
8. telefonare

C. Mimare. (*To mime.*)

Parte prima. Con il compagno / la compagna fate una lista di (almeno) 15 azioni comuni.

Esempio: prendere l'autobus, giocare a tennis...

Parte seconda. A turno, mimate le azioni per un altro gruppo. Loro devono indovinare quello che state facendo.

Esempio: **S1:** (*miming trying on shoes*)

S2: Stai provando le scarpe!

IN ITALIA

Italians take pride in their appearance. They make an effort to project an image of elegance and refinement and they are careful to make a good impression, or as they say, **fare bella figura.** *They tend to dress well whenever they are in public, even when they gather informally with friends to take walks* **in centro,** *eat a* **gelato,** *drink a* **grappa,** *or just sit and chat in* **la piazza** (city square).

Stasera mi metto un abito un po' elegante perché vorrei fare bella figura.

Gianni ha portato uno splendido mazzo di fiori quando è venuto a cena. Fa sempre bella figura lui!

D. Tempo e luogo.
Cosa sta succedendo in questi luoghi?

Esempio: alle 20.30 in un aereo che viaggia da Chicago a Roma

I viaggiatori stanno guardando un film.

1. a mezzanotte in biblioteca
2. alle 18.00 in piazza
3. alle 9.00 (di mattina) alla Casa Bianca
4. alle 20.00 alla Scala di Milano
5. alle 16.00 in un negozio di Prada
6. alle 2.00 (di mattina) in un ospedale
7. alle 13.00 all'università
8. alle 21.00 a casa tua

Cosa mi metto oggi?　Reflexive verbs

Che fai ogni mattina? Metti le attività in ordine cronologico a seconda delle tue abitudini. Perché tutti i verbi, tranne (*except*) **fare colazione**, hanno **mi** davanti?

_____ Mi sveglio.

_____ Mi alzo.

_____ Mi faccio la barba.

_____ Mi lavo.

_____ Mi vesto.

_____ Mi trucco.

_____ Mi metto le lenti a contatto.

_____ Faccio colazione.

_____ Mi lavo i denti.

1. All of the verbs on the previous page that are preceded by **mi** are reflexive. A reflexive verb (**verbo riflessivo**) normally indicates an action that one does to oneself.

Mi lavo.	I wash *myself.*
Ti vesti.	You dress *yourself.*

Note: One of the first verbs you learned is a reflexive verb. **Mi chiamo Sandra** literally means *I call myself Sandra.*

2. The infinitive of reflexive verbs ends in **-si.**

-are	**-ere**	**-ire**
mi alzo → alzarsi	mi metto → mettersi	mi vesto → vestirsi
mi lavo → lavarsi		
mi sveglio → svegliarsi		
mi trucco → truccarsi		

3. Reflexive verbs are conjugated like all **-are, -ere,** and **-ire** verbs. The only difference is that they are preceded by a reflexive pronoun, which agrees with the subject. Complete the conjugations of these verbs.

	lavarsi	**mettersi**	**vestirsi**
io	**mi** lavo	**mi** metto	
tu	**ti** lavi		**ti** vesti
lui, lei, Lei		**si** mette	
noi	**ci** laviamo		**ci** vestiamo
voi	**vi** lavate	**vi** mettete	
loro			**si** vestono

▶ The answers to this activity are in Appendix 2 at the back of your book.

Note: The reflexive pronoun of the third-person singular (**lui, lei, Lei**) and third-person plural (**loro**) forms are the same: **si.**

In italiano

In Italian, some infinitives that end in **-si** are conjugated like reflexive verbs even though they don't refer to actions done to oneself.

annoiarsi *to get bored*	**Mi annoio a guardare i film rosa** (*romantic*).
arrabbiarsi *to get angry*	**Mi arrabbio con mia sorella.**
divertirsi *to have fun*	**Mi diverto alla lezione d'italiano.**
sbagliarsi *to be wrong*	**Non mi sbaglio mai!**
sentirsi *to feel*	**Mi sento bene oggi.**

4. The reflexive pronoun is usually placed before the conjugated verb, but it can also be attached to an infinitive which drops the final **-e.**

Mi devo lavare i denti.   Devo lavar**mi** i denti.

5. To form the negative, place **non** before the reflexive pronoun.

Non mi metto gli stivali oggi.

6. Some verbs can be used reflexively and nonreflexively. If the action affects oneself, it's reflexive. If it affects someone or something else, it's not. Compare the following:

REFLEXIVE	NON-REFLEXIVE
Mi lavo.	Lavo **la macchina.**
I wash myself.	*I wash the car.*
Mi sveglio alle 8.00.	Sveglio **mio fratello** alle 8.00.
I wake [myself] up at 8:00.	*I wake my brother up at 8:00.*
Mi guardo allo specchio.	Guardo **la sfilata.**
I look (at myself) in the mirror.	*I watch the fashion show.*

> **Study Tip**
>
> Now that you have learned reflexive pronouns, you may find yourself using them indiscriminately with all verbs. Be careful not to overgeneralize.

A. Mi diverto. Completa queste frasi personali e poi parlane con i tuoi compagni.

1. Mi diverto quando…

2. Mi annoio quando…

3. Mi arrabbio quando…

4. Mi sento allegro/a quando…

5. Mi sento male quando…

B. Il pronome riflessivo. Scrivi il pronome riflessivo giusto e poi completa le frasi in modo appropriato.

1. Gianni e Tina _____ divertono…

2. Abbiamo mangiato il pesce ieri e oggi _____ sentiamo…

3. Mia madre _____ arrabbia spesso con…

4. Il nostro amico _____ mette…

5. Tu e il tuo compagno di casa dovete svegliar _____ …

6. La sorella di Tommaso _____ trucca…

7. Voglio lavar _____ …

C. Riflessivo o no? Scegli la forma appropriata per completare le frasi.

1. a. Di solito il bambino <u>veste / si veste</u> da solo.
   b. Oggi, la mamma <u>veste / si veste</u> il bambino perché ha fretta (*she's in a hurry*).

2. a. Mia madre <u>mette / si mette</u> il vestito di Dolce & Gabbana.
   b. Mio fratello <u>mette / si mette</u> i pantaloni sul letto.

3. a. Che puzza! (*What a stink!*) Dobbiamo <u>lavare / lavarci</u> il cane.
   b. Che puzza! Devi <u>lavare / lavarti</u>!

4. a. Ciao! <u>Chiamo / Mi chiamo</u> Salvatore.
   b. Ogni domenica <u>chiamo / mi chiamo</u> mia madre all'ora di pranzo.

5. a. Questo film è troppo violento; non voglio <u>guardare / guardarmi</u>!
   b. Mi sono tinto (*colored*) i capelli e sono diventati (*became*) gialli! Non voglio <u>guardare / guardarmi</u> allo specchio.

D. Il mio compagno / La mia compagna.

Parte prima. Crea frasi che descrivono il tuo compagno / la tua compagna. Scegli i verbi dall'insieme A e le espressioni di tempo dall'insieme B.

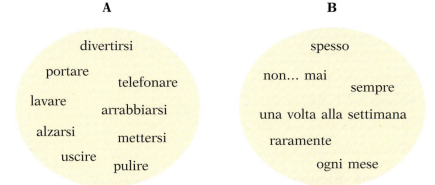

A

divertirsi
portare
telefonare
lavare
arrabbiarsi
alzarsi
mettersi
uscire
pulire

B

spesso
non... mai
sempre
una volta alla settimana
raramente
ogni mese

Parte seconda. Leggi le frasi al tuo compagno / alla tua compagna e lui/lei dice quali sono corrette. La persona che fa più affermazioni corrette vince!

Esempio: **S1:** Ti arrabbi spesso con tua sorella.

S2: Sì! Hai ragione! (No! Ti sbagli!)

7.4 *Parlo bene l'italiano!* Adverbs

Come ti comporti (*How do you behave*)? Fai questo piccolo test. Riesci a capire il significato del suffisso **-mente?**

1. Tua madre ti chiede di lavare i piatti dopo cena. Lo fai _____.

   a. immediatamente. b. più tardi.

2. La lezione comincia alle 7.30 di mattina. Arrivi _____.

   a. puntualmente b. in ritardo

3. Ti metti i jeans _____.

   a. raramente b. spesso

4. I tuoi genitori ti regalano una macchina nuova per il tuo compleanno. Guidi la macchina _____.

   a. con prudenza (*carefully*) b. velocemente

5. La tua migliore amica ti ha comprato un giubbotto per il tuo compleanno, ma non ti piace. Quando la tua amica ti chiede se ti piace, rispondi _____.

   a. con una bugia b. sinceramente

Il comportamento rivela molto del carattere. Che tipo di persona sei? Fai il conto delle volte che hai scelto la riposta **a** in questo piccolo test e poi leggi la descrizione del tuo carattere.

3–5 (a): Sei una persona precisa e pignola (*picky*). Cerchi di comportarti sempre in modo appropriato.

1–2 (a): Sei una persona rilassata e tranquilla. Non ti preoccupi dei dettagli (*details*).

1. The suffix **-mente** is the equivalent of -*ly* in English: **immediata*mente*** = immediate*ly*. Words ending in **-mente** are adverbs that describe how or when the action of a verb takes place and are usually placed after the verb.

   Tina parla **sinceramente.** Miriam esce **frequentemente.**

2. To form adverbs in Italian, add **-mente** to the *feminine singular* form of the adjective.

   lento → **lenta** → **lentamente** Giovanni corre lent**amente.**

Remember, if the adjective ends in **-e,** you add the **-mente** directly to the adjective.

   veloce → velocemente Maria corre veloc**emente.**

Note: However, if the adjective ends in **-re** or **-le** and this ending is preceded by a vowel, drop the final **-e** before adding **-mente.**

   regol**are** → **regolarmente**
   gent**ile** (*kind*) → **gentilmente**

For more information about **molto/poco** and **bene/male** as adverbs, see **Per saperne di più** at the back of your book.

3. If you do something *well* or *badly,* use **bene** or **male.**

Parlo **bene** l'italiano, ma parlo **male** il cinese.

4. Some adverbs do not end in **-mente.** You have already learned several adverbs of time: **domani, ieri, non... mai, oggi, ogni tanto, presto, sempre, spesso, tardi, tutti i giorni.**

5. The adverbs **spesso** and **sempre** are usually placed after the verb.

Leggi **spesso** il giornale?
Studio **sempre** in biblioteca.

6. Non is placed before the conjugated verb and **mai** is placed after.

Non gioco **mai** a tennis.
Non possiamo **mai** studiare insieme.
Non sono **mai** stata in Italia.

7. Other adverbs of time are usually placed at the end of a statement or question.

Scrivi molte e-mail **tutti i giorni?**
Sono tornata a casa **tardi.**

A. La parola precisa. Quali parole completano queste frasi?

Maria parla... **Maria ha una sorella...**

seriamente   impegnata   lentamente   sincera

liberamente   buona   bella   gentilmente   bene

giovane   sinceramente   seria

B. Un gentiluomo (*gentleman*).

Parte prima. Forma avverbi in **-mente** con i seguenti aggettivi.

attento   frequente   gentile

onesto   puntuale

Parte seconda. Paolo è un gentiluomo. Descrivi come o quando fa queste attività usando gli avverbi che hai creato nella **Parte prima.**

Esempio: salutare i colleghi
Paolo saluta gentilmente i colleghi.

1. ascoltare l'insegnante

2. parlare con le persone anziane

3. rispondere a domande personali

4. arrivare agli appuntamenti

5. telefonare alla mamma

C. *Firma qui, per favore!*

Parte prima. Con i compagni, create una lista di attività (sport, hobby, faccende di casa [*housework*]) che fate spesso. Poi, per ciascuna (*for each*) segna (✔) per indicare quanto sei abile (*capable*).

Attività	bene	così così	male	Firma qui, per favore!
1. *cucinare*				
2.				

Parte seconda. Intervista i tuoi compagni per trovare qualcuno che ha le stesse abilità come te e chiedi la firma.

> **Esempio:** **S1:** Come cucini?
>
> **S2:** Male!
>
> **S1:** Anch'io! Firma qui, per favore!

D. Intervista.

Parte prima. Scrivi domande da fare al compagno / alla compagna usando i seguenti elementi e un avverbio.

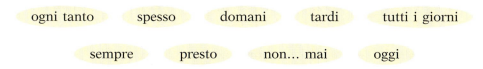

ogni tanto   spesso   domani   tardi   tutti i giorni

sempre   presto   non... mai   oggi

> **Esempio:** con tua madre
>
> Parli spesso con tua madre?

1. con tua madre

2. i sandali

3. un regalo

4. ti metti

5. ai tuoi amici

6. ti alzi

7. studi l'italiano

Parte seconda. Intervista il tuo compagno / la tua compagna. Usa le domande che hai preparato. Prendi appunti e presenta i risultati ai compagni.

> **Esempio:** **S1:** Parli spesso con tua madre?
>
> **S2:** Sì, parlo con mia madre tutti i giorni.
>
> **S1:** Paolo parla con sua madre tutti i giorni.

Cultura

Ascoltiamo!

La moda italiana

A. Ascolta. Ascolta mentre l'insegnante ti parla della moda in Italia.

B. Completa. Completa in italiano le seguenti frasi. Scegli la parola più appropriata dalla lista. Usa ogni parola *una sola volta*. **Attenzione!** La lista contiene 12 parole, ma tu devi usarne solamente nove.

l'abbigliamento	fare bella figura	posti di lavoro
costosi	la firma	profumi
dopo la Seconda Guerra Mondiale (*WWII*)	negli anni Settanta occhiali	le sfilate
le esportazioni	i palazzi	

1. _____ è il prodotto italiano più venduto nel mondo e contribuisce all'economia nazionale con la creazione di molti _____.

2. _____ di moda organizzate a Milano e a Firenze presentano i modelli più recenti a un pubblico internazionale.

3. In Italia la moda è diventata un fenomeno di massa _____ quando gli stilisti hanno cominciato a creare prodotti meno _____.

4. In Italia, _____ (o il nome) di uno stilista famoso è importante non solo per i vestiti, ma anche per gli accessori, come _____, scarpe, _____ e gioielli.

5. Per molti italiani vestire alla moda è importante per _____ o impressionare positivamente altre persone.

C. Tocca a te! Completa la seguente frase esprimendo la tua opinione personale sulla moda italiana.

La moda italiana mi piace / non mi piace perché...

La divisa (uniform) *worn by the Swiss Guard at the Vatican in Rome was inspired by the Renaissance frescoes of Raffaello Sanzio (1483–1520). At the time, soldiers did not have uniforms; they dressed like the rest of the population. With Leo X, a Medici pope, the color red was added to the existing yellow and blue of the costumes to represent the Medici family colors. Contrary to popular belief, the guards' uniforms were not designed by Michelangelo!*

Guardia svizzera (Città del Vaticano)

 ***Clicca qui*** You can learn more about the Swiss Guard and other fascinating things to see at the Vatican at the *Avanti!* website, **Clicca qui (www.mhhe.com/avanti).**

Leggiamo!

Maschere italiane

I personaggi (*characters*) della Commedia dell'arte sono immediatamente riconoscibili (*recognizable*) dai vestiti che portano. Anche la faccia dell'attore è spesso coperta da una maschera. Tutto il costume—il vestito e la maschera—si dice «una maschera» in italiano. In Italia, le maschere della Commedia dell'arte sono ancora molto popolari per Carnevale.

Guarda le illustrazioni e leggi le didascalie (*captions*). Poi rispondi alle domande.

Brighella, il servo furbo,[1] indossa camicia e pantaloni bianchi.

Arlecchino, il servo sciocco,[2] indossa un abito multicolore.

Pulcinella, il servo napoletano, porta un camiciotto bianco e un berretto a punta.[3]

Il Dottore è un avvocato (o un medico) di Bologna che sa tutto e esprime le sue opinioni su tutto. Porta un abito serio e elegante, nero, con colletto[4] e polsini[5] bianchi, un gran cappello, una giacca e un mantello.[6]

Pantalone è un vecchio mercante[7] di Venezia. Porta pantaloni molto stretti, una giacca rossa e un lungo cappotto nero. Una borsetta di soldi e una spada corta pendono[8] dalla cintura.

[1]servo... *clever servant* [2]*silly* [3]*a... pointed* [4]*collar* [5]*cuffs* [6]*cloak, cape* [7]*merchant* [8]*are hanging*

Cosa porta... ? Quale indumento (*article of clothing*) caratterizza ogni personaggio?

1. Brighella
2. Arlecchino
3. Pulcinella
4. Il Dottore
5. Pantalone

IN ITALIA

La Commedia dell'arte *was a form of popular theater that flourished in Italy from the fourteenth to the eighteenth century, with its peak in the sixteenth and seventeenth centuries. Although it appeared as if it were improvisational, the plots were scripted and the characters were so well-defined as to be predictable. This predictability added to the enjoyment of the performances because it allowed the actors to embellish their parts, adding elements of surprise, wit, and humor.* **La Commedia dell'arte** *was the origin of acting as a profession in Europe.*

Clicca qui You can learn more about **la Commedia dell'Arte** and its **maschere** at the *Avanti!* website, **Clicca qui (www.mhhe.com/avanti).**

Scriviamo!

L'indumento magico

Nel mondo della fantasia, un indumento o un accessorio può avere un significato particolare, a volte perfino (*even*) magico. Harry Potter ha un mantello che lo rende (fa) invisibile. Nel racconto *The Red Shoes* di Hans Christian Andersen le scarpe non permettono a chi le porta di non ballare. Usa la tua fantasia per inventare una storia originale con un indumento magico. Scrivi un paragrafo in cui descrivi l'indumento e l'effetto che ha nella storia.

Esempio: il berretto magico

Quando uno studente porta il berretto magico non deve mai studiare perché...

Parliamo!

Cosa portiamo in America?

Erica e Matteo vengono in America per seguire un corso d'inglese alla vostra università per un mese, ma non sanno cosa portare e hanno bisogno del vostro consiglio! Ecco le liste di quello che pensano di mettere in valigia. Con un compagno / una compagna decidi cosa devono portare, cosa possono lasciare a casa e se hanno bisogno di qualcos'altro. Spiegate alla classe le vostre scelte.

Erica	Matteo
dieci magliette	sette magliette
tre paia di jeans	un paio di jeans
tre gonne	quattro camicie
due maglioni di lana	due maglioni di lana
due paia di pantaloni	tre paia di pantaloni
un vestito (lungo) da sera	un abito scuro (elegante)
un vestito (corto) da sera	due cravatte
una felpa	due felpe
una tuta da ginnastica[a]	un paio di pantaloncini
un paio di scarpe da ginnastica	due paia di scarpe da ginnastica
due paia di scarpe da sera (con i tacchi alti[b])	un paio di mocassini eleganti (neri)
un paio di stivali	un paio di scarponi[c]

(continued)

[a]tuta... *sweats*   [b]tacchi... *high heels*   [c]*hiking boots*

Erica

*due paia di scarpe comode
(ma belle)*

un cappotto pesante[d]
una giacca leggera[e]
*due costumi da bagno (bikini e
intero[f])*

Matteo

*un paio di scarpe comode[g]
(marrone)*

un giubbotto pesante
*tre cinture (una nera, due
marrone)*

un costume da bagno

[d]*heavy* [e]*light* [f]*one-piece* [g]*comfortable*

Guardiamo!

Film: *Il posto.* (Dramma. Italia. 1961. Ermanno Olmi, Regista. 93 min.)

Riassunto: Young Domenico Cantoni leaves his small town to find job security with a huge, faceless corporation in Milano. After undergoing a bizarre screening process, he lands an entry-level job as an errand boy until the death of an employee frees up a coveted position as a clerk. On the job, he meets Antonietta, a small-town girl, who has also just been hired as a typist. The film is both a touching coming-of-age story and a critical look at the dehumanizing experience of the corporate world.

Scena (DVD Capitolo 13): In this scene Domenico wears his uniform for the first time and receives his first paycheck.

Ciak, si gira!

A. «L'abito non fa il monaco.» In inglese diciamo *Clothes make the man,* ma l'italiano ha un'espressione di significato contrario «L'abito non fa il monaco» (*The habit doesn't make the monk*). In questa scena, quale espressione, quella italiana o quella inglese, è più appropriata?

B. Senza parole. C'è pochissimo dialogo in questa scena, ma possiamo capire chiaramente come Domenico si senta. Insieme ad un compagno / una compagna, scegliete una parola che descrive i sentimenti di Domenico. Paragonate la vostra scelta con quelle degli altri compagni.

C. Tocca a te! Hai mai indossato una divisa? Quando? Come ti ha fatto sentire?

IN AMERICA

*Jeans, the international "uniform" of students and young people, were originally designed in the United States in the mid 1800s by Levi Strauss. The name jeans first referred to the type of material and only later to the pants themselves. The name comes from the Middle English designation ("Gene") for the Italian port city of **Genova.** In Genova Italian sailors wore pants made of jean material.*

Vocabolario

Domande ed espressioni

Che taglia/numero porti/porta?	What size do you wear? (*inform./form.*)
Ecco...	Here is / Here are ...
Mi puoi... ? / Mi può... ?	Can you ... ? (*inform./form.*)
Posso... + **infinitive?**	May I ... ?

Verbi

alzarsi	to get up
andare di moda	to be in style
annoiarsi	to get bored
arrabbiarsi	to get angry
aspettare	to wait for
cercare	to look for
divertirsi	to have fun
fare bella figura	to make a good impression
farsi la barba	to shave
indossare	to wear
lavarsi	to wash oneself
lavarsi i denti	to brush one's teeth
lavarsi i capelli	to wash one's hair
mettersi	to put on (*clothes*)
portare	to bring; to carry; to wear
provare	to try on
sbagliarsi	to be wrong
sentirsi	to feel
svegliarsi	to wake up
truccarsi	to put on makeup
vestirsi	to get dressed

Sostantivi

gli abiti	clothes
l'accessorio	accessory
il berretto	cap
la borsa	purse
i calzini	socks
la camicia	shirt
il centro commerciale	large shopping center
la cintura	belt
la collana	necklace
il costume da bagno	bathing suit
la cravatta	tie
la felpa	sweatshirt
la giacca	jacket

il giubbotto	winter jacket
la gonna	skirt
l'impermeabile (*m.*)	raincoat
la maglietta	t-shirt
il maglione	sweater
la moda	fashion
gli occhiali da sole	sunglasses
gli orecchini	earrings
il paio (*pl.* **le paia**)	pair
i pantaloncini	shorts
i pantaloni	pants
il pullover	pull-over
i sandali	sandals
le scarpe (da ginnastica)	shoes (sneakers)
la sciarpa	scarf
la sfilata	fashion show
gli short	shorts
lo/la stilista	designer
gli stivali	boots
il trench	raincoat
la t-shirt	t-shirt
il vestito	dress; suit

Avverbi

bene	well
con prudenza	carefully
domani	tomorrow
frequentemente	frequently
gentilmente	nicely, kindly
immediatamente	immediately
ieri	yesterday
in ritardo	late
lentamente	slowly
male	badly
non... mai	never
oggi	today
ogni tanto	sometimes
presto	early
puntualmente	punctually
raramente	rarely
regolarmente	regularly
sempre	always
sinceramente	sincerely
spesso	often
tardi	late
velocemente	quickly, fast

Che bella festa!

Capitolo 8

Maschera italiana di Carnevale (Venezia)

Ripasso

In this chapter you will review:

- how to ask for information
- how to make polite requests, use interjections, and extend invitations
- reflexive verbs
- the **passato prossimo**
- the forms of the definite and indefinite articles
- the forms and uses of prepositions

Scopi

In this chapter you will learn:

- to wish someone good luck, a good trip, happy birthday, and so on
- to talk about Italian and American holiday celebrations
- to describe your interactions with others
- to talk about your actions and interactions with others in the past
- to express general and specific concepts
- to talk about means of transportation and locations with the prepositions **in** and **a**
- about important Italian holidays, celebrations, and traditions

RISORSE MULTIMEDIALI

215

Strategie di comunicazione

 Cos'è il Palio di Siena?

Asking for information

 A. Osserva ed ascolta.

Osserva ed ascolta mentre Mauro Civai risponde alla domanda: «Mi può descrivere il Palio di Siena?» Poi rispondi tu alle domande seguenti. Scegli le *due* risposte corrette per ogni domanda.

Palio (Siena)

1. Cos'è il Palio di Siena?
   a. una tradizione molto antica
   b. una festa recente
   c. una corsa di cavalli
2. Cosa vince il più veloce?
   a. un premio (*prize*) monetario
   b. un premio di uno stendardo dipinto (*colored banner*)
   c. un premio simbolico
3. Dove ha luogo (*takes place*) il Palio di Siena?
   a. nella Piazza del Campo
   b. in città
   c. in campagna

4. Quando accade (*takes place*) il Palio di Siena?
   a. una volta all'anno
   b. due volte all'anno
   c. d'estate

B. Mi piacerebbe vedere il Palio! Immagina di incontrare il signor Civai. Lui ti chiede «Ti piacerebbe vedere il Palio?» Cosa rispondi? Tu fai la parte del signor Civai. Il tuo compagno / La tua compagna risponde alla domanda e ne fa un'altra. Poi scambiatevi i ruoli.

Esempio: **S1:** Ti piacerebbe vedere il Palio?

S2: Sì! È una festa molto variopinta. Quando accade? (Insomma! Non mi piacciono i cavalli.)

S1: Accade il 2 luglio e il 16 agosto. (Peccato! È una festa molto bella.)

 *Auguri!* Expressing good wishes

- **Auguri** are wishes for something good to happen to someone. For example, the most common expression to wish someone good luck is to say **in bocca al lupo** (literally, *in the mouth of the wolf*). It's similar to the American expression *Break a leg*. The reply is **Crepi!** (*May the wolf die!*).

- It is customary to reply to an **augurio** by saying **Grazie!** If the occasion makes it appropriate to wish the other person the same, say: **Grazie, altrettanto!** or **Grazie, anche a te (a Lei)!**

A. Osserva ed ascolta. Osserva ed ascolta come alcuni italiani fanno gli auguri. Poi osserva ed ascolta una seconda volta, ma questa volta segna (✔) le espressioni che senti. Se senti un'espressione più di una volta, segnala ancora.

VIDEO

	auguri	buon lavoro	buon viaggio	in bocca al lupo
1. Saverio	☐	☐	☐	☐
2. Stefano	☐	☐	☐	☐
3. Luca	☐	☐	☐	☐
4. Antonio	☐	☐	☐	☐
5. Marcello	☐	☐	☐	☐

B. Tanti auguri!

Abbina le seguenti espressioni italiane con le equivalenti espressioni inglesi. Molte contengono (*contain*) parole che già conosci o parole simili. Confronta il tuo lavoro con quello del tuo compagno / della tua compagna.

1. Enjoy your meal!	a. In bocca al lupo!
2. Have a good trip!	b. Buon anno!
3. Happy birthday!	c. Buon anniversario!
4. Have a nice day!	d. Buona giornata!
5. Merry Christmas!	e. Buon appetito!
6. Happy Easter!	f. Auguri!
7. Best wishes!	g. Buone vacanze!
8. Happy New Year!	h. Buon Natale!
9. Happy anniversary!	i. Buon viaggio!
10. Have a good vacation!	j. Buon compleanno!
11. Good luck!	k. Buona Pasqua!

C. Grazie!

Scegli una delle seguenti occasioni (o inventane altre). Dilla al compagno / alla compagna. Lui/Lei risponde con un augurio appropriato. Poi scambiatevi i ruoli.

Esempio: **S1:** Che bel piatto di pasta! Mangiamo?

S2: Sì, sì! Buon appetito!

S1: Grazie, altrettanto! (Grazie!)

1. Parto per l'Italia domani.
2. Oggi compio vent'anni.
3. È il 25 dicembre.
4. I miei genitori si sono sposati esattamente 25 anni fa quest'anno.
5. Stasera ho un esame.
6. La settimana prossima ho un colloquio di lavoro (*job interview*).

IN ITALIA

Life's milestones, many of which have to do with religious events, are marked by grand celebrations in Italy: **la nascita** (birth), **il battesimo** (baptism), **la prima comunione** (first communion), **la cresima** (confirmation), **la laurea** (graduation from university), **il matrimonio** (marriage) **/ le nozze** (wedding).

In some parts of Italy, **il diciottesimo compleanno** (eighteenth birthday) *is cause for a big party. It can be casual or very formal, with printed invitations, evening dress, and a rented hall, hotel, or discotheque.*

(*continued*)

Italians celebrate **il compleanno** on the date of their birth, but they also may celebrate **l'onomastico**; that is, the feast day of the saint whose name they share. One that you are probably familiar with is **San Patrizio (il 17 marzo).** Here are a few others:

Santa Caterina (il 29 aprile)	**San Matteo (il 21 settembre)**
Sant'Antonio (il 13 giugno)	**San Francesco (il 4 ottobre)**
Santa Cristina (il 24 luglio)	**Santa Lucia (il 13 dicembre)**

While not as important as **il compleanno,** it's always nice to have another occasion for which to offer **auguri!** In some families, you may even receive a small **regalo!**

Clicca qui You can find the date of your **onomastico** at the *Avanti!* website, **Clicca qui (www.mhhe.com/avanti).**

Lessico

Buone feste!   Talking about Italian and American holiday celebrations

Marina, una studentessa all'Università di Pavia, descrive le feste e le tradizioni della sua famiglia al suo amico americano, Roger. Leggi le descrizioni delle feste a pagina 221 e abbina le parole evidenziate alle immagini appropriate. **Attenzione!** Alcune descrizioni si abbinano con più di un'immagine.

1.   2.

3.

4.

5.

6.

7.

8.

a. **La vigilia di Natale (il 24 dicembre):** Mia madre prepara una grande cena a base di pesce. Mangiamo e poi apriamo **i regali** che sono sotto **l'albero di Natale.** Come tutti i bambini, i miei fratellini e sorelline credono (*believe*) che **Babbo Natale** porti i regali.

b. **Natale (il 25 dicembre):** La mattina andiamo in **chiesa** e poi pranziamo insieme ai miei zii. Mio zio Giovanni porta sempre il dolce tradizionale: **il panettone.**

c. **San Silvestro (il 31 dicembre):** Mia madre prepara una grande cena (un cenone). A mezzanotte **ci baciamo,** ci facciamo gli auguri di buon anno e guardiamo **i fuochi d'artificio.**

d. **La Befana (il 6 gennaio):** La notte prima della Befana, i miei fratellini e sorelline appendono (*hang*) **le calze** in attesa (*in anticipation*) di una visita dalla **Befana,** una vecchia signora che mette nelle calze dei piccoli regali. Però, i poveri ragazzini che non sono stati bravi ricevono **carbone!**

e. **Pasqua (marzo/aprile):** La mattina andiamo **in chiesa** e poi pranziamo insieme. Mangiamo il dolce tradizionale: **la colomba** (una torta a forma di colomba [*dove*]). I bambini ricevono **le uova di Pasqua** (cioccolato a forma di un grande uovo [*egg*] con dentro una sorpresa).

f. **Il mio compleanno:** Quando **compio gli anni,** preparo un dolce e compro da bere per festeggiare insieme ai miei amici. Tutti cantano *Tanti auguri.* Di solito ricevo tanti regali dalla famiglia e dai parenti.

g. **L'anniversario delle nozze:** I miei genitori si sono sposati quando avevano 21 anni. Quest'anno fanno 25 anni di matrimonio e fanno una grande festa. L'anniversario dei 25 anni di matrimonio si chiama **le nozze d'argento** (*silver*), mentre l'anniversario dei 50 si chiama **le nozze d'oro** (*gold*).

 **IN ITALIA**

La Befana is celebrated on the Catholic feast of **l'Epifania** (Epiphany), which celebrates the visit of the Magi to Jesus Christ at his birth. According to one legend, as the three kings traveled through different countries to the birthplace of Christ, many people joined them. One woman wanted to join them but decided to stay home. By the time she changed her mind, she could not find the travelers, so she did not meet Jesus. Since that time, she visits every house to give good children the gifts that she couldn't give the baby Jesus. Her name, **Befana,** derives from **Epifania.**

The following poem is often recited in her honor:

La Befana vien di notte
con le scarpe tutte rotte
col cappello alla romana
viva viva la Befana!

A. Le feste. Quali elementi dell'insieme B associ con le feste dell'insieme A? Ci può essere più di una risposta appropriata.

A	B	
1. l'Epifania	a. le uova	g. la Befana
2. L'anniversario delle nozze	b. i regali	h. l'albero
3. il compleanno	c. la colomba	i. il carbone
4. il Natale	d. il panettone	j. le calze
5. la Pasqua	e. la torta con le candeline	k. Babbo Natale
6. San Silvestro	f. il cenone	l. i fuochi d'artificio

B. Il cenone di San Silvestro.

Parte prima. Con un compagno / una compagna, create il menu per il cenone di San Silvestro a casa vostra. Dovete includere l'antipasto, il primo, il secondo e il contorno, il dolce e le bibite. (Vedete **Capitolo 5, Lessico** se non vi ricordate le parole utili.)

Parte seconda. Ogni gruppo appende il menu alla lavagna. Gli studenti leggono tutti i menu e mettono la firma sotto il cenone a cui vogliono partecipare. Chi ha più invitati?

C. La festa di San Silvestro.

Parte prima. Scrivi tre cose che hai fatto l'anno scorso per la festa di San Silvestro.

Parte seconda. In gruppi di tre o quattro, confrontate le vostre liste e decidete chi ha passato la serata più bella e chi ha passato la serata più brutta. Comunicate i vostri risultati ai compagni.

Esempio: Gianni ha passato la serata più bella perché... .
Gianna ha passato la serata più brutta perché... .

IN ITALIA

An Italian proverb: **Natale con i tuoi, Pasqua con chi vuoi.**

Con chi passi Natale e Pasqua tu?

D. Le tradizioni di famiglia.
La tua famiglia ha tradizioni particolari? Scegli una di queste feste e descrivi le tue tradizioni familiari ai compagni.

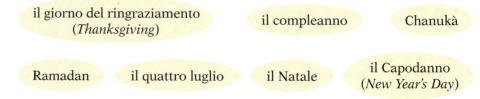

il giorno del ringraziamento (*Thanksgiving*)   il compleanno   Chanukà

Ramadan   il quattro luglio   il Natale   il Capodanno (*New Year's Day*)

Strutture

Ripasso: *Mi arrabbio quando...* Reflexive verbs

Scrivi una breve descrizione di te stesso/a (*yourself*) e dei tuoi interessi. Devi includere almeno tre dei seguenti verbi. Dopo, l'insegnante legge alcune descrizioni a caso; devi indovinare chi le ha scritte.

divertirsi   sentirsi allegro/a

annoiarsi   arrabbiarsi

8.1 *Ci vediamo domani!* Reciprocal verbs

1. As you learned in **Capitolo 7,** reflexive verbs express actions that people do to *themselves*. Reciprocal verbs express actions that two or more people do to *each other*, so they are only used in the **noi, voi,** and **loro** forms.

What is the difference between these two sentences?

a. Gianni si lava.   b. Gianni e Maria si parlano.

In the first sentence (a.), the reflexive verb, **lavarsi,** indicates that Gianni washes *himself*. **Parlarsi,** in the second sentence (b.), is a reciprocal verb expressing that Gianni and Maria talk to *each other*.

(continued)

2. Here are some common verbs that are frequently used reciprocally.

abbracciarsi *to hug*
baciarsi *to kiss*
farsi gli auguri *to exchange good wishes*
incontrarsi *to meet*

innamorarsi *to fall in love*
salutarsi *to greet*
separarsi *to separate*
sposarsi *to marry*

3. Like reflexive verbs, reciprocal verbs are conjugated with reflexive pronouns and their infinitives end in **-si.** Complete the conjugation of the reciprocal verb in the chart below.

	baciarsi
noi	
voi	
loro	si baciano

◗ Answers to this activity are in Appendix 2 at the back of your book.

4. Many reciprocal verbs, like reflexives, have non-reciprocal forms. Remember, if you can say that two or more people do the action to each other, it is reciprocal and requires a reciprocal pronoun. Compare **salutare** and **salutarsi:**

Gianni **saluta** Maria.
Maria **saluta** Gianni.
Gianni e Maria **si salutano.**

Gianni greets Maria.
Maria greets Gianni.
Gianni and Maria greet each other.

Similarly, non-reciprocal verbs can become reciprocal if two or more people are doing the action to each other. Compare **scrivere** and **scriversi.**

Gianni **scrive** a Maria.
Maria **scrive** a Gianni.
Gianni e Maria **si scrivono.**

Gianni writes to Maria.
Maria writes to Gianni.
Gianni and Maria write to each other.

In italiano

• A common way to say *See you later!* in Italian is with the reciprocal verb, **vedersi.**

Ciao Maria! Ci vediamo!

• You learned that **arrivederci** means *good-bye.* Literally, it means:

A (*until*), **ri** (*again*), **veder** (*to see,*) **ci** (*each other*) or *Until we see each other again!*

A. Franco e Maria. Metti le frasi della storia in ordine cronologico da 1 a 8. Sottolinea tutti i verbi reciproci.

Gianni fa una festa e invita Franco e Maria...

_____ Maria chiede a Franco di uscire il prossimo weekend e Franco accetta.

_____ Quando Franco accompagna Maria a casa si baciano.

_____ Dopo tre mesi decidono di sposarsi.

_____ Passano molto tempo insieme ed escono almeno tre volte alla settimana.

_____ Franco e Maria si innamorano.

_____ Franco e Maria ballano e si parlano tutta la sera.

_____ Gianni presenta Franco a Maria.

_____ Franco telefona a Maria il giorno dopo.

IN ITALIA

A feature of all special events, such as weddings or graduation parties, are **le bomboniere** (party favors). Traditionally, they are small, decorative containers (glass, ceramic, or silver) filled with an odd number of **i confetti*** (sugared almonds) wrapped in organdy (a type of sheer fabric). **Le bomboniere** are given to guests as well as to close relatives and friends who are unable to attend the event.

Le bomboniere per la nascita di un bambino

The color of **i confetti** depends upon the occasion:

la nascita: _rosa per una femmina, celesti_ (light blue) _per un maschietto_
la prima comunione: _bianchi_
la laurea: _rossi_
il 25° anniversario di nozze: _argentati_ (silvered)
il 50° anniverario di nozze: _dorati_ (gilded)

***Attenzione!** This is a false cognate. The confetti that you throw is called **coriandoli** in Italian.

B. I buoni amici.

Parte prima. Segna (✔) le affermazioni che sono vere per te e il tuo migliore amico / la tua migliore amica. Se una frase non è adatta a voi (*true for you*), riscrivila.

Il mio migliore amico / La mia migliore amica ed io...

1. ☐ ci conosciamo molto bene.

2. ☐ ci vediamo tutti i giorni.

3. ☐ conosciamo tutti i segreti l'uno dell'altro.

4. ☐ usciamo insieme ogni weekend.

5. ☐ ci telefoniamo ogni sera.

6. ☐ conosciamo bene le famiglie l'uno dell'altro.

7. ☐ andiamo sempre d'accordo.

8. ☐ non ci diciamo mai bugie.

9. ☐ ci capiamo sempre.

10. ☐ ci incontriamo al bar ogni mattina.

Parte seconda. Paragona l'amicizia (*friendship*) fra te e il tuo migliore amico / la tua migliore amica a quella di un compagno / una compagna e il suo migliore amico / la sua migliore amica. Sono uguali o differenti? Presenta le differenze ai compagni.

> **Esempio:** Alessia ed io ci telefoniamo ogni sera, ma Marcello e Rocco si telefonano una volta alla settimana.

In italiano

There are two verbs to express the concept of *to love:* **amarsi** and **volersi bene.** The former refers to romantic love, while the latter expresses love in the sense of family love or caring for each other.

Franco e Maria si amano.   **Mia madre ed io ci vogliamo bene.**

C. Ci vogliamo bene.

Parte prima. Collabora con un compagno / una compagna. Scrivete cinque cose che due persone che si vogliono bene fanno l'una per l'altra.

> **Esempio:** Due persone che si vogliono bene si aiutano...

Parte seconda. Quali sono le cose più importanti per mantenere (*for maintaining*) un buon rapporto (*relationship*)? Mettete le cinque affermazioni in ordine di importanza.

Parte terza. Formate gruppi di quattro, allungate la lista a 8–10 affermazioni e mettetele di nuovo in ordine di importanza. Poi discutete le vostre scelte con i compagni e mettetevi d'accordo sull'aspetto più importante di un buon rapporto.

D. La famiglia.

Parte prima. Scegli la forma appropriata del verbo.

1. Mia sorella e mia cugina lavorano nello stesso ufficio e <u>vedono / si vedono</u> tutti i giorni.

2. Mio padre ed io <u>guardiamo / ci guardiamo</u> molti documentari alla TV.

3. Mia madre e mio padre <u>separano / si separano</u>.

4. Quando i miei genitori <u>incontrano / si incontrano</u>, <u>baciano / si baciano</u>.

5. Il mio fratellino <u>abbraccia / si abbraccia</u> sempre il suo orsacchiotto (*teddy bear*).

6. Mia madre e io non <u>capiamo / ci capiamo</u> molto bene.

Parte seconda. Adesso provate voi. Descrivete la vostra famiglia usando i seguenti verbi:

abbracciarsi	scrivere	conoscersi	volersi bene
telefonare	parlarsi	vedersi	capire

⟳ Ripasso: *Franco e Maria* The present perfect
sono usciti insieme

Parte prima. Ricordi Franco and Maria? (Vedi **Capitolo 8, Strutture 8.1, Attività A.**) Ecco cosa hanno fatto la prima volta che sono usciti insieme. Completa la storia con la forma appropriata dell'ausiliare **avere** or **essere.**

Franco e Maria _____[1] andati a mangiare alla pizzeria preferita di Maria. Dopo cena, _____[2] fatto una passeggiata in centro e _____[3] mangiato un gelato. _____[4] parlato di tutto: degli amici, della famiglia, dei progetti per il futuro. Verso le dieci e mezzo _____[5] andati al cinema e _____[6] visto un film molto romantico. Dopo il film Franco _____[7] accompagnato Maria a casa. Franco _____[8] tornato a casa e Maria _____[9] andata a letto, ma non _____[10] dormito tutta la notte.

Parte seconda. Nella **Parte prima** due verbi hanno l'ausiliare **essere:** andare e tornare. Quali altri verbi hanno **essere** al passato prossimo? Fai una lista di 10 verbi.

⊙ Answers to this activity are in Appendix 2 at the back of your book.

⊙ To learn about the forms of **dovere, potere,** and **volere** in the **passato prossimo,** see **Per saperne di più** at the back of your book.

8.2 *Ci siamo visti ieri*

The present perfect of reflexive and reciprocal verbs

1. It's easy to form the **passato prossimo** of reflexive and reciprocal verbs because they always take **essere** as their auxiliary. Like all verbs that take **essere,** the past participle agrees in gender and number with the subject.

RIFLESSIVO
Maria si è guardat**a** allo specchio.
Maria looked at herself in the mirror.

RECIPROCO
Maria e Franco si sono guardat**i.**
Maria and Franco looked at each other.

2. Now complete the conjugations below.

	guardarsi	incontrarsi
io		
tu		
lui	si è guardato	
lei	si è guardata	
Lei	si è guardato/a	
noi		
voi		
loro		si sono incontrati

▶ The answers to this activity are in Appendix 2 at the back of your book.

A. Le mie attività. Completa le frasi in modo che siano vere per te.

1. _____ anni fa il mio migliore amico / la mia migliore amica ed io ci siamo conosciuti/e.

2. Ieri mi sono alzato/a alle _____.

3. Ieri mi sono messo/a _____.

4. La settimana scorsa _____ ed io ci siamo visti/e.

5. Ieri sera _____ ed io ci siamo telefonati/e.

6. L'anno scorso _____ ed io ci siamo fatti/e un regalo a Natale.

7. Mi sono lavato/a i capelli _____.

B. Il participio. Completa il verbo e la frase in modo appropriato.

1. I bambini si sono svegliat_____...

2. Mia sorella si è sentit_____ male quando ha ricevut_____...

3. Nel corso di letteratura, abbiamo lett_____...

4. La settimana scorsa Francesca e le sue amiche si sono incontrat_____...

5. Maria ha vist_____...

6. Franca e Tina sono arrivat_____…

7. La professoressa si è arrabbiat_____ perché…

8. Mio fratello ed io abbiamo nuotat_____…

9. La settimana scorsa la famiglia Rossi è partit_____ per…

C. Firma qui, per favore!

Parte prima. Con i compagni aggiungete alla seguente lista quattro o cinque azioni che avete fatto prima di uscire di casa stamattina. Poi, segna (✔) le azioni che hai fatto tu stamattina (*this morning*) prima di uscire.

Questa mattina…	Firma qui, per favore!
1. ☐ ho fatto la doccia (*took a shower*)	
2. ☐ mi sono messo/a le lenti a contatto	
3. ☐	

Parte seconda. Trova i compagni che stamattina hanno fatto le stesse azioni e chiedi la firma.

Esempio: **S1:** Hai fatto la doccia stamattina?

S2: Sì. (No.)

S1: Anch'io! (Neanch'io! [*Me neither!*]) Firma qui, per favore.

D. Il contrario.
Completa le seguenti frasi con un'azione diversa o contraria usando un verbo reciproco o riflessivo.

Esempio: Gianni si è messo i pantaloni. Gianna, invece, *si è messa la gonna.*

1. I genitori si sono divertiti alla festa. I figli, invece,…

2. Franco si è fatto la barba. Maria, invece,…

3. Marco ed io ci siamo incontrati al bar. Tu e Sandra, invece,…

4. Riccardo si è messo le lenti a contatto. I suoi fratelli, invece,…

5. Tommaso e Rita si sono sposati. I genitori di Rita, invece,…

6. Tina si è messa la gonna. Cinzia, invece…

7. Dopo la festa, i ragazzi si sono sentiti male. Le ragazze, invece…

8. Cristina e Tommaso si sono lasciati. Rinaldo e Gessica, invece…

In italiano

When two people start dating and decide to be a couple, Italians use the expression **mettersi insieme.** When the couple breaks up, the expression is **lasciarsi.**

Giulio e Francesca **si sono messi insieme,** ma dopo un mese **si sono lasciati.**

Shakespeare's play *Romeo and Juliet takes place in Verona, Italy. The people of Verona claim that the star-crossed lovers on whom the story is based,* **Romeo Montecchi** *and* **Giulietta Capuleti,** *actually lived in the early fourteenth century. However, their existence is not documented.*

Casa di Giulietta (Verona)

Clicca qui You can find more about Verona and Giulietta's house at the *Avanti!* website, **Clicca qui (www.mhhe.com/avanti).**

E. Romeo e Giulietta: una versione moderna.

Parte prima. Completa la storia con la forma appropriata dell'ausiliare **avere** o **essere**.

Romeo e Giulietta si _____[1] visti per la prima volta ad una festa di compleanno di un loro amico comune, Marcello. È stato amore a prima vista. Tutta la sera _____[2] parlato e _____[3] ballato insieme e si _____[4] divertiti molto. Dopo la festa Romeo ha accompagnato Giulietta a casa. Quando _____[5] arrivati a casa di Giulietta, si _____[6] baciati e si _____[7] salutati. Giulietta _____[8] entrata in casa ed _____[9] andata a letto. La mattina dopo, Giulietta si _____[10] svegliata alle 9.00 e _____¹¹ fatto colazione. Dopo, si _____¹² lavata i denti,

_____¹³ fatto la doccia e si _____¹⁴ vestita. Verso le 10.30, Romeo

_____¹⁵ telefonato e...

Parte seconda. Collabora con un compagno / una compagna. Scrivete la conclusione alla versione moderna della storia di Romeo e Giulietta.

🌀 Ripasso: *L'amico di* un amico

Definite and indefinite articles

Ascolta! L'insegnante dirà dei nomi che forse non conosci. Scrivi la parola che senti e poi scegli l'articolo appropriato.

1. un' / un / uno _____
2. un' / un / una _____
3. un / uno / una _____
4. una / un / uno _____
5. un / uno / una _____
6. un / una / uno _____
7. uno / una / un _____
8. una / uno / un' _____

9. il / lo / la _____
10. il / l' / la _____
11. la / l' / il _____
12. il / la / le _____
13. i / gli / le _____
14. i / gli / le _____
15. la / lo / il _____
16. gli / i / le _____

8.3 *L'amore è bello*   The use of definite and indefinite articles

1. The definite article (**la, l', il, lo, le, i, gli**) is used with:

a. dates

   Il venticinque dicembre è festa.

b. possessives (see **Capitolo 4, Strutture 4.1** for exceptions with family members)

   La mia macchina è rossa.

c. days of the week to indicate a routine activity (for example: every Monday)

   Vado in palestra **il** lunedì e **il** giovedì.

d. proper names that have a title (unless you are talking directly to the person)

   Ho parlato con **il** professor Bianchi ieri.
   La Signora Marchi compra delle bistecche.

e. parts of the body

   Mi lavo **i** denti.

(continued)

f. nouns that refer to universal concepts or general categories or groups

L'amore è bello.
La politica è difficile.

g. nouns referring to something/someone specific

Mi piace **l'**amico di Paolo.

2. The indefinite article is used:

a. to indicate quantity (the number 1)

La famiglia Martini ha **una** macchina, noi abbiamo due macchine.

b. to express *a* or *an*

—Seguo **un** corso molto interessante.
—Quale?
—L'arte del Rinascimento (*Renaissance*).

Note: The English phrase *a friend of mine* is expressed with the possessive adjective and the indefinite article.

Luca è un mio amico.

A. Una scelta. Scegli l'articolo appropriato.

1. Simona ha ricevuto <u>un / il</u> bel regalo dal suo ragazzo per Natale.

2. Davide ha incontrato <u>una / la</u> ragazza americana in piazza ieri.

3. Ho <u>uno / lo</u> zio. E tu? Quanti zii hai?

4. <u>Una / La</u> famiglia è importante.

5. <u>Un / Il</u> dottor Rossi non è in ufficio oggi.

6. Hai visto <u>un / l'</u> albero di Natale di Pietro? È grandissimo!

B. L'articolo giusto. Completa le frasi con l'articolo determinativo o indeterminativo.

1. —Ieri ho visto _____ bel film.

   —Quale?

   —_____ *vita è bella* di Benigni.

2. —Quando fai _____ yoga?

   —Due volte alla settimana: _____ lunedì e _____ giovedì.

3. —Quando è _____ vostro anniversario di nozze?

   —_____ 17 agosto.

4. _____ Signor Betucci lavora per _____ ditta di Milano.

5. —Perché non esci stasera?

   —Perché devo lavarmi _____ capelli.

6. Paolo ha solo _____ biglietto per il concerto di stasera.

7. Ho letto _____ libro interessante.

8. _____ dolce tradizionale per Natale è _____ panettone.

9. —Silvia ha portato Martino alla festa.

   —Chi è?

   —È _____ fratello di Matteo.

10. Dov'è _____ mia giacca azzurra?

C. Generalizzazioni.

Parte prima. Collabora con un compagno / una compagna. Scrivete uno o due aggettivi che associate con ogni categoria.

> amore   carne   famiglia   feste
>
> lingue straniere   università

Parte seconda. Usate gli aggettivi per fare, per ogni argomento (*topic*), delle affermazioni generali. Comunicate le vostre affermazioni ai compagni. Sono d'accordo con voi?

> **Esempio:** L'amore è bello.

D. Non ho mai...
Scegli un verbo e poi racconta ai compagni quello che non hai mai fatto. Ogni verbo deve essere seguito (*followed*) da un sostantivo con l'articolo indeterminativo.

> **Esempio:** (vedere) Non ho mai visto un'opera italiana.

> comprare   guidare   mangiare   portare
>
> ricevere   scrivere   vedere

↻ Ripasso: *I libri sono nello zaino*   Prepositions

● Answers to this activity are in Appendix 2 at the back of your book.

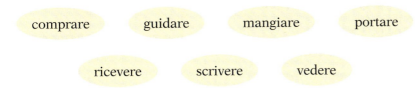

Parte prima. Unisci le preposizioni e gli articoli per formare preposizioni articolate (quando è possibile).

a + il = _____   con + i = _____   a + gli = _____

per + la = _____   di + il = _____   di + gli = _____

in + il = _____   su + il = _____   da + la = _____

Parte seconda. Adesso, completa ogni frasi alla seguente pagina con una preposizione articolata. Scegli dalla lista.

(continued)

1. Mia madre mette il latte _____ frigorifero (*refrigerator*).

2. Quando Gino è entrato, ha messo lo zaino _____ letto.

3. La professoressa ha dato i compiti _____ studenti.

4. Il bambino ha mangiato _____ spaghetti, ma non ha mangiato il dolce.

5. Gianni ha comprato gli orecchini _____ sua ragazza.

6. Abbiamo visto lo spettacolo _____ nostri parenti.

7. I miei genitori parlano sempre _____ lavoro.

8. Luisa e Francesco sono andati _____ concerto di Jovanotti ieri.

9. Sono uscito/a _____ biblioteca alle 11.00 e sono tornato/a subito a casa.

Parte terza. Adesso, usa queste preposizioni articolate per preparare tre domande per il tuo compagno / la tua compagna. Poi fai le domande al compagno / alla compagno.

| alla | per gli | sul |

▶ To learn how the pronoun **ne** replaces phrases with the preposition **di,** see **Per saperne di più** at the back of your book.

8.4 *Non vado in macchina! Vado a piedi!*

The prepositions **in** and **a**

In **Capitolo 5 Strutture 5.3,** you learned several uses of the prepositions **a** and **in** without the definite article. Here are more uses.

1. When talking about means of transportation, the prepositions **in** and **a** do not require a definite article.

Ettore va	**in bicicletta** (*by bike*).	*but*	**Ettore va a piedi** (*on foot*).
	in treno.		
	in macchina.		
	in moto.		
	in aereo.		

2. When referring to specific locations, such as certain buildings, places in the city, or rooms in a house, **in** is not used with the article. The English equivalent can be *by, in,* or *to*.

in bagno	*bathroom*	**in cucina**	*kitchen*
in banca	*bank*	**in piazza**	*town square*
in camera	*bedroom*	**in salotto**	*living room*
in centro	*downtown*	**in ufficio**	*office*
in chiesa	*church*		

Guardo la TV **in salotto.**
Mangiamo **in cucina.**

Faccio la spesa **in centro.**
Mario lavora **in ufficio.**

A. Le abitudini. Completa le frasi con un sostantivo appropriato.

1. Marcello studia in _____ perché il suo compagno di casa mangia in _____ con la fidanzata.

2. Sandra cammina (*walks*) molto. Tutti i giorni va all'università a _____. Roberto, invece, è pigro e ci va in _____.

3. A Pasqua alle 11.00 di mattina Teresa va in _____ con la famiglia. Poi vanno a pranzo dalla nonna.

4. Il venerdì sera Giuseppe non sta mai a _____. Esce con gli amici. Di solito vanno a ballare in _____, ma qualche volta vanno al cinema a vedere un film. Raramente vanno a _____ a vedere uno spettacolo.

B. Scegliere. Scegli la forma appropriata e poi decidi se le affermazioni sono vere o false per te.

	vero	falso
1. Vado <u>a / alla</u> casa a trovare i miei genitori questo weekend.	☐	☐
2. Preferisco studiare <u>in / nella</u> biblioteca perché <u>a / alla</u> casa mia c'è troppo rumore (*noise*).	☐	☐
3. Vado <u>a / al</u> cinema con gli amici ogni weekend.	☐	☐
4. Quando vado in vacanza, mi piace viaggiare <u>nel / in</u> treno.	☐	☐
5. Vado <u>all' / a</u> università <u>ai / a</u> piedi.	☐	☐
6. Metto <u>di / dello</u> zucchero <u>in / nel</u> mio caffè.	☐	☐
7. Vado <u>a / al</u> mare d'estate e vado <u>in / nella</u> montagna d'inverno.	☐	☐
8. Vado spesso <u>a / ai</u> concerti di musica rock.	☐	☐

C. Dove vai? A turno, chiedi al compagno / alla compagna dove va a fare queste attività.

Esempio: —Dove vai a preparare la cena?
—Vado in cucina.

Dove vai...

1. a farti la barba o a truccarti?

2. per partecipare al matrimonio del tuo amico cattolico?

3. a lavorare?

4. a sciare?

5. a dormire?

6. a guardare la TV?

(continued)

7. a ballare stasera con la tua amica?

8. a prendere dei soldi?

9. a studiare?

D. Tante domande.

Parte prima. Completa le espressioni con la preposizione **a** o **in**.

1. andare _____ letto

2. andare _____ centro

3. mangiare _____ mezzogiorno

4. sciare _____ montagna

5. andare _____ piedi

6. nuotare _____ piscina

7. giocare _____ calcio

8. fare le vacanze _____ Italia

9. viaggiare _____ treno

10. tornare _____ casa

Parte seconda. Per ogni espressione, scrivi una domanda per un compagno / una compagna. Poi intervista il compagno / la compagna, prendi appunti e comunica le risposte ai compagni.

Esempio: **S1:** A che ora vai a letto?
         S2: Vado a letto alle due.

Cultura

Ascoltiamo!

Le feste italiane

A. Ascolta. Ascolta mentre l'insegnante ti parla delle principali feste in Italia.

B. Completa. Completa in italiano le seguenti frasi, inserendo la parola più appropriata della lista qui sotto. Usa ogni parola *una sola volta*. **Attenzione!** La lista contiene undici parole; devi usarne solamente nove.

in campagna	del Carnevale	le donne	il 2 novembre
fiori	le madri	maschere	il panettone
il 15 agosto	romana	la vigilia	

1. _____ di Natale gli italiani fanno una cena abbondante e mangiano _____.

2. Il giorno dopo Pasqua, chiamato Pasquetta, gli italiani fanno delle gite _____.

3. _____, giorno della Commemorazione dei Defunti, le famiglie italiane visitano i cimiteri e portano _____ sulle tombe dei morti.

4. A Venezia per la celebrazione _____ molte persone indossano _____.

5. Il Ferragosto è un'antica festa _____ che oggi simboleggia l'estate.

6. L'8 marzo è la Festa della donna, in onore di tutte _____.

C. Tocca a te! Quale festa ti interessa di più? Completa la frase.

La festa italiana che mi interessa di più è... perché...

Leggiamo!

La festa del santo patrono

Leggi l'annuncio per la festa del santo patrono a Cerveteri, vicino a Roma. Poi esegui le attività.

ASSESSORATI ALLA CULTURA E AL TURISMO

Comune di Cerveteri

ASSOCIAZIONE
PRO-LOCO
CERVETERI

FESTA PATRONALE DI S. MICHELE ARCANGELO
8 - 9 MAGGIO 2004

SABATO 8 MAGGIO

ORE 10.30 Visita guidata gratuita[1] alla Necropoli della Banditaccia.
Informazioni e prenotazioni Punto Informazioni Turistica - Pro-Loco a cura dell'Associazione Artemide. Appuntamento biglietteria Necropoli

ORE 11.00 S. Messa in onore del Patrono nella Chiesa di S. Michele Arcangelo.

ORE 11.30 APERTURA MOSTRA DI PITTURA - "ESOTICO" Pittrice D. Ramazzotti AULA CONSILIARE

ORE 17.30 MERENDA CERETANA con distribuzione di fave,[2] pecorino,[3] vino Piazza Risorgimento

ORE 18.00 SPETTACOLO PER BAMBINI "MAGICABULA" dei Camelot

ORE 18.30 Santa Messa nella Chiesa parrocchiale di S. Maria Maggiore in Onore del Patrono S. Michele Arcangelo. Seguirà la tradizionale processione religiosa accompagnata dal Gruppo Bandistico Cerite.

ORE 21.00 CONCERTO MUSICALE del gruppo "Fantasy" e partecipazione del cabarettista A. Alivernini - Piazza Risorgimento

DOMENICA 9 MAGGIO

ORE 9.30 VISITA GUIDATA GRATUITA AL BORGO MEDIEVALE DI CERI. Appuntamento alle ore 9.30 in Pro-Loco. Informazioni e prenotazioni punto Informazione Turistica e Pro-Loco a cura dell'Associazione Artemide.

ORE 10.00 APERTURA STAND "AVIS" - Piazza Aldo Moro

ORE 15.30 IPPODROMO - PRESSO[4] IL CAMPO SPORTIVO - GIOCHI A CAVALLO E CAROSELLO.[5]

ORE 16.00 CAROSELLO BANDISTICO per le vie del paese con Majorettes

ORE 17.00 PASTICCIERE IN PASSERELLA - Gara[6] del dolce più buono, più bello e più simpatico - Piazza Risorgimento.

ORE 18.00 "ALBERO DELLA CUCCAGNA" - Piazza Aldo Moro

ORE 19.00 SPETTACOLO PER BAMBINI- "La giostra[7] dei sogni" dei Camelot

ORE 21.00 CONCERTO MUSICALE E SPETTACOLO DI CABARET con la partecipazione di A. Perroni e i "Figli Unici" direttamente da Radio Radio

ORE 23.00 SPETTACOLO PIROTECNICO DAL PALAZZO COMUNALE. A cura della ditta Raffaele Fireworks organizzatrice del campionato mondiale dei fuochi d'artificio

INFO E PRENOTAZIONI: ASS. PRO LOCO TEL. 06.99.55.19.71 - PUNTO INFORMAZIONI TURISTICHE TEL. 06.99.55.26.37

Grafica BALDINI CERVETERI TEL. 06.99.53.411

[1]free [2]fava beans [3]type of sheep's milk cheese [4]near, at [5]tournament [6]Contest [7]joust

A. Cosa possiamo vedere alla festa?
Quando un paese o una città celebra la festa del santo patrono, la celebrazione include di solito alcuni elementi tradizionali:

1. la processione
2. i piatti particolari
3. la musica
4. i fuochi d'artificio

Identifica tutti questi elementi nell'annuncio e scrivi il giorno e l'ora quando accadono.

B. Un po' di cultura. Cerveteri è nota per l'antichissima necropoli (*necropolis,* lit., *city of the dead*) che si trova lì vicino. C'è una visita guidata in occasione della festa. Quando puoi vedere la necropoli? Quanto costa il biglietto?

C. Tocca a te! A quale evento ti piacerebbe partecipare? Quando è in programma?

 IN ITALIA

- *Every town in Italy has its own patron saint. Some of their holiday celebrations are famous:*

Catania	**Sant'Agata (il 5 febbraio)**
Palermo	**Santa Rosalia (il 15 luglio)**
Napoli	**San Gennaro (il 19 settembre)**
Firenze	**San Giovanni Battista (il 24 giugno)**

- *The patron saints of Italy as a nation are* **San Francesco d'Assisi (il 4 ottobre)** *and* **Santa Caterina da Siena (il 29 aprile).**

 *Clicca qui* You can learn more about **le feste patronali** at the *Avanti!* website, **Clicca qui (www.mhhe.com/avanti).**

Scriviamo!

Le feste americane

Scegli una festa americana (o una festa locale) che non esiste in Italia. Scrivi un paragrafo in cui descrivi la festa agli italiani che non sono mai stati in America. Rispondi alle seguenti domande e aggiungi tutti i particolari che distinguono questa festa dalle altre: Come si chiama? Quando è celebrata? Qual è l'origine della festa? Chi partecipa alla festa? Cosa fanno? Ci sono piatti particolari? Quali? La gente indossa maschere o costumi? Cosa hai fatto tu alla festa l'ultima volta?

> **Esempio:** Il terzo weekend di agosto a Urbana, Illinois, c'è il Festival del *Sweet Corn* (il mais dolce). Tutti i cittadini e anche gli studenti dell'università vanno alla festa e mangiano *sweet corn* con tanto burro...

 IN ITALIA

Two typically American holidays have begun to be celebrated in Italy, especially by children who are learning English in school: Halloween and Valentine's Day.

Clicca qui You can learn how these and other holidays are celebrated in Italy at the *Avanti!* website, **Clicca qui (www.mhhe.com/avanti).**

 # Parliamo!

Il regalo che fa per te. (*Your ideal gift.*)

Lavorate in due per creare una lista di cinque persone a cui *(to whom)* volete fare dei regali. Queste persone possono essere i vostri compagni di classe, amici, personaggi del mondo della politica,... chiunque *(whoever)*. Scrivete i nomi delle persone su un foglio. Poi, pensate alla personalità e alle caratteristiche delle persone per decidere cosa regalare loro. I regali possono essere concreti (una nuova automobile, una casa al mare) o astratti (un bel voto in chimica, l'eloquenza). Su un altro foglio scrivete tutti i regali, ma non nello stesso ordine dei nomi. Poi scambiatevi i fogli con un'altra coppia e cercate di abbinare le persone con i regali. **In bocca al lupo!**

Esempio: **S1:** La macchina deve essere il regalo per Amanda.

S2: Perché?

S1: Perché la sua è vecchia.

S2: Allora, qual è il regalo per José?

Per: Amanda

una Ferrari rossa

  # Guardiamo!

Film: *Ciao, professore!* (Commedia. Italia. 1993. Lina Wertmuller, Regista. 99 min.)

Riassunto: A stuck-up schoolteacher from the North (Paolo Villaggio) requests a transfer to an elite school and instead, because of a bureaucratic mistake, ends up in Corzano, a poor small town near Naples. When only three pupils show up on the first day of class, he sets out to recruit others and comes face to face with life on the other side of the tracks.

Scena (DVD Capitolo 11): The scene takes place on March 8, **la Festa della donna,** which the professor talks about with his third-grade pupils.

Ciak, si gira!

Chi l'ha detto? In questa scena ci sono molte espressioni che hai studiato. Le hai sentite? Completa le frasi inserendo l'espressione giusta.

1. Il maestro ha detto «____» davanti al palazzo.
2. Il venditore di fiori ha detto «____» per strada.
3. Il maestro ha detto «____» per strada.
4. Il maestro ha detto «____» in aula.
5. Il ragazzo grassotello (*chubby*) ha detto «____» in aula.

a. «È l'otto marzo!»
b. «Boh!»
c. «Me ne dà... ?»
d. «Su, su coraggio!»
e. «Cos'è successo?»

IN ITALIA

Le mimose *are traditional flowers given as gifts on* **la Festa della donna,** *but if you'd like to give flowers on other occasions in Italy, it will help to know* **un po' di galateo:**

1. *Chrysanthemums are considered appropriate only for funerals.*
2. *A bouquet of cut flowers should always contain an odd number of stems (for good luck).*
3. *Be careful not to send yellow flowers to your boyfriend/girlfriend; they signify unfaithfulness!*

IN AMERICA

La Festa della donna (International Women's Day) is commemorated by the United Nations and celebrated in many countries, including Italy, as a national holiday on March 8. According to the United Nations website, it is "a time to reflect on progress made, to call for change, and to celebrate acts of courage and determination by ordinary women who have played an extraordinary role in the history of women's rights." Although the first National Women's Day was observed in the United States on February 28, 1909, it is currently not counted among American holidays.

Tanti saluti da... Roma!

Piazza Navona (Roma)

Roma, la Città Eterna![1] È vero, a Roma, c'è sempre qualcosa da fare, giorno e notte. Abbiamo camminato tanto per vedere tutti i monumenti possibili. Abbiamo visto il Colosseo (che nel passato conteneva[2] 50.000 spettatori e ora contiene tantissimi gatti!), la statua di Marco Aurelio (a cavallo) in Piazza del Campidoglio, San Pietro con la cupola[3] di Michelangelo e il Monumento a Vittorio Emanuele II, il primo re[4] d'Italia. Gli italiani chiamano questo monumento «la torta nuziale»[5] perché è grande e bianco, con molte decorazioni. Poi abbiamo visto il Panteon, che era un tempio di Roma antica.

Abbiamo anche visto la 24[a] Festa Nazionale della Scuola con una mini-maratona (5km). A Piazza Navona ho comprato un piccolo acquerello[6] come souvenir. Prossima tappa:[7] Bologna. Arrivederci, Roma!

[1]*Eternal* [2]*held* [3]*dome* [4]*king* [5]*wedding cake* [6]*watercolor* [7]*next stop*

Clicca qui You can see the fountains of Rome at the *Avanti!* website (**www.mhhe.com/avanti**).

Video Connection: In the video, can you spot **il Colosseo, il Monumento a Vittorio Emanuele II** (also called **Il Vittoriale**), and **la Piazza Navona**?

Vocabolario

Domande ed espressioni

Auguri!	Best wishes!
In bocca al lupo! / Crepi!	Good luck! / Thanks!
Grazie, altrettanto! / Grazie, anche a te / a Lei!	Thanks, same to you!
Buon anniversario!	Happy Anniversary!
Buon anno!	Happy New Year!
Buon appetito!	Enjoy your meal!
Buon compleanno!	Happy Birthday!
Buone feste!	Happy holidays!
Buona giornata!	Have a nice day!
Buon lavoro!	Work well!
Buon Natale!	Merry Christmas!
Buona Pasqua!	Happy Easter!
Buone vacanze!	Have a good vacation!
Buon viaggio!	Have a good trip!

Verbi

abbracciarsi	to hug each other
amarsi	to love each other romantically
andare a piedi	to walk, to go on foot
andare in aereo (bicicletta / macchina / moto / treno)	to fly, to go by plane (to go by bike / car / motorcycle / train)
andare in bagno (camera / cucina / salotto)	to go in the bathroom (bedroom / kitchen / living room)
andare in banca (centro / chiesa / piazza / ufficio)	to go to the bank (downtown / church / town square / office)
baciarsi	to kiss each other

compiere gli anni	to have a birthday
farsi gli auguri	to exchange good wishes
incontrarsi	to meet each other
innamorarsi	to fall in love
lasciarsi	to break up
mettersi insieme	to become a couple
salutarsi	to greet each other
separarsi	to separate
sposarsi	to marry
volersi bene	to love / care about each other

Sostantivi

l'albero (di Natale)	(Christmas) tree
l'anniversario	anniversary
Babbo Natale	Santa Claus
la Befana	Befana
le calze	stockings
il Capodanno	New Year's Day
il carbone	coal
la chiesa	church
la colomba	dove; traditional Easter cake
la festa di San Silvestro	feast of San Silvestro (New Year's Eve)
i fuochi d'artificio	fireworks
il Natale	Christmas
le nozze	wedding
il panettone	traditional Christmas bread-like cake
la Pasqua	Easter
il regalo	gift
l'uovo (di Pasqua)	(Easter) egg
la vigilia	eve

Cosa vuoi fare?

Scopi

In this chapter you will learn:

- how to find out who someone is and what s/he does for a living
- to talk about future plans
- to talk about education and professions
- to talk about non-specific people and things
- to talk about hypothetical situations
- to describe people and things in more detail
- about the Italian educational system

Il dettato (1891), D. Cassola

RISORSE MULTIMEDIALI

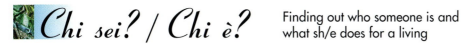

Strategie di comunicazione

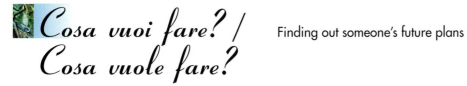

Chi sei? / Chi è?

Finding out who someone is and what sh/e does for a living

A. Osserva ed ascolta.

Parte prima. Osserva ed ascolta mentre questi italiani si presentano e dicono cosa fanno. Segna (✔) chi è studente.

1. ☐ Stefano
2. ☐ Alessia
3. ☐ Francesca
4. ☐ Elena
5. ☐ Elisa
6. ☐ Mario e Federica

Parte seconda. Osserva ed ascolta nuovamente. Abbina il nome della persona con la sua professione (o corso di studi).

1. Stefano
2. Alessia
3. Francesca
4. Elena
5. Elisa
6. Mario e Federica

a. insegnante
b. matematica
c. scienze politiche
d. medico
e. biologia
f. moda e costume
g. giurisprudenza (*law*)

B. E tu, cosa fai?

Chiedi agli altri studenti cosa studiano. Fai una lista delle loro risposte.

Cosa vuoi fare? / Cosa vuole fare?

Finding out someone's future plans

- To find out what someone wants to do in the future, say:

(tu)	(Lei)
Cosa vuoi fare?	**Cosa vuole fare?**

Attenzione! Remember that the polite answer is **vorrei**, not **voglio**.

—**Martina, cosa fai all'università?**
—**Faccio lingue.**
—**E dopo, cosa vuoi fare?**
—**Vorrei insegnare l'inglese.**

A. Osserva ed ascolta. Osserva ed ascolta per avere informazioni ulteriori. Poi rispondi alle domande.

1. Chi vuole fare il notaio?*
2. Chi vuole lavorare nell'industria dell'informatica (*computer science*)?
3. Chi vuole aprire un negozio?
4. Chi vuole fare la carriera diplomatica?

a. Alessia
b. Elisa
c. Mario
d. Federica

B. E tu, cosa vuoi fare? Usa la lista dei corsi di studi che hai preparato per l'Attività B, pagina 245, per scoprire (*discover*) cosa vogliono fare tutti i compagni.

Chi vuole...

lavorare in una ditta?

scrivere libri / per un giornale?

fare ricerca (*research*)?

lavorare alla televisione?

suonare in un'orchestra?

fare un master / una specializzazione (in giurisprudenza / in medicina)?

prendere l'abilitazione per l'insegnamento (*teaching certificate*)?

Esempio:
S1: Jenny, fai scienze della comunicazione, vero (*right*)?
S2: Sì.
S1: E cosa vuoi fare dopo?
S2: Vorrei lavorare alla televisione. (Boh! Non ho ancora deciso.)

 IN ITALIA

The most popular university degrees in Italy are in the following **campi** (fields):

1° **Politico-sociale**
2° **Economico-statistico**
3° **Giuridico**
4° **Tecnico (Ingegneria)**
5° **Letterario**

Quali sono i campi più popolari alla tua università?

---

*A **notaio** is an official who checks, witnesses, and records public contracts, such as deeds of sale for property transactions and final wills and testaments. The course of study to become a **notaio** is law.

Lessico

Siamo studenti! Talking about education and professions

Ecco alcune professioni che già (*already*) conosci o che puoi riconoscere (*recognize*) facilmente perché hanno nomi simili in inglese.

l'artista   l'architetto   il dentista   l'assistente sociale

lo scienziato   il cameriere   il farmacista   il veterinario

lo psicologo   il poliziotto   il fotografo   l'insegnante

il giornalista

Ecco altre professioni che forse non conosci. Abbina ogni professione ad uno di questi luoghi (*places*):

a. l'ufficio   c. il tribunale   e. la scuola elementare
b. il negozio   d. l'ospedale   f. il cantiere (*construction site*)

1. _____ **l'avvocato**

2. _____ **il commesso**

3. _____ **l'ingegnere**

4. _____ **l'infermiere**

l'impiegata

5. _____ **la dirigente**

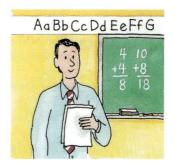

AaBbCcDdEeFfG

6. _____ **il maestro**

In italiano

In Italian the gender of professions is indicated by the form of the definite or indefinite article and sometimes by the ending of the noun.

- Professions ending in **-o** in the masculine have **-a** in the feminine, such as **l'impiegato / l'impiegata.**
- Professions ending in **-iere** in the masculine have **-iera** in the feminine, such as **il cameriere / la cameriera.**
- The masculine and feminine singular forms of professions ending in **-e** and **-ista,** and terms borrowed from English are invariable, such as **il dirigente / la dirigente, il musicista / la musicista, il manager / la manager.**

The contemporary feminine forms of certain professions, particularly those that have not traditionally been occupied by women, are in flux. For example, the traditional feminine form of **avvocato** is **avvocatessa.** However, this form is rarely used. Instead you will most often hear **l'avvocata** or **l'avvocato.**

Scrivi la forma maschile e femminile di tutte le professioni nel **Lessico.** Segui le regole (*rules*).

▶ Answers to this activity are in Appendix 2 at the back of your book.

-o (m.) / -a (f.)	-iere (m.) / -iera (f.)	-e, -ista, parole inglesi (m.) / (f.)
lo scienziato / la scienziata	il cameriere / la cameriera	l'artista / l'artista

IN ITALIA

After **le medie** (middle school), Italian students can enter a variety of types of **le superiori** (secondary schools), all of which can then lead to the university. However, the vast majority of university graduates (over 60%) still come from two particular types of **scuola superiore: il liceo classico,** which focuses on literature, or **il liceo scientifico,** in which students specialize in the sciences.

L'Università degli Studi di Bologna, founded in 1088, is the oldest continually active university in the world. For almost five hundred years, classes were held in private residences, churches, or rented buildings throughout the city. The first permanent university building, the palace of the **Archiginnasio,** was inaugurated on October 21, 1563.

One of the most striking features of the building is the thousands of coats of arms and students' names that cover the ceilings of the vaults and the walls of the loggias and stairways. They were a way for students to literally "leave their mark" on the university, as well as to pay honor to a favorite teacher. In 1803 the University moved to Palazzo Poggi, where it is still located. **L'Archiginnasio** has been the site of **la Biblioteca comunale** since 1838.

Stemmi (*Coats of arms*) al Palazzo dell'Archiginnasio (Bologna)

Clicca qui You can learn more about **l'Archiginnasio** at the *Avanti!* website, **Clicca qui** (www.mhhe.com/avanti).

Il mio curricolo

Adesso leggi queste brevi descrizioni dei curricoli (*careers*) di Massimo e Gianna. Cerca di capire dal contesto il significato delle parole evidenziate.

Massimo ha **un diploma** del **liceo** classico ma non ha **una laurea** universitaria. Attualmente è impiegato in una piccola **ditta** e **guadagna** 1.000 euro al mese. È fortunato perché lavora **a tempo pieno** mentre molti suoi amici lavorano **part-time.**

Gianna, invece, ha fatto il liceo economico e dopo **si è laureata** in Economia e Commercio all'Università di Bologna. Attualmente **dirige** una grande compagnia di 200 impiegati. Il suo **stipendio** è più di 4.000 euro al mese. Ha poco tempo libero e viaggia spesso per motivi di lavoro.

A. Ascolta. L'insegnante descrive cinque attività professionali. Scegli dalla lista la persona che fa ogni attività. Scrivi le tue risposte su un foglio di carta.

la giornalista

la scienziata   la psicologa

la veterinaria   la cameriera

la fotografa   la commessa

l'infermiera   l'impiegata

l'attrice   l'ingegnere

IN ITALIA

In Italy being a server in a restaurant is a profession, not a minimum wage job. Young people who would like to work in the food service industry attend a special type of **istituto di formazione professionale** *(professionally oriented secondary school):* **la scuola superiore alberghiera e del turismo** *where they study table and bar service, culinary arts, health and sanitation, foreign language, socioeconomics, and geography. Students can specialize to become a chef, to manage a restaurant, or to work in the tourist industry.*

Clicca qui You can learn more about this type of school at the *Avanti!* website, **Clicca qui (www.mhhe.com/avanti).**

B. Quale professione? Quali professioni associ con i seguenti oggetti, persone o animali?

1. gli studenti dai 19 ai 22 anni
2. il computer
3. l'aspirina
4. i cani e i gatti
5. il ristorante
6. il teatro
7. la medicina
8. un articolo sulla moda italiana
9. le fotografie
10. il sangue (*blood*)
11. gli studenti dai 6 ai 10 anni

C. E tu? Cosa vuoi fare?

Parte prima. Segna (✔) le professioni che faresti volentieri (*you would gladly do*) e segna (**X**) quelle che non faresti mai (*you would never do*).

☐ il medico   ☐ l'avvocato   ☐ il maestro   ☐ l'impiegato

☐ il giornalista   ☐ il veterinario   ☐ l'assistente sociale   ☐ il cameriere

☐ il poliziotto   ☐ l'insegnante   ☐ l'attore   ☐ lo scienziato

Parte seconda. Scegli una professione che faresti volentieri e completa la prima affermazione e poi scegli una professione che non faresti mai e completa la seconda affermazione. Discuti le tue affermazioni con la classe.

Vorrei diventare (*to become*) _____ **perché mi piace (o mi piacciono)... .**

Non vorrei diventare _____ **perché non mi piace (o non mi piacciono)... .**

D. Una graduatoria (*ranking*).

Parte prima. Secondo te, quale professione è più importante? Quale è meno importante? Metti queste professioni in ordine da 1 a 10 secondo la loro importanza nella società.

_____ l'architetto   _____ il medico   _____ il giornalista

_____ l'assistente sociale   _____ il poliziotto   _____ lo psicologo

_____ il veterinario   _____ l'ingegnere

_____ l'avvocato   _____ il maestro

Parte seconda. Confronta la tua lista con quella del tuo compagno / della tua compagna. Sono uguali o differenti? Discutete i criteri che avete usato per creare la graduatoria.

Strutture

9.1 *Invitiamo tutti alla festa* — Indefinite pronouns

Massimo è stato promosso (*promoted*) e ha avuto un aumento di stipendio: adesso guadagna 1.200 euro al mese invece di 1.000! Gianna sta organizzando una festa per festeggiare l'avvenimento (*event*), e Massimo vuole sapere tutto. (Ricordi Massimo e Gianna? Vedi **Lessico,** pagina 249.) Leggi la loro conversazione e cerca di capire il significato delle parole evidenziate.

MASSIMO: Chi inviti alla festa?
GIANNA: **Tutti.**
MASSIMO: Cosa prepari?
GIANNA: Tanti piatti diversi e **qualcosa** di speciale per te.
MASSIMO: Bene! Voglio assaggiare (*taste*) **tutto!** Dove facciamo la festa?
GIANNA: Non qui. A casa di **qualcuno** degli amici.

Perché, secondo te, Gianna dà risposte così imprecise?

1. Tutti (*everyone*), **qualcosa** (*something*), **qualcuno** (*someone*), and **tutto** (*everything*) are indefinite pronouns (**i pronomi indefiniti**); they take the place of nouns, but they do not refer to a particular person or thing. Which two pronouns only refer to people and which two only refer to things?

le persone	le cose

▶ Answers to this activity are in Appendix 2 at the back of your book.

2. Indefinite pronouns can function as the subject of the verb or the direct object.

SOGGETTO

Qualcosa è successo.	*Something happened.*
Tutto è in ordine.	*Everything is in order.*
Qualcuno ha telefonato.	*Someone called.*
Tutti sono venuti alla festa.	*Everyone came to the party.*

(continued)

Ho mangiato **qualcosa.**	*I ate something.*
Ho fatto **tutto.**	*I did everything.*
Ho visto **qualcuno.**	*I saw someone.*
Ho invitato **tutti.**	*I invited everyone.*

3. Qualcuno and **tutti** can also be the indirect object of the verb.

Ho parlato con **qualcuno.**   Ho risposto a **tutti.**

🔸 To learn more about indefinite adjectives, see **Per saperne di più** at the back of your book.

4. To express *something to* + verb, use **qualcosa** + **da** + infinitive.

qualcosa da mangiare   **qualcosa da bere**   **qualcosa da fare**

The opposite, *nothing to* + verb, is expressed with **niente:**

niente da mangiare   **niente da bere**   **niente da fare**

IN ITALIA

Due proverbi italiani:

*Chi ama **tutti non** ama **nessuno.***

***Tutto** è fumo (smoke) fuorché (except) l'oro e l'argento.*

5. To expresss the equivalent of *all* (*the*) + noun use **tutto/a/i/e** + article + noun. In this case, **tutto** functions like an adjective and agrees in gender and number with the noun that it modifies, so it has four forms.

tutto il giorno	*all day*
tutti i giorni	*every day* (literally, *all the days*)
tutta la pizza	*all the pizza*
tutte le ragazze	*all the girls*

A. Ascolta! L'insegnante fa delle domande sulla festa in onore di Massimo. Scegli le risposte logiche.

1. a. Tutti.   b. Tutto.

2. a. Qualcuno.   b. Qualcosa.

3. a. Tutto.   b. Qualcuno.

4. a. Sì, ha portato qualcosa.   b. Sì, ha portato qualcuno.

5. a. No, non ha avuto niente da fare. b. No, ha avuto qualcosa da fare.

6. a. No, hanno mangiato tutti.   b. No, hanno mangiato tutto.

B. Un piccolo test. Scegli le affermazioni che descrivono quello che fai tu ad una festa. (Ricordi le espressioni negative? Vedi **Capitolo 6, Strutture 6.3.**)

1. a. Porto qualcosa da bere.
   b. Porto qualcosa da mangiare.
   c. Non porto niente.

2. a. Porto qualcuno.
   b. Non porto nessuno. Vado da solo/a.
   c. Porto tutti gli amici.

3. a. Mangio tutto.
   b. Mangio qualcosa.
   c. Non mangio niente.

4. a. Arrivo in anticipo.
   b. Arrivo in ritardo.
   c. Arrivo puntuale.

5. a. Parlo con tutti.
   b. Parlo solo con le persone che conosco.
   c. Non parlo con nessuno.

6. a. Ballo qualche volta.
   b. Ballo sempre.
   c. Non ballo mai.

C. Chi o cosa? Completa le frasi con la parola appropriata.

nessuno

qualcosa niente

tutti qualcuno

tutto

1. _____ sono venuti a festeggiare il compleanno di Valentina.

2. Simone ha parlato con _____ in banca.

3. Non abbiamo _____ da fare venerdì sera.

4. Vogliamo fare _____ per aiutare la ragazza che ha difficoltà nel corso di storia.

5. Di solito i bambini mangiano poco. Oggi, invece, hanno mangiato _____ .

6. La professoressa è arrabbiata perché _____ ha fatto i compiti ieri sera.

IN ITALIA

Because they were established within preexisting urban centers, Italian universities do not have campuses in the North American sense. Instead, university buildings tend to be spread throughout the city. **Le facoltà** (departments) are frequently housed in **palazzi** (buildings) that are often centuries old. **La Facoltà di Lettere e Filosofia** (College of Liberal Arts) at **L'Università degli Studi di Catania** is housed in a former Benedictine monastery, the second largest in Europe, constructed in 1578 and rebuilt in 1703.

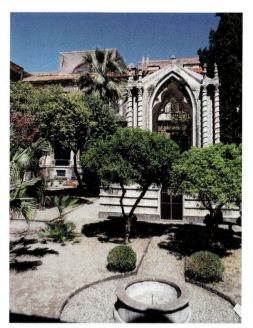

Chiostro (*Courtyard*) dell'ex-monastero dei Benedettini (Catania)

D. Domande generiche. Collabora con un compagno / una compagna. Preparate alcune domande generiche per i vostri compagni. Usate i pronomi indefiniti **qualcosa** o **qualcuno.** Poi, fate le domande ai compagni.

Esempio: Chiara, fai qualcosa questo weekend?

Giuseppe, esci con qualcuno stasera?

9.2 Che fai questo weekend?

Using the present to talk about the future

Che fai questo weekend? Scrivi tre attività.

1.
2.
3.

1. In this activity, you used the present indicative to talk about future plans. The present indicative often is used for activities that are already planned in the future.

2. Here are three common expressions of future time.

a. The equivalent of the adjective *next* in Italian is **prossimo.**

domenica **prossima**	*next Sunday*
la settimana **prossima**	*next week*
l'anno **prossimo**	*next year*

Facciamo un viaggio in Italia **l'anno prossimo** dal 16 maggio al 15 giugno.

b. The equivalent of the expression *in* + time in Italian is **fra** + time.

fra un'ora	*in an hour*
fra due giorni	*in two days*
fra un mese	*in a month*

Il mio amico arriva **fra due giorni.** Vado a prenderlo (*pick him up*) all'aeroporto.

c. The equivalent of *the day after tomorrow* in Italian is **dopodomani.**

A. I miei programmi.

Completa le frasi con i tuoi programmi (*plans*) nel momento indicato. Discuti i tuoi programmi con i compagni. Chi ha qualcosa davvero bello da fare?

1. _____ fra due giorni.
2. _____ dopodomani.
3. _____ venerdì prossimo.
4. _____ domani alle tre.
5. _____ la settimana prossima.

B. Ho molto da fare!

Parte prima. Tu sei il/la dirigente di una grande ditta. Scrivi i tuoi appuntamenti per venerdì prossimo nell'agenda (due sono già stati inseriti).

fare una riunione (*meeting*)
   con i colleghi
pranzare con la segretaria
esaminare (*interview*) un nuovo
   impiegato
prepararsi per la riunione a
   Palermo

✔ incontrare un cliente
   parlare con il capo (*boss*)
   andare dal dentista
✔ prendere l'aereo per Palermo

8.00	13.00
9.30 *incontrare un cliente*	14.00
11.00	15.15
12.00	17.00 *prendere l'aereo per Palermo*

Parte seconda. Cerca un compagno / una compagna che ha organizzato il suo orario nella stessa maniera (*in the same way*).

Esempio: **S1:** Che fai venerdì prossimo alle 9.30?

        S2: Incontro un cliente.

9.3 *Andremo tutti in Italia!* The future

Nelle affermazioni seguenti sulla qualità della vita fra cinquant'anni tutti i verbi sono al futuro. Scrivi l'infinito di ogni verbo. (Due verbi sono già stati inseriti.) Poi segna (✓) le affermazioni che, secondo te, saranno vere. Discuti le tue risposte con i compagni.

(continued)

1. ☐ Grazie ai computer, molti impiegati **lavoreranno** a casa, non in ufficio. _____

2. ☐ Nessuno **fumerà** le sigarette. _____

3. ☐ **Troveremo** una soluzione al problema della violenza. _____*trovare*_____

4. ☐ Tutti **si sentiranno** sempre allegri e contenti. _____

5. ☐ Non ci **saranno** più insegnanti. Tutti gli studenti universitari **studieranno** a casa con il computer. _____*essere*_____ _____

6. ☐ Ci **sarà** una cura per il cancro (*cancer*). _____

7. ☐ Il presidente degli Stati Uniti **sarà** una donna. _____

8. ☐ Tutti **avranno** un computer in casa. _____

9. ☐ Nessuno **prenderà** l'autobus. Tutti **avranno** la macchina. _____

▶ Answers to this activity are on Appendix 2 at the back of your book.

1. The future tense is used to talk about actions that will take place in the future, particularly if the activities are not yet planned or you are not absolutely sure that they will actually take place. You form the stem of the future tense of all three conjugations by dropping **-e** from the infinitive. For **-are** verbs there is an extra step: change the **-a** of the future stem to **-e.**

(are)	(ere)	(ire)
lavor**e**r-	risolver-	pulir-

Then add these same endings to all three conjugations.

io	-ò
tu	-ai
lui/lei/Lei	-à
noi	-emo
voi	-ete
loro	-anno

Now complete the conjugations of these verbs in the future tense.

	lavorare	risolvere	pulire
io			
tu			
lui, lei, Lei	lavorerà		
noi		risolveremo	
voi			
loro			puliranno

● Answers to this activity are in Appendix 2 at the back of your book.

2. Some verbs have spelling changes in the future. Drop the **-i-** in the future forms of verbs ending in **-ciare** and **-giare**.

comin**ciare** → comin**cerò**, comin**cerai**,...
man**giare** → man**gerò**, man**gerai**,...

Add **-h-** to the future forms of verbs ending in **-care** and **-gare**.

pa**gare** → pa**gherò**, pa**gherai**,...
cer**care** → cer**cherò**, cer**cherai**,...

3. Several verbs have irregular stems in the future tense, but the endings are regular. Two of the most common are **avere** and **essere**. The future stem of **avere** is **avr-**. The future stem of **essere** is **sar-**. Put the future-tense conjugations of **avere** and **essere** in their appropriate order.

sarò
avrò   sarai
avrà
avrai
sarà   saremo
saranno
avranno   avremo
avrete
sarete

Study Tip

Spelling in Italian is easy, because words are spelled as they are pronounced. Once you know the letters that represent the sounds, you just write what you hear. If you are unsure about how to spell a word, say it out loud before you write it.

	avere	essere
io		
tu		
lui, lei, Lei		
noi		
voi		
loro		

● Answers to this activity are in Appendix 2 at the back of your book.

4. The future forms of three verbs, **dare, fare,** and **stare,** are similar to those of **essere.** Complete the conjugations.

	dare	fare	stare
io	darò	farò	starò
tu			
lui, lei, Lei			
noi	daremo		
voi		farete	starete
loro			

▶ Answers to this activity are in Appendix 2 at the back of your book.

5. The future stems of some verbs are similar to those of **avere.**

avere	→	**avrò**
andare		andrò
dovere		dovrò
potere		potrò
sapere		saprò
vedere		vedrò
vivere (*to live*)		vivrò

Note the double **r** in the stems of the following verbs.

rimanere	→	rima**rr**ò
volere		vo**rr**ò
venire		ve**rr**ò
bere		be**rr**ò

A. Ascolta. L'insegnante legge delle frasi. Decidi se il verbo in ogni frase è al presente o al futuro.

1. ☐ presente ☐ futuro   5. ☐ presente ☐ futuro

2. ☐ presente ☐ futuro   6. ☐ presente ☐ futuro

3. ☐ presente ☐ futuro   7. ☐ presente ☐ futuro

4. ☐ presente ☐ futuro   8. ☐ presente ☐ futuro

B. L'infinito. Dà l'infinito di questi verbi.

saremo

berranno   potrai   rimarrete

vivremo   mangerò   andremo

cercherà   pagherete   darà

verrai   comincerò   sapremo

dovranno   vedrai

farete

C. Il nostro futuro.

Parte prima. Abbina i progetti dell'insieme A con le espressioni di tempo dell'insieme B per indicare quando hai intenzione di realizzarli.

A	B

A

finire l'università

mettere su famiglia (*to start a family*)

cambiare casa (*move*)

comprare una macchina nuova

cercare un lavoro (diverso)

andare in Italia

sposarsi

B

mai

fra due anni

fra più di tre anni

l'anno prossimo

fra tre anni

Parte seconda. Intervista un compagno / una compagna per sapere i suoi progetti per il futuro e prendi appunti. Poi, presenta i risultati alla classe.

> **Esempio:** **S1:** Quando ti sposerai?
>
> **S2:** Mi sposerò fra due anni.
>
> **S1:** Franco si sposerà fra due anni...

D. L'oroscopo.

Parte prima. Lavora con un compagno / una compagna. Scrivete due previsioni (*predictions*) che di solito si trovano in un oroscopo e scrivetele (*write them*) alla lavagna.

> **Esempio:** Vincerai la lotteria.
>
> Perderai tutti i soldi.

Parte seconda. Scrivi due numeri su un foglio di carta. (Scegli da uno al numero totale delle frasi della lavagna.)

Parte terza. L'insegnante assegnerà un numero a caso ad ogni previsione scritta alla lavagna. Come sarà il tuo futuro?

9.4 *Se farà bel tempo domani...* — Hypotheticals of probability

Un piccolo test. Scegli una delle opzioni o scrivi tu un'altra opzione usando verbi al futuro. Discuti le tue risposte con i compagni.

1. Se (*If*) stasera non avrò molti compiti,
   - ☐ uscirò con gli amici.
   - ☐ pulirò la casa.
   - ☐ _____.

2. Se domani farà bel tempo,
   - ☐ prenderò il sole.
   - ☐ andrò a correre.
   - ☐ _____.

3. Se la settimana prossima avrò un po' di tempo libero,
   - ☐ studierò per gli esami.
   - ☐ farò shopping.
   - ☐ _____.

1. The statements in the test are hypothetical. They are predictions of what will *most likely happen* if (and only if) another event occurs. Hypothetical statements are also called *if-then statements,* because they have two clauses, an *if* clause and a *then* clause. In Italian the verbs in both clauses are in the future tense.

if (**se**)		then (**conseguenza**)
Se domani **pioverà**	→	non **giocherò** a tennis con Michela.
If tomorrow it will rain	→	*I will not play tennis with Michela.*

2. However, you can also use the present tense in both clauses if you are referring to the present time or general truths.

Se **hai** fame, **puoi** mangiare con noi.	*If you are hungry, you can eat with us.*
Se non **dormo** otto ore, in classe non **riesco** a concentrarmi.	*If I don't sleep eight hours, I can't concentrate in class.*

A. Professioni e mestieri.

Parte prima. Sabrina deve decidere quale lavoro fare. Abbina le ipotesi dell'insieme A con le consequenze dell'insieme B.

A (le ipotesi)	B (le conseguenze)
1. Se sarò assistente sociale,	a. riceverò uno sconto (*discount*) su tutti i prodotti.
2. Se sarò avvocato,	b. passerò molte ore all'ospedale.
3. Se sarò insegnante,	c. aiuterò le persone e le famiglie che si trovano in difficoltà.
4. Se sarò commessa da Benetton,	d. difenderò la gente in tribunale.
5. Se sarò medico,	e. dovrò essere molto paziente con i giovani.

Parte seconda. Adesso, completa queste previsioni.

6. Se sarò _____, → scriverò molti articoli per un giornale.

7. Se sarò fotografo/a, → _____.

8. Se sarò _____, → dovrò essere bravo/a in matematica.

9. Se sarò artista, → _____.

10. Se sarò _____, → lavorerò con i dottori e dovrò abituarmi a (*get used to*) vedere il sangue.

B. I consigli. (*Advice.*)

Paolo è uno studente italiano di Pisa che frequenta la tua università per un anno. È molto disorientato (*disoriented*) e non sa come comportarsi (*how to behave*). Tu gli devi dare dei consigli. Da quali comportamenti (*behaviors*) possono derivare queste conseguenze?

1. Se... , riceverai buoni voti.

2. Se... , riceverai brutti voti.

3. Se... , non dormirai bene.

4. Se... , avrai molti amici.

5. Se... , i vicini di casa (*neighbors*) chiameranno la polizia.

IN ITALIA

In Italy, mothers may take five months maternity leave at 80% of their earnings. An additional ten months of leave (20 months for multiple births) may be taken at 30% of earnings.

In italiano

Here are some other expressions related to work:

lavorare sodo/forte/duramente *to work hard*
cercare lavoro *to look for a job*
risparmiare *to save (money)*
licenziarsi *to quit a job*
smettere di lavorare *to stop working*

Mario smette di lavorare perché preferisce stare a casa a badare ai figli.
Loredana si è licenziata ieri perché ha trovato un posto migliore.

C. Cosa succederà?

Parte prima. Gianna è molto in ansia (*anxious*) perché non sa cosa fare. Ha uno stipendio davvero buono ma deve lavorare molto e spesso è lontana da casa perché deve viaggiare per motivi di lavoro. Lei e Massimo vogliono mettere su famiglia. Tu e il tuo compagno / la tua compagna dovete decidere cosa succederà a Gianna in ognuno di questi casi. (Ricordi Gianna e Massimo? Vedi **Lessico** e **Strutture 9.1.**)

1. Se Gianna continuerà a lavorare nella solita (*the same*) ditta...

2. Se Gianna si licenzierà...

3. Se Gianna smetterà di lavorare...

4. Se Gianna continuerà a lavorare sodo per un altro (*another*) anno...

Parte seconda. Discutete le vostre ipotesi con i compagni e scegliete l'ipotesi migliore per Gianna.

9.5 *Conosco una persona che parla tre lingue!* The relative pronoun **che**

Leggi le frasi. Che cosa significa **che**?

1. Gianni esce con una studentessa **che** parla tre lingue.

2. I regali **che** ho ricevuto per il mio compleanno sono belli.

3. Ho visto il ragazzo **che** Maria ha incontrato ieri.

1. Che is a relative pronoun that never changes form but that can refer to a person or a thing. Therefore, it can mean *who/whom* or *that/which*.

2. A relative pronoun introduces a relative clause. The relative clause provides additional information about the noun that precedes **che** in the sentence. Underline the relative clauses in the statements on the previous page. What additional information about **la studentessa, i regali,** and **il ragazzo** are provided by the relative clauses?

● To learn more about relative pronouns, see **Per saperne di più** at the back of the book.

A. La persona che...
Completa le affermazioni dell'insieme A con le frasi relative dell'insieme B.

A	B
1. Federica è la dirigente	a. che non ha avuto un aumento di stipendio.
2. Riccardo è l'unico (*only*) impiegato	b. che lavora all'Ospedale Sant'Orsola a Bologna.
3. Tutti i medici andranno al seminario	c. che cambierà la sua vita professionale.
4. Ho parlato con un'infermiera	d. che guadagna più di quattro mila euro al mese.
5. Mia madre deve prendere una decisione	e. che avrà luogo (*will take place*) all'Università di Pavia.

B. Frasi personali.
Abbina i nomi dell'insieme A con le frasi relative dell'insieme B. Poi, completa le affermazioni personali. Discuti le frasi con i compagni.

Esempio: I corsi che seguo sono interessantissimi!

A
le feste
i libri
gli amici
i professori
i corsi

B
che seguo...
che ho conosciuto (*I met*) all'università...
che leggo nei miei corsi...
che insegnano all'università...
che gli studenti fanno nel weekend...

C. Rischio.

Parte prima. Collabora con un compagno / una compagna. Preparate frasi che descrivono vari professionisti. Le frasi devono cominciare con **È la persona che....**

Esempio: È la persona che cura gli animali malati.

Parte seconda. A turno con un'altra coppia, presentate le descrizioni. L'altra coppia deve indovinare chi è il/la professionista descritto.

Esempio: È il veterinario / la veterinaria.

D. Firma qui, per favore!

Parte prima. Con i compagni completate le frasi e poi aggiungete altre frasi alla lista.

Le mie opinioni	1	2	3
1. Mi piacciono gli amici che...			
2. Non mi piacciono i professori che...			
3.			
4.			

Parte seconda. Confronta le tue opinioni con quelle di tre compagni. Chiedi la firma quando avete la stessa opinione.

Esempio: **S1:** Ti piacciono gli amici che fanno bei regali?

S2: Sì!

S1: Firma qui, per favore.

Parte terza. Con chi hai più cose in comune? Riferisci i risultati ai compagni.

Esempio: Ho più cose in comune con Alessia perché ci piacciono gli amici che fanno bei regali, ma non ci piacciono i professori che...

Cultura

Ascoltiamo!

Il sistema d'istruzione in Italia

A. Ascolta.   Ascolta mentre l'insegnante ti parla della scuola in Italia.

B. Completa.   Completa le seguenti frasi, inserendo la parola più appropriata della lista qui sotto. Usa ogni parola *una sola volta*. **Attenzione!** La lista contiene 12 parole; devi usarne solamente otto.

l'asilo nido	**il Conservatorio**	**diciotto**	**un libro**
molto	**orali**	**poco**	**scuola superiore**
sedici	**una tesi**	**trenta**	**università**

1. I bambini molto piccoli in Italia possono frequentare _____ se i loro genitori lavorano.

2. La scuola dell'obbligo finisce a _____ anni.

3. Gli Istituti di formazione professionale fanno parte della _____.

4. _____ è specializzato nell'istruzione musicale e prepara cantanti, professori d'orchestra e insegnanti di musica.

5. Gli esami nelle scuole italiane sono prevalentemente _____.

6. Per superare (*pass*) un esame universitario, gli studenti devono ricevere almeno _____ su (*out of*) trenta.

7. Per laurearsi, gli studenti italiani devono superare tutti gli esami e scrivere _____.

8. Le attività sportive sono _____ importanti nella vita delle università italiane.

C. Tocca a te!   Similarità e differenze. Completa in italiano.

**Il sistema scolastico italiano è simile al nostro perché...
È differente perché...**

Leggiamo!

Le avventure di Pinocchio

Nel brano (*excerpt*) seguente, tratto dal Capitolo 30 di *Le avventure di Pinocchio* (Carlo Collodi, 1826–1890), Pinocchio incontra per strada il suo amico Lucignolo che aspetta la carrozza (*carriage*) che lo porterà al Paese dei Balocchi (*Land of Toys*). Leggi il loro dialogo per scoprire perché è un paese tanto meraviglioso, dal punto di vista (*point of view*) dei ragazzi.

Pinocchio dopo il soggiorno (*stay*) al Paese dei Balocchi

*Conversions based on the exchange rate 1 euro = $1.24.

—Che cosa fai costí[1]?—gli domandò Pinocchio, avvicinandosi.[2]

—Aspetto [di] partire...

—Dove vai?

—Lontano, lontano, lontano!

—E io che son venuto a cercarti a casa tre volte!...

—Che cosa volevi[3] da me?

—Non sai il grande avvenimento?[4] Non sai la fortuna che mi è toccata?[5]

—Quale?

—Domani finisco di essere un burattino[6] e divento un ragazzo come te, e come tutti gli altri.

—Buon pro ti faccia.[7]

—Domani, dunque,[8] ti aspetto a colazione a casa mia.

—Ma se ti dico che parto questa sera.

—A che ora?

—Fra poco.

—E dove vai?

—Vado ad abitare in un paese... che è il più bel paese di questo mondo: una vera cuccagna![9]

—E come si chiama?

—Si chiama il «Paese dei Balocchi». Perché non vieni anche tu?

—Io? no davvero!

—Hai torto,[10] Pinocchio! Credilo a me[11] che, se non vieni, te ne pentirai.[12] Dove vuoi trovare un paese più sano per noialtri ragazzi? Lì non vi[13] sono scuole: lì non vi sono maestri: lì non vi sono libri. In quel paese benedetto[14] non si studia mai. Il giovedì non si fa scuola: e ogni settimana è composta[15] di sei giovedì e di una domenica. Figurati[16] che le vacanze dell'autunno cominciano col primo di gennaio e finiscono coll'ultimo di dicembre. Ecco un paese, come piace veramente a me! Ecco come dovrebbero[17] essere tutti i paesi civili!...

[1]*here* (literary form) [2]*gli... Pinocchio asks him, drawing closer* [3]*did you want* [4]*event* [5]*che... that has happened to me, (literally, that touched me)* [6]*puppet* [7]Buon... *Good for you* [8]*therefore, so* [9]*earthly paradise* [10]Hai... *You're wrong* [11]Credilo... *Believe me* [12]te... *you'll be sorry* [13]*ci* [14]*blessed* [15]*composed* [16]*Imagine* [17]*[they] should*

Un paradiso terrestre.   Rispondi alle domande.

1. Lucignolo aspetta la carrozza. Dove andrà?
2. Lucignolo invita Pinocchio ad accompagnarlo, ma Pinocchio risponde che non può. Perché? Cosa succederà a Pinocchio il giorno seguente?
3. A Lucignolo piace la scuola?
4. Cosa non c'è nel Paese dei Balocchi?
5. Quando ci sono le vacanze nel Paese dei Balocchi?

Scriviamo!

Che bel paese!

Nel brano tratto da *Le avventure di Pinocchio,* Lucignolo descrive il Paese dei Balocchi come un paradiso terrestre e dice che è «come tutti i paesi civili dovrebbero essere». Immagina di poter pianificare (*plan*) una società nuova, dove tutto è esattamente come vuoi tu. Scrivi un breve testo intitolato «Che bel paese!» in cui descrivi questa società. Ecco alcune espressioni per aiutarti a scrivere.

Nel paese più bello del mondo...

le donne...	**gli anziani...**	**i poveri...**
gli uomini...	**i bambini...**	**tutti...**
gli studenti...	**i ricchi...**	**nessuno...**

Parliamo!

Cosa farà?

Sono le quattordici e Maurizio ritorna a casa. Mentre aspetta l'autobus pensa a quello che farà oggi pomeriggio. Guarda l'immagine e trova almeno 10 attività diverse che Maurizio vuole fare.

Esempio: **Quando arriva a casa, Maurizio...**
porterà il suo cane a spasso (*for a walk*).

 # Guardiamo!

Film: *Amarcord.* (Dramma/Commedia. Italia/Francia. 1973. Federico Fellini, Regista. 127 min.)

Riassunto: Amarcord in the dialect of Emilia-Romagna means *I remember*. The film is a fictionalized portrayal of Fellini's adolescence in Rimini during the 1930s, when Italian society—between the two World Wars— was dominated by the power of fascism and that of the Catholic Church. At times funny, at times sad, sometimes bizarre, and always nostalgic, the scenes and characters are unforgettable. *Amarcord* won an Oscar for Best Foreign Film in 1974; it is Fellini's most popular film.

Scena (DVD Capitolo 8): The protagonist, Titta, recalls episodes from his days as a student in **liceo.**

Ciak, si gira!

Le lezioni indimenticabili (*unforgettable*). In questo filmato sono rappresentate nove lezioni diverse. Puoi identificarle? Per ogni lezione, inserisci il nome della materia. (Le materie per le lezioni 1, 3 e 7 sono già inserite.)

**Materie: la filosofia   il greco   la matematica   la religione
la storia dell'arte   la storia romana**

Lezione	Materia
1	la fisica
2	
3	la letteratura italiana
4	
5	
6	
7	la storia italiana
8	
9	

ocabolario

Domande ed espressioni

l'anno prossimo	next year
Chi sei? / Chi è?	Who are you? (*inform./form.*)
Cosa vuoi fare? / Cosa vuole fare?	What do you want to do in the future? (*inform./form.*)
la domenica / settimana prossima	next Sunday / week
dopodomani	the day after tomorrow
fra un mese / fra un'ora / fra due giorni	in a month / in an hour / in two days
niente da + *infinitive*	
niente da fare	nothing to do
qualcosa da + *infinitive*	
qualcosa da fare	something to do

Verbi

cercare (lavoro)	to look for (work)
dirigere	to manage, to run
diventare	to become
guadagnare	to earn/make money
laurearsi	to graduate (*from college*)
lavorare	to work
a tempo pieno / part-time / sodo	full-time / part-time / hard
licenziarsi	to quit a job
mettere su famiglia	to start a family
risolvere	to resolve (*an issue*), to solve (*a problem*)
risparmiare	to save (*money*)
smettere (di lavorare)	to stop (working)

Sostantivi

l'architetto (*m./f.*)	architect
l'artista (*m./f.*)	artist
l'assistente sociale (*m./f.*)	social worker
l'attore / l'attrice	actor/actress
l'avvocato (*m./f.*)	lawyer
il cantiere	construction site

il commesso / la commessa	store clerk
il/la dentista	dentist
il diploma	diploma
il/la dirigente	executive, manager
la ditta	company
il/la farmacista	pharmacist
il fotografo / la fotografa	photographer
il/la giornalista	journalist
l'impiegato / l'impiegata	employee
l'infermiere / l'infermiera	nurse
l'ingegnere (*m./f.*)	engineer
l'insegnante (*m./f.*)	teacher
la laurea	university degree
il liceo	high school
il maestro / la maestra	elementary school teacher
il/la manager	executive, manager
il medico (*m./f.*)	doctor
il/la musicista	musician
il negozio	store, shop
l'ospedale	hospital
il poliziotto / la poliziotta	policeman / policewoman
il professore / la professoressa	professor; middle/high school teacher
lo psicologo / la psicologa	psychologist
lo scienziato / la scienziata	scientist
la scuola	school
elementare/media/ superiore	elementary/middle/ secondary
lo stipendio	salary
il tribunale	court (*legal*)
l'ufficio	office
il veterinario / la veterinaria	veterinarian

Pronomi indefiniti

qualcosa	something
qualcuno	someone
tutti	everyone
tutto	everything

Capitolo 10

La buona salute

Il David (1501–1504), Michelangelo

Scopi

In this chapter you will learn:

- to express regret, make apologies, and express sorrow
- to express hesitation
- to identify parts of the body
- to talk about extreme qualities
- to describe events in the past
- about the Italian healthcare system

RISORSE MULTIMEDIALI

Strategie di comunicazione

Purtroppo   Expressing regret

A. Osserva ed ascolta. Osserva ed ascolta mentre questi italiani parlano delle loro esperienze e delle loro delusioni (*disappointments*). Fai attenzione a quello che dicono dopo **purtroppo** (*unfortunately*). Poi rispondi alle domande.

1. A Mario piace il calcio. Per chi fa tifo?
2. Annalisa è sempre stata molto brava all'università. Allora, perché è fuori corso (*super senior*)?
3. Nunzia ha viaggiato molto in Italia e in Europa. Perché non è mai stata negli Stati Uniti?
4. Maurizio ha frequentato la scuola solo fino alla seconda media. Perché?
5. Alla dottoressa piace tanto l'inglese. Perché vuole trovare un madrelingua (*native speaker*) per fare conversazione?

Scusa/Scusi vs. Mi dispiace   Making an apology and expressing sorrow

- In **Capitolo 1,** you learned to get someone's attention using **Scusa/Scusi.** The same words can also be used to apologize:

(tu)	(Lei)
—Scusa, Marco, se ti ho svegliato.	—Scusi, signora, non La voglio disturbare, ma...
Sorry, Marco, if I woke you up.	*Sorry, ma'am, I don't want to bother you, but . . .*

- Don't confuse **scusa/scusi** with **mi dispiace. Mi dispiace** (*I'm sorry*) is used to convey sympathy, sorrow, or regret. **Scusa/scusi** is used to express a simple apology (*Sorry!*).

  —**Scusa**, Marco, mi sembri (*you seem*) triste; è successo qualcosa?
  —Sì, purtroppo è morto un caro amico.
  —Oh! **Mi dispiace.**

  Italian uses **scusa/scusi** much more frequently than **mi dispiace.**

B. *Scusa/Scusi o mi dispiace?* Scrivi l'espressione più opportuna accanto alla frase. **Attenzione!** Devi scegliere fra **tu** e **Lei** con **scusa/scusi.**

> **Esempio:** Stai parlando con un cliente, il telefono squilla e devi rispondere.
>
> Scusi!

1. Sull'autobus hai pestato (*stepped on*) un piede a una signora.
2. In conversazione hai interrotto l'altra persona.
3. Hai invitato un amico ad una festa, ma dice che non può venire.
4. Un'amica ti dice che sua madre sta molto male.
5. Per sbaglio (*By accident*) hai preso lo zaino di un altro studente invece del tuo.
6. Hai un raffreddore (*cold*) e continui a tossire (*coughing*) in ufficio mentre parli con il direttore.
7. Hai aperto la porta del bagno ed era occupato!

In italiano
The Italian equivalent of *Gesundheit!* or *Bless you!* is **Salute!**

Ti dispiace... ? / Le dispiace... ?

Seeking approval and expressing hesitation

- The question **Ti/Le dispiace?** means *Do you mind . . . ?*

  (tu)
  —**Ti dispiace abbassare la voce** (*lowering your voice*)? **Ho mal di testa** (*headache*).
  —Oh! Scusa! Mi dispiace. **Vuoi un'aspirina?**

  (Lei)
  —**Le dispiace se fumo** (*I smoke*)?
  —**No, no. Prego! Fumo anch'io.**

- Because it would be considered rude to respond with an outright **sì** if they *do* mind, Italians will respond:

  insomma (*well . . .*), **veramente** (*really, actually*), **purtroppo**

  —**Le dispiace se fumo?**
  —**Insomma... (Veramente, sono allergica. / Purtroppo non è consentito** [*allowed*]**).**

C. Ti/Le dispiace?
Domanda ad un compagno / una compagna se gli/le dispiace se fai le seguenti cose. Lui/Lei deve rispondere in modo appropriato. Poi scambiate il ruolo.

Esempio: **S1:** Ti dispiace prestarmi (*loan me*) il tuo telefonino?

S2: Prego! (Purtroppo non funziona.)

Ti dispiace...

1. se guardo i tuoi appunti (*class notes*)?
2. se copio le tue risposte?
3. se fumo?
4. prestarmi venti dollari?
5. prestarmi il tuo computer portatile (*laptop*)?
6. prestarmi il tuo spazzolino da denti (*toothbrush*)?
7. se bevo un po' della tua acqua?

IN ITALIA

Ti dispiace se fumo? *Overall, the number of smokers continues to decline in Italy, but it remains a popular habit, especially among young people. Among adults (over age 15) 30% of males and 22.5% of females smoke. Figures are higher (35%) among younger Italians, aged 15–44, and much lower among senior citizens (12%).*

E se bevo? *Young people in some parts of Britain and Northern Europe consume alcohol at a much higher rate than in other European nations, a behavior that is responsible for 25% of deaths among young Europeans aged 15–29. Luckily, Italy is lower on the list for the consumption of alcohol by young people.*

Ma quanto bevono i britannici!

La percentuale di giovani che hanno fumato o bevuto alcolici negli ultimi 30 giorni prima dell'intervista Paese per Paese.

Groenlandia, Russia, Francia, Finlandia, ITALIA, Irlanda, Grecia, Gran Bretagna, Portogallo, Romania, Cipro

fumatori / bevitori

$\mathcal{L}$essico

$\mathcal{L}$e parti del corpo   Identifying parts of the body

Ecco le parti del corpo. Studia il disegno e poi inserisci le forme plurali che mancano (*that are missing*). I plurali irregolari sono già stati inseriti.

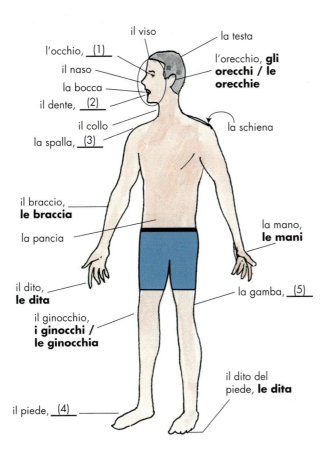

il viso

la testa

l'occhio, (1)

l'orecchio, **gli orecchi / le orecchie**

il naso

la bocca

il dente, (2)

il collo

la schiena

la spalla, (3)

il braccio, **le braccia**

la pancia

la mano, **le mani**

il dito, **le dita**

la gamba, (5)

il ginocchio, **i ginocchi / le ginocchia**

il dito del piede **le dita**

il piede, (4)

▶ Answers to this activity are in Appendix 2 at the back of your book.

In italiano

- If something hurts, you can say:

Mi fa male + singular body part
Mi fa male il braccio.
My arm hurts.

Mi fanno male + plural body part
Mi fanno male le ginocchia.
My knees hurt.

- If you have an ache, you can say:

avere mal di + body part
Ho mal di testa.   *I have a headache.*
Ho mal di pancia.   *I have a stomachache.*

Completa queste frasi in modo logico.

1. Ho bevuto un bicchiere di latte, ma sono allergico ai latticini. Ho mal di _____.

2. Di solito corro per tre chilometri due volte alla settimana. Oggi ho corso per sei chilometri con un'amica. Mi fanno male _____.

3. Domani vado dal dentista. Mi fa male _____.

(continued)

4. Mi sto preparando per una competizione di pianoforte sabato prossimo. Questa settimana suono il piano cinque ore al giorno. Mi fanno male _____.

5. Ieri ho portato un nuovo letto all'appartamento di mia nonna. Purtroppo, lei abita al terzo piano (*third floor*) e non c'è l'ascensore (*elevator*). Oggi mi fa male _____.

6. Ieri sono caduto (*fell*) dalla bici e non portavo un casco. Oggi ho mal di _____.

Answers to this activity are in Appendix 2 at the back of your book.

In italiano

Here are some expressions that are used frequently when talking about health and illness.

ammalarsi	*to get sick*
avere un intervento (chirurgico)	*to have surgery*
avere un raffreddore / l'influenza	*to have a cold / the flu*
essere ricoverato/a all'ospedale	*to be admitted to the hospital*
rompersi (una gamba,...)	*to break (a leg, . . .)*

La bambina si ammala in continuazione. Una volta è stata ricoverata all'ospedale!

Mi sono rotto una gamba e dopo due mesi ho avuto un intervento.

Ti sei mai rotto/a la gamba? il braccio?

A. Ascolta! L'insegnante si lamenta. Indica (*point to*) le parti del corpo che gli/le fanno male.

B. Le parti del corpo. Quali parti del corpo si usano per fare queste attività?

1. mangiare i popcorn
2. guardare un film
3. guidare la macchina
4. scrivere l'e-mail
5. andare in bici
6. ballare il tango
7. giocare a calcio
8. sentire il profumo di un fiore (*flower*)

C. Mi fa male!

Parte prima. Insieme ai compagni, fate una lista alla lavagna di 10–15 attività che potrebbero provocare dei dolori (*pains*) in diverse parti del corpo.

> **Esempio:** giocare a tennis, andare a cavallo

Parte seconda. Collabora con un compagno / una compagna. Scegli un'attività della lista. Poi, elenca a lui/lei le parti del corpo che ti fanno male dopo aver fatto l'attività. Lui/Lei deve indovinare quale attività hai fatto. Dopo, sceglierà il compagno / la compagna e tu dovrai indovinare.

> **Esempio:** **S1:** Mi fanno male il braccio e le ginocchia.
>
> **S2:** Hai giocato a tennis.

D. Sono stata ammalata!

Parte prima. Completa queste frasi in modo che siano vere per te.

1. Sono stato/a ricoverato/a all'ospedale

   a. una volta   b. due volte   c. _____

2. Ho avuto un intervento

   a. una volta   b. due volte   c. _____

3. Mi ammalo

   a. spesso   b. raramente   c. ogni tanto (*every now and then*)

4. Mi sono rotto/a

   a. la gamba   b. il braccio   c. _____

Parte seconda. Fai le domande appropriate per conoscere le risposte del tuo compagno / della tua compagna e prendi appunti. Poi comunica ai compagni lo stato della vostra salute. Usa questo esempio.

> **Esempio:**   **S1:** Sei mai stato ricoverato all'ospedale?
>
> **S2:** No, non sono mai stato ricoverato all'ospedale.
>
> **S1:** Io sono stata ricoverata all'ospedale due volte, ma Gianni non è mai stato ricoverato.

IN ITALIA

The Italian health care system allows for any citizen, as well as foreigners who are visiting the country on vacation, to see a doctor in **il pronto soccorso** (emergency room) *free of charge. The doctor may give you* **una ricetta** (prescription) *and* **la cura** (instructions for caring for yourself) *during your illness. However, since many medicines can be acquired without* **la ricetta,** *Italians often go to* **la farmacia** (pharmacy) *and explain their symptoms to* **il/la farmacista** (pharmacist), *who can prescribe and dispense medicines.*

While there are many **farmacie,** *they are not all open 24 hours or on* **giorni festivi.** *However, they are all required to post outside which one is* **la farmacia di turno** (the pharmacy whose turn it is to remain open in case of emergency). *The list, including dates, addresses, and hours, is also posted in the local newspaper.*

Farmacia (Siena)

E. Hai le spalle larghe (*wide*)!

Parte prima. Insieme ai compagni, pensate ad aggettivi adatti all'aspetto fisico o alle diverse parti del corpo. Quattro aggettivi sono già stati inseriti. (Ricordi gli aggettivi e l'accordo con i sostantivi? Vedi **Capitolo 2, Strutture 2.1.**)

1. il fisico: **alto, ...**
2. i capelli:
3. i piedi:
4. le dita:
5. le gambe:
6. gli occhi:
7. gli orecchi: **sporgenti** (*sticking out*)...
8. il naso:
9. i denti:
10. le spalle: **larghe** (*wide*)...
11. le braccia: **muscolose...**
12. le mani:

Parte seconda. Formate gruppi di quattro o cinque. A turno, descrivete una persona famosa. I compagni devono indovinare chi è.

▶ Certain qualities of nouns can be expressed with suffixes. To learn more about them, see **Per saperne di più** at the back of your book.

IN ITALIA

Alternative medicine is becoming more popular in Italy. According to the latest statistics, about 3% of Italians use **agopuntura** (acupuncture), *5% use* **fitoterapia** (medicinal plants), *and 8% use* **omeopatia** (homeopathic treatments) *that can be acquired from* **l'erboristeria** (herbalist's shop). *Italians are also great believers in the curative effects of thermal baths and sulfur or mud baths, which are found, for example, in Fiuggi, a town south of Rome, and Ischia, an island in the bay of Naples.*

Terme (Ischia)

$\mathscr{S}$trutture

10.1 $\mathscr{G}$*li italiani sono il popolo meno ansioso° d'Europa*

The superlative

anxious

Leggi le descrizioni di queste regioni e poi abbina ciascuna ad una delle seguenti caratteristiche.

a. **L'Emilia Romagna:** la migliore (*best*) per l'assistenza materno-infantile, con il più elevato numero di consultori (*doctor's offices*).

b. **Il Lazio:** la regione di fumatori, con percentuali superiori al resto d'Italia, nonostante (*in spite of*) il numero sia in calo (*falling*) da qualche anno.

c. **La Liguria:** la popolazione più anziana d'Italia.

d. **La Calabria:** primato invidiabile (*enviable record holder*) del tasso (*rate*) più basso di morti per tumore (*cancer*) della penisola.

e. **La Lombardia:** primato nazionale della mortalità per tumore dovuto a abitudini (*habits*) di vita sbagliate (*wrong*) (fumo e sedentarietà) ma anche all'inquinamento (*pollution*).

f. **Le Marche:** il primo posto per numero di donatori (del fegato [*liver*], dei reni [*kidneys*], eccetera).

g. **La Campania:** la popolazione più giovane d'Italia e il numero più alto delle nascite.

h. **La Sicilia:** È la regione dove si consumano più farmaci.

(*continued*)

▶ Answers to this activity are in Appendix 2 at the back of your book.

1. _____ Ha il tasso meno alto di morti per tumore.

2. _____ Ha la popolazione più sedentaria.

3. _____ Ha la popolazione più giovane.

4. _____ Ha la popolazione più anziana.

5. _____ Ha il consumo più alto di farmaci.

6. _____ Ha il numero più alto di fumatori.

7. _____ Ha il numero più alto di donatori.

8. _____ Ha il numero più alto di consultori.

1. The superlative (**il superlativo**) is used to talk about the extremes of a particular quality (*the highest, the most content, the least anxious*). Here's how you form the superlative in Italian.

definite article + noun + più/meno + adjective

| la | popolazione | **più** | giovane | *the youngest population* |
| il | popolo | **meno** | ansioso | *the least anxious people* |

If you are talking about a member of a particular group, you add:

di + name of the group

d'Italia *in Italy*

del mondo *in the world*

2. Some adjectives, like **bello, buono,** and **cattivo** may precede the noun. (Remember the forms of **bello**? See **Capitolo 2, Per saperne di più.**) They may also precede the noun in the superlative construction.

Sandra è la più **bella** ragazza della classe.

Attenzione! The superlative forms of **buono** and **cattivo**, *the best* and *the worst*, are irregular: **più buono = migliore** and **più cattivo = peggiore.**

Martina è la **migliore** dottoressa della clinica.
Ho ricevuto i **peggiori** voti della classe.

A. I luoghi famosi. Scegli il luogo giusto per completare le affermazioni.

1. Rhode Island / La Città del Vaticano è lo stato più piccolo del mondo.

2. La montagna più alta d'Europa è il Monte Bianco (Francia / Italia) / Grossglockner (Austria).

3. Il lago più grande d'Italia è il Lago Maggiore / il Lago di Garda.

4. L'edificio più alto d'Italia è il palazzo Pirelli (Milano) / San Pietro (Roma).

5. Una delle chiese più grandi del mondo cristiano è il Duomo di Milano / San Pietro (Roma).

6. L'università più antica d'Europa è University of Cambridge / l'Università degli Studi di Bologna.

B. I premi! Con i compagni, aggiungete altre categorie e date tre possibili risposte per ogni categoria. Poi, votate.

Secondo voi, qual è...	1	2	3
1. **la malattia più comune**	*l'influenza*	*il raffreddore*	*le allergie*
2. **il peggior film**			
3. **il programma televisivo più seguito**			
4.			
5.			
6.			

C. Esagerato! Metti questi gruppi di parole in ordine. Indica poi se sei d'accordo con ciascuna frase. Se non sei d'accordo, cambia la frase in modo che sia vera per te.

	sono d'accordo	non sono d'accordo
1. è / più / del / la lingua / bella / l'italiano / mondo	☐	☐
2. società / grave / più / della / la violenza / il problema / è	☐	☐
3. l'asma / la malattia / pericolosa (*dangerous*) / è / meno	☐	☐
4. l'invenzione / più / il computer / è / utile / secolo (*century*) / del	☐	☐
5. la malattia / l'AIDS / di / devastante / tutte / più / è	☐	☐

D. Gli studenti.

Parte prima. Fai una lista di tre o quattro aggettivi che useresti (*you would use*) per descrivere questi studenti.

Luca

Marcella

Raffaella

Riccardo

(*continued*)

Parte seconda. Scrivi, per ciascuno studente, una frase per dire quale caratteristica ha rispetto alla classe.

Esempio: Marcella è la più sportiva della classe.

IN ITALIA

Festival del Fitness—*Il Grande Festival!*

la palestra più grande del mondo durerà 10 giorni (6–15 giugno)
Un imperdibile concentrato di fitness, moda, sudore e divertimento!

Dopo quattordici anni di crescita continua e di consensi unanimi, siamo convinti che il Festival del Fitness si meriti un riconoscimento ufficiale: quello di «il più grande evento di sport al mondo per numero di partecipanti attivi».

There has been a return in Italy of a love for **l'attività fisica,** which is demonstrated by a 10% increase in earnings annually in the wellness sector and an increasing interest in sports as a method of illness prevention and cure. The **Festival del Fitness** is a sports festival that has caught the Wellness wave and proclaims itself the largest sporting event in the world. It takes place every June for ten days in Rimini and boasts over 420,000 participants. Activities include a kid's village (complete with a machine to teach correct posture and motor skills to children), a youth basketball tournament, the largest aerobics class ever organized with more than twenty instructors from all over the world and thousands of participants, a spinning class for 1,500 people, twenty different types of massage, a variety of contests, and two marathons.

E. Pubblicità.

Parte prima. Nella pubblicità per il Festival del Fitness ci sono due superlativi. Sottolinea questi superlativi.

Parte seconda. In gruppi di tre o quattro, create una pubblicità per un avvenimento (un concerto, uno spettacolo, una partita di football/basket) alla vostra università.

10.2 C'era una volta... The imperfect

La signora Martini racconta a suo nipote Francesco la storia di come ha conosciuto suo marito (il nonno di Francesco). Completa tutti gli aggettivi.

«Quando ero bambina, ero sempre malat_____1. Soffrivo di (*I suffered from*) asma, avevo allergie e dovevo andare spesso dal medico. Però, quando avevo 18 anni, ero diventata una bell_____2 ragazza senza problemi di salute. Avevo i capelli lung_____3 e castan_____4. Ero magr_____5 e alt_____6 con le gambe lung_____7. Molti ragazzi mi chiedevano di uscire, ma non accettavo mai i loro inviti perché mi piaceva solo un ragazzo, tu_____8 nonno. Lui era bellissim_____9. Aveva i capelli ner_____10, gli occhi verd_____11, e portava gli occhiali. Era molto simpatic_____12 e intelligent_____13, ma era anche timid_____14. Non mi chiedeva mai di uscire, ma veniva a casa mi_____15 tutti i giorni con la scusa (*excuse*) di voler parlare con mi_____16 fratello.»

▶ Answers to this activity are in Appendix 2 at the back of your book.

Sottolinea tutti i verbi. Non conosci la forma dei verbi di questo testo. Secondo te, la storia si svolge (*takes place*) al presente, al passato o al futuro?

1. You have already learned one past tense in Italian: the **passato prossimo.** La signora Martini is using another past tense, the imperfect (**l'imperfetto**). The imperfect is used to:

a. to talk about what people used to do in the past.	b. to talk about repetitive actions in the past.	c. to describe what people, places, and things were like in the past.	d. to state the date, time, weather, and age in the past.

Into which category would you put the following phrases from la signora Martini's story?

avevo 18 anni

aveva i capelli neri

ero magra e alta

veniva a casa mia tutti i giorni

molti ragazzi mi chiedevano di uscire

● Answers to the activities in this section are in Appendix 2 at the back of your book.

2. It's easy to form the imperfect. To form the stem, just drop the **-re** from the infinitive.

accettare → accetta-   **prendere → prende-**   **venire → veni-**

Then add the same endings to all **-are, -ere,** and **-ire** verbs.

io	-vo
tu	-vi
lui, lei, Lei	-va
noi	-vamo
voi	-vate
loro	-vano

Now conjugate these verbs.

	accettare	**prendere**	**venire**
io	accettavo		
tu			
lui, lei, Lei		prendeva	
noi			
voi			venivate
loro			

3. The verb **volere** is used in the **imperfetto** when talking about what one intended to do in the past. **Potere** in the **imperfetto** describes what one was able to do in the past.

Marco **voleva** studiare in Italia,
ma non aveva i soldi.

Marco wanted to study in Italy
but he didn't have the money.

Quando **avevi** 16 anni, **potevi**
uscire fino a tardi?

When you were 16, could you
stay out late?

Attenzione! In the **imperfetto, dovere** means *supposed to.*

Dovevo scrivere un'e-mail alla
mia amica, ma ho dimenticato
di farlo.

I was supposed to write an e-mail
to my friend, but I forgot to
do it.

4. Two verbs that have irregular stems in the imperfect are **bere** and **fare**.
To form the imperfect, just add the endings to their stems, **beve-** and **face-**.
Complete the conjugations.

	bere	**fare**
io	bevevo	
tu		
lui, lei, Lei		faceva
noi		
voi	bevevate	
loro		facevano

5. Essere is also irregular in the imperfect. Here are all the forms. Put
them in order: **eri, eravamo, erano, ero, eravate, era.**

	essere
io	
tu	
lui, lei, Lei	
noi	
voi	
loro	

6. The equivalents of **c'è** and **ci sono** in the imperfect are **c'era** (*there*
was) and **c'erano** (*there were*). (Remember **c'è** and **ci sono**? See **Capitolo**
5, Strutture 5.1.) They are used to describe scenes or events in the past.

C'era molta gente alla festa sabato scorso.
C'erano molti regali sotto l'albero di Natale.

(continued)

Congratulations!
You have now
learned **il presente,
il passato
prossimo, il futuro,**
and **l'imperfetto.** It's
normal to feel over-
whelmed. If you have
trouble keeping all the
conjugations straight, fill
out verb charts for
yourself, but most
importantly, use verbs
of different tenses in
sentences or write brief
dialogues. The best way
to learn and remember
vocabulary as well
as grammatical
structures is to
use them in
meaningful
contexts.

7. Some common expressions that often accompany the imperfect are: **da bambino/a (piccolo/a)** (*as a child*), **di solito, mentre** (*while*), **sempre, tutti i giorni (ogni giorno).**

> **Da bambina,** ero sempre malata.
> **Mentre** la madre parlava al telefono, il figlio leggeva un libro.

In italiano

Most fairy tales begin with the expression, **C'era una volta...** (*Once upon a time . . .*).

A. Il mio compleanno.

Parte prima. Cosa ti ricordi dell'ultima volta che hai festeggiato il tuo compleanno? Segna (✔) le persone e le cose che c'erano.

☐ C'erano molti amici.

☐ C'era la musica.

☐ C'erano molti regali.

☐ C'era una torta con le candeline.

☐ C'era il mio migliore amico / la mia migliore amica.

☐ C'era la mia famiglia.

☐ C'erano i miei parenti.

☐ C'era molto da mangiare.

Parte seconda. Formate gruppi di tre. A turno, descrivete l'ultima volta che avete festeggiato il compleanno. Chi ha avuto il compleanno più divertente?

B. Le persone famose. Abbina le persone famose con le attività che facevano da giovani.

Da giovane...

1. Enrico Fermi	a. disegnava e dipingeva.
2. Miuccia Prada	b. navigava.
3. Roberto Benigni	c. recitava (*acted*).
4. Cristoforo Colombo	d. guardava film comici.
5. Grazia Deledda	e. leggeva libri di fisica.
6. Leonardo da Vinci	f. disegnava vestiti.
7. Isabella Rossellini	g. cantava.
8. Luciano Pavarotti	h. leggeva romanzi e scriveva poesie e novelle (*short stories*).

In italiano

The equivalent of *people* in Italian is a feminine singular noun: **la gente.** When **la gente** is the subject, the verb is conjugated in the third person singular, and adjectives agreeing with **la gente** are feminine singular:

> Una volta, la gente **era** più beneducata di adesso.

C. Le invenzioni.

Parte prima. Con i compagni, create una lista di invenzioni (*inventions*) dell'Ottocento (*1800s*) e del Novecento (*1900s*).

Esempio: l'automobile, gli antibiotici, il telefono, la coca-cola...

Parte seconda. Scrivi delle frasi per dire quello che faceva la gente prima di ogni invenzione (*before each invention existed*).

Esempio: Prima dell'automobile, la gente andava a cavallo.

IN ITALIA

Salvino Armati and Alessandro della Spina, both glassblowers, are credited with the invention and marketing of the first corrective spectacles around 1280 in Florence. Centuries later, in the sixteenth century, Venice became the center for eyeglass production.

Leonardo da Vinci was the first to design a contact lens. His description of the first contact lens is in his "Code on the Eye," and is remarkably similar in concept to modern soft contact lenses.

The English word, lens, derives from the Italian **lente,** *which is derived from* **lenticchie** *(lentils). The first lenses were called* **lenticchie** *since the glass convex lens has the shape of the common lentil.*

Clicca qui You can learn more about the artist, inventor, and poet Leonardo da Vinci at the *Avanti!* website, **Clicca qui (www.mhhe.com/avanti).**

D. Le regole. (*Rules.*)

Parte prima. Fai una lista delle cose che dovevi e non dovevi fare quando avevi meno di 18 anni secondo le regole che imponevano (*were imposed by*) i tuoi genitori.

Dovevo...	Non dovevo...
tornare a casa prima di mezzanotte.	*fumare.*

Parte seconda. Quali differenze ci sono fra quello che dovevi fare e quello che facevi? Parla del tuo comportamento ai tuoi compagni. Segui il modello. Chi era il figlio / la figlia modello/a?

Esempio: Dovevo tornare a casa prima di mezzanotte, ma tornavo a casa alle due o alle tre di mattina. (Dovevo tornare a casa prima di mezzanotte e tornavo sempre puntuale.)

E. La storia continua.
Continua la storia della signora Martini con l'imperfetto dei verbi appropriati. (Ricordi la storia della signora Martini? Vedi la pagina 283.)

andare	avere	cenare	essere	fare
parlare	piacere	preparare (2)	tornare	

Tuo nonno non mi chiedeva mai di uscire, ma veniva a casa mia tutti i giorni con la scusa di voler parlare con mio fratello. Mentre tuo nonno _____[1] con mio fratello, io _____[2] il caffè per tutti. Dopo, se _____[3] bel tempo, mio fratello, tuo nonno ed io _____[4] a fare una passeggiata in città. Mi _____[5] guardare le vetrine (*shop windows*) e vedere la gente in giro. Quando (noi) _____[6] a casa, _____[7] fame, e qualche volta tuo nonno _____[8] con noi. (Lui) _____[9] molto contento di restare quando mia madre _____[10] il risotto—il suo piatto preferito.

F. E tu? Com'eri?
Cosa facevi qualche anno fa? Scrivi una breve descrizione di te stesso/a quando eri bambino/a o adolescente. L'insegnante leggerà delle descrizioni a caso. Riesci ad indovinare chi è?

Cultura

Ascoltiamo!

La salute e il sistema sanitario in Italia

A. Ascolta. Ascolta mentre l'insegnante ti parla della salute degli italiani e del loro sistema sanitario.

B. Completa. Completa in italiano le seguenti frasi. Inserisci la parola più appropriata della lista qui sotto. Usa ogni parola *una sola volta*. **Attenzione!** La lista contiene 11 parole; devi usarne solamente otto.

dell'alimentazione	in aumento	in calo	la dieta mediterranea
dell'inquinamento	le malattie	al medico di famiglia	l'ospedale
salute	un terzo	il ticket	

1. _____ croniche (come ad esempio l'asma e le allergie) sono più diffuse al Nord a causa _____.

2. Gli esperti dicono che _____ è molto sana e contribuisce a mantenere gli italiani in buona _____.

3. Il numero dei fumatori in generale è _____ nella popolazione italiana.

4. Più di _____ dei giovani italiani fuma.

5. Il paziente deve contribuire al pagamento delle spese (*costs*) mediche con _____.

6. Per ottenere una ricetta per i farmaci o per poter consultare uno specialista, gli italiani devono prima rivolgersi (*consult,* literally, *to turn oneself*) _____.

C. Tocca a te! Completa le seguenti frasi esprimendo le tue opinioni a proposito del sistema sanitario italiano descritto nella presentazione.

Un aspetto positivo della sanità in Italia è...
Un aspetto negativo, invece, è...

Sei consigli per dormire bene

Dormire bene e abbastanza è essenziale per mantenere la salute. Quest'articolo, tratto dalla rivista *Focus,* dà dei consigli per assicurare una buona notte.

Una stanza solo da letto

I medici consigliano di creare nella stanza condizioni ideali (buio, fresco, silenzio) e di non mettere la tv in camera da letto.

Sei consigli per dormire bene

Mantenere sempre gli stessi orari. E non illudersi che dormire di più la domenica serva a "recuperare".

Un ambiente favorevole: fresco, buio e silenzioso. Magari con l'aiuto di tappi per le orecchie.

Niente caffè, né cioccolato o Coca-Cola di pomeriggio. Il latte caldo aiuta, l'alcol no. Non mangiare a letto.

Andare a letto almeno 3 ore dopo la cena. E non usare il letto per studiare, guardare la tv, lavorare.

Abolire tv, computer e discussioni nell'ultima mezz'ora. Meglio musica (rilassante) o un libro.

Se dopo mezz'ora non dormite, alzatevi, cambiate stanza e fate un'attività tranquilla.

Sai dormire?

Parte prima. Segna (✔) tutte le attività che sono vere per te.

1. Vado a letto quando sono stanco/a. L'ora esatta dipende dal giorno. ☐

2. Dormo poco durante la settimana e allora mi piace dormire ☐
a lungo la domenica.

3. Dormo con la finestra aperta. ☐

4. Bevo la coca-cola e/o il caffè di pomeriggio. ☐

5. Mi sdraio (*I stretch out*) sul letto per studiare. ☐

6. L'ultima cosa che faccio prima di andare a letto è controllare ☐
l'e-mail.

7. Se non riesco a dormire, guardo la TV. ☐

Parte seconda. Leggi i consigli a pagina 290 per determinare se le tue abitudini della **Parte prima** sono corrette o sbagliate. Poi copia il consiglio pertinente dal testo.

	corretto	sbagliato	consiglio
1. Vado a letto...	☐	✔	Mantenere sempre gli stessi orari.
2. Dormo poco...	☐	☐	
3. Dormo con la finestra...	☐	☐	

Quanto dormono

un pipistrello: 20 ore
un pitone: 18 ore
un bimbo neonato: 16 ore
un gatto: 12 ore
un cane: 10 ore 30′
uno scimpanzé: 9 ore 45′
un uomo adulto: 8 ore
un uomo anziano: 5 ore 30′
un asinello: 3 ore
una giraffa: 2 ore

Scriviamo!

Sei consigli per restare svegli (*to stay awake*)

In certe occasioni è importante *non* dormire. Usa l'articolo da *Leggiamo!* come modello per scrivere sei buoni consigli per tenere gli occhi aperti.

1.	4.
2.	5.
3.	6.

Parliamo!

IN ITALIA

Leonardo da Vinci (1452–1519) was greatly influenced by Vitruvius (first century B.C.), a Roman engineer and architect who discovered a formula to create the "ideal" human proportions. Da Vinci used this formula when creating his famous drawing, the "Vitruvian Man."

Here are some of the proportions for a man.

the span of the man's arms = his height
the width of his shoulders = ¼ his height
the distance from the top of his head to the middle of his chest = ¼ his height
the distance from the middle of his chest to the top of his leg = ¼ his height
the distance from the top of his leg to the bottom of his knee = ¼ his height
the distance from the bottom of his knee to the bottom of his foot = ¼ his height

Uomo di Vitruvio

Un bozzetto (*sketch*)

Su un foglio di carta fai il disegno di una figura umana: può essere solo un viso o un'intera (*whole*) persona, realistica o immaginaria. Lavora con un compagno / una compagna, schiena a schiena (*back to back*). Tu descriverai il tuo disegno e lui/lei cercherà di copiarlo senza guardarlo. Quando avete finito, paragonate i due disegni. Sono simili? Cambiate ruoli e rifate l'attività. Paragonate nuovamente i vostri disegni. Sono migliorati?

Guardiamo!

Film: *Il Mostro*. (Commedia. Italia. 1995. Roberto Benigni e Michel Filippi, Registi. 112 min.)

Riassunto: A serial killer is on the loose and the police are out to find him. Under the direction of police psychologist Taccone (Michel Blanc), undercover cop Jessica (Nicoletta Braschi) is assigned to tail Loris (Roberto Benigni), the suspect who, unaware, often finds himself in compromising, but innocent, situations.

Scena (DVD Capitolo 25): In this scene, the administrator of the building in which Loris (Benigni) has been renting an apartment (but not keeping up with his rent!) is trying to sell the apartment. Every time he tries to show it to a prospective buyer, however, Loris finds a way to foil his plans, even if it means faking an illness.

Ciak, si gira!

Da soli

Parte prima. Ormai (*By now*) sai abbastanza italiano per seguire e apprezzare la scena senza sottotitoli in inglese. Guarda allora la scena senza sottotitoli.

Parte seconda. Guarda nuovamente la scena, ma questa volta scrivi le espressioni che hai riconosciuto. Confrontale con quelle del tuo compagno / della tua compagna. Insieme, quante ne avete trovate?

Parte terza. Guarda in fine la scena con i sottotitoli. Quante espressioni hai capito da solo?

IN AMERICA

Italian Americans have made major contributions to the field of medicine.

- *In 1950, **Margaret J. Giannini, M.D.,** founded the University Center of Excellence on Developmental Disabilities in New York City. This was the first and largest facility for the handicapped and developmentally disabled in the world. In 1992 she was appointed Director of the Health and Human Services Office on Disability.*
- *In 1956, to treat a relative's arthritis symptoms, a family of seven Italian American brothers invented a portable pump that could be used in the bathtub to provide hydrotherapy. In 1968, third-generation Roy incorporated jets into the sides of a tub and created the first fully integrated whirlpool bath. The name of the tub (and the family)? **Jacuzzi!***
- *In 1969, **Salvatore Luria** (1912–1991) was co-recipient of the Nobel Prize for Medicine for discoveries concerning replication mechanisms and the genetic structure of viruses.*
- *In 1975, **Renato Dulbecco** (1914–) was co-recipient of the Nobel Prize for Medicine for research in the interaction between tumor viruses and the genetic materials of cells.*
- *In 1978, **Dr. Robert Gallo** (1937–) isolated the virus linked to leukemia. In 1984, he also co-discovered that the HIV virus caused AIDS and developed a blood test to screen for the disease.*
- *In 1999, **Catherine DeAngelis, M.D.** (1940–), became the first woman to be appointed editor of the* Journal of the American Medical Association *(JAMA).*
- *In 2004, **Donald Palmisano, M.D.,** was the first physician with an Italian surname to be elected president of the American Medical Association.*

*V*ocabolario

Domande ed espressioni

da bambino/a / da piccolo/a	as a child
da giovane	as a youth
di solito	usually
mentre	while
mi dispiace	I'm sorry
mi fa male... / mi fanno male...	my (*body part*) hurts/hurt
purtroppo	unfortunately
Salute!	Gesundheit!, Bless you!
scusa/scusi	sorry (*inform./form.*)
ti/Le dispiace... ?	Do you mind . . . (*inform./form.*)
tutti i giorni / ogni giorno	everyday
veramente	really, actually

Verbi

accettare	to accept
ammalarsi	to get sick
avere mal di (testa / pancia)	to have a (head / stomach) ache
avere un intervento (chirurgico)	to have surgery
avere un raffreddore / l'influenza	to have a cold / the flu
essere ricoverato/a all'ospedale	to be admitted to the hospital
rompersi (la gamba / il braccio)	to break (a leg / arm)

Sostantivi

la bocca	mouth
il braccio (*pl.* **le braccia**)	arm
il collo	neck
la cura	doctor's instructions for care
il dente	tooth
il dito (del piede) (*pl.* **le dita**)	finger, toe
la farmacia	pharmacy
la gamba	leg
la gente	people
il ginocchio (*pl.* **le ginocchia / i ginocchi**)	knee
la mano (*pl.* **le mani**)	hand
il naso	nose
l'occhio (*pl.* **gli occhi**)	eye
l'orecchio (*pl.* **gli orecchi / le orecchie**)	ear
la pancia	stomach
il piede	foot
il pronto soccorso	emergency room
la ricetta	prescription
la schiena	back
la spalla	shoulder
la testa	head
il viso	face

Aggettivi

ammalato	sick
largo	wide, broad
muscoloso	muscular
sporgente	sticking out

Capitolo 11

Casa dolce casa

Scopi

In this chapter you will learn:

- to describe how things used to be
- to describe Italian houses and furniture
- to describe the location of people and objects
- to describe past events and talk about what people used to do
- to refer to people and things already mentioned
- about the ancient city of Pompeii

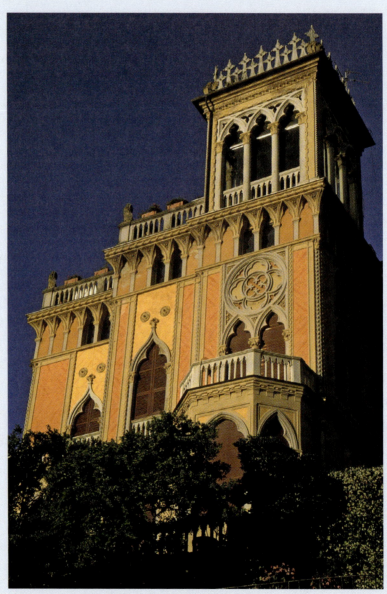

Splendida villa (Santa Margherita, Liguria)

 RISORSE MULTIMEDIALI

Strategie di comunicazione

Com'era? Describing how things used to be

- So far, you have learned two verb forms to talk about the past: **il passato prossimo** and **l'imperfetto.**
- To find out how things were, used to be, or what things were like, say:

Com'era?
—**Com'era la festa ieri sera?** *How was the party last night?*
—**Com'era la vita di un maestro** *What was a teacher's life like*
  nel passato? *in the past?*

A. Osserva ed ascolta.

VIDEO

Parte prima. Guarda la cartina della Toscana. Poi osserva ed ascolta mentre il signor Dondoli si presenta. Infine rispondi alle seguenti domande.

la Toscana

Firenze ●
Colle di Val d'Elsa ● ● Siena
la provincia di Siena
Pienza ●

1. Cosa faceva di professione il signor Dondoli?
2. Da quanto tempo è in pensione?
3. Dove abita il signor Dondoli?
4. Di dov'è originariamente?

Parte seconda. Il signor Dondoli ha fatto la sua carriera in campagna, non in città. Osserva ed ascolta mentre il maestro Dondoli spiega l'importanza della scuola per i bambini contadini (*farm children*). Per ogni frase scegli la risposta giusta.

1. Per i ragazzi la scuola era _____.

   a. molto importante   b. poco importante

2. A scuola i bambini apprendevano _____.

   a. come coltivare i campi (*fields*)   b. cose che non potevano imparare a casa

3. I bambini provenivano (*came*) _____.

   a. dalla città   b. dalla campagna

Parte terza. Osserva ed ascolta l'ultima parte del video in cui il maestro Dondoli parla della sua esperienza come insegnante.

1. Segna (✔) tutte le qualità di un buon insegnante che menziona.

   a. avere l'entusiasmo   ☐

   b. essere intelligente   ☐

   c. essere creativo   ☐

   d. avere la capacità di mettersi in contatto con i bambini ☐

   e. saper disciplinare   ☐

2. Segna (✔) la prova (*proof*) che i bambini si sentivano «in famiglia» con il maestro.

   a. L'hanno chiamato «maestro» invece di «signore».   ☐

   b. L'hanno chiamato «padre» invece di «maestro».   ☐

   c. L'hanno chiamato «babbo» invece di «maestro».   ☐

B. Com'era il tuo maestro favorito / la tua maestra favorita?

Il tuo compagno / La tua compagna ti intervisterà per sapere com'era il tuo maestro favorito / la tua maestra favorita. Poi scambiatevi i ruoli. Preparatevi a presentare le informazioni alla classe.

1. Come si chiamava la scuola?
2. Dov'era?
3. Quale anno facevi? Quanti anni avevi?
4. Come si chiamava il maestro / la maestra?
5. Com'era il maestro / la maestra?

IN ITALIA

The interview with Maestro Dondoli was filmed in **il cortile** *(courtyard) of* **il palazzo del Cardinal Ammannati,** *one of several famous houses in Pienza, a small town in Tuscany. Cardinal Ammannati was part of the papal court of Pope Pius II (Enea Silvio Piccolomini, 1405–1464). Through major reconstruction projects under the supervision of the architect-sculptor Bernardo Gambarelli, called* **il Rossellino** *(1409–1464) and perhaps even Bernardo's teacher Leon Battista Alberti, the Pope transformed* **la città natale** *(the city of his birth) from the little hill town of Corsignano to the lovely Renaissance jewel that then acquired his name, Pienza.*

Clicca qui You can learn more about Pienza at the *Avanti!* website, **Clicca qui (www.mhhe.com/avanti).**

Lessico

Vieni a casa mia   Describing Italian houses and furniture

Giuliano Ricci e Marco Begnozzi studiano all'Università di Bologna. Hanno un appartamento al terzo piano di un palazzo in Via dei Lamponi, a venti minuti d'autobus dall'università.

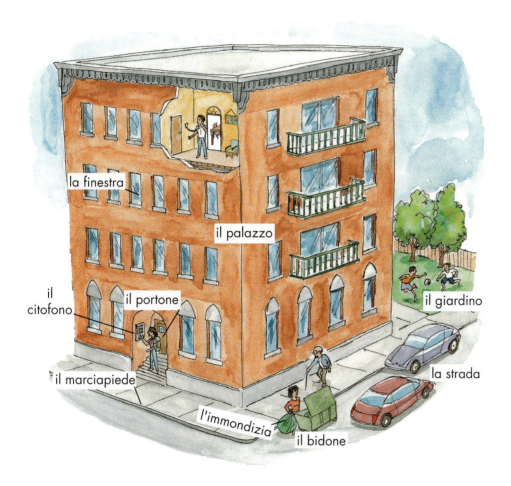

la finestra

il palazzo

il giardino

il citofono

il portone

il marciapiede

la strada

l'immondizia

il bidone

IN ITALIA

The **portone** (*literally, big door*) *is the main entrance to the* **palazzo.** *Next to the* **portone** *are the doorbells for each apartment or office, as well as a* **citofono** (*speakerphone*).

The equivalent of the first floor in American buildings is the **pianterreno** (*ground floor*) *in an Italian* **palazzo.** *Giuliano and Marco's* **palazzo** *has four floors:* **il pianterreno, il primo piano, il secondo piano e il terzo piano.** *Most, but not all, Italian* **palazzi** *have an* **ascensore** (*elevator*).

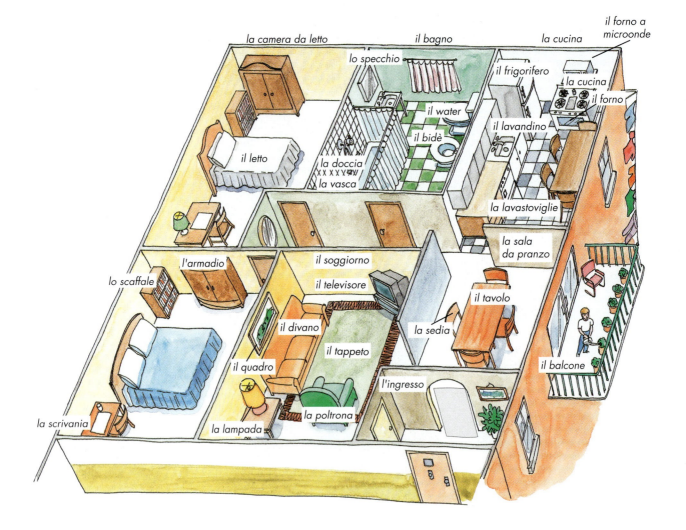

la camera da letto   il bagno   la cucina   il forno a microonde

lo specchio   il frigorifero   la cucina   il forno

il water   il lavandino

il bidè

il letto   la doccia   la vasca

la lavastoviglie

la sala da pranzo

l'armadio   il soggiorno

lo scaffale   il televisore   il tavolo

il divano   la sedia

il tappeto

il quadro   il balcone

l'ingresso

la poltrona

la scrivania   la lampada

Guarda i disegni e completa le frasi.

1. Il signore anziano sta camminando (*is walking*) sul

   _____.

2. La macchina è parcheggiata in _____.

3. I bambini stanno giocando a calcio in _____.

4. La signora sta buttando (*is throwing*) l'immondizia nel

   _____.

5. Marco sta annaffiando (*is watering*) il basilico sul

   _____.

6. Marco e Giuliano fanno colazione in _____.

7. Marco e Giuliano dormono in _____.

8. Fanno la doccia in _____.

9. Guardano la TV in _____.

10. Quando invitano gli amici a cena, mangiano in _____.

◗ The answers to this activity are in Appendix 2 at the back of your book.

In italiano

Here are some common expressions for describing the location of people and objects.

accanto a *next to*   **dietro** *behind*
a destra di *to the right of*   **fra** *between*
a sinistra di *to the left of* **nell'angolo** *in the corner*
davanti a *in front of*

Dov'è il cane grande? Dov'è il piccolo cane bianco?

A. Dov'è? Guarda l'appartamento di Giuliano e Marco a pagina 299 e decidi se le frasi sono vere o false. Correggi le frasi false.

	vero	falso
1. Il forno è accanto alla lavastoviglie.	☐	☐
2. Il lavandino è davanti al frigorifero.	☐	☐
3. I letti sono nell'angolo.	☐	☐
4. Il lavandino è fra il bidè e il water.	☐	☐
5. La poltrona è dietro il divano.	☐	☐
6. Lo scaffale è a destra del letto.	☐	☐
7. Il televisore è davanti al divano.	☐	☐
8. La vasca è nell'angolo.	☐	☐

> ## In italiano
> Here is the present tense of the irregular verb **sedersi** (*to sit*).
>
> **mi siedo   ci sediamo**
> **ti siedi   vi sedete**
> **si siede   si siedono**

B. Frasi illogiche. Decidi se le frasi sono logiche o illogiche. Poi, correggi le frasi illogiche.

	logica	illogica
1. Marco butta (*throws*) l'immondizia nel lavandino.	☐	☐
2. Giuliano lava i piatti nel bidè.	☐	☐
3. Marco mette il latte nel frigo.	☐	☐
4. Giuliano guida la macchina sul marciapiede.	☐	☐
5. Marco mette il tappeto nel forno.	☐	☐
6. Giuliano e Marco si siedono sul divano quando guardano la TV.	☐	☐
7. Marco e Giuliano preparano la cena in cucina.	☐	☐

C. Le stanze. Collabora con un compagno / una compagna. A turno, uno di voi descrive varie attività che Giuliano sta facendo in casa. L'altro/a deve indovinare in quale stanza si trova. (Ti ricordi **stare** + **gerundio**? Vedi **Capitolo 7, Strutture 7.2.**)

la cucina   il bagno   la camera da letto

il soggiorno   la sala da pranzo

Esempio: **S1:** Giuliano sta lavando i piatti.
                      S2: È in cucina.

D. Ascolta! Paola ha un piccolo appartamento con quattro stanze: la cucina, il soggiorno, la camera da letto e il bagno. Ascolta la descrizione delle stanze e indica dove si trovano questi oggetti.

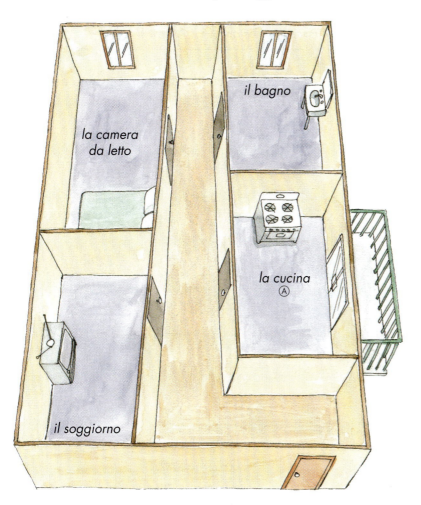

1. il lavandino
2. il frigorifero
3. il tavolino con due sedie
4. la poltrona
5. lo scaffale
6. la lampada
7. la scrivania
8. l'armadio
9. la vasca
10. il water
11. il bidè

IN ITALIA

When you cross the threshold and enter someone's house, it is customary to say **Permesso?,** *which is the equivalent of asking permission to enter, even if you have already been invited in. The answer is* **Avanti!**

E. Le differenze. Trova almeno cinque differenze fra le due immagini. Parole utili: **il poster, il cuscino** (*pillow*)

F. La mia stanza.

Parte prima. Con i compagni, fate una lista di tutti gli oggetti che di solito si trovano nella camera da letto di uno studente universitario.

Parte seconda. Descrivi la tua stanza al tuo compagno / alla tua compagna e lui/lei dovrà fare un disegno.

La fumettista Pat Carra è nata a Parma nel 1954, insieme alla sua gemella. Nel 1978 si è trasferita (she moved) *a Milano. Rappresenta con il fumetto il mondo visto dalle donne. Pubblica sulle riviste* Noi donne, Cuore, Smemoranda, Via Dogana *e soprattutto sul settimanale* (weekly magazine), Donna moderna.

Strutture

11.1 Cosa facevi? The imperfect vs. the present perfect

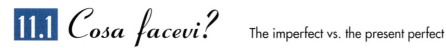

Ieri sera c'è stato un furto (*robbery*) nel palazzo di Marco e Giuliano. Oggi il poliziotto chiede a Marco di descrivere in dettaglio (*in detail*) tutto quello che ha fatto la sera precedente dalle 8.00 in poi. Completa la storia con i verbi al passato prossimo.

(Io) _____ [1] (arrivare) a casa alle otto e _____ [2] (andare) subito in cucina. _____ [3] (cominciare) a preparare la cena e poi sono andato sul balcone a fare una telefonata al telefonino. _____ [4] (tornare) in cucina, _____ [5] (preparare) un piatto di pasta e un bicchiere di acqua gassata, sono andato in soggiorno, e ho acceso (*turned on*) la televisione. Dopo aver mangiato sono andato in camera da letto e _____ [6] (mettersi) il pigiama. Sono tornato in soggiorno e _____ [7] (guardare) ancora la TV. Verso le undici sono andato in bagno a lavarmi i denti e poi sono andato a dormire.

Purtroppo, Marco ha dimenticato dei dettagli. Adesso, leggi la storia completa. Nota che ci sono verbi al **passato prossimo** ed all'**imperfetto** (*imperfect*). Mentre leggi, sottolinea tutti i verbi all'**imperfetto.** Puoi formulare delle regole (*rules*) per sapere quando si usa il **passato prossimo** e quando si usa l'**imperfetto**?

Sono arrivato a casa alle otto e **sono andato** subito in cucina. Il mio compagno di casa, Giuliano, era seduto (*seated*) al tavolo e parlava al telefono con la sua ragazza. **Ho cominciato** a preparare la cena e poi **sono andato** sul balcone a fare una telefonata al telefonino. Mentre (*while*) parlavo al telefono, **ho visto** un ragazzo che non conoscevo sul balcone del mio vicino di casa (*neighbor*). Era alto, magro e portava una giacca nera e i jeans. Aveva circa (*about*) 25 o 26 anni. Appena (*as soon as*) mi **ha visto, è tornato** nell'appartamento. **Sono tornato** in cucina, **ho preparato** un piatto di pasta e un bicchiere di acqua gassata, **sono andato** in soggiorno, e **ho acceso** (*turned on*) la TV. Mentre mangiavo e guardavo il mio programma preferito, **ho sentito** dei rumori (*noises*) nell'appartamento del mio vicino. Non c'**ho fatto** caso (*I didn't take notice*) perché spesso sento i vicini. Dopo aver mangiato **sono andato** in camera da letto e **mi sono messo** il pigiama. **Sono tornato** in soggiorno e **ho guardato** ancora la TV (anche quando ero bambino mi piaceva guardare la TV in pigiama). Verso le undici **sono andato** in bagno a lavarmi i denti e poi **sono andato** a dormire.

▶ The answers to this activity are in Appendix 2 at the back of your book.

▶ You can learn about the use of the **presente** and the **passato prossimo** with certain time expressions in **Per saperne di più** at the back of your book.

1. The **passato prossimo** is used to refer to isolated events in the past or to state a fact. It answers the question, **Cosa è successo?** (*What happened?*)

Cosa **è successo** ieri sera? *What happened last night?*	Marco **è arrivato** a casa alle otto. Marco **è andato** sul balcone a fare una telefonata al telefonino.

2. The **imperfetto** is used to talk about events that were *in progress* at a certain time in the past and answers the question, **Cosa succedeva?** (*What was going on?*)

Cosa **succedeva** in cucina? *What was going on in the kitchen?*	Giuliano **parlava** al telefono con la sua ragazza.

3. As you learned in **Capitolo 10,** the **imperfetto** also provides background information about past situations. Find examples from the story of the following uses of the **imperfetto.**

1. to describe people, places, and things	
2. to give the date, time, weather, age	
3. to talk about what people used to do	

● Answers to this activity are in Appendix 2 at the back of your book.

● The verbs **sapere** and **conoscere** have different meanings in the **passato prossimo** and **imperfetto.** For more information, see **Per saperne di più** at the back of your book.

In italiano

Here are some words or phrases that often signal the use of either the **imperfetto** or the **passato prossimo.**

L'IMPERFETTO	**IL PASSATO PROSSIMO**
ogni estate *every summer*	**un giorno** *one day*
il sabato *every Saturday*	**sabato** *on Saturday*
mentre *while*	**d'improvviso** *suddenly*
Il sabato **facevo** sempre la spesa con mia madre. *On Saturdays I used to go shopping with my mother.*	Sabato **ho fatto** la spesa con mia madre. *On Saturday I went shopping with my mother.*
Quando ero piccolo/a ogni estate **andavo** al mare. *When I was little every summer I used to go to the seaside.*	Un giorno **sono andato** al mare. *One day I went to the seaside.*

4. The **imperfetto** is used to describe two actions that were in progress at the same time. Both verbs express what was going on at a particular moment in the past.

Mentre Marco **preparava** la cena, Giuliano **parlava** al telefono.   *While Marco was preparing dinner, Giuliano was talking on the phone.*

5. When one action occurred while another was going on, use the **imperfetto** to express what was happening and the **passato prossimo** for the interruption.

imperfetto (*what was going on*)	**passato prossimo** (*interruption*)

~~~~~~~~~~~~~~~~~~~~~~~~~~~X~~~~~~~~~~~~~~~~

Mentre Marco **parlava** al telefono, *While Marco was talking on the phone,*

ha visto un ragazzo sul balcone del vicino. *he saw a guy on the neighbor's balcony.*

A. Quando? Completa le frasi con le espressioni appropriate.

1. Il Signor Tognozzi giocava a carte con gli amici _____.
   - ☐ la domenica ☐ domenica

2. Gino ha rotto il vaso _____.
   - ☐ ogni weekend ☐ ieri

3. Andavo in vacanza con i miei genitori _____.
   - ☐ l'anno scorso ☐ tre volte all'anno

4. Mario ha comprato un nuovo frigo _____.
   - ☐ di solito ☐ ieri pomeriggio

5. Rita si è trasferita a Milano per motivi di lavoro _____.
   - ☐ l'anno scorso ☐ il sabato

6. Gli amici sono arrivati _____.
   - ☐ all'improvviso ☐ ogni weekend

7. Quando ero in vacanza, mangiavo il gelato _____.
   - ☐ una volta ☐ tutti i giorni

8. La famiglia Rossi ha cambiato casa (*moved*) _____.
   - ☐ sempre ☐ il mese scorso

B. Frasi logiche. Completa queste frasi in modo logico. Quando hai finito, confronta le tue frasi con quelle dei compagni. Chi ha fatto le frasi più originali?

1. L'altro giorno, Marco ha rotto _____ e Giuliano era _____.

2. Giuliano è uscito venerdì scorso con _____. Sono andati a _____ e hanno visto _____.

3. Quando era giovane, Marco andava alla spiaggia (*beach*) _____. Una volta ha incontrato _____.

4. Ieri, Marco ha dato _____ a Giuliano, ma Giuliano non era _____.

5. Erano _____ di mattina quando Marco ha svegliato Giuliano perché voleva _____.

6. Mentre Marco lavava _____, Giuliano puliva _____.

7. Mentre Giuliano studiava _____, Marco ha telefonato a _____.

C. Cosa facevi?

Parte prima. Cosa facevi ieri a queste ore? Scrivi le tue attività (usa l'imperfetto).

| 18.00 | 19.30 | 21.30 | 22.45 | 1.00 |

Parte seconda. Cosa faceva il compagno / la compagna alle stesse ore? Intervista il compagno / la compagna e prendi appunti.

> **Esempio:** **S1:** Cosa facevi ieri alle 18.00?
>
> **S2:** Mangiavo la pizza.

Parte terza. Descrivi le tue attività e quelle del tuo compagno / della tua compagna alla classe.

> **Esempio:** Alle 18.00, mentre studiavo l'italiano, Jane mangiava la pizza.

D. Interruzioni! (*Interruptions!*)

Ogni cosa che hai cercato di fare oggi è stata disturbata. Completa le frasi con le attività o i disturbi (*disturbances*).

> **Esempio:** Mentre studiavo, ha telefonato una mia amica.

1. Mentre dormivo tranquillamente, _____.

2. Mentre davo l'esame di chimica, _____.

3. Mentre _____, un ladro con una pistola è entrato.

4. Mentre ero al cinema, _____.

5. Mentre _____, un telefonino ha squillato (*rang*).

6. Mentre facevo la doccia, _____.

7. Mentre _____, un bambino ha cominciato a piangere (*cry*).

E. Il ladro.

Parte prima. Completa il racconto con le forme appropriate del **passato prossimo** o dell'**imperfetto**.

Ieri sera, verso le otto e un quarto, Cinzia e Filomena _____[1] (decidere) di andare in bici a prendere un gelato. _____[2] (andare) ad una gelateria vicino al palazzo di Giuliano e Marco. Mentre _____[3] (mangiare) il gelato, _____[4] (vedere) un uomo che usciva dal palazzo con un grande sacchetto nero in una mano e una pistola nell'altra. Il ladro _____[5] (prendere) la bici di Cinzia ed è scappato (*ran away*). D'improvviso i carabinieri _____[6] (arrivare) e hanno inseguito (*chased*) il ladro. Purtroppo, il ladro _____[7] (essere) troppo furbo (*sly*) ed è sparito (*disappeared*).

Parte seconda. Collabora con un compagno / una compagna. Completate la storia in modo logico e poi raccontate la vostra versione ai compagni. Parole utili: **arrestare** *to arrest*, **rubare** *to rob/steal*, **mountain bike**

I carabinieri sono tornati al palazzo e hanno chiesto una descrizione del ladro e della sua bici a tutta la gente che c'era in giro. Cinzia ha descritto la sua bici: _____. E Filomena ha descritto il ladro: _____. I carabinieri hanno preso tutte le informazioni e sono partiti. Il giorno dopo...

IN ITALIA

I carabinieri *are a military corps with police functions. They have fought in every war in which Italy was involved, reporting casualties and collecting medals of honor. Although* **carabinieri** *play an important and serious role in Italian society, they are often the butt of jokes.*

Carabinieri al lavoro

Clicca qui You can learn more about the **carabinieri** at the *Avanti!* website, **Clicca qui** (**www.mhhe.com/avanti**).

11.2 *Eccoci!* Object pronouns

Francesca porta un regalo al suo amico, Gianni. Leggi le conversazioni. Riesci a capire i significati di **gli** e **lo**?

1. Pronouns can be used to replace direct and indirect objects to avoid repetition. (Do you remember the difference between a direct object and an indirect object? See **Capitolo 7, Strutture 7.1** for review.) In the conversations above, **gli** replaces the masculine singular indirect object (**a Gianni**), and **lo** replaces the masculine singular direct object (**il quadro**).

COMPLEMENTO OGGETTO INDIRETTO

Ho comprato un quadro **a Gianni.** = **Gli** ho comprato un quadro.

COMPLEMENTO OGGETTO DIRETTO

Dove metti **il quadro**? = Dove **lo** metti?

2. Indirect objects and direct objects replace both people and things. Here is a summary of direct and indirect object pronouns.

PRONOMI COMPLEMENTO OGGETTO DIRETTO				PRONOMI COMPLEMENTO OGGETTO INDIRETTO			
mi	*me*	**ci**	*us*	**mi**	*to/for me*	**ci**	*to/for us*
ti	*you*	**vi**	*you (inform./ form., pl.)**	**ti**	*to/for you*	**vi**	*to/for you (inform./form., pl.)**
La†	*you (form.)*			**Le**	*to/for you (form.)*		
lo	*him/it (m.)*	**li**	*them (m.)*				
la	*her/it (f.)*	**le**	*them (f.)*	**gli**	*to/for him* ⎫	**gli**	*to/for them*
				le	*to/for her* ⎭		

Note that:

a. Informal and formal singular *you* have different forms.

INFORMALE	**FORMALE**
Scusa Marco, non **ti** sento. *I can't hear you.*	Scusi Professore, non **La** sento.
Marco, **ti** telefono domani. *I'll call you tomorrow.*	Signor Marchi, **Le** telefono domani.

---

*In contemporary, spoken Italian, **vi** is also used for formal *you* (*pl.*). **Loro** is another form that expresses formal *you* (*pl.*). **Loro** is much more formal than **vi**, and unlike **vi**, it appears after the verb. Compare: **Vi porto una bottiglia di vino.** / **Porto *Loro* una bottiglia di vino.**

†The formal forms, **La/Le** begin with a capital letter to distinguish them from the informal forms and other object pronouns in writing.

b. The first- and second-person direct and indirect objects are the same.

COMPLEMENTO OGGETTO DIRETTO		COMPLEMENTO OGGETTO INDIRETTO	
Mi osservi.	*You observe me.*	**Mi** scrivi.	*You write to me.*
Ti vedo.	*I see you.*	**Ti** parlo.	*I talk to you.*
Ci conosci.	*You know us.*	**Ci** rispondi.	*You respond to us.*
Vi aiuto.	*I help you.*	**Vi** parlo.	*I speak to you.*

c. Only the third-person direct and indirect object pronouns have different forms.

COMPLEMENTO OGGETTO DIRETTO		
Compro **il vestito nuovo.**	→	**Lo** compro.
Preparo **i tortellini.**	→	**Li** preparo.
Guardo **la TV.**	→	**La** guardo.
Vedo **le amiche.**	→	**Le** vedo.

COMPLEMENTO OGGETTO INDIRETTO		
Telefono **a Maria.**	→	**Le** telefono.
Parlo **a Michele.**	→	**Gli** parlo.
Scrivo **a Michele e a Maria.**	→	**Gli** scrivo.
Rispondo **a Lena e a Maria.**	→	**Gli** rispondo.

Now create sentences by replacing the nouns with the appropriate pronouns.

COMPLEMENTO OGGETTO DIRETTO		
1. Leggo <u>il libro</u>.	→	*Lo* leggo.
2. Mangio <u>la pasta</u>.	→	__ mangio.
3. Compro <u>i regali</u>.	→	__ compro.
4. Vedo <u>le ragazze</u>.	→	__ vedo.

COMPLEMENTO OGGETTO INDIRETTO		
Telefono <u>a Gianni</u>.	→	*Gli* telefono.
Parlo <u>a Maria</u>.	→	__ parlo.
Scrivo <u>ai ragazzi</u>.	→	__ scrivo.
Scrivo <u>alle ragazze</u>.	→	__ scrivo.

● The answers to these activities are in Appendix 2 at the back of your book.

3. Here are some things to remember about object pronouns.

a. Object pronouns are always placed immediately before the conjugated verb.

Non **lo** vedo.   Sì, **vi** do il libro.

b. When verbs such as **potere, volere,** or **dovere** precede an infinitive, the pronoun can appear before the conjugated verb or it can be attached to the infinitive after dropping the final **-e.**

Vi voglio parlare.   =   Voglio parlar**vi.**

c. Only the direct object pronouns **lo** and **la** may elide before verbs that begin with a vowel.

Aspetto il mio amico.   →   **L'**aspetto. (**Lo** aspetto.)
Ordino la pasta.   →   **L'**ordino. (**La** ordino.)

▶ For the use of object pronouns with verbs in the **passato prossimo,** see **Per saperne di più** at the back of your book. To learn how to combine direct and indirect object pronouns to form double object pronouns, see **Per saperne di più** for **Capitolo 12.)**

> *In italiano*
>
> You learned in **Capitolo 7, Strategie di comunicazione** that **ecco** (*here it is / here they are*) is often followed by a direct object pronoun that agrees in number and gender with the object to which it refers.
>
> —**Mi puoi dare quella lampada?**   —**Dove sono i bicchieri?**
> —**Certo! Eccola.** (*Sure! Here it is.*)   —**Eccoli.** (*Here they are.*)

A. Ecco. Scegli la risposta corretta per queste domande.

Sì, eccolo.   Sì, eccole.   Sì, eccoli.   Sì, eccola.

1. Mi puoi portare il giornale?

2. Mi può far vedere (*show*) quel vaso di Murano?

3. Mi può portare un caffè?

4. Mi può portare un panino e una limonata?

5. Mi puoi dare il telecomando (*TV remote*)?

6. Mi puoi dare quella rivista?

7. Mi puoi far vedere quelle foto?

Murano is a small group of islands on the edge of the Adriatic Sea in the lagoon of Venice. Over a thousand years ago the glassblowers in Venice began producing beautiful objects of Murano glass. Today, the master glassblowers remain committed to this tradition and create some of the most enchanting glass in the world. Pieces of Murano glass appear on the cover of Avanti! *and throughout the book as a design motif.*

Clicca qui You can learn more about Murano glass at the *Avanti!* website, **Clicca qui (www.mhhe.com/avanti).**

B. Frasi equivalenti.   Leggi le frasi con i pronomi di complemento oggetto diretto o indiretto e poi scegli le frasi con gli stessi significati.

1. Gli telefona.

   a. Enzo telefona a Franca.   b. Franca telefona a Enzo.

2. Lo ama.

   a. Beatrice ama Dante.   b. Dante ama Beatrice.

3. La guarda.

   a. Antonella guarda Massimo.   b. Massimo guarda Antonella.

4. Le risponde.

   a. Simona risponde a Franco.   b. Franco risponde a Simona.

5. Lo segue.

   a. La bambina segue il gatto.   b. Il gatto segue la bambina.

6. Ci scrive.

   a. Noi scriviamo a Marco.   b. Marco scrive a noi.

7. Vi parliamo.

   a. Voi parlate a noi.   b. Noi parliamo a voi.

C. Scegli. Scegli la forma formale o informale del pronome secondo il contesto.

1. Professore, non sono venuto a lezione ieri perché ero ammalato. Posso dar<u>Le / ti</u> i compiti domani?

2. —Buon giorno, Professor Bianchi. Mi fa molto piacere veder<u>La / ti</u>.

   —Ciao, Irene. Non <u>La / ti</u> vedo da tanto tempo!

3. —Professoressa, ha ricevuto la mia e-mail?

   —No, purtroppo.

   —Che strano. Ieri <u>Le / ti</u> ho scritto un messaggio lunghissimo per giustificare (*justify*) le mie assenze.

4. —Signora, posso aiutar<u>La / ti</u>?

   —Sì, grazie. Cerco un paio di pantaloni blu.

5. —Gianni, vuoi uscire con noi sabato sera?

   —Sì! <u>Le / Ti</u> telefono domani.

6. —Signore, <u>Le / ti</u> piacerebbe l'antipasto misto?

   —Sì, grazie.

7. Paolo, <u>La / ti</u> aspetto a casa. Preparo gli gnocchi stasera.

8. Signora Franchi, <u>La / ti</u> aspetto nel mio ufficio. Dobbiamo parlare.

D. La mia infanzia (*childhood*).

Parte prima. Leggi le seguenti frasi sulla tua infanzia e adolescenza. Segna (✔) le frasi che sono vere.

I miei genitori...
1. ☐ mi portavano spesso allo zoo.
2. ☐ mi incoraggiavano (*encouraged me*).
3. ☐ mi leggevano molti libri.
4. ☐ mi davano la paghetta (*allowance*) ogni settimana.
5. ☐ mi compravano vestiti alla moda.
6. ☐ mi aiutavano con i compiti.
7. ☐ mi accompagnavano a scuola.
8. ☐ mi portavano alle lezioni di musica (di karaté, di nuoto).

Parte seconda. Cosa hai in comune con il tuo compagno / la tua compagna? Cosa facevano per voi i vostri genitori?

> **Esempio:** I nostri genitori ci portavano spesso allo zoo...

E. Luigi e Luisa.
Riscrivi la storia. Sostituisci i nomi in corsivo con i pronomi appropriati. Poi, cambia Luigi con Luisa e riscrivi la storia un'altra volta. **Attenzione!** Metti il pronome al posto giusto.

Luigi è il mio migliore amico. Tutti i giorni accompagno *Luigi* all'università perché non ha la macchina e aiuto *Luigi* con i compiti di matematica perché non ci capisce niente. Telefono *a Luigi* quasi tutti i giorni, e quando non vedo *Luigi* scrivo un'e-mail *a Luigi*. Per il compleanno porto *Luigi* ad un concerto di Zucchero, il mio cantante preferito. Ieri ho telefonato *a Luigi* diecimila volte ma non ha mai risposto. Chissà perché!

IN ITALIA

Italians are best known for their designer clothes, but Italy is also famous throughout the world for interior design. The Italian style, **design italiano,** mixes functionality and irony. Furniture has distinctive, sleek designs that are pleasing and fluid, but at the same time complex. The most recent trend displayed at the 44th annual **I Saloni** (International Furniture Fair) in Milan is a move away from a collective design movement toward individual, artistic expression.

Clicca qui You can learn more about Italian furniture at the *Avanti!* website, **Clicca qui (www.mhhe.com/avanti).**

Mobili contemporanei

F. Dove metti i mobili?

Parte prima. Insieme ai compagni, create una lista di almeno 20 mobili o oggetti che si trovano in casa.

I mobili
1. *la poltrona*
2. *i bicchieri*
3. *i libri*
4.

Parte seconda. Collabora con un compagno / una compagna. Chiedi dove mette gli oggetti e mobili in casa sua. Lui/Lei deve rispondere usando un pronome complemento oggetto diretto.

Esempio: **S1:** Dove metti la poltrona?

S2: La metto in soggiorno, accanto al divano.

*C*ultura

Ascoltiamo!

Le case di Pompei

A. Ascolta. Ascolta mentre l'insegnante ti parla delle case di Pompei.

B. Completa. Completa le seguenti frasi, inserendo la parola o l'espressione più appropriata della lista qui sotto. Usa ogni espressione *una sola volta*. **Attenzione!** La lista contiene 10 parole o espressioni; devi usarne solamente otto.

città	un cortile	su un divano	da un'eruzione
finestre	su marciapiedi	sui muri	alla sala da pranzo
agli scavi	strette		

1. Pompei ed Ercolano erano due _____ dell'Italia Meridionale, distrutte nel 79 d.C. _____ del Vesuvio.

2. Grazie _____ degli archeologi, sono stati ritrovati vari edifici pubblici e privati dell'antica Pompei.

3. Le strade di Pompei erano _____ e rumorose; la gente camminava _____ alti e usava sassi (*stones*) per attraversare le strade.

4. Le case avevano _____, chiamato *peristilio,* che faceva da giardino privato.

5. I Pompeiani mangiavano sdraiati _____, chiamato *il triclinio,* che dava il nome _____.

C. Tocca a te! Completa le seguenti frasi. Esprimi le tue impressioni sulla casa pompeiana.

Un aspetto della casa pompeiana che mi piace è... perché...
Una cosa che non mi piace, invece, è... perché...

Cultura **317**

CLICCA QUI

You can find out how to enjoy a virtual visit of the excavations in Pompeii and Ercolano at the *Avanti!* website, **Clicca qui (www.mhhe.com/avanti).**

Peristilio (il cortile) di una casa antica (Pompei)

Leggiamo!

L'ascensore: un rompicapo (*brainteaser*)

Un signore vive al decimo piano di un edificio. Ogni giorno prende l'ascensore per scendere al pianterreno (PT) e uscire.

Quando torna prende l'ascensore fino al settimo piano e poi sale le scale fino a raggiungere il proprio appartamento al decimo piano.

Solo nei giorni di pioggia prende l'ascensore sino al decimo piano.

Il signore odia fare le scale e quindi perché si comporta così?

Scriviamo!

Opinioni sulla casa

Leggi le statistiche e poi scrivi un paragrafo in cui paragoni le tue posizioni con quelle degli italiani. Siete simili o diversi?

Agli italiani piace la casa?	
Non vogliono mai cambiare casa	41,1%
Sono «abbastanza soddisfatti» della condizione della casa	48,6%
Che cosa gli piace della casa?	
Le dimensioni	90%
L'aspetto estetico dell'edificio	20%
Qual è l'aspetto più importante di una casa?	
La localizzazione congrua alle esigenze (*relative to the needs*) dei membri della famiglia	53%
Una casa unifamiliare, tranquilla e autonoma	23,2%

Parliamo!

Una casa su misura (*customized*)

Con un compagno / una compagna progettate una casa. Potete scegliere tra le seguenti stanze e comodità, ma non potete averle tutte! Ogni elemento vale un certo numero di punti e insieme avete solo 25 punti da «spendere». Come sarà la vostra casa?

la cucina: piccola (2), grande (4)
il salotto (3)
il bagno con vasca (2), con doccia (3) con idromassaggio (*whirlpool*) (4)
la camera da letto (3)
lo studio (2)
la sala da pranzo (4)
la terrazza (4)
il balcone (2)

il giardino privato (5)
la piscina (7)
il garage (5)

il frigorifero (1)
la cucina a gas (1), con forno (2)
il forno a microonde (2)
la lavastoviglie (4)
la lavatrice (3)

Guardiamo!

Film: *La vita è bella.* (Commedia. Dramma. Italia. 1997. Roberto Benigni, Regista. 116 min.)

Riassunto: Set in the 1930s, an ebullient Jewish waiter turned bookseller, Guido (Roberto Benigni), meets and falls in love with Dora, a schoolteacher (Nicoletta Braschi). After a fanciful courtship, they marry and have a son, Giosuè. However, the German occupation increasingly overshadows their life, resulting finally in their deportation to a concentration camp. Guido attempts to help his family survive the horrors of the concentration camp by convincing Giosuè that the Holocaust is a game and that the grand prize for winning is a tank.

Scena (DVD Capitolo 17): In this scene, the happy family is preparing to celebrate Giosuè's birthday in the unusual house they share with Guido's uncle.

Ciak, si gira!

A. Tra madre e figlio.   Guarda la scena e poi rispondi alle domande:

1. Secondo la mamma, cosa deve fare Giosuè?

2. Perché Giosuè non vuole fare quello che dice la mamma?

3. Dove si nasconde (*hides himself*) Giosuè?

B. Chi l'ha detto?   Chi ha detto le seguenti frasi, Guido, Dora o Giosuè?

	Guido	Dora	Giosuè
1. «Il bagno, non lo voglio fare.»	☐	☐	☐
2. «È vero. L'ha fatto venerdì l'ha fatto.»	☐	☐	☐
3. «Li ho già raccolti. Sono fuori. Li vado a prendere.»	☐	☐	☐
4. «Non lo voglio fare! Non lo voglio fare! Non lo voglio fare!»	☐	☐	☐
5. «Dove li metto, i fiori?»	☐	☐	☐
6. «Sss! L'ho fatto venerdì!»	☐	☐	☐
7. «Quella roba (*stuff*) là, la sistemi tu?»	☐	☐	☐
8. «I fiori, me li fai vedere?»	☐	☐	☐

C. L'hai capito?

Nelle frasi precedenti, vengono usati molti pronomi complemento oggetto diretto. Abbina i pronomi con le parole a cui si riferiscono: **il bagno, i fiori, la roba.**

1. «Il bagno, non **lo** voglio fare.»
2. «È vero. **L'**ha fatto venerdì **l'**ha fatto.»
3. «**Li** ho già raccolti. Sono fuori. **Li** vado a prendere.»
4. «Non **lo** voglio fare! Non **lo** voglio fare! Non **lo** voglio fare!»
5. «Dove **li** metto, i fiori?»
6. «Sss! **L'**ho fatto venerdì!»
7. «Quella roba là, **la** sistemi tu?»
8. «I fiori, me **li** fai vedere?»

IN AMERICA

Have you ever heard of a house designed in the "Italianate style"? In the United States, it was one of the most popular housing styles of the Victorian age (1850–1890). The style—also known as Tuscan or Lombard—was inspired by Italian villas, or how North American architects imagined Italian villas were. The architectural details included wide cornices with single or paired decorative brackets.

Clicca qui You can learn more about the Italianate style at the *Avanti!* website, **Clicca qui (www.mhhe.com/avanti).**

Casa «Beechwood» della famiglia Astor (Newport, Rhode Island)

Vocabolario

Domande ed espressioni

a destra di	to the right of
a sinistra di	to the left of
accanto a	next to
Com'era?	What was it like? / How was it?
d'improvviso	suddenly
davanti a	in front of
dietro	behind
fra	between
mentre	while
nell'angolo	in the corner

Verbi

cambiare casa	to move
sedersi	to sit
trasferirsi	to relocate

Sostantivi

l'armadio	armoire, closet
l'ascensore (m.)	elevator
il bagno	bathroom
il balcone	balcony
il bidè	bidet
il bidone	trash bin
la camera da letto	bedroom
il/la carabiniere	military police officer
il citofono	speakerphone

la cucina	kitchen; stove
il divano	couch
la doccia	shower
la finestra	window
il forno	oven
il forno a microonde	microwave oven
il frigorifero	refrigerator
il giardino	garden
l'immondizia	trash, garbage
l'ingresso	foyer
la lampada	lamp
il lavandino	sink
la lavastoviglie	dishwasher
il letto	bed
il marciapiede	sidewalk
il palazzo	(apartment) building
il piano	floor
il pianterreno	ground floor
la poltrona	armchair
il portone	front door
il quadro	picture
la sala da pranzo	dining room
lo scaffale	bookcase
la scrivania	desk
la sedia	chair
il soggiorno	living room
lo specchio	mirror
la strada	street
il tappeto	rug
il tavolo	dining table
il televisore	television set
la vasca da bagno	bathtub
il water	toilet

Capitolo 12

In città

Palazzo Ducale e Piazza San Marco (1755), Giovanni Antonio Canaletto

Ripasso

In this chapter you will review:

- the **passato prossimo** of irregular verbs
- the imperfect
- how to compare people and things
- how to replace nouns with object pronouns

Scopi

In this chapter you will learn:

- to express opinions
- to recognize events that took place in the distant past
- to talk about events going on at a particular moment in the past
- to compare people or things using *better* or *worse*
- more about the verb **piacere**
- about Italian cities, past and present

RISORSE MULTIMEDIALI

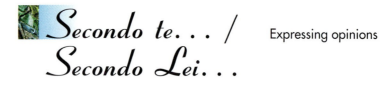

Strategie di comunicazione

Secondo te... / Secondo Lei... Expressing opinions

- To express an opinion, say:

  Secondo me...

  or

  A mio parere...

  Secondo me, la cucina italiana è la migliore del mondo.
  A mio parere, è essenziale studiare una lingua straniera.

- To ask someone else's opinion, say:

(tu)	**(Lei)**
Secondo te... ?	**Secondo Lei... ?**

  Secondo te, chi vincerà lo scudetto (*Italian Soccer Cup*)**?**

A. Osserva ed ascolta.

Parte prima. Osserva ed ascolta mentre il signor Civai si presenta. Poi rispondi alle domande.

1. Cosa fa il signor Civai?
2. In quale città lavora?
3. Gli piace il suo lavoro?

Parte seconda. Osserva ed ascolta mentre il signor Civai parla di Siena. Scegli tutte le risposte giuste. **Attenzione!** Per alcune domande c'è più di una risposta appropriata.

Panorama (Siena)

1. Secondo Lei, perché Siena è una bella città?
   Secondo il signor Civai, Siena è una città molto bella perché _____.
   a. è molto antica
   b. ha molti monumenti e musei
   c. è molto ben conservata

2. Secondo Lei, cos'è significativo del Museo Civico al Palazzo Pubblico?
   Secondo il signor Civai, il Museo Civico al Palazzo Pubblico è il museo più significativo della città perché _____.
   a. è il più grande
   b. è quello che dirige lui
   c. contiene le opere d'arte più importanti dei pittori senesi dal Trecento (*1300s*) all'Ottocento (*1800s*)

Palazzo Pubblico (Siena)

Allegoria del buon governo (1337–1340), Ambrogio Lorenzetti (Museo Civico al Palazzo Pubblico, Siena)

3. Secondo Lei, perché la storia politica di Siena è particolare?
   Secondo il signor Civai, bisogna ricordare la storia politica di Siena perché _____.
   a. Siena è sempre stata governata da gruppi di persone elette
   b. Siena era sotto il controllo di una famiglia importante
   c. fino alla metà del Cinquecento (*1500s*), Siena ha sempre avuto una forma democratica di governo

In italiano

Italian has two ways of indicating **secoli** (*centuries*).

- As in English you can use ordinal numbers (which after 10 are formed by dropping the final vowel of the number and adding **-esimo**).

  undicesimo (*eleventh*), **dodicesimo** (*twelfth*), **tredicesimo** (*thirteenth*), **quattordicesimo, quindicesimo, sedicesimo, diciassettesimo, diciottesimo, diciannovesimo, ventesimo, ventunesimo...**

- You can also eliminate the **mille** from the date and refer only to the *hundreds*.

  il Duecento, il Trecento, il Quattrocento, il Cinquecento, il Seicento...

  Dante, Petrarca e Boccaccio furono i più grandi scrittori italiani del quattordicesimo secolo.

  Dante, Petrarca e Boccaccio furono i più grandi scrittori italiani del Trecento.

  il quattordicesimo secolo = il Trecento

- To express time before and after the Common Era, use

  a.C. = avanti Cristo   **d.C. = dopo Cristo**

  I Greci fondarono le prime colonie in Sicilia nell'VIII sec. a.C. (ottavo secolo avanti Cristo).

  Pompei e Ercolano furono distrutte da un'eruzione del Vesuvio nel 79 d.C. (settantanove anni dopo Cristo).

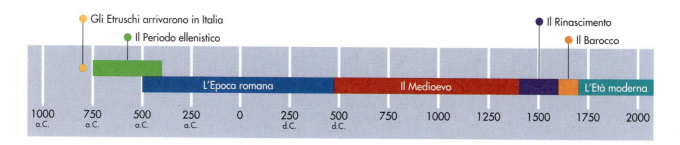

B. Quando fu (*was*) il Medioevo?

Lavora con un compagno/una compagna. Leggi un anno e lui/lei ti dirà il periodo storico corrispondente. Poi scambiatevi i ruoli.

Esempio: **S1:** l'ottavo secolo avanti Cristo

S2: il Periodo ellenistico

1. il Trecento
2. il Duecento
3. il Seicento
4. il Novecento
5. dal 500 a.C. al V sec. d.C.
6. il Cinquecento

C. La città turistica o la città universitaria?

Secondo te, perché le seguenti città sono interessanti? Scegli una delle città e di' al tuo compagno / alla tua compagna perché, secondo te, è interessante. Lui/Lei deve indovinare di quale città stai parlando. Poi sceglierà il compagno / la compagna e tu dovrai indovinare.

Boston   Las Vegas   Miami   New York

San Francisco   Toronto   Washington, D.C.

Esempio: **S1:** Secondo me, questa città è interessante perché ci sono molti musei e monumenti da visitare: lo Smithsonian, la National Gallery of Art e il Vietnam War Memorial.

S2: Boh, non lo so.

S1: È la capitale degli Stati Uniti.

S2: Oh! Certo! È Washington, D.C.

IN ITALIA

La città o il mare? Quale preferiscono visitare i turisti in Italia?

	Città di interesse storico	Località marine (*Seaside resort*)
Turisti italiani	17%	38%
Turisti stranieri	30%	28%

Secondo te, è più bello visitare una città storica o andare al mare?

D. Il punto di vista (*point of view*) di un bambino!

Spiega al compagno / alla compagna perché la città o il paese (*town*) dove sei cresciuto/a (*where you grew up*) era interessante dal punto di vista di un bambino. Preparatevi poi a presentare le vostre opinioni alla classe.

Esempio: Sono cresciuta a Chicago. Secondo me, era una città molto bella per una bambina: andavo in centro a visitare i musei, a Natale andavo a vedere tutte le vetrine e in estate potevo andare allo zoo.

Lessico

La città e il paese di provincia

Talking about Italian cities and towns

La città e il paese sono ambedue centri abitati. Leggi questo brano per capire come sono differenti. (Riesci a capire le parole nuove evidenziate?)

Le città, o **i centri urbani,** si distinguono a seconda del numero degli **abitanti.** Le città piccole hanno fino a 40.000 abitanti; le città medie hanno da 40.000 a 200.000 mila abitanti; le città grandi hanno da 200.000 a un milione di abitanti; e **le metropoli** hanno più di un milione di abitanti (in Italia: Roma, Milano, Napoli).

Traffico urbano (Roma)

L'Italia è definita «L'Italia delle mille città» perché è ricca di centri urbani. Le città si differenziano dai **paesi di provincia** per il maggior numero di abitanti e anche perché hanno molti più servizi: scuole superiori, **banche,** vari tipi di negozi, supermercati, **musei, librerie,*** **parchi** pubblici, eccettera. Anche se ci sono meno servizi, per molte persone **vivere** in un paese di provincia è preferibile perché c'è meno **caos** e **rumore,** meno **smog** e **inquinamento,** e più verde.

Molte città italiane hanno **un centro storico,** dove si **trovano** gli edifici più antichi e interessanti di valore **religioso** (il **Duomo** ed altre chiese) e di valore **civico** (il **palazzo del comune**). Il centro storico è considerato una parte molto **prestigiosa** della città dove si trovano anche

le boutique e dove il costo degli **affitti** è molto alto. Però le strade del centro storico non sono adatte al (*suited to*) **traffico,** perché erano costruite quando le città erano meno popolate e **i mezzi di trasporto** erano diversi.

Centro storico (Mantova)

La periferia della città è invece meno prestigiosa e meno **costosa.** Ci sono costruzioni **moderne** ed è di solito divisa in **quartieri** con caratteristiche diverse (residenziali, industriali, ospedalieri, sportivi).

Periferia (Roma)

---

*Attenzione! **La libreria** is a false cognate; it means *bookstore*. **La biblioteca** means *library*.

I negozi

Ci sono vari tipi di negozi nelle città italiane. Guarda le foto e poi rispondi alle domande scegliendo il negozio giusto.

a. la macelleria

c. il negozio di frutta e verdura

e. la salumeria

b. la pescheria

d. la gioielleria

f. il panificio / il forno

Dove vai per comprare...

1. il prosciutto crudo? _____

2. il pesce? _____

3. la frutta fresca? _____

4. il pane? _____

5. un anello d'oro? _____

6. la carne? _____

▶ Answers to this activity are in Appendix 2 at the back of your book.

Italy has approximately 57 million inhabitants, many of whom live **in città.** In order to ensure air quality and reduce pollution, Italians make frequent use of **i mezzi pubblici** (public transportation), which is comprised primarily of **gli autobus** and **i tram.** Some of the largest cities (Milano, Napoli, Roma) have **la metropolitana** (subway system). In addition to **la biglietteria** (ticket booth), you can purchase bus tickets **dal tabaccaio** (in a tobacco shop) or **in edicola** (at the newsstand). The cost is less than one euro (approximately 80 cents). When you get on, you must **convalidare il biglietto** (insert your ticket into a machine that will stamp it with the date and time). In most towns, the ticket remains valid for any **percorso** (route) and for 60–90 minutes from the time that it was first stamped. **Attenzione!** If you fail to stamp your ticket and **il controllore** catches you, you will pay **una multa** (fine) that is equal to 60 times the price of the ticket.

A. La qualità della vita.

Parte prima. Collabora con tre o quattro studenti. Fate una lista delle persone, dei luoghi e delle cose che si trovano in un centro urbano e in un paese di provincia.

il centro urbano	il paese di provincia

Parte seconda. Adesso, prendete la lista di un altro gruppo. Quanti altri luoghi, persone o cose potete aggiungere alle due categorie in cinque minuti? Quale gruppo ha le liste più lunghe?

B. Ho molto da fare oggi!

Parte prima. Scegli quattro o cinque dei seguenti negozi e scrivi frasi per dire quello che devi comprare oggi da ciascuno.

IN ITALIA

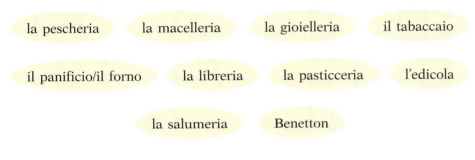

la pescheria   la macelleria   la gioielleria   il tabaccaio

il panificio/il forno   la libreria   la pasticceria   l'edicola

la salumeria   Benetton

> **Esempio:**   Devo comprare un dizionario.
>
>   Devo comprare...

Parte seconda. Di' quello che devi comprare al tuo compagno / alla tua compagna e lui/lei ti dirà dove devi andare.

> **Esempio:**   **S1:** Devo comprare un dizionario.
>
>   **S2:** Devi andare alla libreria.

The **tabaccaio** *traditionally sold salt and tabacco, the products on which the government had a monopoly. Today, you can also purchase postcards, gum, trinkets, bus tickets, and tickets for the* **Lotto,** *the national lottery. In addition, instead of going to* **la posta o l'ufficio postale** *(post office), you can also weigh your letter and buy* **i francobolli** *(stamps).*

In italiano

Here are some expressions for talking about life in the city.

cambiare casa *to move, to change houses*
fare la spesa *grocery shop*
fare un salto *to stop by*
guardare le vetrine *to window shop*

mandare / spedire una lettera o un'e-mail *to send a letter or an e-mail*
trasferirsi *relocate*

C. I consigli.
Il tuo migliore amico / La tua migliore amica ha sempre un problema da risolvere. Trova la soluzione appropriata.

> **Esempio:**   **S1:** Devo uscire stasera ma sono senza soldi.
>
>   **S2:** Perché non (*why don't*) fai un salto al bancomat?

1. Devo trovare un vestito elegante per il matrimonio del mio amico ma non so cosa voglio.
2. È il compleanno di mia madre venerdì prossimo e non posso andare a casa a festeggiare perché non ho i soldi per il treno.
3. Non riesco (*not able*) a trovare lavoro in questo piccolo paese.
4. La mia amica viene a cena stasera e il frigo è vuoto!
5. Non ne posso più (*I can't stand it anymore*)! Abbiamo tre bambini ma solo due camere e un bagno. Questa casa è troppo piccola!

D. La parola giusta. Completa le frasi con l'espressione appropriata. Attenzione! Devi usare tutte le espressioni una volta.

abitanti	l'affitto	edifici	l'inquinamento
paese	periferia	il quartiere	tranquilla

1. Gianfranco non abita in città, abita in un piccolo _____ in montagna vicino a Trento.

2. Molte persone vogliono vivere a Trastevere perché è _____ più antico di Roma.

3. A Giacomo piacerebbe un appartamento in centro, ma _____ è troppo alto e non ha molti soldi. Mi sa (*It seems to me*) che deve andare a vivere in _____.

4. Preferisco vivere in montagna dove l'aria (*air*) è pulita e non c'è _____.

5. Roma è una metropoli perché ha più di un milione di _____.

6. In un paese di provincia la vita è più _____ che in città perché c'è meno caos e rumore.

7. Gli _____ più antichi si trovano nel centro storico.

IN ITALIA

Quali sono i problemi principali della zona in cui vivi? Ecco cosa dicono gli italiani:

il traffico	48,3%
le cattive condizioni stradali	41%
le difficoltà del parcheggio	40,8%
l'inquinamento dell'aria	40%

E i problemi nella zona in cui vivi tu, quali sono?

E. Città o provincia?

Parte prima. Collega i contrari (*opposites*). **Attenzione!** Alcuni aggettivi hanno più di un contrario.

1. caotico	a. calmo
2. complicato	b. divertente
3. frenetico	c. piacevole (*pleasing*)
4. monotono	d. sicuro (*safe*)
5. noioso	e. silenzioso
6. pericoloso (*dangerous*)	f. stimolante
7. rumoroso	g. semplice (*simple*)
8. stressante	h. tranquillo

Parte seconda. Adesso, completa queste frasi secondo la tua opinione. Nel primo spazio inserisci degli aggettivi, poi spiega la tua scelta (*choice*). Discuti le tue opinioni con i compagni.

Secondo me, la vita in un centro urbano è... perché...
Secondo me, la vita in un paese di provincia è... perché...

Strutture

Ripasso: *Ho vinto la lotteria!*

The present perfect of irregular verbs

Parte prima. Completa ogni verbo con il participio passato. (Hai bisogno di aiuto? Vedi **Capitolo 6, Strutture 6.1** e **6.2.**)

1. nascere	sono _____	5. leggere	ho _____
2. rimanere	sono _____	6. vedere	ho _____
3. vincere	ho _____	7. essere	sono _____
4. perdere	ho _____	8. prendere	ho _____

▶ Answers to this activity are in Appendix 2 at the back of your book.

Parte seconda. Scegli sei verbi e scrivi frasi originali che sono vere per te. Con gli altri due verbi, scrivi frasi false.

> **Esempio:** Sono nato il 24 luglio.

Parte terza. Leggi tutte le frasi al compagno / alla compagna. Lui/ Lei ascolterà e prenderà appunti, e poi deciderà quali sono le due frasi false.

12.1 *Chi fu?* The past absolute

1. The **passato remoto** is another past tense that is usually used to talk about events in the distant past, such as historical events. It is often used instead of the **passato prossimo** in novels and short stories.

IN ITALIA

*The use of the **passato remoto** varies by geographical region. It tends to be limited to formal written Italian in Northern Italy, but it is used widely in informal spoken Italian in the South.*

2. The endings of the three regular conjugations are very similar in the **passato remoto.** Notice that regular **-ere** verbs have alternative forms for **io, lui,** and **loro.**

andare	credere	costruire (*to construct*)
and**ai**	cred**ei** / cred**etti**	costru**ii**
and**asti**	cred**esti**	costru**isti**
and**ò**	cred**é** / cred**ette**	costru**ì**
and**ammo**	cred**emmo**	costru**immo**
and**aste**	cred**este**	costru**iste**
and**arono**	cred**erono** / cred**ettero**	costru**irono**

3. Essere is completely irregular in the **passato remoto.**

essere
fui
fosti
fu
fummo
foste
furono

4. The verb **avere** is also irregular, but there is a pattern. The **io, lui/lei,** and **loro** forms are similar.

avere
ebbi
avesti
ebbe
avemmo
aveste
ebbero

5. Many irregular verbs, most of which are **-ere** verbs, also have irregular **io, lui,** and **loro** forms. Here are the third-person singular (**lui/lei**) forms of several commonly used irregular verbs.

INFINITO	PASSATO REMOTO lui/lei
conoscere	conobbe
decidere	decise
dipingere	dipinse
dire	disse
fare	fece
morire	morì
nascere	nacque
perdere	perse
rimanere	rimase
rispondere	rispose
scrivere	scrisse
vedere	venne
venire	vinse
vincere	vide

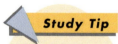

Study Tip

*The goal of this lesson is to be able to recognize the forms of the **passato remoto** when you read. Since it is used to tell stories and talk about historical events and people who are no longer living, the most frequent form that you will encounter in this chapter is the third person singular (**lui/lei**).*

To learn about the use of the **passato remoto** vs. **l'imperfetto,** see **Per saperne di più** at the back of your book.

A. Gli italiani famosi. Completa le descrizioni con la persona appropriata.

Enrico Fermi	Dante Alighieri	Carlo Collodi

Nicolò Machiavelli	Anna Magnani	Leonardo da Vinci

1. _____ dipinse *La Gioconda*.

2. _____ scrisse *Le Avventure di Pinocchio* nel 1881.

3. _____ fu la protagonista del film di Roberto Rossellini, *Roma, città aperta* (1945).

4. _____ fu l'autore del Trecento che scrisse la *Divina Commedia*.

5. _____ inventò la bomba atomica.

6. _____ fu il filosofo della politica che scrisse *Il Principe* durante il Rinascimento.

B. Riconosci il passato remoto? Scrivi la forma equivalente al passato prossimo di questi verbi al passato remoto. **Attenzione!** Usa l'ausiliare (**avere/essere**) giusto.

1. scrisse	ha scritto	8. vinse	_____
2. disse	_____	9. ebbe	_____
3. rispose	_____	10. conobbe	_____
4. rimase	_____	11. nacque	_____
5. decise	_____	12. morì	_____
6. perse	_____	13. inventò	_____
7. dipinse	_____		

C. Trova il passato remoto.

Parte prima. Leggi questo brano su Giulio Cesare e sottolinea tutti i verbi al passato remoto. Poi, scrivi la forma equivalente al passato prossimo di ogni verbo. **Attenzione!** Ci ne sono nove verbi al passato remoto.

Intorno al 100 a.C., da una nobile e antica famiglia romana, nacque Caio Giulio Cesare. Nella sua giovinezza ebbe un ruolo importante la madre Aurelia e in lei Cesare ebbe sempre grandissima fiducia (*trust*). Verso i trent'anni Cesare cominciò ad affermarsi (*establish himself*) nella vita politica di Roma. Per attuare (*put into effect*) un suo programma di riforme, si alleò con (*he formed an alliance with*) le due persone più potenti (*powerful*) della città: Pompeo e Crasso. Questo patto fra i tre uomini prese il nome di «triumvirato». A Cesare fu affidato (*entrusted*) il governo della Gallia (*Gaul, now modern-day France*) e presto si rivelò (*he revealed himself*) il più forte dei triumviri. Il 15 marzo del 44 a.C. fu ucciso (*killed*) da un gruppo di oppositori che non tolleravano il suo potere.

Parte seconda. Rispondi alle domande.

1. Quando nacque Giulio Cesare?
2. Quando morì Giulio Cesare?
3. Che fu il triumvirato?
4. Chi fu il più forte dei triumviri?

D. Il bastone (*cane*) magico.

Parte prima. In questa favola (*fable*) di Gianni Rodari un ragazzino, Claudio, riceve un bastone magico da un vecchio signore. Sottolinea tutti i verbi al passato remoto e poi abbinali (*match them*) alle forme equivalenti al passato prossimo qui sotto.

ha detto   è rimasto   ha picchiato (*tapped*)

si è allontanato (*walked away*)   è caduto (*fell*)   è passato

è stato   ha posto (*offered*)   ha sorriso (*smiled*)

Un giorno il piccolo Claudio giocava sotto il portone, e sulla strada passò un bel vecchio con gli occhiali d'oro, che camminava curvo (*bent over*), appoggiandosi ad (*leaning on*) un bastone, e proprio davanti al portone il bastone gli cadde (*fell from his hands*).

Claudio fu pronto a raccoglierlo e lo porse al vecchio, che sorrise e disse: «Grazie, ma non mi serve. Posso camminare benissimo senza. Se ti piace, tienilo.»

E senza aspettare risposta si allontanò, e pareva (*he seemed*) meno curvo di prima.

Claudio rimase lì col bastone fra le mani e non sapeva che farne. Era un comune (*normal*) bastone di legno (*wood*), col manico ricurvo (*curved handle*) e il puntale di ferro (*iron tip*), e niente altro di speciale da notare.

Claudio picchiò due o tre volte il puntale per terra, poi...

(Rodari, Gianni, 1993, *Favole al telefono*, Einaudi Ragazzi, p. 93–95)

Parte seconda. Leggi la favola. Non ti preoccupare se non capisci tutte le parole, cerca solo di capire l'idea generale della storia.

(*continued*)

Parte terza. Il bastone è magico perché quando Claudio picchia il puntale per terra, succedono cose speciali. Formate gruppi di tre o quattro. Completate l'ultima frase insieme e raccontate la vostra versione ai compagni. **Attenzione!** Usate i verbi al passato prossimo.

Esempio: Claudio ha picchiato due o tre volte il puntale per terra, poi il bastone è diventato un albero di cioccolato. Claudio è salito sull'albero e ha cominciato a mangiare tutti i cioccolatini...

⑤ Ripasso: *Dov'eri?* The imperfect

Parte prima. Michele e Susanna sono studenti all'Università di Napoli. È da una settimana che Michele cerca di contattare Susanna. Finalmente la trova sabato mattina. Completa la loro conversazione con i verbi della lista.

studiavo	volevo	facevo	guardavo

facevamo	cercavi

MICHELE: Susanna, ti ho telefonato lunedì sera verso le 6.00, ma il telefonino era spento (*turned off*). Dov'eri?

SUSANNA: _____[1] aerobica con Lucrezia.

MICHELE: Martedì sono venuto a casa tua alle 9.00 di sera. Perché non eri in casa?

SUSANNA: _____[2] un film a casa di un'amica.

MICHELE: Ho chiamato di nuovo mercoledì pomeriggio, ma il telefonino era spento.

SUSANNA: La mia compagna di casa ed io _____[3] la spesa al supermercato.

MICHELE: Ti ho cercato al bar giovedì pomeriggio verso le 2.00. Dov'eri?

SUSANNA: _____[4] in biblioteca per l'esame di chimica con le mie compagne di classe.

MICHELE: E venerdì mattina verso le 11.00? Ti ho cercato in biblioteca.

SUSANNA: Ero all'esame di chimica.

MICHELE: Com'è andato?

SUSANNA: Male. Avevo perso il libro, quindi è stato difficile prepararmi. Perché mi _____[5] così disperatamente?

MICHELE: Ti _____[6] dire che ho il tuo libro di chimica perché l'hai lasciato al bar quando abbiamo preso un caffè insieme domenica scorsa.

Parte seconda. Si usa l'imperfetto per descrivere quello che succedeva in un momento particolare nel passato. Puoi elencare altri usi dell'imperfetto?

▶ Answers to this activity are in Appendix 2 at the back of your book.

12.2 *Cosa stavi facendo?*   The past progressive

1. The past progressive (**il passato progressivo**) can be used in place of the imperfect to stress that an action was in progress at a particular moment in the past.

Michele **studiava/stava studiando** alle 8.00.	*Michele was studying at 8:00.*
Mentre Giovanna **faceva/stava facendo** la spesa al supermercato, ha incontrato il suo amico Davide.	*While Giovanna was shopping at the supermarket, she met her friend Davide.*

2. The form of the **passato progressivo** is similar to that of the **presente progressivo**, which you learned in **Capitolo 7, Strutture 7.2.** The **presente progressivo** is formed with the present tense of **stare** followed by the **gerundio.**

—Cosa **stai facendo**?	*What are you doing?*
—**Sto studiando.**	*I'm studying.*

The **passato progressivo** is formed with the imperfect of **stare** followed by the **gerundio.**

—Cosa **stavi facendo** ieri alle 8.00?	*What were you doing yesterday at 8:00?*
—**Stavo studiando.**	*I was studying.*

3. Write the imperfect forms of **stare.**

stare	
io	stavo
tu	stavi
lui, lei, Lei	
noi	
voi	
loro	

Next, complete the forms of the **gerundio** for **-are, -ere,** and **-ire** verbs.

guardare → stavo guard_____	prendere → stavo prend_____	dormire → stavo dorm_____

▶ Answers to these activities are in Appendix 2 at the back of the book.

A. Susanna e Michele.

Leggi la conversazione tra Susanna e Michele (pagina 338) e decidi se le seguenti frasi sono vere o false. Poi, correggi le frasi false.

	vero	falso
1. Lunedì sera Susanna stava facendo aerobica quando Michele l'ha cercata in biblioteca.	☐	☐
2. Michele le ha telefonato a casa martedì sera, ma Susanna stava guardando un film a casa di un'amica.	☐	☐
3. Mentre Susanna stava facendo la spesa al supermercato mercoledì pomeriggio, Michele l'ha chiamata di nuovo.	☐	☐
4. Giovedì pomeriggio Susanna stava studiando in biblioteca quando Michele è andato a trovarla a casa.	☐	☐
5. Venerdì mattina, Susanna era all'esame di chimica quando Michele l'ha cercata al bar.	☐	☐

B. Cosa stava succedendo?

Completa queste situazioni in modo logico usando il passato progressivo.

1. Luca e Mirella erano ad una festa con amici. Luca è andato a prendere da bere e quando è ritornato, Mirella...
2. La Signora Bertucci ha due bambini, Massimo (9 anni) e Luigi (5 anni), che si mettono spesso nei guai (*trouble*). Ieri, la signora ha dovuto parlare al telefono con il dottore. Quando ha finito la telefonata, è andata in cucina e Massimo e Luigi...
3. Ieri era il compleanno di Maria. Quando è ritornata in ufficio dopo pranzo, i suoi colleghi...
4. Ieri gli studenti di biologia avevano un esame. Durante l'esame il professore è dovuto uscire dall'aula per dieci minuti. Quando è rientrato, gli studenti...
5. I genitori di Luca sono andati in vacanza per due settimane. Dovevano tornare domenica scorsa, ma hanno avuto problemi e sono ritornati venerdì sera verso le undici. Quando sono entrati in casa, Luca e i suoi amici...

C. Cosa stavi facendo?

Collabora con un compagno / una compagna. Chiedi a lui/lei cosa stava facendo ieri alle 13.00, alle 15.00 e alle 20.00. Lui/Lei deve scegliere uno degli indizi (*clues*) per dare una risposta. Scambiatevi poi i ruoli.

Esempio: **S1:** Cosa stavi facendo ieri all'una?

S2: (la TV) Stavo guardando la TV.

la TV	la piscina	Benetton e Gucci	*La vita è bella*

il computer	la chimica	Pino Daniele e Zucchero

Firenze (population circa 370,000) is one of the most popular tourist destinations in Italy. Here are some of the sites you can visit.

Ponte Vecchio: *The oldest bridge in Florence, erected in 1345 on the site of a wooden bridge that existed in Roman times, houses famous **botteghe** (shops), most of which sell gold jewelry today.*

Il mercato di San Lorenzo: *A weekly open-air market where vendors sell food, clothing, leather goods, accessories, and music.*

Santa Maria Novella: *A fourteenth-century church that houses the works of famous painters such as Brunelleschi, Filippino Lippi, and Masaccio.*

Palazzo Pitti: *A complex of art museums that houses precious treasures. Behind the **palazzo** is the Italian-style public garden, the **Giardini Boboli.***

Santa Croce: *A fifteenth-century basilica in the shape of an Egyptian cross (a "T") that is considered a masterpiece of Gothic art. It contains many Renaissance sculptures, as well as frescos by Giotto.*

Galleria degli Uffizi: *Originally a Medici palace, it houses one of the most important art collections in the world, which includes classical sculpture and paintings on canvas and wood by thirteenth- to eighteenth-century Italian and foreign artists.*

Ponte Vecchio (Firenze)

 Clicca qui You can learn more about Firenze at the *Avanti!* website, **Clicca qui (www.mhhe.com/avanti).**

D. Visitiamo Firenze.

Parte prima. Sei stato/a a Firenze venerdì scorso. Cosa hai fatto? Scrivi il tuo itinerario (immaginario) sulla scheda alla pagina seguente. Scegli sei delle seguenti attività.

> visitare il Ponte Vecchio

> visitare il Palazzo Pitti

> visitare la Galleria degli Uffizi

> visitare Santa Croce

(continued)

fare shopping al mercato di San Lorenzo   bere qualcosa al bar

prendere un gelato   pranzare in una trattoria

pranzare in una pizzeria   pranzare in un ristorante di lusso

	il mio itinerario	compagno 1	compagno 2
9.00–10.30			
11.00–12.30			
13.00–14.30	*pranzare in una trattoria*		
15.00–16.00			
16.15–17.15			
17.30–18.45			

Parte seconda. Formate gruppi di tre. A turno, leggete il vostro itinerario ai membri del gruppo. Usate il passato progressivo. Segnate (✔) quando un compagno / una compagna ha fatto la stessa attività alla stessa ora. Chi hai incontrato più spesso?

Esempio: **S1:** Dalle nove alle dieci e mezzo stavo facendo shopping al mercato di San Lorenzo. E voi?

⟳ Ripasso: *Il paese è più* The comparative
tranquillo della città

Parte prima. Completa queste affermazioni con aggettivi appropriati.

1. Il paese è **meno** _____ **della** città.

2. La vita in città è **più** _____ **della** vita in un paese di provincia.

3. La metropolitana è **più** _____ **dell'**autobus.

4. Il costo della vita in un paese è **meno** _____ **del** costo della vita in città.

5. Il ritmo (*pace*) della vita in città è **più** _____ **del** ritmo della vita in un paese di montagna.

Parte seconda. Collabora con un partner. Fate un paragone tra due città italiane che conoscete.

Esempio: Roma è più grande di Firenze, ma secondo noi Firenze è più bella perché...

12.3 𝒟ove si vive meglio? The irregular comparative

1. The adjectives **buono** (*good*) and **cattivo** (*bad*) describe nouns. When comparing two nouns, you can express the fact that one is *better than* or *worse than* the other with the regular comparative forms **più buono di** / **più cattivo di.**

Secondo me...	*In my opinion . . .*
la pasta è **più buona del** pesce.	*pasta is better than fish.*
gli gnocchi sono **più buoni delle** lasagne.	*gnocchi are better than lasagna.*
il pesce è **più cattivo della** pasta.	*fish is worse than pasta.*
le lasagne sono **più cattive degli** gnocchi.	*lasagna is worse than gnocchi.*

Attenzione! Remember that the adjective agrees in gender and number with the *first* noun in the comparison.

The irregular forms of these adjectives, **migliore di** (*better than*) and **peggiore di** (*worse than*), have the same meaning.

La pasta è **migliore del** pesce.
Gli gnocchi sono **migliori delle** lasagne.
Il pesce è **peggiore della** pasta.
Le lasagne sono **peggiori degli** gnocchi.

2. Bene (*well*) and **male** (*badly*) are adverbs: they modify verbs. When comparing how an action is carried out, you use the comparative forms of adverbs, **meglio di** (*better than*) and **peggio di** (*worse than*).

Guido nuota **bene.**	*Guido swims well.*
Luca nuota **male.**	*Luca swims badly.*
Guido nuota **meglio di** Luca.	*Guido swims better than Luca.*
Luca nuota **peggio di** Guido.	*Luca swims worse than Guido.*

> **Study Tip**
>
> The key to using **buono** vs. **bene** or **cattivo** vs. **male** correctly is paying attention to whether you are describing the quality of a noun or a verb. Do not translate from English since in informal, spoken American English the adjectives *good* and *bad* are often used as adjectives and adverbs.

A. Le tue opinioni.

Scegli la parola che esprime la tua opinione. Quando hai finito, l'insegnante farà un sondaggio della classe per conoscere le opinioni della maggioranza.

Secondo me...

1. la qualità della vita in città è migliore/peggiore della qualità della vita in provincia.

2. le macchine italiane sono migliori/peggiori delle macchine americane.

3. a dicembre una gita (*trip*) a Palermo è migliore/peggiore di una gita a Venezia.

4. in agosto un weekend in montagna è migliore/peggiore di un weekend al mare.

5. le biciclette italiane sono migliori/peggiori delle biciclette americane.

Venice, known as **La Serenissima** *(The Most Serene), is a focal point for tourists from all over the world who come to see its canals, gondolas, and palaces. Venice is built on 117 small islands; it has some 150 canals and 409 bridges only three of which cross the Grand Canal, the main waterway of the city. Venice was first settled during the Barbarian invasions of the fifth and sixth centuries* A.D., *when the people of the Veneto's mainland sought refuge in the marshes. No vehicular traffic is allowed to enter the city proper in Venice. People travel by foot or by* **taxi acquei** *(water taxi) or* **bus navetta** *(water bus). All transportation—trash collection, ambulance, police, firefighters, and delivery services (including UPS)—are all done by boat.*

Gondola in uno dei canali (Venezia)

Clicca qui You can learn more about Venezia at the *Avanti!* website, **Clicca qui (www.mhhe.com/avanti).**

B. Marco e Riccardo. Marco e Riccardo sono due compagni di casa molto differenti. Completa le frasi con la parole giuste.

1. Riccardo gioca a tennis migliore/meglio di Marco.

2. Marco cucina migliore/meglio di Riccardo. Quindi, le lasagne di Marco sono migliori/meglio delle lasagne di Riccardo.

3. Riccardo parla francese peggiore/peggio di Marco.

4. Riccardo gioca a golf migliore/meglio di Marco.

5. Riccardo e Marco seguono un corso di matematica insieme. I compiti di Marco sono sempre migliori/meglio dei compiti di Riccardo.

6. Marco pulisce la casa migliore/meglio di Riccardo.

7. Marco prende sempre l'autobus per andare all'università perché la sua bici è vecchia. La bici di Riccardo è migliore/meglio.

C. Quale è migliore?

Parte prima. Scrivi le tue opinioni. Usa **migliore** o **peggiore**.

> **Esempio:** Secondo me, l'opera lirica è migliore del jazz.

1. la pizza ai funghi / la pizza ai quattro formaggi

2. il risotto / la pasta

3. una vacanza al mare / una vacanza in montagna

4. una festa di compleanno con gli amici / una festa di compleanno con la famiglia

5. la musica rock / il rap

6. l'autobus / la metropolitana

Parte seconda. Trova un compagno / una compagna che ha le stesse opinioni. Prendi appunti e poi presenta i risultati ai compagni.

> **Esempio:** **S1:** Secondo te, l'opera lirica è migliore del jazz?
>
> **S2:** Sì!
>
> **S1** e **S2:** Secondo me e Cristina, l'opera è migliore del jazz.

In italiano

If you want to express that someone is *better* or *worse* at a particular activity than yourself, you use: **meglio/peggio di me.**

Marcello gioca a tennis meglio di me, ma Sandra gioca peggio di me.

D. Chi gioca meglio?

Parte prima. Per ogni attività indica la tua abilità.

> benissimo   bene   male   malissimo

1. cucinare
2. dipingere
3. giocare a tennis
4. giocare a calcio
5. ballare
6. nuotare

Parte seconda. Trova le persone che fanno queste attività meglio o peggio di te. Prendi appunti e poi presenta i risultati ai compagni.

> **Esempio:** **S1:** Come cucini?
>
> **S2:** Bene.
>
> **S1:** Luigi cucina meglio di me.

⊙ Ripasso: *Posso aiutarLa?*

Object pronouns

A chi o a cosa si riferiscono i pronomi evidenziati in questi mini-dialoghi? Sono complementi oggetto diretto o indiretto?

1. IL DIRETTORE: Signora Ricci, per favore, chiami il Signor Talmi e **gli** dica che posso incontrar**lo** domani mattina alle 10.00.
   LA SEGRETARIA: Sì, Sì. Subito.
2. LA MAMMA: Tommaso, hai comprato i fiori per i nonni?
   TOMMASO: No, **li** compro stasera quando esco.
3. IL CAMERIERE: **Le** porto il conto?
   CARLO: Va bene. Grazie.
4. MARINETTA E LUISA: **Ci** porti a casa in macchina?
   MAURO: Certo, volentieri.
5. ALESSANDRA: Hai dato i libri a Raffaella ed Enrica?
   RITA: No, non **gli** ho potuto dare niente.
   ALESSANDRA: Perché?
   RITA: Perché non **le** ho più viste a lezione.
6. LA COMMESSA: Posso aiutar**La**?
   SIMONE: Sì, grazie. Cerco una maglietta per la mia ragazza. **Le** piace il collo a 'V' (*V-neck*).

▶ Answers to this activity are in Appendix 2 at the back of your book.

▶ To learn about double object pronouns, see **Per saperne di più** at the back of your book.

12.4 *A Silvia piacciono le scarpe*

More about the verb **piacere**

1. The verb **piacere** doesn't behave like other verbs. **Piacere** literally means *to be pleasing to,* so it has a subject and an indirect object; the subject is what is pleasing, and the indirect object is the person who is pleased. In the following sentence **le scarpe** is the subject of **piacere,** and **Silvia** is the indirect object (that's why **Silvia** is preceded by the preposition **a**).

INDIRECT OBJECT	SUBJECT	
↓	↓	
A Silvia piacciono le scarpe.		*The shoes are pleasing to Silvia.* (*Silvia likes the shoes.*)
A Silvia piace disegnare.		*Drawing is pleasing to Silvia.* (*Silvia likes drawing.*)

2. If the indirect object of the verb **piacere** has a definite article, the preposition **a** contracts with the article to form an articulated preposition.

Alla mia amica piacciono gli orecchini.

The earrings are pleasing to my friend (f.). (*My friend [f.] likes the earrings.*)

Ai ragazzi piace il giubbotto.

The jacket is pleasing to the guys. (*The guys like the jacket.*)

346 Capitolo 12 *In città*

3. Don't be fooled by the word order! With **piacere,** the indirect object, not the subject, may precede the verb. Identify the subject of **piacere** in the following sentences.

1. Mi **piace** sciare.

2. Ci **piacciono** i nostri regali.

3. Ai bambini **piacciono** i biscotti.

4. A Luisa **piace** il cane di Maria.

5. La nuova macchina **piace** a mia madre, ma non **piace** a mio padre.

▶ Answers to this activity are in Appendix 2 at the back of your book.

A. Ascolta. L'insegnante leggerà delle frasi. Indica il soggetto del verbo **piacere.**

1. a. Maria   b. gli spaghetti

2. a. io   b. nuotare

3. a. la natura   b. Michele

4. a. fare le vacanze in Italia   b. mia madre

5. a. Riccardo e Guido   b. tutti gli sport

B. Le conclusioni. Scegli la conclusione giusta per ogni frase.

1. Luigi mangia sempre i broccoli, le zucchine e l'insalata.

   a. Gli piace la verdura.   b. Le piace la verdura.

2. Maria gioca a tennis, a calcio e a golf.

   a. Gli piace lo sport.   b. Le piace lo sport.

3. Francesca e Maria guardano *La vita è bella; Roma, città aperta* e *Cinema Paradiso.*

   a. Gli piacciono i film italiani.   b. Le piacciono i film italiani.

4. Guido ed io ascoltiamo Pino Daniele, Zucchero e Lucio Dalla.

   a. Mi piace la musica italiana.   b. Ci piace la musica italiana.

5. Tu e Diana mangiate spesso le torte, i biscotti, il tiramisù e la zuppa inglese.

   a. Ti piacciono i dolci.   b. Vi piacciono i dolci.

C. Le persone famose. Abbina le persone a sinistra con le cose che gli piacciono (o gli piacevano) a destra. Poi, scrivi frasi complete con **piacere.**

Esempio: Ad Enrico Fermi piaceva la fisica.

Miuccia Prada

Cristoforo Colombo

Sofia Loren   Jovanotti

Luciano Pavarotti

Enrico Fermi

la fisica

recitare   viaggiare

i vestiti   la musica rap

cantare l'opera

D. Il gioco della memoria.   Formate cerchi di 7 o 8 studenti. La prima persona sceglie una categoria e poi dice una cosa che (non) gli/le piace che appartiene (*belongs*) a quella categoria. Ogni persona che segue deve dire sia quello che (non) gli/le piace che le cose che (non) piacciono a tutte le persone precedenti.

Le regole: Non si possono ripetere le risposte. Se dimentichi una risposta o se dimentichi di dire "a" prima dei nomi dei compagni, il gioco ricomincia da capo.

la cucina italiana   i vestiti   le professioni   la vita universitaria

le feste (religiose e nazionali)   la città e la provincia

Esempio: la città e la provincia
S1: Mi piace Palermo.
S2: Mi piace Roma. A Maria piace Palermo.

IN ITALIA

Palermo was founded in the eighth century B.C. by Phoenician tradesmen from what is present day Lebanon and Syria. It is considered one of the most invaded cities in the world. It was conquered by the Romans, Byzantines, Muslims, Normans, Angevins (from the western French province Anjou), the House of Aragon (from northeast Spain), the kingdom of Spain, and the House of Bourbon (France). During the Muslim period, it is said that more than 300 mosques were built, but they were converted to churches under the Norman rulers. The blend of Arab and Norman culture resulted in a unique hybrid style of architecture. This blending of architectural styles can be seen in the Palatine Chapel, which is housed on the first floor of the Norman palace, a magnificent building of Arabic origin.

Palazzo dei Normanni (Palermo)

Cultura

Ascoltiamo!

Le città italiane attraverso il tempo

A. Ascolta. Ascolta mentre l'insegnante ti parla delle caratteristiche delle città in diversi periodi storici.

B. Completa. Completa le seguenti frasi, inserendo la parola più appropriata della lista qui sotto. Usa ogni parola *una sola volta*. **Attenzione!** La lista contiene 10 parole; devi usarne solamente otto.

> **cibo   clima   greca   medioevale   moderna   preistorica**
> **il Rinascimento   romana   Seicento   il trasporto**

1. I centri maggiori sono sorti (*sprang up*) in aree fertili per assicurarsi abbondante _____.

2. I centri maggiori si trovano in zone dal _____ mite e presso un fiume o lungo le coste del mare per rendere più facile _____ di persone e merci.

3. Le città di origine _____ erano delle colonie.

4. Le città di origine _____ hanno una tipica pianta quadrangolare.

5. Le città di origine _____ sono caratterizzate dalle piccole strade strette e a curve e da una cerchia di mura che le circonda.

6. Durante _____ non sono state fondate molte città. Invece quelle già esistenti sono state abbellite (*embellished*) con nuovi palazzi e rafforzate con enormi bastioni.

7. Lo stile grandioso del barocco nel _____ ha trasformato le città con la costruzione di imponenti edifici e monumenti dalle linee curve, con forti effetti scenografici.

C. Tocca a te! Secondo te, quale tipo di città è più interessante? Perché?

Secondo me, la città di origine... è la più interessante perché...

Leggiamo!

Le città italiane di oggi

In questa lettura, tratta da un libro di geografia per la scuola media in Italia, sono descritte varie zone d'Italia. Leggi il testo per capire come si differenziano l'una dall'altra queste zone.

La zona compresa tra Torino, Milano e Genova è definita anche «il **triangolo industriale**», perché possiede le maggiori industrie e i maggiori centri di produzione: Torino, centro di grandi industrie; Milano, centro industriale e commerciale; Genova, con il maggiore porto commerciale. In questa zona, che ha sempre offerto notevoli[1] possibilità di lavoro, è dunque affluito[2] un grande numero di persone da ogni regione d'Italia. ●

● *La zona veneta* (il cosiddetto «**Nord-Est**») è caratterizzata da un intensissimo, recente, impetuoso sviluppo industriale. Si produce «di tutto», si esporta ovunque;[8] questa zona è divenuta una vera e propria potenza[9] economica. Verona, Vicenza, Padova, Pordenone sono i centri più dinamici e noti, dove – si può quasi dire – «non esiste disoccupazione».

● *La zona emiliana* è caratterizzata da molte attività industriali e agricole ed è sede[10] di città grandi e medie, come Bologna, Parma, Reggio nell'Emilia, Modena, Ferrara, Ravenna.

● *La zona marchigiana e umbra* è rimasta più a lungo agricola, industrializzandosi[11] in tempi relativamente recenti; è sede di città medie e piccole, alcune delle quali dedite all'industria (ad esempio Terni), al commercio e ai trasporti (porti di Ancona e di San Benedetto del Tronto) e altre sono città turistiche e universitarie (come Perugia e Urbino).

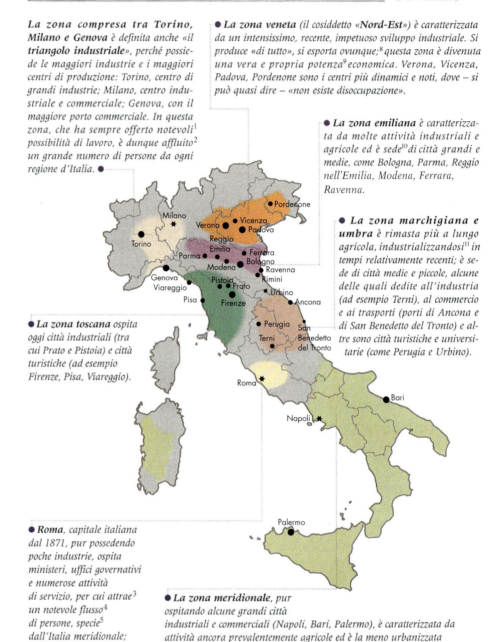

● *La zona toscana* ospita oggi città industriali (tra cui Prato e Pistoia) e città turistiche (ad esempio Firenze, Pisa, Viareggio).

● **Roma**, capitale italiana dal 1871, pur possedendo poche industrie, ospita ministeri, uffici governativi e numerose attività di servizio, per cui attrae[3] un notevole flusso[4] di persone, specie[5] dall'Italia meridionale; è inoltre[6] uno dei «poli»[7] del turismo mondiale.

● *La zona meridionale*, pur ospitando alcune grandi città industriali e commerciali (Napoli, Bari, Palermo), è caratterizzata da attività ancora prevalentemente agricole ed è la meno urbanizzata d'Italia: vi manca la fitta rete[12] di città medie e piccole presente nel resto del territorio italiano.

[1]noteworthy [2]è... has therefore streamed [3]attracts [4]flow [5]often [6]moreover [7]centers [8]si... exports everywhere [9]strength, force [10]seat, site [11]becoming industrialized [12]vi... it is missing the tight network

Le schede. (*Charts.*) Fai una scheda simile alla seguente per le altre zone descritte nel testo.

Scheda n. 1			
La zona	**le città**	**le dimensioni**	**l'economia**
«il triangolo industriale»	Torino	☐ piccola ☐ media ☑ grande ☐ metropoli	☐ agricola ☐ commerciale ☐ di porto ☐ di servizi ☑ industriale ☐ turistica ☐ universitaria
	Milano	☐ piccola ☐ media ☐ grande ☑ metropoli	☐ agricola ☑ commerciale ☐ di porto ☐ di servizi ☑ industriale ☐ turistica ☐ universitaria
	Genova	☐ piccola ☐ media ☑ grande ☐ metropoli	☐ agricola ☑ commerciale ☑ di porto ☐ di servizi ☐ industriale ☐ turistica ☐ universitaria

Dov'è meglio abitare?

Lavora con un compagno / una compagna. Su un foglio scrivete sette vantaggi di abitare in città.

Esempio: È meglio abitare in città perché…

ci sono più servizi (gli ospedali, le scuole, i negozi).

Su un altro foglio scrivete sette vantaggi di abitare in campagna.

Esempio: È meglio abitare in campagna perché...
c'è meno smog e inquinamento.

Parliamo!

Dibattito

In città o in campagna? Dov'è meglio abitare? I compagni che hanno lavorato insieme per *Scriviamo!* si dividono e ciascuno prende uno dei fogli preparati. Tutti gli studenti che hanno una lista di vantaggi «città» si mettono da una parte dell'aula; quelli con i vantaggi «campagna» si mettono dall'altra. Ogni gruppo cerca di convincere gli studenti dell'altro sui vantaggi della vita in città o campagna. Gli studenti, che alla fine si convincono che hanno ragione gli altri, si spostano (*they move*) dalla loro parte.

Secondo la maggioranza degli studenti, dov'è meglio abitare?

Guardiamo!

Film: *Il Postino* (Commedia. Italia. 1994. Michael Radford, Regista. 108 min.)

Riassunto: Mario (Massimo Troisi), the unemployed son of a poor fisherman, takes the job of mail carrier on his small Southern Italian island when the famous Chilean poet Pablo Neruda is exiled there. Mario must hand-deliver the mail to the poet. The two become friends. From Neruda, Mario learns about the power of poetry and uses it to woo the beautiful Beatrice, a waitress at the village inn.

Scena (DVD Capitolo 19): In this scene, Mario decides to make a recording of various sounds from the **paese** to send to Neruda, who has since left, to remember it by.

Ciak, si gira!

I suoni.

Parte prima. Quali di questi sono stati registrati? Segna tutte le risposte corrette.

1. ☐ la campana (*bell*) _____
2. ☐ il cielo _____
3. ☐ il cuore _____
4. ☐ le onde (*waves*) _____
5. ☐ i piatti ed i bicchieri _____
6. ☐ le reti (*nets*) _____

7. □ la sirena _____

8. □ il traffico _____

9. □ il vento _____

Parte seconda. Mario registra e descrive i suoni. Abbina gli elementi descrittivi e i suoni che hai segnato nella **Parte prima.**

Esempio: 3. ☑ il cuore: d. del bambino

a. dei cespugli (*shrubs*)

b. della chiesa

c. della scogliera (*cliff, reef*)

d. del bambino

e. grandi

f. piccole

g. stellato

h. tristi di mio padre

Tanti saluti da... Bologna!

Ricordi la pubblicità: «My baloney has a first name . . . »? Bologna ha infatti molti nomi: «la Dotta», «la Rossa» (per il colore dei tetti[1]) e «la Grassa»—per il cibo: prosciutto, tortellini, parmigiano, panna[2] e burro. I piatti sono molto ricchi! E anche la città è ricca. Ci sono negozi eleganti sotto i portici che hanno marciapiedi di marmo.[3] È una città medievale, con strade piccole e strette e due torri pendenti.[4] La torre degli Asinelli è la più alta. Della torre della Garisenda invece rimane solo la parte bassa. Bologna ha un'università antica e importante e ci sono moltissimi studenti. Ho visitato l'Archiginnasio, uno dei palazzi più antichi dell'università, con gli stemmi[5] degli studenti e i nomi dei loro professori favoriti. Annunci e volantini[6] (per cercare compagni di casa, libri usati, ecc.) sono dappertutto,[7] proprio come a casa! Ma non voglio parlare di casa—c'è ancora l'ultima tappa:[8] la Toscana. Sarà la più bella? Vedremo....

[1]*roofs* [2]*cream* [3]*i portici... covered walkways with marble sidewalks*
[4]*leaning* [5]*coats of arms* [6]*Annunci... Notices and flyers* [7]*everywhere*
[8]*stage (of a trip)*

Clicca qui You can tour the famous anatomy room in the Archiginnasio at the *Avanti!* website (**www.mhhe.com/avanti**).

Video Connection: In the video, can you spot **la Torre degli Asinelli, l'Archiginnasio,** and someone selling prosciutto?

# Vocabolario

Domande ed espressioni

a mio parere	in my opinion
meglio/peggio di me	better/worse than me
secondo me	in my opinion
secondo te/Lei	in your (*inform./form.*) opinion

Verbi

cambiare casa	to move
costruire	to construct
decidere	to decide
fare un salto	to stop by
fare la spesa	to grocery shop
guardare le vetrine	to window shop
mandare / spedire (una lettera/un'e-mail)	to send (a letter/an e-mail)
trasferirsi	to relocate

Sostantivi

gli abitanti	inhabitants
l'affitto	rent
la banca	bank
il caos	chaos
il centro urbano	city
il centro storico	historical center (of a city)
il duomo	cathedral; dome
l'edicola	newsstand
il francobollo	stamp
la gioielleria	jewelry store
l'inquinamento	pollution
la libreria	bookstore
la macelleria	butcher shop
la metropoli	big city
la metropolitana	subway
i mezzi pubblici	public transportation
i mezzi di trasporto	means of transportation
il museo	museum
il negozio di frutta e verdura	fruit and vegetable shop
il paese (di provincia)	small town

il palazzo comunale	city hall
il panificio / il forno	bread shop, bakery
il parco	park
la periferia	periphery
la pescheria	fish shop
la posta / l'ufficio postale	post office
il quartiere	neighborhood
il ritmo (della vita)	rhythm (*of life*)
il rumore	noise
la salumeria	delicatessen
lo smog	smog
il tabaccaio	tobacco shop
il traffico	traffic

Aggettivi

civico	civic
costoso	expensive
moderno	modern
prestigioso	prestigious
religioso	religious

Comparativi

migliore di / peggiore di	better than / worse than (*adj.*)
meglio di / peggio di	better than / worse than (*adv.*)

I secoli

a.C. / avanti Cristo	B.C. / before Christ (before the Common Era)
d.C. / dopo Cristo	A.D. / anno domini (after the Common Era)
il Barocco	Baroque period
il Duecento / il Trecento	the 1200s / the 1300s
il Medioevo	Middle Ages
il Rinascimento	Renaissance
l'undicesimo secolo / il dodicesimo secolo	the eleventh century / the twelfth century

Andiamo in ferie!

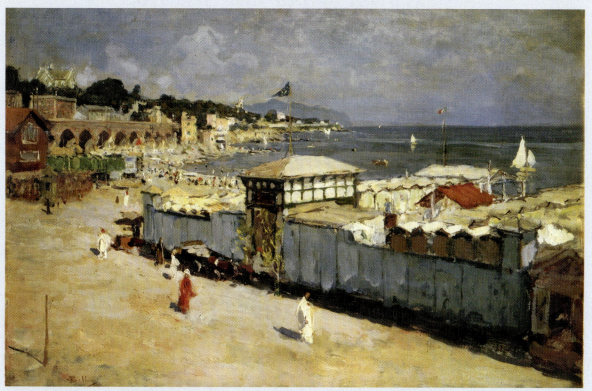

Litorale di Genova Sturla (1929), Giorgio Belloni

Scopi

In this chapter you will learn:

- to express wishes and desires
- to make suggestions and give advice
- to talk about vacations
- how to make requests using the present conditional

- how to give commands and instructions and offer advice using the formal and informal imperative
- about vacations and tourism in Italy

RISORSE MULTIMEDIALI

Strategie di comunicazione

Hai un sogno nel cassetto? / Ha un sogno nel cassetto?

Expressing wishes and desires

The Italian expression: **avere un sogno nel cassetto** means *to have a secret wish* (literally, *to have a dream in the drawer*).
To express what you *would like to do*, say:

Vorrei + infinitive
Mi piacerebbe + infinitive

Attenzione! In conversation people seldom reply in a complete sentence. Part of the reply is implied:

—**Hai un sogno nel cassetto?**
—**Sì, andare in Italia! (Sì, vorrei / mi piacerebbe) andare in Italia.**

A. Osserva ed ascolta.

Parte prima. Osserva ed ascolta questi italiani che rispondono alla domanda «Hai/Ha un sogno nel cassetto?» Chi ha un sogno nel cassetto? Chi no?

sì   no

1.   ☐   ☐

2. ☐ ☐

3. ☐ ☐

4. ☐ ☐

5. ☐ ☐

6. ☐ ☐

You learned **ti piacerebbe** and **Le piacerebbe** as a way to invite someone to do something. You can also use these expressions to ask what someone would like to do (if they could):

(tu)	**(Lei)**
Dove ti piacerebbe andare?	**Cosa Le piacerebbe vedere?**
Where would you like to go?	*What would you like to see?*

Parte seconda. Ora scrivi quello che piacerebbe fare alle persone intervistate. Se qualcuno non ha un sogno nel cassetto, scrivi «niente».

1.

2.

B. E tu, hai un sogno nel cassetto?

Intervista i compagni fin quando non trovi qualcuno (*until you find someone*) che condivide (*shares*) il tuo sogno. Quando lo trovi, fai tutte le domande necessarie per capire quanto i vostri sogni sono simili o diversi.

Esempio: **S1:** Hai un sogno nel cassetto?

S2: Sì. Mi piacerebbe viaggiare.

S1: Anche a me! Dove ti piacerebbe andare?

S2: In Egitto. E a te?

S1: A me piacerebbe vedere il Sud America.

 *Sarebbe meglio*   Making suggestions and giving advice

To give advice, say:

Sarebbe meglio... / Sarebbe una buon'idea...	*It would be better . . . / It would be a good idea . . .*
or	
Non sarebbe meglio... ? / Non sarebbe una buon'idea... ?	*Wouldn't it be better . . . ? / Wouldn't it be a good idea . . . ?*
—**Mi piacerebbe fare il giro del mondo.**	*I'd like to take a trip around the world.*
—**Non sarebbe meglio laurearti prima?**	*Wouldn't it be better to graduate first?*

(continued)

Remember, if you agree, you can reply with a positive comment such as **Che bello!** or you can say:

—**Sono d'accordo. Sarebbe**   *I agree. It would be great.*
   proprio bello.

A. Quale sarebbe meglio?

Parte prima. Ecco una lista di sogni possibili. Con il compagno / la compagna decidete se sarebbe meglio compiere (*to accomplish*) un'azione prima dell'altra.

> **Esempio:**   sposarsi / laurearsi
>
> **S1:** Secondo te, sarebbe meglio prima sposarsi o laurearsi?
>
> **S2:** Secondo me, sarebbe meglio prima laurearsi.
>
> **S1:** Anche secondo me. (Secondo me, invece, sarebbe meglio prima sposarsi.)

1. trovare un lavoro / comprare una macchina
2. laurearsi / trovare un lavoro
3. avere una vita avventurosa / avere una vita tranquilla
4. diventare ricchi / essere felici
5. pagare i debiti / andare in vacanza
6. viaggiare / mettere su famiglia

Parte seconda. Fai una lista dei tuoi sogni e quelli di alcuni compagni. Con il compagno / la compagna, decidete se sarebbe meglio fare alcuni prima degli altri.

*L*essico

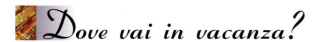

*D*ove vai in vacanza?   Talking about vacations

Vuoi prenotare una vacanza di una settimana sull'Internet? Ecco la pagina dell'Agenzia di viaggi Adriatico. Scegli le tue preferenze fra le opzioni presentate (e cerca di capire le parole nuove evidenziate). Poi, quando hai finito, calcola il prezzo delle tue vacanze e confrontalo con quello delle vacanze del tuo compagno / della tua compagna. Chi spende di meno? Chi spende di più?

Prenota la vacanza qui con l'Agenzia di viaggi Adriatico

1. La destinazione:

al mare
- ☐ Rimini
- ☐ Portofino
- ☐ Taormina

in montagna
- ☐ Cortina
- ☐ Madonna di Campiglio
- ☐ Aosta

all'estero
- ☐ Parigi
- ☐ Madrid
- ☐ Londra

2. Il periodo del soggiorno:

Alta stagione

estate: ☐ dal 1 agosto al 7 agosto

inverno: ☐ dal 1 gennaio al 7 gennaio

Bassa stagione

primavera: ☐ dal 1 maggio al 7 maggio

autunno: ☐ dal 1 ottobre al 7 ottobre

3. Il tipo di alloggio (i prezzi sono per camera doppia con bagno e aria condizionata):

Albergo	alta stagione	bassa stagione
*****	☐ 1.400 €	☐ 1.050 €
****	☐ 1.050 €	☐ 700 €
***	☐ 700 €	☐ 490 €

Pensione	alta stagione	bassa stagione
Pensione completa (colazione + pranzo + cena)	☐ 560 €	☐ 490 €
Mezza pensione (colazione + pranzo o cena)	☐ 360 €	☐ 350 €

5. Escursioni turistiche

- ☐ al mare: escursione in **barca a vela** (300 €)
- ☐ in montagna: **fare il trekking** (200 €)
- ☐ all'estero: tour della città in **pullman** (250 €)

PRENOTA!

In italiano

Noleggiare and **affittare** both mean *to rent,* but they are used for renting different things.

- **noleggiare** (or **prendere a noleggio**) *to rent cars, bikes, and videos.*
- **affittare** *to rent houses and apartments.*

Quando Marco va in vacanza con la famiglia, preferisce affittare un appartamento e noleggiare una macchina.

Here are other verbs that are used when talking about vacations.

dimenticare	*to forget*	**prenotare**	*to reserve*
godersi	*to enjoy*	**(fare una**	*(to make*
lamentarsi	*to complain*	**prenotazione)**	*a reservation)*
organizzare	*to organize*	**rilassarsi**	*to relax*

Lago di Garda

A. Ascolta. L'insegnante leggerà le descrizioni di alcune situazioni. Scegli le soluzioni migliori.

1. Sarebbe meglio _____.
   a. andare al mare
   b. andare in montagna
   c. andare in città

2. Sarebbe meglio _____.
   a. noleggiare un camper
   b. affittare una villa in campagna
   c. prenotare una camera in un albergo del centro

3. Sarebbe meglio _____.
   a. prenotare un albergo a quattro stelle (*four-star*)
   b. prenotare una pensione completa
   c. prenotare una mezza pensione

4. Sarebbe meglio _____.
   a. fare un tour della città in pullman
   b. andare in giro a piedi
   c. noleggiare una bici

5. Sarebbe meglio andare _____.
   a. al mare
   b. ad un'isola
   c. in montagna

6. Sarebbe meglio andare in vacanza _____.
   a. nel periodo di alta stagione
   b. nel periodo di bassa stagione
   c. lunedì e martedì

7. Sarebbe meglio _____.
   a. ritornare alla stessa agenzia per prenotare la vacanza l'anno prossimo
   b. lamentarsi con il direttore
   c. non viaggiare mai più

8. Sarebbe meglio _____.
   a. andare in America
   b. andare in montagna
   c. fare il paracadutismo

IN ITALIA

Italians are creative vacationers. They like to visit different countries and try new experiences. Some typical **sport estremi** *(extreme sports) that have become popular (most of which are derived from English words) are:* **fare il bungee jumping, fare il paracadutismo, fare il rafting, fare il free climbing,** *and* **fare il kite surf.**

Clicca qui You can learn more about other **sport estremi** at the *Avanti!* website, **Clicca qui (www.mhhe.com/avanti).**

B. Che significa?

Parte prima. Abbina le parole dell'insieme A con i significati dell'insieme B.

A	B
1. godersi	a. una terra circondata (*land surrounded*) da acqua
2. il trekking	b. i soldi che si pagano per un servizio o un oggetto
3. prenotare	c. il luogo in cui (*in which*) si vive, anche temporaneamente

4. l'isola	d. il periodo di tempo che si trascorre in un luogo
5. il prezzo	e. organizzare e fissare in anticipo
6. il soggiorno	f. un tipo di autobus con poltrone e servizi vari che
7. il pullman	si usa per viaggi lunghi o per escursioni
8. l'alloggio	g. escursioni a piedi in montagna o in campagna
	h. provare soddisfazioni, essere contenti

Parte seconda. Collabora con un compagno / una compagna. Scrivete il significato di 4 delle seguenti parole. Presentate i vostri significati ad un altro gruppo e loro devono indovinare la parola.

la barca

l'albergo   l'estero

rilassarsi   la bassa stagione

la camera   noleggiare

lamentarsi   la pensione

l'escursione   dimenticare

IN ITALIA

If you go to an Italian beach, it is customary to rent **un ombrellone** *(beach umbrella) and* **un lettino** *(lounge chair) from* **uno stabilimento balneare** *(beach club), which is responsible for the care and upkeep of the premises as well as for providing a variety of services and amenities, such as hot/cold showers, paddle boats, a lifeguard, a bar, a play area for children, and* **l'animazione** *(organized activities). However, if you are short on cash, you can bring your own beach equipment to* **la spiaggia libera** *(free beach).*

Spiaggia affollata d'estate (Rimini)

C. All'agenzia.

Il signor Bolognese è all'agenzia di viaggi e parla con l'impiegata. Scegli le parole appropriate per completare la loro conversazione.

pensione   prenoto   le spiagge   in montagna

periodo   alta   noleggiare   escursioni guidate

L'IMPIEGATA: Buon giorno.

IL SIGNOR BOLOGNESE: Buon giorno. Senta, ogni estate andiamo al mare. Però _____[1] sono affollatissime (*very crowded*) e il caldo è insopportabile (*intolerable*). Quest'estate vorrei fare una vacanza diversa e portare la famiglia _____.[2] Mi potrebbe (*could you*) consigliare qualcosa?

L'IMPIEGATA: Per quante persone?

IL SIGNOR BOLOGNESE: Tre, due adulti e un ragazzo di 12 anni.

L'IMPIEGATA: In quale _____[3] vorrebbe andare?

IL SIGNOR BOLOGNESE: Ad agosto.

L'IMPIEGATA: Agosto è _____[4] stagione, ma abbiamo qualcosa che non costa tanto. Potrebbe andare a Madonna di Campiglio. Abbiamo un'offerta speciale: la mezza _____[5] con camera doppia con bagno, 50 euro a persona a notte. Possiamo aggiungere un lettino per il ragazzo per altri 10 euro a notte.

IL SIGNOR BOLOGNESE: Quali attività ci sono?

L'IMPIEGATA: Potrebbe _____[6] le mountain bike o fare _____[7] o l'equitazione. Ci sono la piscina, un golf club e i campi da tennis.

IL SIGNOR BOLOGNESE: Potrebbe andare bene. Mia moglie adora i cavalli e mio figlio gioca a tennis. A me invece piace molto la bicicletta. Va bene, _____.[8]

IN ITALIA

Not all rooms in hotels and **pensioni** *have* **il bagno in camera***. Sometimes it is at the end of the hall and is shared with two or more rooms. Although rooms with air conditioning are more common than ten years ago, they are usually found in upscale hotels in major cities.*

D. La vacanza estiva.

Parte prima. Su un foglio di carta, scrivi il tuo nome, tre cose che ti piace fare, tre cose che non ti piace fare e tre cose che devi avere quando sei in vacanza.

Parte seconda. Consegna il foglio di carta all'insegnante e scegli un compagno / una compagna con cui collaborare. L'insegnante distribuirà due fogli a caso ad ogni gruppo. Leggete i desideri delle persone e poi descrivete la vacanza che faranno insieme l'estate prossima. Dove andranno? In quale periodo viaggeranno? Cosa faranno? **Attenzione!** Usate il futuro. (Ricordi il futuro? Vedi **Capitolo 9, Strutture 9.3.**)

> **Esempio:** L'estate prossima Roger e Marissa andranno in Italia in alta stagione. Prenoteranno una camera in una pensione a Rimini. Di giorno prenderanno il sole sulla spiaggia e di notte andranno a ballare in discoteca…

▶ The future tense can also be used to express probability. See **Per saperne di più** at the back of your book.

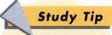

Study Tip

A good way to learn new words is to use them.

Clicca qui You can practice the terms in this chapter by looking at Italian travel sites at the *Avanti!* website, **Clicca qui** (**www.mhhe.com/ avanti**).

Strutture

13.1 *Vorrei andare in Italia* The present conditional

Sei in vacanza in Italia per dieci giorni con la tua migliore amica / il tuo migliore amico. Scegli una risposta o fornisci una tua risposta alle sue domande. Siete compatibili?

1. Prenotiamo una camera senza bagno in una pensione per risparmiare (*save*)?

   a. Buon'idea!

   b. Io, invece, **vorrei** dormire in un albergo a quattro stelle.

   c. Io, invece, **vorrei** _____.

2. Noleggiamo una macchina?

   a. Buon'idea!

   b. No, secondo me **sarebbe** meglio viaggiare in treno.

   c. No, secondo me **sarebbe** meglio _____.

3. Andiamo a fare bungee jumping?

   a. Sì! Buon'idea!

   b. No grazie. **Mi piacerebbe** fare un'escursione.

   c. No grazie. **Mi piacerebbe** _____.

4. Facciamo un tour di Roma in pullman?

   a. Sì! Buon'idea!

   b. Io, invece, **vorrei** andare in giro a piedi.

   c. Io, invece, **vorrei** _____.

5. Trascorriamo cinque giorni in Sicilia con la mia famiglia?

    a. Sì! Buon'idea!

    b. No, grazie. **Mi piacerebbe** trascorrere cinque giorni a Roma.

    c. No, grazie. **Mi piacerebbe** _____.

1. The verbs in boldface in the questionnaire above are in the present conditional. The present conditional (**il condizionale presente**) corresponds to the English *would + verb*.

vorrei	*I would like*
mi piacerebbe	*it would be pleasing to me / I would like*
sarebbe (meglio)	*it would be (better)*

2. Forming the **condizionale presente** is easy. The stem is the same as that of the future tense.

-are	-ere	-ire
prenot**er**-	prender-	dormir-

The endings are the same for all three conjugations.

io	-ei
tu	-esti
lui/lei/Lei	-ebbe
noi	-emmo
voi	-este
loro	-ebbero

Now complete these conjugations.

	prenotare	prendere	dormire
io	prenoterei		
tu		prenderesti	
lui/lei/Lei			dormirebbe
noi			
voi			
loro			

▶ The answers to the activities in this section are in Appendix 2 at the back of your book.

3. Several verbs have irregular stems in the future and present conditional. Give the first-person singular (**io**) forms for each verb on the next page. Several are already done for you. (**Attenzione!** If you don't remember the irregular future stems, see **Capitolo 9, Strutture 9.3.**)

avere → avrei	**essere** → sarei	**cercare** → cercherei
andare →	**dare** →	**pagare** →
dovere →	**fare** →	**noleggiare** → noleggerei
potere →	**stare** →	**cominciare** →
volere → vorrei		
rimanere →		

4. The present conditional is often used to make polite requests.

> Mi **faresti** un favore?
> **Potresti** aiutarmi con i compiti?

> *Would you do me a favor?*
> *Could you help me with my homework?*

5. To express what one should or shouldn't do, use **dovere** in the present conditional.

> **Dovrei** studiare di più.
> Michele **dovrebbe** telefonare alla mamma più spesso.

> *I should study more.*
> *Michele should call his mom more often.*

▶ To learn how to form the past conditional, see **Per saperne di più** at the back of your book.

A. Dove ti piacerebbe dormire? Stai organizzando la tua vacanza. Leggi la descrizione dell'ostello, del rifugio e del bed & breakfast e poi spiega dove ti piacerebbe dormire e dove non ti piacerebbe dormire e perché.

Dove ti piacerebbe dormire in vacanze?

Ostello

L'ostello è un tipo di alloggio dedicato ai giovani viaggiatori o a chi ha un budget limitato. È una sistemazione semplice e pulita. Si dorme in camerate con i letti singoli o a castello[1] e i servizi sono in comune. Il prezzo comprende la prima colazione.

Rifugio

Il rifugio è un alloggio di alta montagna fatto di legno.[2] Ospita più che altro chi desidera riposarsi dopo una lunga camminata o una giornata sulle piste.[3] Come nell'ostello i servizi sono in comune e le camerate sono grandi, ma bisogna portare il proprio sacco a pelo.[4] Il cibo è buono e genuino, preparato con i prodotti del luogo.

Bed & Breakfast

Il concetto del Bed & Breakfast, o del letto e colazione, è nato nel nord Europa a metà[5] degli anni sessanta e indica le persone che alloggiano nella propria casa dei turisti. Il costo è limitato e il prezzo comprende la prima colazione che viene preparata e servita dai padroni di casa.[6]

[1]letti... *single beds or bunk beds* [2]*wood* [3]*ski slopes* [4]*sacco... sleeping bag* [5]*middle* [6]*padroni... proprietors*

Mi piacerebbe dormire in un... perché...
Non mi piacerebbe dormire in un... perché...

B. Volentieri (*Willingly*) o mai?

Parte prima. Completa le frasi in modo che siano vere per te.

1. Non andrei mai _____.

2. Andrei volentieri _____.

3. Non seguirei mai un corso di _____.

4. Seguirei volentieri un corso di _____.

5. Non comprerei mai _____.

6. Comprerei volentieri _____.

Parte seconda. Giustifica le tue affermazioni e discuti le giustificazioni con i compagni.

> **Esempio:** Non andrei mai al Polo Nord perché non mi piace il freddo.

C. Gli scrupoli.

Parte prima. Collabora con un compagno / una compagna. Trovate due possibili soluzioni alle seguenti situazioni.

> **Esempio:** Arrivi puntuale alla lezione di italiano ma non c'è l'insegnante.
>
> a. Aspetterei 15 minuti.   b. Andrei a casa.

1. Sono le 8.00 di sera. Domani hai l'esame di fisica, un corso che non ti piace, e non hai ancora cominciato a studiare.

2. I tuoi genitori ti chiedono di tornare a casa questo weekend per il compleanno di tuo fratello, ma il tuo migliore amico fa una grande festa sabato sera.

3. I tuoi amici vanno in Italia per due settimane quest'estate. Vuoi andare anche tu, ma non hai molti soldi.

4. Quando mangi al ristorante con il tuo migliore amico / la tua migliore amica, paghi sempre tu. L'amico/a dice che pagherà la prossima volta, ma poi non paga mai e tu sei arrabbiato/a.

Parte seconda. Scambiate le soluzioni con un altro gruppo. Discutete tutti insieme sulle soluzioni trovate dai due gruppi e poi scegliete la soluzione migliore.

D. Cosa si dovrebbe fare? In gruppi di tre o quattro, decidete cosa dovrebbero fare queste persone. Poi, confrontate le vostre proposte con quelle dei compagni e votate per le soluzioni migliori.

1. Simonetta è innamorata di Roberto, ma lui non lo sa. Simonetta dovrebbe...

2. Luigi vorrebbe andare in Turchia ma ha paura di volare. Luigi dovrebbe...

3. Franco vorrebbe un aumento di stipendio. Franco dovrebbe...

4. Maria ha visto il ragazzo della sua migliore amica baciare un'altra ragazza. Maria dovrebbe...

5. È da una settimana che Luisa chiama Rocco e lascia messaggi sulla segreteria telefonica. Lui non la richiama. Luisa dovrebbe...

E. Cosa faresti con...

Parte prima. Intervista tre o quattro compagni di classe per sapere quello che farebbero con queste cose. Prendi appunti.

Cosa faresti con...

1. 1.000.000 (un milione) di euro?

2. una villa a Palermo?

3. un anno da vivere come vuoi?

4. due viaggi gratis (*free*) a Roma, tutto compreso (*included*)?

5. un biglietto d'aereo con destinazione aperta?

Parte seconda. Collabora con un compagno / una compagna. Basatevi sui risultati dell'intervista per decidere quali compagni hanno queste caratteristiche. Poi presentate le vostre conclusioni alla classe.

Chi è...

1. altruista?*
2. avventuroso/a?
3. prudente?
4. generoso/a?
5. divertente?

Esempio: Roberto è altruista perché darebbe un milione di euro alla Croce Rossa (*Red Cross*).

IN ITALIA

Besides the major islands of **la Sicilia** *and* **la Sardegna,** *there are many "minor" islands scattered around the coast. Here are a few of the most popular tourist destinations.*

- *The islands of* **Ischia** *and* **Capri,** *located in the* **Golfo di Napoli,** *are popular vacation destinations of the rich and famous.*
- **Le isole Eolie** *form an archipelago of seven volcanic islands north of* **Sicilia,** *the largest of which is* **Lipari.**
- **L'Isola d'Elba,** *off the Tuscan coast, is best known as the refuge of Napoleon Bonaparte after his exile in 1814.*
- **Burano** *and* **Murano** *are located in the lagoon of Venice. The former is known for its lace makers, and the latter for its glassblowers.*

le Isole di Venezia
l'Isola Palmaria
l'Isola d'Elba
le Isole Tremiti
le Isole Toscane
l'Isola Asinara
l'Arcipelago de La Maddalena
l'Isola d'Ischia
le Isole Pontine
l'Isola di Capri
le Isole Sulcitane
l'Isola di Ustica
le Isole Eolie
le Isole Egadi
l'Isola di Pantelleria

---

*The masculine and feminine singular forms of nouns and adjectives ending in **-ista** are the same: **Marco è altruista. Maria è altruista.**

13.2 *Dimmi tutto*   The informal imperative

Segna (✔) le espressioni che hai sentito alle lezioni d'italiano.

Apri la porta, per favore.   Chiudi la finestra, per piacere.

Rilassatevi.   Non mangiare in classe.

Accendi le luci, per favore.   Spegni le luci, per favore.

Aprite i libri.   Dimenticate tutto.   Ascolta.

Firma qui, per favore.

1. The imperative (**l'imperativo**) is frequently used to give commands or orders, but it also has other functions in Italian. The imperative is also used in the following cases.

   a. to give instructions (directions or recipes)

Gira a sinistra.	*Turn left.*
Aggiungete un po' di zucchero. ⎫	
Aggiungere un po' di zucchero. ⎭	*Add a little sugar.*

Note: For recipes, you *always* use the second-person plural imperative or the infinitive.

   b. to give advice

   Non parlare più con Giacomo!   *Don't speak to Giacomo anymore!*

   c. to encourage someone to do something

   Dai, **vieni** alla festa stasera!   *Come on, come to the party this evening!*

2. The **tu/voi** forms of the imperative are used when speaking informally to one or more people. All are similar to the present-tense forms except for the **tu** form of **-are** verbs, which ends in **-a** instead of **-i.**

	-are	-ere	-ire
tu	**ascolta**	rispondi	dormi / pulisci
voi	ascoltate	rispondete	dormite / pulite

3. The **tu** forms of several commonly used verbs have alternative, irregular forms.

andare	→	**vai/va'**	fare	→	**fai/fa'**
dare	→	**dai/da'**	stare	→	**stai/sta'**
dire	→	**di'**			

In italiano

The **tu** and **voi** forms of **essere** and **avere** are irregular: **abbi/abbiate** and **sii/siate.** However, they are very infrequent and are most often heard in comments such as:

Abbi pazienza!	*Have patience!*
Sii gentile!	*Be nice!*

---

4. The negative imperative of all **tu** forms are formed with **non** + infinitive. The **voi** forms do not change in the negative imperative.

	-are	-ere	-ire
tu	non guardare	non rispondere	non dormire / non pulire
voi	non guardate	non rispondete	non dormite / non pulite

5. In **Capitolo 5, Strategie di comunicazione,** you learned that the **noi** form is used to make suggestions to a group. It is the equivalent of English *Let's . . .* or *Let's not. . . .*

Andiamo al cinema!	*Let's go to the movies!*
Non guardiamo la TV!	*Let's not watch TV!*

6. Reflexive and object pronouns attach to the end of the informal imperative verbs.

Marco, metti**ti** la giacca!	*Marco, put on your jacket!*
Silvana, leggi**lo**!	*Silvana, read it!*

Note that when a pronoun attaches to **da', di', fa', sta',** or **va',** the first consonant is doubled (except when the pronoun is **gli**).

Dimmi!	*Tell me!*
Fallo subito!	*Do it right away!*
Dagli la foto!	*Give him the photo!*

7. Imperative forms are often softened by adding the expressions **per favore, per piacere,** or **pure** (*by all means*).

Firma qui, per favore.	**Dimmi la verità, per piacere.**	**Stai pure a casa.**

A. Perché si usa l'imperativo?
Abbina le frasi con la ragione per cui si usa l'imperativo.

_____ 1. Dai, **mangia** un po' di pasta—è buona.

_____ 2. **Dammi** una penna, per favore.

_____ 3. **Fate** bollire (_boil_) l'acqua e poi **aggiungete** il sale.

_____ 4. **Non ti preoccupare.** Andrà tutto benissimo.

_____ 5. **Vai** diritto (_straight_) e poi **gira** a destra al primo incrocio (_intersection_).

_____ 6. Dai, **vieni** con noi stasera. Ci divertiremo.

_____ 7. **Prendi** un'aspirina e **vai** a letto.

a. dare ordini
b. dare istruzioni (indicazioni stradali o ricette [_recipes_])
c. dare consigli
d. incoraggiare qualcuno a fare qualcosa

B. Mi puoi... / Ti dispiace... ?
Luigi chiede tanti favori a Maria, ma non è sempre molto gentile. Crea domande più gentili usando l'espressione **mi puoi** + **infinito** o **ti dispiace** + **infinito.** (Ricordi le espressioni **mi puoi / ti dispiace** + **infinito**? Vedi **Capitoli 5 e 7, Strategie di comunicazione.**)

Esempio: Dammi la penna! → Mi puoi dare la penna?

Vieni a casa mia. → Ti dispiace venire a casa mia?

1. Telefonami stasera.
2. Aspetta un attimo.
3. Prepara un dolce per la cena.
4. Dimmi perché non esci stasera.
5. Portami a casa in macchina.
6. Scrivimi un'e-mail.
7. Invitami alla festa.
8. Noleggia una macchina per il viaggio.

C. Perché dice così?
Sandra e Claudio sono fidanzati. In piccoli gruppi, inventate la ragione per cui Sandra dice questi imperativi a Claudio.

Esempio: Non fumare, per piacere!

Sandra e Claudio sono al bar. Claudio vuole fumare una sigaretta, ma a Sandra non piace il fumo (_smoke_).

1. Andiamo al cinema!
2. Vieni qui (_come here_)!
3. Dimmi perché!
4. Dammi le chiavi!
5. Non andare via!
6. Non telefonarmi mai più!

D. Cosa dici?
Completa le frasi con l'imperativo giusto.

non ti preoccupare   aspetta   vieni

dimmi   dammi   vai

1. Qualcuno ti ha scritto un messaggio anonimo. Il tuo compagno / La tua compagna di casa sa chi è, ma non dice niente. Cosa dici al compagno / alla compagna di casa?

   «_____ chi ha scritto il messaggio!»

2. Tuo fratello è molto preoccupato perché la sua ragazza non lo chiama da una settimana. Cosa dici a tuo fratello?

   «_____. Ti telefonerà in questi giorni.»

3. Vai ad uno spettacolo stasera con tuo fratello. Lo spettacolo comincia alle 20.00. Sono le 19.30 e non sei ancora pronto/a. Tuo fratello vuole uscire subito. Cosa dici a tuo fratello?

   «_____ un attimo!»

4. La tua migliore amica studia sempre e non esce mai. Stasera festeggi il tuo compleanno a casa di un amico. Cosa dici all'amica?

   «Dai, _____ alla festa stasera!»

5. Tua madre vuole fare una torta, ma le manca (*she doesn't have*) lo zucchero. Cosa ti dice tua madre?

   «_____ al supermercato a comprare dello zucchero, per favore.»

6. Stai guardando la TV con tuo cugino. Tuo cugino cambia canale (*channel*) in continuazione. Cosa gli dici?

   «_____ il telecomando!»

IN ITALIA

The most affordable way to travel in Italy is by train. However, there are many types of trains, and travelers often get confused. The trains below are used for domestic service with both first- and second-class seating. No supplemental fare is required of rail pass holders. No reservations are required.

- **Regionale (R):** *Trains that travel within a defined region.*
- **Interregionale (IR):** *Trains that connect regions, such as Tuscany and Umbria.*
- **Locale (LOC):** *Trains with frequent local stops, often second class only. Try to avoid these trains for long trips as they can sometimes take twice as long as the faster trains.*

The trains below are used for domestic and international service with both first- and second-class seating.

- **Eurocity (EC, EN if it runs overnight):** *These trains connect Italian cities with those in other countries (Paris, Vienna, Barcelona, and so on). Tickets on these trains always require a supplement. Among standard trains, these are quite fast. They also offer both first- and second-class seating. Reservations are required.*
- **InterCity (IC):** *These are trains for domestic service with first- and second-class seating available. A supplementary fare is required.*
- **Eurostar:** *These are the fastest trains with first- and second-class seating that connect the major cities in Italy. The cities on this route include Rome, Florence, Venice, Milan, Bologna, and Naples. Reservations are required. Many travelers prefer this high-speed train because the prices are not appreciably more than other trains and they are very comfortable, roomy, and air-conditioned.*

Clicca qui You can learn about discount rail passes in Italy at the *Avanti!* website, **Clicca qui** (www.mhhe.com/avanti).

13.3 *Mi dica!* The formal imperative

Che significa **si accomodi**? Quando si usa?

Grazie.

Si accomodi.

1. You have already learned the forms of the informal imperative. When speaking formally to one person, use the **Lei** form of the imperative.* To form the formal imperative, drop the infinitive ending and add -**i** to -**are** verbs and -**a** to -**ere** and -**ire** verbs. Note that -**ire** verbs that insert -**isc**- in the present tense also insert -**isc**- in the formal imperative.

-are	-ere	-ire
aspett**i**	rispond**a**	dorm**a** / finisc**a**

2. Here are the formal imperative forms of some common irregular verbs.

andare	→	**vada**
dare	→	**dia**
dire	→	**dica**
venire	→	**venga**

3. To make the formal imperative negative, just add **non.**

Non si preoccupi!   **Non vada via!**

4. Reflexive and object pronouns are attached to the end of informal imperatives, but they do not attach to formal imperatives; they precede the verb.

INFORMALE	**FORMALE**
Marco metti**ti** la giacca!	Signor Rossi, **si** metta la giacca!
Silvana, leggi**lo**!	Signora Rossi, **lo** legga!
Francesca, dim**mi**!	Signora Spinelli, **mi** dica!

---

*In contemporary, spoken Italian, the **voi** form is often used to address more than one person formally. For example, Accomodatevi (Make yourselves comfortable); Non vi preoccupate (Don't worry). The **Loro** forms are much more formal and are not frequently used, although waiters often address their clients with formal **Loro**: **Desiderano? Cosa prendono?**

A. Mi può... / Le dispiace... ?

Rocco è impiegato in un'agenzia di viaggi e parla con un cliente. Crea domande equivalenti alle frasi con l'imperativo. Usa le espressioni **mi può** + **infinito** o **Le dispiace** + **infinito**.

Esempi: Mi dia la carta di identità! → Mi può dare la carta di identità?

Firmi qui, per favore. → Le dispiace firmare qui, per favore?

1. Aspetti un momento.

2. Venga nel mio ufficio.

3. Mi telefoni fra una settimana.

4. Mi porti il passaporto domani.

5. Mi dica quando vuole partire.

6. Parli con il mio collega.

B. Formale o informale?

Scegli la risposta appropriata.

1. Marta lavora in ufficio. Un nuovo direttore è arrivato ieri. Oggi ha un problema con il computer e chiama Marta. Cosa le dice il direttore?

   a. Per favore, mi dia una mano.   b. Per favore, dammi una mano.

2. Tommaso ha bisogno della firma del professore su un documento importante. Il professore guarda il documento ma non sa dove firmare. Tommaso gli indica dove deve firmare e poi cosa dice al professore?

   a. Firma qui, per favore.   b. Firmi qui, per favore.

3. Roberta va a studiare a casa della sua amica, Enrica. Cosa dice Enrica quando Roberta entra in soggiorno?

   a. Accomodati.   b. Si accomodi.

4. Martina pensa che il suo fidanzato le stia dicendo (*is telling her*) una bugia. Cosa dice Martina al suo fidanzato?

   a. Dimmi la verità!   b. Mi dica la verità!

5. Il signor Melissano va dal medico perché ha mal di pancia e mal di testa. Cosa gli dice il medico?

   a. Non ti preoccupare.   b. Non si preoccupi.

C. Cosa dici? Completa le frasi con l'imperativo giusto.

non si preoccupi   aspetti   venga

mi dia   vada

1. Sei un nuovo/a impiegato/a alla reception di un grande albergo a Roma. Un cliente straniero (*foreign*) ti chiede qual è il migliore ristorante a Roma. Non lo sai. Cosa gli dici?

   «Mi dispiace, ma non lo so. _____ un momento. Vado a chiedere al mio collega.»

2. L'impiegata alla reception dell'albergo ha preso il tuo passaporto quando sei arrivato/a, ma ha dimenticato di riconsegnartelo (*give it back to you*). Cosa dici all'impiegata?

   «_____ il mio passaporto, per favore.

3. La signora Marchi è molto preoccupata perché non riesce a trovare il suo gatto. Tu ti offri di cercare il gatto insieme a lei. Cosa le dici?

   «_____. Troveremo il gatto.»

4. Lavori in banca. Vuoi conoscere meglio il capo (*boss*) perché hai bisogno di un aumento di stipendio. Inviti il capo a cena stasera a casa tua. Cosa gli dici?

   «_____ a casa mia verso le 7.30.

5. Un signore ti chiede indicazioni per arrivare in piazza. Cosa gli dici?

   «_____ diritto e poi giri a destra in via Gramsci.»

IN ITALIA

The formal imperative is used when giving directions to strangers with whom one would use the formal form of address. Some words and expressions that are commonly used when giving directions are: **andare diritto** (go straight), **girare a destra/sinistra** (turn right/left), **sulla destra/sinistra** (on the right/left).

—**Scusi, dov'è il museo?**
—**È in via Gramsci. Vada diritto per via Irnerio. Giri a destra in via Gramsci. Il museo è sulla destra.**
—**Grazie!**
—**Prego.**

D. Scusi, dov'è... ?

Parte prima. Leggi le indicazioni e poi consulta la pianta (*map*) della città per fare le domande appropriate. **Attenzione!** Per seguire le indicazioni si parte dalla piazza.

> **Esempio:** —Vada diritto per via Mazzini. Giri a destra in via Irnerio. È sulla sinistra.
>
> Scusi, dov'è la banca?

1. Vada diritto per strada Maggiore. È sulla destra dopo la curva.

2. Vada diritto per via Gramsci. Giri a destra in via XX Settembre e giri a sinistra in via dei Lamponi. È sulla sinistra dopo la farmacia.

3. Vada diritto per via Cavour. Giri a sinistra in via Rizzoli. È sulla destra prima del parco.

Parte seconda. Fai la parte di un turista che chiede indicazioni per andare in un determinato posto. Il compagno / la compagna fa la parte dell'italiano / italiana e dà le indicazioni per arrivarci dalla piazza. Alla fine, scambiatevi i ruoli.

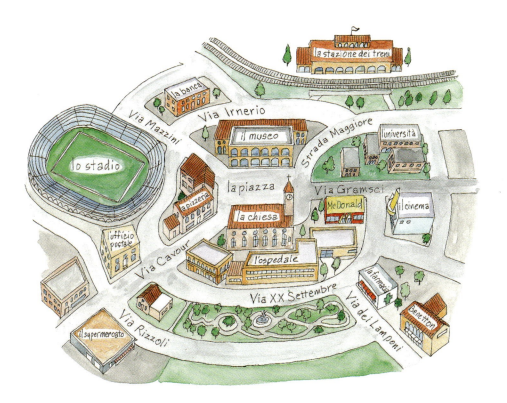

Cultura

Ascoltiamo!

Le vacanze degli italiani

A. Ascolta. Ascolta mentre l'insegnante ti parla delle vacanze degli italiani.

B. Completa. Completa le seguenti frasi, inserendo l'espressione più appropriata della lista qui sotto. Usa ogni espressione *una sola volta*. **Attenzione!** La lista contiene 13 espressioni; devi usarne solamente otto.

affollate	in campagna	la costa adriatica	all'estero	due settimane
in ferie	di Ferragosto	il lunedì	un mese	i prezzi
primavera	la settimana bianca	le spiagge		

1. Chi lavora in Italia ha _____ di ferie all'anno.

2. Di solito, gli italiani vanno _____ nel mese di agosto.

3. Il giorno _____, le città sono vuote, gli uffici sono chiusi e le località di villeggiatura (*resorts*) sono _____ di turisti.

4. In passato, _____ era una delle destinazioni preferite per le vacanze estive. Oggi però i turisti preferiscono _____ del Sud e delle isole perché sono meno commerciali.

5. Il tipo di vacanza più popolare in inverno è _____: molti italiani amano sciare e praticare altri sport invernali.

6. La Pasquetta è il giorno tradizionale per una gita _____ con la famiglia o con gli amici.

C. Tocca a te! Completa la seguente frase:

Una differenza tra le vacanze degli italiani e quelle degli americani è...

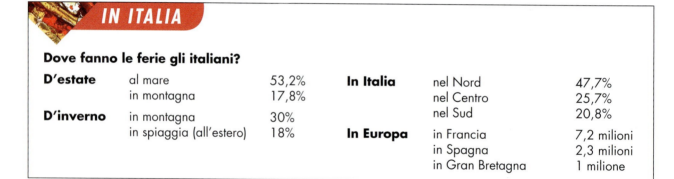

IN ITALIA

Dove fanno le ferie gli italiani?

D'estate	al mare	53,2%	**In Italia**	nel Nord	47,7%
	in montagna	17,8%		nel Centro	25,7%
D'inverno	in montagna	30%		nel Sud	20,8%
	in spiaggia (all'estero)	18%	**In Europa**	in Francia	7,2 milioni
				in Spagna	2,3 milioni
				in Gran Bretagna	1 milione

Leggiamo!

Una vacanza verde

Il seguente articolo è apparso su un sito Internet che tratta di (*deals with*) vacanze alternative per i giovani. Leggi le informazioni e poi rispondi alle domande per capire se è una vacanza che ti piacerebbe fare.

Campi di volontariato ecologico
Un'estate lavorando per madre natura

Se amate la natura e avete voglia di passare un'estate lavorando a stretto contatto[1] con animali in via d'estinzione[2] e in luoghi naturali splendidi e incontaminati, i campi di lavoro ambientali[3] sono una scelta obbligata. Le possibilità tra cui[4] scegliere sono le più svariate,[5] così come la quantità di associazioni no-profit che organizzano campi di lavoro il cui scopo[6] è la salvaguardia ambientale.[7]

In genere, le associazioni richiedono una quota associativa[8] ed un contributo per le spese di vitto e alloggio,[9] mentre il viaggio di solito è interamente a carico[10] del volontario. Le offerte possono però variare da un'associazone all'altra, occorre[11] quindi verificare con attenzione le regole dell'associazione che organizza il campo di lavoro a cui vogliamo partecipare. […]

I campi di Legambiente, attivi dal 1991, mirano[12] alla salvaguardia e alla tutela[13] del patrimonio[14] naturale attraverso il lavoro di squadra e l'impegno di giovani volontari provenienti da[15] tutto il mondo. […]

Tutti i campi Legambiente prevedono una quota di partecipazione[16] (che sia compresa di solito tra i 200 e i 400 euro) a cui deve essere affiancata l'iscrizione all'associazione[17] (30 euro per i non iscritti). […]

[1]a… *in close contact* [2]*in… endangered* [3]*environmental* [4]*tra… among which* [5]*different* [6]*il… whose purpose* [7]*salvaguardia… protection of the environment* [8]*quota… membership fee* [9]*vitto… room and board* (*literally, food and lodging*) [10]*a… the responsibility* [11]*it is necessary* [12]*aim* [13]*protection* [14]*heritage* [15]*coming from* [16]*quota… program fee* [17]*iscrizione… membership fee*

Facciamo il volontariato ecologico! Rispondi alle seguenti domande.

1. Che tipo di persona sceglie di fare il volontariato ecologico?

2. Cosa deve pagare il volontario? Cosa invece paga l'associazione?

3. Molti studenti americani vanno in Italia durante l'estate o per fare una vacanza o per una vacanza-studio (per imparare l'italiano). Secondo te, partecipare a un campo ecologico sarebbe una buona alternativa? Perché sì o perché no?

IN ITALIA

L'agriturismo is an alternative form of vacation that allows visitors to stay on a working farm either as paying guests or in exchange for seasonal labor. Guests enjoy the fresh air and serenity of the countryside, as well as its authentic cuisine, consisting of local products. The rapid development of this tourism industry can be attributed to an increasing interest in a vacation away from the stress and **la confusione** of city life and to the tax breaks enjoyed by those who are willing to renovate dilapidated farmhouses and turn them into charming villas.

Clicca qui You can learn more about **l'agriturismo** in Italy at the *Avanti!* website **Clicca qui (www.mhhe.com/avanti).**

 # Scriviamo!

Una gita scolastica... in Italia!

La tua classe d'italiano ha deciso di fare una gita scolastica in Italia. Avete solo due settimane e dovete decidere il periodo in cui ci andrete (in primavera, in estate, in autunno o in inverno) e i luoghi che visiterete. Ciascuno studente deve proporre un itinerario. Scrivi un breve testo in cui descrivi dove ti piacerebbe andare, quando e perché.

IN ITALIA

La gita scolastica is a long-standing tradition in Italy. At the end of the school year, students and their teachers take trips to various cultural, natural, and educational sites. These trips may be close to home or, especially as students get older, to another country. More recently, students participate in **uno scambio** (exchange) with a group of students from another country. Students from a secondary school in France, for example, spend a week with the families of students from an Italian **liceo** and, later in the school year, the Italian students are hosted by the French students' families.

 # Parliamo!

L'isola deserta

Tu ed il tuo compagno / la tua compagna dovete sopravvivere (*survive*) in un'isola deserta per un mese per vincere un milione di euro. Ci sono cibo e acqua, ma nient'altro. Ognuno ha un costume da bagno e un paio di sandali. Insieme potete portare 10 cose della lista seguente. Quali sono le 10 cose più utili?

abbronzante (*suntan lotion*)
ago e filo (*needle and thread*)
asciugamano (*towel*)
bussola (*compass*)
carta igienica (*toilet paper*)
coltello
coperta (*blanket*)
crema per ustioni (*burns*)
fiammiferi (*matches*)
jeans
libri (massimo 3)
macchina fotografica
maglione di lana
mutande
occhiali da sole
orologio
pantaloncini

pentola (*cooking pot*)
radio
rivoltella (*revolver*)
sapone
scarpe da ginnastica
scarponi
servizio di piatti
shampoo
tenda da campeggio (*tent*)
torcia elettrica (*flashlight*)
t-shirt

 # *Guardiamo!*

Film: *Caro diario* (Commedia/Dramma. Italia. 1994. Nanni Moretti, Regista. 100 min.)

Riassunto: Moretti directs himself playing himself in this three-part film. In the first part he travels around Rome on his motor scooter; in the second, he travels to the Aeolian islands (Lipari, Salina, Vulcano, Stromboli) off the northern coast of Sicily in an attempt to motivate himself to work on his film; and in the third, he confronts the Italian health system as he tries to find a cure for a mysterious rash.

Scena (VHS Capitolo II, Isole): In this scene, Moretti travels to the island of Lipari where he meets with his friend Gerardo (Renato Carpentieri), who has agreed to help him stay on task with his project.

Ciak, si gira!

A. Cosa fanno e non fanno? Abbina le azioni con i personaggi del film.

1. abita a Lipari da 11 anni
2. sta studiando *l'Ulisse*
3. sta cominciando il suo film
4. sta guardando la TV
5. non guarda mai la TV
6. conserva i ritagli (*clippings*) curiosi
7. sta scrivendo un diario
8. ha amici a Salina

a. Moretti
b. Gerardo

B. I contrasti. Rispondi alle domande seguenti. Usa le parole per esprimere i contrasti che hai notato nella scena.

la tranquillità / la confusione   la vacanza / il lavoro

concentrato / distratto   rumoroso / silenzioso

scuro / luminoso   stretto (*narrow*) / largo

importante / trascurabile (*irrelevant*)   familiare / strano

affollato / deserto

1. Cosa vuole combinare (fare) il protagonista? Perché ha scelto Lipari come destinazione?

2. Com'è l'isola da lontano? Com'è da vicino?

3. Cosa succede al bar? Cosa sappiamo di Moretti? Cosa sappiamo di Gerardo? Sono simili o differenti?

4. Perché Moretti e Gerardo decidono di lasciare Lipari e andare a Salina?

5. All'inizio della scena Moretti dice «Sono certo che combinerò qualcosa.» Alla fine di questa scena dice che a Salina «riusciremo a combinare qualcosa.» Secondo te, Moretti riuscirà a «combinare qualcosa» a Salina? Perché sì? Perché no?

IN AMERICA

Italy is the fourth largest market for tourism in the United States among European nations, following the United Kingdom, Germany, and France. Italians consider North America their preferred long-haul vacation destination and over 491,000 of them visited the United States in 2001. Mexico is the second most popular faraway destination.

What do Italians like to do most while on vacation in the United States? Eat in restaurants and shop! They are also more interested than other tourists in sightseeing in cities and small towns and in visiting national parks and cultural heritage sites.

The top ten American cities Italian tourists visit are:

1. *New York*
2. *Los Angeles*
3. *Miami*
4. *San Francisco*
5. *Las Vegas*
6. *Orlando*
7. *Boston*
8. *Chicago*
9. *Washington, D.C.*
10. *Phoenix, New Orleans (tied)*

 ocabolario

Domande ed espressioni

si accomodi	make yourself comfortable; have a seat
aspetti/aspetta un attimo	wait a moment (*inform./form.*)
dammi / mi dia	give me (*inform./form.*)
dimmi / mi dica	tell me (*inform./form.*)
mi piacerebbe (+ *infinitive*)	I would like to (*do something*)
(Non) sarebbe meglio... ?	Would (Wouldn't) it be a good idea . . . ?
non ti preoccupare / non si preoccupi	don't worry (*inform./form.*)
pure (*with imperatives*)	by all means
sarebbe una buon' idea	it would be a good idea
sulla destra/sinistra	on the right/left
va'/vada	go (*inform./form.*)
vieni/venga qui	come here (*inform./form.*)

Verbi

affittare	to rent (apartments, houses)
andare diritto	to go straight
arrivarci	to get there
avere un sogno nel cassetto	to have a secret wish
dimenticare	to forget
essere d'accordo	to agree
fare il trekking	to hike
fare una prenotazione	to make a reservation
girare (a destra/sinistra)	to turn (right/left)
godersi	to enjoy
lamentarsi	to complain
noleggiare	to rent (bikes, cars, videos)
organizzare	to organize

prenotare	to reserve
rilassarsi	to relax

Sostantivi

l'albergo	hotel
l'agenzia di viaggi	travel agency
l'alloggio	lodging
l'alta (bassa) stagione	high (low) season
l'aria condizionata	air conditioning
la barca a vela	sailboat
la camera (singola/doppia)	(single/double) room
la destinazione	destination
l'escursione (*f.*)	excursion
l'estero	abroad
l'isola	island
il lago	lake
il lettino	beach lounge chair
il mare	sea
la montagna	mountain
l'offerta	sale, bargain, discount, offer
l'ombrellone	beach umbrella
la pensione	small hotel; pension
la mezza pensione	hotel stay with breakfast and lunch or dinner included
la pensione completa	hotel stay with breakfast, lunch, and dinner included
la prenotazione	reservation
il prezzo	price
il pullman	bus, tour bus
il soggiorno	stay (*period of time*)
la spiaggia	beach
la vacanza	vacation

Chi sono gli italiani?

Pinocchio (1991), Campagna pubblicitaria, Benetton

UNITED COLORS
OF BENETTON.

Scopi

In this chapter you will learn:

- to talk about what people do in general
- to talk about Italian society today
- to explain how things are done
- to express doubt or opinions
- about demographics and social issues

RISORSE MULTIMEDIALI

Strategie di comunicazione

 **Cosa si fa?**   Talking about what people do in general

- To find out what people (in general) do, ask:

  Cosa si fa?
  —**Cosa si fa nel weekend?**   *What do people do on the weekend?*

- To explain what people (in general) do, use **si** + verb

  —**Si esce, si va al cinema,**   *People go out, go to the movies,*
  si mangia fuori.   *go out to eat.*

A. Osserva ed ascolta. Osserva ed ascolta mentre Antonella, Anna Maria e Mario descrivono cosa fa di solito dopo pranzo una madre, una pensionata e uno studente. Segna (✔) cosa si fa.

	una madre	una pensionata	uno studente
1. si esce con gli amici	☐	☐	☐
2. si va in palestra	☐	☐	☐
3. si va a trovare parenti	☐	☐	☐
4. si va a bere qualcosa	☐	☐	☐
5. si accompagnano i figli	☐	☐	☐
6. si fa una passeggiata	☐	☐	☐
7. si passa la serata davanti alla TV	☐	☐	☐

B. Secondo te, cosa si fa? Qual è l'attività che associ con queste situazioni? Lavora con un compagno / una compagna. Scegli un'attività e dilla al compagno / alla compagna. Lui/Lei deve trovare la situazione adatta. **Attenzione!** Alcune attività possono accompagnare più di una situazione. Siete d'accordo?

Esempio: **S1:** Si dorme molto.

S2: Eh, sì. È quello che si fa nel weekend.

Le attività:

1. si prenota l'albergo
2. si va a letto
3. si va in pensione (*retires*)
4. si balla
5. si impazzisce (*goes crazy*)
6. si porta l'ombrello
7. si trova un lavoro
8. si esce
9. si dorme

Le situazioni:

a. in vacanza
b. il sabato a mezzogiorno
c. in discoteca
d. in occasione del compleanno di un amico / di un'amica
e. prima di partire per un viaggio all'estero
f. dopo la laurea
g. quando piove
h. quando non si sta bene
i. quando uno s'innamora
j. a settant'anni

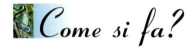 *Come si fa?*   Explaining how things are done

- To find out how things are done, ask:

  Come si fa?

  Come si fa per arrivare a Salerno da Napoli? *How do people get to Salerno from Naples?*

  Come si fa per aprire questa porta? *How do you open this door?*

  Come si fa a vivere con soli 500 dollari al mese? *How can one live on only 500 dollars a month?*

- To explain how things are done, use **si** + verb:

  Si prende l'autostrada... *People take the highway . . .*

  Si gira la chiave parecchie volte. *You turn the key several times.*

  Non si può; 500 dollari sono troppo pochi. *One can't; 500 dollars aren't enough.*

Si fa così. Leggi le seguenti istruzioni e indovina a cosa servono.

Esempio: si inserisce la carta, si fa il numero PIN, si fa il numero della somma (*sum*) che si vuole, si prendono i soldi, si riprende la carta.

Come si fa per *prelevare soldi dal Bancomat*?

1. si raccolgono i vestiti sporchi, si mettono i vestiti e il detersivo nella lavatrice, si accende la macchina, si mettono i vestiti puliti ad asciugare (*to dry*)
2. si sceglie un argomento, si pensa, si legge qualche libro, si naviga in Internet, si scrive, si fanno le revisioni, si scrive la versione definitiva
3. si accende (*turn on*) il telefonino, si compone (*compose*) il messaggino, si preme *invia*, si aspetta la risposta
4. si entra, ci si mette la cintura di sicurezza, si inserisce la chiave, si avvia il motore, si parte
5. si passano i controlli di sicurezza, si aspetta, si sale, ci si siede, ci si mette la cintura di sicurezza, si decolla (*take off*), si mangia, si dorme, si legge, si atterra (*land*)

*L*essico

La società italiana oggi

Talking about Italian society today

Segna (✔) accanto a tutte le parole che già conosci o che riconosci (*recognize*) perché hanno parole simili in inglese. Chiedi le parole che non conosci all'insegnante o ai compagni.

il fenomeno

aumentare (*to increase*)

morire   nascere   l'immigrazione

trasformarsi   l'emigrazione   l'industria

l'anziano   la violenza   la povertà

la percentuale   la popolazione   la droga

la solitudine   il governo   il divorzio

la fame   il razzismo

le tasse

Leggi le affermazioni qui sotto e abbina ciascuna di esse a una delle seguenti foto. Poi, cerca di capire dal contesto i significati delle parole evidenziate.

1.

3.

2.

4.

5.

Combattiamo contro la droga!

_____ a. **L'immigrato** è una persona coraggiosa perché lascia il proprio paese e va a vivere in un altro, che ha una cultura e spesso una lingua diversa. Alcune **ragioni** per cui si emigra sono la **guerra** e la povertà. Molti emigrati **sognano** (*dream of*) un futuro migliore.

_____ b. Molti anziani scelgono (*choose*) di non lavorare più dopo i 63 anni. **Vanno in pensione** e ogni mese prendono **la pensione** dallo Stato. Secondo l'indagine Irp (Istituto di Ricerche sulla Popolazione), molti **pensionati** sono attivi. Il 36% si dedicano ad attività di varia natura, il 19% fa sport, l'11% volontariato, il 6% frequenta corsi di vario genere. Grande successo anche per l'Università del**la terza età.**

_____ c. Molti neo-laureati in Italia hanno paura di non trovare lavoro perché **il tasso di disoccupazione** (la percentuale di persone senza lavoro) è alto. Molti sono disoccupati perché non conoscono ancora **il mestiere** che vogliono fare o perché non trovano un lavoro adatto alla loro preparazione e alla loro inclinazione.

_____ d. L'uso della droga è un grave problema sociale e **la delinquenza** va di pari passo con la droga. Un buon detterente contro la criminalità sono le leggi e le condanne (*penalties*) significative, oltre che educare **i cittadini** al rispetto verso gli altri.

_____ e. La formula tradizionale della famiglia italiana ha subito molte **trasformazioni.** Oggi ci sono molte persone che vivono sole, coppie senza figli e famiglie con un solo genitore. Molti nonni aiutano i genitori nella **gestione quotidiana** dei figli. Per esempio, vanno a prendere i nipoti a scuola e li accompagnano in vacanza.

▶ Answers to this activity are in Appendix 2 at the back of your book.

In italiano

Nouns are often derived from verbs and vice versa. Can you figure out the meanings of these related words? Two are done for you.

aumentare	→	**l'aumento**
calare (*to fall, to reduce*)	→	**il calo** (*reduction*)
crescere (*to grow, to increase*)	→	**la crescita** (*growth, increase*)
drogarsi	→	**la droga / il drogato**
immigrare	→	**l'immigrato / l'immigrazione**
invecchiare	→	**l'invecchiamento / la vecchiaia**
morire	→	**la morte**
nascere	→	**la nascita**
sognare	→	**il sogno**

IN ITALIA

- La popolazione d'Italia è di 58,5 milioni.
- Le donne costituiscono il 51% della popolazione.
- Il 26,3% della popolazione abita nel Nord-Ovest, il 18,8% nel Nord-Est, il 19,2% nel Centro, il 24,2% nel Sud e l'11,5% nelle Isole.
- L'industria si trova prevalentemente al Nord che è perciò economicamente prospero, mentre il Sud è prevalentemente agricolo e più povero. Per esempio, nel 2003, Bolzano vantava un tasso di disoccupazione del solo 2%, Trento del 2,9% e l'Emilia-Romagna (che include Bologna, Parma e Modena) del 3%. Queste cifre (*figures*) sono in netto contrasto con il tasso ufficiale del 23,4% per la Calabria.

A. I contrari. Abbina i contrari dei due insiemi.

A	B
1. la vecchiaia	a. godere
2. la nascita	b. la ricchezza
3. aumentare	c. la solitudine o l'inimicizia
4. soffrire	d. la morte
5. la guerra	e. sposare
6. la noia	f. la gioventù
7. l'amicizia	g. la pace
8. la povertà	h. calare/diminuire
9. divorziare	i. il divertimento

IN ITALIA

The divorce rate in Italy is the lowest in Europe, .7 for every 1,000 individuals compared with the European rate of 1.9. This lower rate is linked to the obligatory three-year waiting period before finalizing a divorce in Italy. As a result, many marriages in Italy end in separation rather than divorce.

B. Le notizie. Ecco alcuni titoli tratti da vari giornali e riviste italiani. Abbina i titoli con uno dei seguenti argomenti.

gli anziani   la delinquenza   la disoccupazione

la droga   la guerra   l'immigrazione

Scioperi, l'Istat dà i numeri

In quanti protestarono per le pensioni il 24 ottobre del 2003? L'Istituto di statistica dice 731 mila. Ma a ben vedere…

Doping: scandalo al sole

L'abuso dei videogiochi sviluppa la violenza. Lo dicono i neuroscienziati che consigliano alternative più sane.

Occupazione, vince Bolzano La Calabria ultima in classifica

Famiglia: per la felicità non bastano le coccole

I nonni? Risalgono a 30 mila anni fa

Come si giustifica la guerra?

**Pochi figli, tanti immigrati
In Italia siamo sempre di più**

**ISFOL: Molto lavoro è part time
ma cresce quello femminile**

L'Europa chiude le porte, l'Italia no

IN ITALIA

There are two national **giornali** *or* **quotidiani** *(daily newspapers) in Italy, the Corriere della Sera, which Italians compare to the New York Times, and La Repubblica. There is one daily newspaper dedicated to sports, the Gazzetta dello Sport, which is published in eight cities on pink newspaper. In addition, many cities have their own daily newspapers, such as La Stampa (Torino), La Nazione (Firenze), Il Messaggero (Roma), and Il Mattino (Napoli). Italians are also great consumers of* **riviste**

Settimanali italiani

(magazines) *which are published weekly (called* **settimanali**)*, such as Panorama and L'espresso, or monthly (called* **mensili**)*, such as Bell'Italia, from which many Italians get their news, culture, and entertainment.*

www ***Clicca qui*** You can practice your language skills by reading Italian newspapers at the *Avanti!* website, **Clicca qui (www.mhhe.com/avanti).**

C. La parola giusta. Completa le frasi con la parola giusta.

aumentano	cala	disoccupazione	fenomeno

guerra	nascita	ragione

1. La _____ per cui non andiamo alla festa è che dobbiamo lavorare.

2. Quando c'è l'inflazione, i prezzi _____.

3. Durante un boom economico, poche persone sono senza lavoro e il tasso di _____ è relativamente basso.

4. La temperatura _____: prima erano 38 gradi, adesso sono 32 gradi.

5. Nel ciclo della vita: la _____ è seguita prima o poi dalla morte.

6. I soldati sono preparati a fare la _____.

7. L'immigrazione è un _____ mondiale.

D. I problemi.

Parte prima. In gruppi di tre, fate una lista di tre problemi (in ordine di importanza) che i seguenti gruppi sociali devono affrontare (*confront*).

1. gli anziani
2. le donne
3. i genitori
4. gli immigrati
5. i neolaureati
6. gli uomini

Parte seconda. Confrontate le vostre liste con quelle di un altro gruppo e mettetevi d'accordo per fare delle liste uniche. Presentate i risultati alla classe e giustificate gli elementi che avete incluso e l'ordine.

Strutture

14.1 Si può? **si** + verb

Decidi se questi usi e costumi sono tipici di dove abiti tu, dell'Italia o di tutti e due. Poi, sottolinea i verbi in ogni affermazione. Perché **si** precede tutti i verbi?

	Dove abito io	l'Italia	Tutti e due
1. Si fa la dieta mediterranea.	☐	☐	☐
2. Si considera il pranzo il pasto principale.	☐	☐	☐
3. Si regalano le mimose per la Festa della donna.	☐	☐	☐
4. La sera si va al cinema o a bere qualcosa con gli amici.	☐	☐	☐
5. Per le vacanze di solito si va al mare o in montagna.	☐	☐	☐
6. Si fanno molte attività sportive alle scuole superiori e alle università.	☐	☐	☐
7. A San Silvestro si lanciano (*set off*) i fuochi d'artificio a mezzanotte.			
8. Si fa la scuola dell'obbligo fino a 16 anni.	☐	☐	☐

1. As you saw in the **Strategie di comunicazione** section, generalizations expressing an impersonal or unspecified subject are made by using **si** + verb. This construction is the equivalent in English of *one, we, they,* or *people* (in general).

2. Si is always followed by a verb in the third-person singular (**lui/lei/Lei**) or third-person plural (**loro**). The choice depends on the direct object; if the direct object of the verb is singular, or if there is no direct object, the verb is in the singular (**lui/lei**) form.

Si fa la dieta mediterranea.	*They are on the Mediterranean diet.*
La sera **si va** al cinema.	*In the evening people go to the movies.*

If the direct object is plural, the verb is in the plural, **loro** form.

Si regalano le mimose per la Festa della donna.	*People give mimosas on International Women's Day.*
A San Silvestro **si lanciano i fuochi d'artificio** a mezzanotte.	*On New Year's Eve people set off fireworks at midnight.*

3. When the **si** construction is used with reflexive verbs, the phrase **ci si** is used.

Ci si diverte in classe.	*One has fun in class.*
Ci si alza alle 8.00.	*One gets up at 8:00.*

4. A common expression using the **si** construction is **si vede che,** which means *you can tell that* or *it's clear that.*

Sara è andata a letto presto. **Si vede che** sta proprio male.

Sara went to bed early. It's clear that she really doesn't feel well.

Mark parla molto bene l'italiano. **Si vede che** ha passato molto tempo in Italia.

Mark speaks Italian really well. It's clear that he has spent a lot of time in Italy.

In italiano

When selling, renting, looking for items, or offering services, **si** + verb is used. However, the pronoun **si** is attached to the end of the third-person singular (**lui/lei**) form of the verb to form one word: **affittasi, cercasi, offresi, vendesi.**

 A. Ascolta. L'insegnante leggerà delle frasi incomplete. Scegli la fine appropriata per ciascuna.

1. a. i monumenti   b. la delinquenza

2. a. le vitamine   b. una cura omeopatica

3. a. le guerre   b. la violenza

4. a. gli amici   b. un lavoro

5. a. i problemi sociali   b. il razzismo

6. a. libri interessanti   b. un giornale interessante

B. La forma corretta.

Parte prima. Scegli la forma corretta.

1. Per arrivare in centro alle 8.00, da casa mia si <u>prende / prendono</u> l'autobus alle 7.45.

2. Si <u>può / possono</u> eliminare lo smog nelle grandi città.

3. In centro si <u>affitta / affittano</u> molti appartamenti.

4. Il lunedì il signor Marchi gioca a calcio, il martedì nuota in piscina, il giovedì corre per tre chilometri e il venerdì fa yoga. Si <u>vede / vedono</u> che è ancora molto attivo a 70 anni.

5. Quando si <u>emigra / emigrano</u>, si <u>incontra / incontrano</u> molte difficoltà.

6. Quando si <u>fa / fanno</u> volontariato, si <u>prova / provano</u> molte soddisfazioni.

Parte seconda. Completa le frasi con la forma corretta del verbo tra parentesi.

7. Si _____ (sognare) un futuro migliore per i bambini.

8. Si _____ (andare) in montagna per respirare l'aria fresca e pulita.

9. Nel corso d'italiano, si _____ (studiare) molto!

10. Si _____ (emigrare) per varie ragioni.

11. Non si _____ (dovere) fare il bagno subito dopo aver mangiato.

12. Il nonno va in piazza tutti i giorni. Si _____ (vedere) che gli piace passare molto tempo con gli amici.

C. Cosa si fa all'università?

Parte prima. Con i compagni, fate una lista di sette o otto attività tipiche degli studenti universitari.

> **Esempio:** All'università si studia molto.

Parte seconda. Formate gruppi di tre o quattro studenti e mettete le attività in ordine a partire dall'attività che considerate essenziale per il successo negli studi universitari. Quando avete finito, confrontate la vostra graduatoria con quelle degli altri studenti. Sono simili o diverse? Perché?

 **IN ITALIA**

Elderly people enjoy each other's company. Elderly men often meet in public spaces, such as parks or piazzas, to discuss their favorite topics.

D. Affittiamo una villa. La tua classe d'italiano ha deciso d'affittare una villa in Toscana per l'estate. Quando arrivate, vedete che la villa è più piccola di quanto avete immaginato: ci sono due bagni, una cucina piccola, un solo telefono, e si deve dormire in tre in ogni camera. In gruppi di tre, fate una lista delle regole che tutti devono seguire. Quando avete finito, mettetevi d'accordo con la classe per una lista finale.

(Non) Si può...	(Non) Si deve...

14.2 *Penso che sia giusto così* — The present subjunctive

Dino, Carla e Margherita abitano nello stesso palazzo a Milano. Dino chiede informazioni sul nuovo inquilino (*tenant*), Klaidi. Leggi la conversazione. Chi conosce Klaidi meglio, Carla o Margherita? Come lo sai?

DINO: Di dov'è Klaidi?
CARLA: Penso che sia albanese.
MARGHERITA: Sì, è albanese.
DINO: Che fa?
CARLA: Credo che faccia il medico.
MARGHERITA: No, no. Sono sicura (*sure*) che fa l'avvocato.
DINO: Ha famiglia?
CARLA: Penso che abbia una grande famiglia.
MARGHERITA: No, no. So che ha solo un figlio.
DINO: Com'è?
CARLA: Credo che sia un tipo timido.
MARGHERITA: Sì, è vero che è timido, ma è molto gentile.

1. Most of the verbs you have learned (except the conditional and imperative) have been in the indicative mood (**l'indicativo**), which expresses certainty or objectivity. The statements that begin with **penso che** and **credo che** in the dialogue above indicate doubt or opinion. These expressions are always followed by verbs in the subjunctive mood (**il congiuntivo**). Underline the verbs in the subjunctive in the dialogue above. Can you figure out the infinitive of each verb?

▶ Answers to this activity are in Appendix 2 at the back of your book.

2. The subjunctive is also used after verbs or expressions that express desire, necessity, emotions, and subjective judgements, all of which are followed by **che.**

volere		
bisogna	+ **che** + **subjunctive**
essere contento/a		
essere importante		

▶ The use of the subjunctive after expressions other than **pensare che** and **credere che** are discussed in more detail in the next section of this chapter.

3. To form the stem of the present subjunctive, drop the infinitive ending. Note that **-ire** verbs that insert **-isc-** in all forms except the **noi** and **voi** in the present indicative also do so in the subjunctive.

-are	-ere	-ire
lavorare → lavor-	prendere → prend-	dormire → dorm- capire → capisc-

Then add the endings to the stem.

	-are	-ere	-ire
io	-i	-a	
tu	-i	-a	
lui/lei/Lei	-i	-a	
noi	**-iamo**	**-iamo**	
voi	**-iate**	**-iate**	
loro	-ino	-ano	

Note that:

a. **-ere** and **-ire** verbs have the same endings.

b. the **noi** and **voi** forms are the same in all three conjugations.

c. the singular forms have the same endings. The **-are** conjugation has **-i** endings and the **-ere/-ire** conjugations have **-a** endings.

Now complete the conjugations of these regular verbs.

	lavorare	prendere	dormire	capire
io	lavori			
tu				capisca
lui/lei/Lei		prenda		
noi				capiamo
voi				
loro			dormano	

Answers to this activity are in Appendix 2 at the back of your book.

4. The subjunctive has the same spelling changes as the indicative.

a. Verbs ending in **-care** and **-gare** add an **-h-** before the subjunctive endings, which all begin with **-i.**

	cercare	pagare
io	cerchi	paghi
tu	cerchi	paghi
lui/lei/Lei	cerchi	paghi
noi	cerchiamo	paghiamo
voi	cerchiate	paghiate
loro	cerchino	paghino

b. Verbs ending in **-ciare** and **-giare** have only one **-i.**

	cominciare	mangiare
io	cominci	mangi
tu	cominci	mangi
lui/lei/Lei	cominci	mangi
noi	cominciamo	mangiamo
voi	cominciate	mangiate
loro	comincino	mangino

5. Here are some frequently used verbs that are irregular in the subjunctive. **Attenzione!** Note that the **noi** and **voi** forms of **andare** and **uscire** have the same stem changes as in the present indicative.

	avere	essere	fare	andare	uscire
io	abbia	sia	faccia	vada	esca
tu	abbia	sia	faccia	vada	esca
lui/lei/Lei	abbia	sia	faccia	vada	esca
noi	abbiamo	siamo	facciamo	*andiamo*	*usciamo*
voi	abbiate	siate	facciate	*andiate*	*usciate*
loro	abbiano	siano	facciano	vadano	escano

▶ You can learn the conjugations of other irregular verbs in **Per saperne di più** at the back of your book.

6. The subject of the verb in expressions with **che** (**penso che, credo che**) is always different from the subject of the verb that follows **che**. Note that since the three singular forms (**io, tu, lui/lei/Lei**) are the same, subject pronouns are often used with the subjunctive to avoid confusion.

Sandra pensa che **io** abbia il libro.
Sandra pensa che **tu** abbia il libro.
Sandra pensa che **lui** abbia il libro.

> ## *In italiano*
> The Italian equivalent of the English expression *to believe in* is **credere a** or **credere in.**
>
> Non credo **agli** UFO.   Credo **in** te.

Study Tip

Spontaneous, correct use of the subjunctive by learners of Italian takes a long time to achieve. This is due, in part, to the fact that English has a subjunctive form, but it is rarely used. (You may hear it in statements such as: It's important that he go to the doctor immediately. But you will also hear goes in this statement.) Since the subjunctive is essentially a new concept for English speakers learning Italian, you will need to pay special attention to the contexts in which it appears and practice it by writing it and saying it in simple statements.

A. Le ipotesi.

Parte prima. Conosci bene il tuo compagno / la tua compagna? Fai questo piccolo test.

Penso che il mio compagno / la mia compagna...

1. a. lavori a tempo pieno.
   b. lavori part-time.
   c. non abbia un lavoro.

2. a. abbia un gatto.
   b. abbia un cane.
   c. non abbia animali domestici.

3. a. abbia molti fratelli.
   b. abbia solo un fratello / una sorella.
   c. non abbia fratelli.

4. a. faccia sport una volta alla settimana.
   b. faccia sport più di una volta alla settimana.
   c. non faccia mai sport.

5. a. creda agli UFO. b. non creda agli UFO. c. sia indifferente agli UFO.

6. a. studi due ore al giorno. b. studi meno di due ore al giorno. c. studi più di due ore al giorno.

7. a. sia vegetariano/a. b. mangi la carne. c. sia vegan.

8. a. pensi sempre alla situazione politica del paese. b. non pensi mai alla situazione politica del paese. c. pensi ogni tanto alla situazione politica del paese.

Parte seconda. Verifica le tue ipotesi. Chi conosce meglio il compagno / la compagna?

Esempio: **S1:** Lavori a tempo pieno?
S2: No, non ho un lavoro.

IN ITALIA

A powerful negotiation tool of Italian workers is **lo sciopero** (strike). *Strikes are much more common in Italy than in the United States. Most Italians support strikes because they protect workers' rights and achieve results.* **Scioperi** *are most common in mass transit and are a source of frustration for travelers. Most strikes are announced in advance and are widely publicized in newpapers and on the Internet.* **Lo sciopero a singhiozzo** *is a strike that is scheduled for various periods throughout the day, such as during rush hours, in order to cause the most disruption. Less common are* **scioperi selvaggi** (wild strikes), *which are unannounced.*

Clicca qui Be prepared! Find out about upcoming strikes before you make your travel plans at the *Avanti!* web site, **Clicca qui (www.mhhe.com/avanti).**

B. Il governo e l'economia.

Parte prima. Completa i verbi al congiuntivo. Poi segna (✔) le affermazioni con cui sei d'accordo.

1. _____ Penso che il costo della vita aument_____ sempre.

2. _____ Credo che gli impiegati in fabbrica (*factory*) guadagn_____ molto.

3. _____ Penso che i giovani conosc_____ bene la situazione politica del paese.

4. _____ Credo che molti giovani si preoccup_____ della situazione economica del paese.

5. _____ Penso che il deficit del paese cresc_____ quest'anno.

6. _____ Non credo che il governo facc_____ abbastanza per eliminare la povertà nel mondo.

7. _____ Penso che lo sciopero s_____ il modo migliore per risolvere i conflitti sul lavoro.

8. _____ Credo che gli immigrati contribuisc_____ molto all'economia del paese.

C. I problemi sociali.

Parte prima. Con i compagni, fate una lista dei problemi sociali che i paesi del mondo devono affrontare.

> **Esempio:** la droga, le tasse…

Parte seconda. In gruppi di due o tre studenti, completate le seguenti frasi insieme e poi fate un sondaggio nella classe. Quanti hanno le stesse opinioni?

1. Pensiamo che il problema più grave nel nostro paese sia…

2. Pensiamo che il problema più grave in Italia sia…

3. Pensiamo che il problema più grave nel mondo sia…

 IN ITALIA

Italy has been a democratic republic since 1946, when the monarchy was abolished by popular referendum. The **Presidente della Repubblica** is the head of state whose role is symbolic. The **Primo Ministro,** also known as the **Presidente del Consiglio,** is the head of the government and, as such, is the country's most powerful political figure, guiding political initiatives and coordinating the activities of the various ministries of the government. Palazzo Chigi in Rome is the seat of the Italian government.

Palazzo Chigi (Roma)

Clicca qui You can learn more about the Italian government at the *Avanti!* website, **Clicca qui (www.mhhe.com/avanti).**

D. Cosa credi?

Parte prima. Scegli l'elemento appropriato per completare le frasi secondo la tua opinione.

1. Credo che ci sia <u>molta / poca</u> delinquenza nella città dove abito.

2. Credo che l'adolescenza sia un periodo <u>divertente / difficile.</u>

3. Penso che gli immigrati abbiano <u>molte / poche</u> difficoltà.

4. Penso che i nonni abbiano un ruolo <u>importante / insignificante</u> nella famiglia.

5. Credo che sia <u>essenziale / sciocco (*foolish*)</u> avere un sogno nel cassetto.

Parte seconda. Adesso giustifica le tue opinioni. Usa il presente indicativo nelle tue affermazioni.

Esempio: C'è poca delinquenza nella città dove abito perché ci sono tante attività per i giovani.

> *In italiano*
>
> As you've already learned, another way to express your opinion is to use **secondo me** followed by the indicative. Compare:
>
> **Secondo me,** troppa gente **crede** agli stereotipi.
> **Penso che** troppa gente **creda** agli stereotipi.

E. Le opinioni.

Parte prima. Con un compagno / una compagna, scrivete le vostre opinioni sui seguenti aspetti della vita nella vostra università. Cominciate ogni frase con **Secondo noi...** e ricordate di usare l'indicativo.

Esempio: **Secondo noi,** le tasse universitarie **sono** troppo alte.

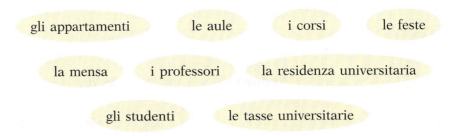

gli appartamenti · le aule · i corsi · le feste · la mensa · i professori · la residenza universitaria · gli studenti · le tasse universitarie

Parte seconda. Scambiate le liste con un altro gruppo. Trasformate tutte le frasi con cui siete d'accordo con **Crediamo che....** Cominciate le frasi con cui non siete d'accordo con **Non crediamo che...** (Ricordate di usare il congiuntivo!). Discutete le frasi con cui non siete d'accordo con l'altro gruppo o con i compagni.

Esempio: **Crediamo che** le tasse universitarie **siano** troppo alte.

È bello che tu impari l'italiano

Verbs and expressions followed by the subjunctive

Abbina le frasi dell'insieme A con i sentimenti che esprimono (*express*) dell'insieme B.

A	B
1. **Desidero che veniate** con noi.	a. opinione
2. **È necessario che** Matteo **trovi** lavoro.	b. desiderio (*desire*)
3. **Credo che** questa macchina **costi** troppo.	c. sentimento (*feeling*) personale
4. **Sono contenta che** mia sorella **venga** alla festa.	d. giudizio (*judgment*) con un'espressione impersonale
5. **Dubito che** il fratello di Guido **sia** disoccupato.	e. necessità (*necessity*)
6. **È importante che si cerchi** di eliminare la povertà nel mondo.	f. dubbio (*doubt*)

▶ Answers to this activity are in Appendix 2 at the back of your book.

1. As you saw in the activity above, the subjunctive is used after verbs or expressions that indicate doubt, opinion, desire, necessity, emotions, and judgments + **che**. Here are several expressions that typically introduce the use of the subjunctive.

bisogna che	**è strano che**	**sembra/pare** (*it seems*) **che**
è bene che	**immagino che**	**spero che**
è essenziale che	**mi dispiace che**	**temo** (*I fear*) **che**
è (im)possibile che	**preferisco che**	**voglio che**

2. As you learned in the previous section, the subject of the verb in expressions with **che** (**voglio che, spero che,** and so on) is always different from the subject of the verb that follows **che,** which is in the subjunctive.

Mia madre vuole che **io** vada all'università.	*My mother wants me to go to college.*
Mia madre preferisce che **io** studi medicina.	*My mother prefers that I study medicine.*
Mia madre pensa che **io** abiti da sola.	*My mother thinks that I live alone.*
Mia madre spera che **io** diventi medico.	*My mother hopes that I become a doctor.*

3. If the subject of the two verbs is the same, the infinitive is used instead of the subjunctive.

a. The verbs **volere** and **preferire** are followed by the infinitive when the subject of **preferire/volere** and the infinitive are the same. Compare:

SAME SUBJECT	DIFFERENT SUBJECTS
Non **voglio andare** all'università.	**Mia madre vuole** che **io vada** all'università.
I don't want to go to college.	*My mother wants me to go to college.*
Preferisco studiare recitazione.	**Mia madre preferisce** che **io studi** medicina.
I prefer to study acting.	*My mother prefers that I study medicine.*

b. The verbs **pensare** and **sperare** are followed by **di** + infinitive when the subject of **pensare/sperare** and the infinitive are the same. Compare:

SAME SUBJECT	DIFFERENT SUBJECTS
Penso di abitare con amici.	**Mia madre pensa** che **io abiti** da sola.
I think that I will live with friends.	*My mother thinks that I live alone.*
Spero di diventare attrice.	**Mia madre spera** che **io diventi** dottore.
I hope to become an actress.	*My mother hopes that I become a doctor.*

To learn more about constructions with the infinitive, see **Per saperne di più** at the back of your book.

 A. Ascolta.   Ascolta le frasi e indica perché si usa il congiuntivo.

	opinione	dubbio	desiderio	sentimento personale	necessità	giudizio con un'espressione impersonale
1.	☐	☐	☐	☐	☐	☐
2.	☐	☐	☐	☐	☐	☐
3.	☐	☐	☐	☐	☐	☐
4.	☐	☐	☐	☐	☐	☐
5.	☐	☐	☐	☐	☐	☐
6.	☐	☐	☐	☐	☐	☐
7.	☐	☐	☐	☐	☐	☐
8.	☐	☐	☐	☐	☐	☐

B. Come reagisci (react)?   Completa le affermazioni con la tua reazione personale. Usa un'espressione che richiede il congiuntivo. **Attenzione!** Usa ogni espressione una sola volta.

Esempio: Tommaso, un neolaureato in giurisprudenza, non riesce a trovare lavoro.

Spero che il governo faccia qualcosa per ridurre il tasso di disoccupazione.

1. Mohamed è arrivato in Italia dall'Africa una settimana fa.
_____ trovi un lavoro.

2. Il bambino ha la febbre a 40 gradi!
_____ la madre lo porti subito dal medico.

3. C'è molta povertà nel mondo e molte persone soffrono la fame.
_____ i paesi del mondo trovino una soluzione.

4. I prezzi stanno aumentando!
_____ il governo faccia qualcosa per controllare
l'inflazione.

5. Di solito Loredana viene a lezione tutti i giorni.
_____ non sia a lezione oggi.

6. Roberto ha visto un ladro rubare una macchina.
_____ che chiami subito la polizia.

C. La vita futura.

Parte prima. Ci sono tre frasi possibili per completare le seguenti affermazioni sulla tua vita dopo la laurea. Metti le frasi in ordine di importanza secondo la tua opinione (1 = la più importante, 3 = la meno importante).

1. È essenziale che il mio lavoro
   a. ____ sia pagato bene
   b. ____ dia molte soddisfazioni.
   c. ____ offra molte opportunità di viaggiare.

2. È importante che la mia casa
   a. ____ sia grande.
   b. ____ sia nel quartiere più bello della città.
   c. ____ abbia tutti i comfort.

3. È necessario che mio marito/ mia moglie
   a. ____ sia ricco/a.
   b. ____ sia gentile e intelligente.
   c. ____ sia bello/a.

4. È assolutamente necessario che io
   a. ____ abbia un animale domestico.
   b. ____ abbia tanti amici.
   c. ____ abbia un buon rapporto con la famiglia.

5. È importante che io
   a. ____ abiti vicino alla mia famiglia.
   b. ____ abiti lontano dalla mia famiglia.
   c. ____ abiti in una bella città.

Parte seconda. Adesso giustifica la tua preferenza principale con un'affermazione. Usa **il presente indicativo.** Presenta le tue affermazioni ai compagni di classe.

> **Esempio:** Il mio lavoro deve pagare molto perché vorrei viaggiare in tutto il mondo.

D. I dialoghi. Completa questi mini-dialoghi con i verbi appropriati della lista. **Attenzione!** Non tutti i verbi verranno usati.

abbia	abbiano	abitino	capisca	dorma
esca	faccia	siano	si senta	vada

1. —Lavora ancora il signor Rossi?

   —È probabile che _____ in pensione l'anno prossimo.

2. —Roberto va alla riunione domani alle 16.00?

   —No, credo che _____ un impegno dalle 15.00 alle 16.30.

3. —Dove sono Raffaella e Angelica?

   —Credo che _____ ancora all'università.

4. —Quanti anni ha tua madre?

   —Ne ha 80.

   —Abita ancora da sola?

   —Sì, e ho paura che _____ sola, ma insiste che vuole essere indipendente.

5. —Perchè Mario è di cattivo umore?

   —Domani ha un esame di matematica. È importante che _____ bene l'esame, perché i voti fino a ora sono stati molto bassi.

E. *Firma qui, per favore!*

Parte prima. Cosa hai intenzione di fare dopo gli studi? Completa le frasi in base ai tuoi progetti. **Attenzione!** Ricorda di usare gli infiniti.

Dopo gli studi...

		Firma qui, per favore!
spero di		
penso di		
voglio		

Parte seconda. Trova un compagno / una compagna che ha gli stessi progetti e chiedi la firma.

Esempio: **S1:** Cosa speri di fare dopo gli studi?

   S2: Spero di andare in Italia.

   S1: Anch'io! Firma qui, per favore!

Cultura

Ascoltiamo!

La nuova demografia d'Italia

A. Ascolta. Ascolta mentre l'insegnante ti parla delle trasformazioni demografiche nell'Italia di oggi.

B. Completa. Completa le seguenti frasi, inserendo la parola più appropriata della lista. Usa ogni parola *una sola volta*. **Attenzione!** La lista contiene 11 parole; devi usarne solamente nove.

adriatica	in aumento	in calo	farmaci
fertilità	degli immigrati	l'invecchiamento	in inverno
delle pensioni	il tempo libero	la terza età	

1. La popolazione italiana si sta trasformando: le nascite sono _____, mentre invece il numero degli anziani è _____.

2. Il numero complessivo degli abitanti, però, rimane stabile a causa dell'arrivo _____ dai paesi dell'Asia, Africa ed Europa Orientale (*Eastern*).

3. _____ della popolazione preoccupa il governo e crea problemi per l'economia nazionale, in particolare per l'enorme costo _____.

4. Gli anziani (chiamati anche «_____») influenzano sempre più il mercato dei consumi. Per loro, le industrie creano prodotti specializzati, come alimenti e _____.

5. _____, molte località turistiche dal clima mite sono piene di anziani in vacanza, soprattutto quelle della costa ligure e della costa _____.

C. Tocca a te! Secondo te, il maggior numero di anziani è veramente un problema serio per una nazione?

Penso che il maggior numero di anziani sia / non sia un problema serio per una nazione perché...

Immigrati: 2,6 milioni di regolari

Questo testo è adattato da un articolo che è apparso sul quotidiano nazionale, *La Repubblica*. Prima di leggere il testo, leggi le frasi che lo seguono. Poi leggi l'articolo per decidere se le frasi sono vere o no.

Un extracomunitario ogni 22 residenti

Immigrati: 2,6 milioni di regolari
raddoppiati[1] negli ultimi 4 anni

ROMA—Continua a crescere il numero degli immigrati in Italia. Arrivano soprattutto dall'Europa dell'Est. Nel 2003 hanno raggiunto quota[2] 2,6 milioni, pari[3] al 4,5 per cento della popolazione residente.

Raddoppiati in quattro anni. I regolari hanno raggiunto quota 2 milioni e seicentomila, uno ogni 22 residenti del nostro Paese. In quattro anni, dal 2000 al 2004, gli immigrati sono addirittura[4] raddoppiati. Per la Caritas,[5] se continuerà questa tendenza, fra dieci anni la popolazione immigrata sarà nuovamente raddoppiata.

Il 60 per cento al Nord. Gli immigrati rappresentano il 4,5 per cento della popolazione complessiva. [...] Il 60 per cento degli immigrati si trova al Nord, [...] il 30 per cento al Centro [...] e il resto al Sud.

Motivi di lavoro o di famiglia. I due terzi degli immigrati (66,1 per cento) sono venuti in Italia per lavoro e circa un quarto (24,3 per cento) per motivi di famiglia. [...]

Donne in crescita. Aumentano le immigrate (nel '91 i maschi erano il 58 per cento, oggi sono il 51,6 per cento). [...]

Immigrati e lavoro. La Caritas afferma che gli immigrati «sostengono» il nostro sistema produttivo nazionale. Rappresentano circa il 7 per cento delle forze lavoro e forniscono un importante contributo all'economia del paese. [...] I settori dove è registrato il maggior numero di assunzioni è nel lavoro domestico, nelle costruzioni, negli alberghi e ristoranti, nell'agricoltura. [...]

Boom da Romania e Ucraina. Le comunità più numerose in Italia sono quelle rumene,[6] marocchine[7] e albanesi. [...] Al quinto posto, si colloca[8] la Cina. [...] Circa un immigrato su due (47,9 per cento del numero complessivo) è di origine europea.

Religioni. Il notevole aumento degli immigrati dell'Est Europa ha portato i cristiani, per lo più ortodossi, a sfiorare la metà[9] del totale (49,5 per cento). Seguono i musulmani con un terzo delle presenze (33 per cento).

(27 ottobre 2004)

[1]*doubled* [2] hanno… *reached the amount, level* [3]*equal* [4]*even* [5]*a non-profit, Catholic social service agency that conducted the survey* [6]*Roumanian* [7]*Moroccan* [8]*si… ranks* [9]*sfiorare… to come close to half*

Vero o falso?

Parte prima. Indica se le seguenti frasi sono vere o false. Se la frase è falsa, sottolinea la parte falsa e riscrivila usando parole dall'articolo.

		vero	falso
Esempio:	Il numero di immigrati in Italia continua a <u>calare</u>.	☐	☑
	Il numero di immigrati in Italia continua a *crescere*.		

	vero	falso
1. Si prevede (*predicts*) che nel 2014, in Italia, ci saranno circa dieci milioni di immigrati.	☐	☐
2. Più immigrati si stabiliscono nell'Italia Meridionale (*Southern*) che in quella Settentrionale (*Northern*).	☐	☐
3. La maggior parte degli immigrati viene in Italia per trovare parenti.	☐	☐
4. Gli immigrati hanno un effetto negativo sull'economia italiana.	☐	☐
5. Oggi in Italia immigrano più donne che in passato.	☐	☐
6. La religione più rappresentata tra i nuovi immigrati è quella musulmana.	☐	☐
7. La maggioranza degli immigrati arriva da nazioni non-europee.	☐	☐

Parte seconda. Le tre regioni italiane con il maggior numero di immigrati sono il Lazio, la Lombardia e l'Emilia-Romagna. Trova queste regioni sulla cartina d'Italia. Secondo te, perché gli immigrati scelgono di stabilirsi in queste regioni?

 *Scriviamo!*

Io a ottant'anni

Scrivi un breve testo in cui descrivi la tua vita a ottant'anni.

> **Esempio:** Spero di arrivare a ottant'anni! Il mio nonno paterno è vissuto (*lived*) fino a 102 anni e mio padre adesso ne ha 85 ed è ancora in buona salute. Come sarò? Avrò i capelli bianchi e tante rughe (*wrinkles*). Avrò poca memoria, penso, perché già adesso dimentico molte cose. Spero di essere nonna. Sarebbe bello vedere i figli dei figli. A ottant'anni non lavorerò più, o forse troverò una piccola occupazione solo per stare attiva. Spero di vivere semplice, tranquilla e felice.

Parliamo!

A che cosa tieni di più?

Usa la lista seguente (o creane una tua) di cose che pensi siano importanti nella tua vita.

gli amici
i soldi
il marito / la moglie
il lavoro
l'abilità di guidare
un animale domestico
l'autosufficienza
la bellezza
la casa
la famiglia
la salute
un hobby
lo sport

Immagina di avere cinquant'anni. Devi eliminare due cose dalla lista. Quali?

Immagina di avere sessant'anni. Devi eliminare altre due cose.

A settant'anni due ancora.

A ottant'anni nuovamente due.

A novant'anni cosa ti è rimasto?

Discuti le tue scelte con la classe. Ci sono cose a cui molti tengono? Cose a cui non tiene nessuno?

Guardiamo!

Film: *Umberto D.* (Dramma. Italia. 1952. Vittorio De Sica, Regista. 89 min.)

Riassunto: Umberto Domenico Ferrari (Carlo Battisti) is a retired civil servant trying to survive on a meager state pension, while still maintaining his dignity. He hasn't paid his rent in a year; his landlady wants to evict him. His only friends are the young, uneducated maid, Maria, and his beloved little dog, Flike.

Scena (DVD Capitoli 1 e 2): The film begins with a group of pensioners protesting for an increase in their pensions.

Ciak, si gira!
Vogliamo giustizia!

Parte prima. Durante la manifestazione, i pensionati portano cartelli (*signs*) che esprimono i loro sentimenti. Cos'hanno scritto? Unisci le parole per formare quello che era scritto sui cartelli.

1. abbiamo lavorato	a. le pensioni
2. anche i vecchi	b. tutta la vita
3. aumentate	c. i paria della nazione
4. giustizia	d. devono mangiare
5. siamo	e. per i pensionati

Parte seconda. Cosa ne pensi? Scegli una delle domande seguenti e discutila con un compagno / una compagna o con la classe.

1. Umberto D. ha debiti che non può pagare: è un anno che non paga l'affitto della sua camera. È giusto che la padrona di casa lo cacci via (*throws him out*) o no?

2. L'amico migliore di Umberto D. è il suo cane. Una persona che non ha i soldi per vivere può permettersi un animale?

3. Questo film è stato girato nel 1952. Quanto è simile o diversa la situazione dei pensionati oggi?

IN ITALIA

Umberto D. *is an example of Neorealism (1943–1952) a movement, especially in Italian filmmaking, that is characterized by its unflinching depiction of the lives of the poor and working class. Directors of neorealist films shot almost entirely on location, rather than in a studio, using only available light, giving a gritty appearance to the films. They also tended to use local people, instead of professional actors, even in primary roles. Vittorio De Sica (1901–1974) was a master of Italian neorealism. Two of his previous films,* Sciuscià (Shoeshine) *and* Ladro di biciclette (Bicycle Thief), *earned national and international acclaim including Oscars for Best Foreign Film, but* Umberto D. *was a box office disaster in Italy. It was criticized by the conservative government for depicting Italian social problems during the post-war economic boom and by the Left for its pessimistic portrayal of the Italian social welfare system.*

IN AMERICA

Although Italy's experience with immigrants is new, the United States has been the destination of immigrants since its founding. One of the first problems facing immigrants is learning a new language. Do you know the ten languages most frequently spoken at home in the United States? Here they are (in millions of speakers):

Spanish 28.1	*Vietnamese 1.0*
Chinese 2.0	*Italian 1.0*
French 1.6	*Korean 0.9*
German 1.4	*Russian 0.7*
Tagalog 1.2	*Polish 0.7*

***Note:** The number of Vietnamese speakers and the number of Italian speakers were not statistically different from one another.*

Vocabolario

Domande ed espressioni

bisogna che	it is necesary that
Come si fa?	How is it done? / How do people do it?
Cosa si fa?	What do people do?
è bene che	it's good that
è essenziale che	it's essential that
è importante che	it's important that
è (im)possible che	it's (im)possible that
è necessario che	it's necessary that
è strano che	it's strange that
sembra/pare che	it seems that
si vede che...	you can tell that / it's clear that . . .

Verbi

andare in pensione	to retire
aumentare	to increase
calare	to drop
credere (a)	to believe (in)
credere che	to believe that
crescere	to grow
drogarsi	to take drugs
dubitare che	to doubt that
emigrare	to emigrate
immaginare che	to imagine that
immigrare	to immigrate
invecchiare	to get old
pensare	to think
sognare	to dream
sperare che	to hope that
temere che	to fear that
trasformarsi	to transform

Sostantivi

l'anziano/l'anziana	elderly man/woman
l'aumento	increase
il calo	drop, reduction
il/la cittadino/a	city dweller; citizen
la crescita	growth
la delinquenza	crime (in general)
la disoccupazione	unemployment
il divorzio	divorce
la droga	drugs
l'emigrato	refugee, exile
l'emigrazione	emigration
la fame	hunger
il fenomeno	phenomenon
la gestione	care
il giornale	newspaper
il governo	government
la guerra	war
l'immigrato/l'immigrata	immigrant
l'immigrazione	immigration
l'industria	industry
l'invecchiamento	aging
il mestiere	trade; occupation
la morte	death
la nascita	birth
la noia	boredom
l'occupazione	employment; occupation
il pensionato / la pensionata	retiree
la pensione	pension, small hotel
la percentuale	percentage
la popolazione	population
la povertà	poverty
il presidente della Repubblica	president of Italy
il Primo Ministro	Prime Minister
il quotidiano	daily newspaper
la ragione	reason
il razzismo	racism
la rivista	magazine
lo sciopero	strike
la solitudine	loneliness, isolation
la tassa	tax; fee
il tasso	level, rate
il tasso di disoccupazione	unemployment rate
la terza età	"golden years"
il/la tossicodipendente	drug addict
la trasformazione	transformation
la vecchiaia	old age
la violenza	violence
il volontariato	volunteer work

Aggettivi

quotidiano	daily
sicuro	safe, sure

Quali lingue parli?

Manifestazione interventista (1914), Carlo Carrà

Scopi

In this chapter you will learn:

- to ask and verify whether someone can do something
- to recognize regional varieties of Italian
- about other varieties of language spoken in Italy
- to recognize opinions, doubts, and desires in the past
- the difference between expressions of fact and statements of opinion, doubt, and desire
- to talk about imaginary situations
- about the history of the Italian language

RISORSE MULTIMEDIALI

Strategie di comunicazione

Sai/Sa l'inglese?
Puoi/Può dire qualcosa?

Asking and verifying whether someone can do something

In **Capitolo 4** you learned that **sapere** + a noun is used to talk about knowing a fact and that **sapere** + a verb in the infinitive is used to talk about knowing how to do something or to be capable of doing something.

So l'indirizzo.	*I know the address.*
So sciare.	*I know how to ski. I can ski.*

In English the verb *can* may be used in the second instance, but not in Italian. In Italian, **potere** conveys a willingness to do something, whereas **sapere** expresses capability.

Sai cantare?	*Do you know how to sing? Can you sing?*
Puoi cantare qualcosa?	*Can (Will) you sing something?*

VIDEO

A. Osserva ed ascolta.

Parte prima. Osserva ed ascolta mentre questi italiani rispondono alla domanda «Sai/Sa l'inglese?» Segna (✔) chi dice di sì.

sì   no   sì   no

1. Elisabetta ☐ ☐   2. Anna Maria ☐ ☐

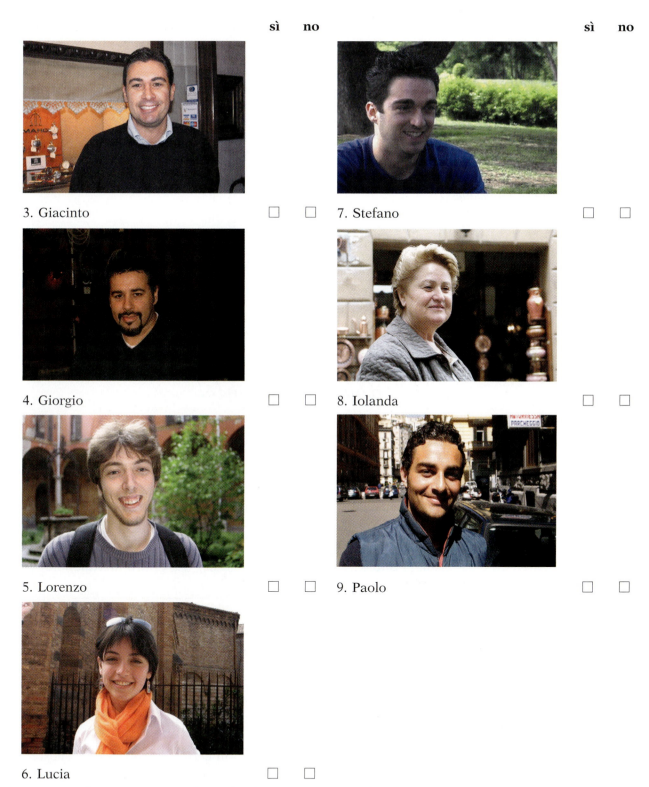

3. Giacinto   ☐   ☐   7. Stefano   ☐   ☐

4. Giorgio   ☐   ☐   8. Iolanda   ☐   ☐

5. Lorenzo   ☐   ☐   9. Paolo   ☐   ☐

6. Lucia   ☐   ☐

Parte seconda. Ora osserva ed ascolta di nuovo mentre gli italiani rispondono alla domande «È importante sapere l'inglese?». Segna (✔) chi ha dato le seguenti spiegazioni.

È importante sapere l'inglese perché...

(*continued*)

	Giorgio	Lorenzo	Iolanda	Paolo	Laura	Francesca
1. soprattutto nel campo dell'informatica, i materiali sono in inglese.	☐	☐	☐	☐	☐	☐
2. chi sa un'altra lingua ha un vantaggio nel mondo lavorativo.	☐	☐	☐	☐	☐	☐
3. sapere un'altra lingua è un segno di apertura mentale (*open mindedness*) e di cultura.	☐	☐	☐	☐	☐	☐

B. E tu, quali lingue parli? Fai un sondaggio in classe per sapere quali lingue parlano gli studenti. Indica se le hanno imparate a scuola o a casa. Secondo te, è importante saper parlare un'altra lingua?

Di dove sei? / Di dov'è? Si sente!

Recognizing regional varieties of Italian

IN ITALIA

*All Italians, when they speak Italian (**la lingua nazionale**), actually speak a regional variation of that standard. Like regional varieties of English, **l'italiano regionale** (regional varieties of Italian) has distinct characteristics in pronunciation, some aspects of syntax, and certain choices of vocabulary words (much like the fact that some speakers of English say* pop *and others say* soda.) *The regional varieties of Italian are divided into three major groups:* **settentrionale** (Northern), **toscano** (Tuscan), *and* **centro-meridionale** (Central-Southern).

 VIDEO

A. Osserva ed ascolta. Osserva ed ascolta come parlano questi italiani. Hai notato come non parlano tutti nello stesso modo? Quali sono le differenze tra le persone?

1. Italia Settentrionale (Emilia-Romagna): Stefano
2. Toscana: il maestro Dondoli
3. Italia Meridionale (Campania): Anna Maria

B. Sa l'italiano? Fai un sondaggio in classe per sapere chi conosce qualcuno che parla l'italiano. Scrivi le domande che devi fare per sapere le seguenti informazioni.

1. se conosce qualcuno che sa l'italiano
2. il nome della persona che sa l'italiano
3. dove'è nata la persona che sa l'italiano
4. dove la persona ha imparato l'italiano

Lessico

Le lingue d'Italia The languages of Italy

IN ITALIA

Only 30% of Italians are monolingual; that is, they only speak one language, **l'italiano nazionale** *(standard Italian). Many Italians are bilingual: they speak both the national (standard) Italian and the dialect of their town or province. This was not always the case. As recently as 1951 60% of Italians spoke only dialect.*

The dialects throughout Italy are separate languages and are distinct from one another. However, those that are geographically close tend to be more similar than those that are distant. For example, a person from **Milano** *would probably be able to understand another Northern dialect, such as the dialect spoken in* **Torino,** *but s/he would not be able to understand the dialects of* **Lecce** *or* **Napoli.** *Compare the following proverb in standard Italian and versions of the same proverb in local dialects from various regions of Italy.*

Meglio un uovo oggi che una gallina domani. (Better an egg today than a chicken tomorrow.)
Piemonte: A l'é mej 'n euv ancheuj che na galin-a domàn.
Emilia: L'é mei un ov incù che la galèina edmèng.
Toscana: Megl'un òvo oggi he una gallina domani.
Calabria: Miegliu òje l'uovu ca dumani a gaddina.
Sicilia: Megghiu òji l'ovu ca rumani a jaddina.
Sardegna: Menzus unu óu òje chi no una pudda crasa.

Clicca qui You can learn more about the Italian dialects at the *Avanti!* website, **Clicca qui (www.mhhe.com/avanti).**

Un piccolo test. Che ne sai della lingua italiana? Scegli la risposta corretta. Riesci a capire il significato delle parole evidenziate?

1. **La pronuncia** della lingua nazionale _____.
   a. è uguale in tutta l'Italia
   b. è diversa a seconda della zona geografica
   c. **cambia** da un giorno all'altro

2. L'italiano è una lingua _____.
   a. germanica   b. asiatica   c. **romanza**

3. Le principali lingue romanze sono l'italiano, il francese, lo spagnolo, il portoghese e _____.
   a. il tedesco   b. **il rumeno**   c. il greco

4. Le lingue romanze **derivano** _____.
   a. dall'inglese   b. dal latino   c. dal greco

(continued)

5. La lingua italiana, come tutte le lingue, _____.
   a. continua ad **evolversi** attraverso il tempo
   b. rimane sempre uguale, non cambia
   c. cambia velocemente

6. Nell'italiano **contemporaneo** si usano molti **termini** (parole) _____.
   a. inglesi   b. spagnoli   c. greci

7. **La lingua parlata e la lingua scritta** sono _____.
   a. uguali   b. diverse   c. difficili da capire

8. La lingua italiana ha una lunga **tradizione letteraria** che **risale al** _____.
   a. Duecento   b. Cinquecento   c. Novecento

9. Poiché (*Since*) sempre meno giovani italiani imparano il dialetto, i dialetti _____.
   a. potrebbero **scomparire** (*disappear*)
   b. potrebbero **diffondersi** (*spread*)

10. **Il fiorentino** è il dialetto di _____.
    a. Bologna   b. Milano   c. Firenze

11. **Il napoletano** è un dialetto dell'Italia _____.
    a. Settentrionale   b. Centrale   c. Meridionale

12. Circa 66 milioni di persone parlano italiano nel mondo. Anche se l'italiano è meno **diffuso** dello spagnolo e del francese, lo si parla in tanti paesi diversi. Si parla italiano in Brasile, Argentina, gli Stati Uniti, Australia, Canada, Tunisia, Somalia e _____.
    a. Russia   b. Svizzera   c. Cina

▶ Answers to this activity are in Appendix 2 at the back of your book.

In italiano

Here are some verbs related to talking and speaking. You already know some of these verbs.*

chiacchierare (fare due chiacchiere) *to chat*
chiedere (p.p. **chiesto**) *to ask*
dire (p.p. **detto**) *to say, to tell*
discutere (p.p. **discusso**) *to discuss*
litigare *to argue*

parlare *to talk*
raccontare *to tell (a story)*
raccontare una barzelletta *to tell a joke*
rispondere (p.p. **risposto**) *to respond*
scherzare *to joke, to kid*

A. Ascolta. Ascolta le affermazioni e decidi se sono **vere** o **false.** Correggi le frasi false.

	vero	falso		vero	falso
1.	☐	☐	3.	☐	☐
2.	☐	☐	4.	☐	☐

*All of these verbs take **avere** as their auxiliary in the **passato prossimo.**

	vero	falso			vero	falso
5.	☐	☐		7.	☐	☐
6.	☐	☐		8.	☐	☐

B. Un po' di geografia.

Parte prima. Controlla la cartina geografica alla fine del libro e fai una lista di tre città dell'Italia Settentrionale, tre dell'Italia Centrale e tre dell'Italia Meridionale.

Parte seconda. Di' una città al compagno / alla compagna, e lui/lei deve dire se si trova nell'Italia Settentrionale, Centrale o Meridionale senza consultare la cartina. Chi è riuscito a dare più risposte corrette?

C. L'inglese e l'italiano.
Leggi l'articolo e fai una lista delle parole inglesi che si usano nell'italiano contemporaneo nel campo della tecnologia, della moda e del fitness.

IN ITALIA

While some languages, such as French, tend to avoid borrowing terms from English and create their own words for new products and trends, other languages, such as Italian, frequently borrow new terms from English.

SEI TRENDY O UNA FASHION VICTIM? TI PIACE CHATTARE? E COME TI RILASSI? CON LO SPINNING O FACENDO CLUBBING? MA QUANTO INGLESE «MASTICHI» SENZA ACCORGERTENE?[1]

di Marina Fantini

ENGLISH Style

Il campo della tecnologia è ormai[2] del tutto inglesizzato, basta pensare al mondo di internet: alla homepage (la pagina principale) di un sito si accede digitando[3] www e poi il nome. www non è altro che una world wide web, ovvero[4] la rete stesa a coprire tutto il mondo! Poi ti serve uno username (un nome utente) e sicuramente una password (una chiave di accesso), ma anche un nickname (un tuo soprannome con cui farti riconoscere) altrimenti come chatti? Chattare è un verbo che in italiano non esiste, è un calco dall'inglese to chat! Così come cliccare viene da to click e customizzare (cioè personalizzare) da to customize!

Questione di feeling e di carriera!

Se per vivere un bel flirt ci vuole feeling, per essere un VIP (una very important person), ci vuole fisico e tanto fitness! Ci può aiutare sicuramente un personal trainer (un allenatore tutto per noi) e qualche ora di sport passata a fare aquagym (ginnastica in acqua), step (la tipica ginnastica aerobica) o anche spinning (una bella pedalata). Per rilassarsi poi del training autogeno è sicuramente un po' di stretching (allungamento dei muscoli). E se una volta c'era tanto tempo per dedicarsi ai propri hobby (che suonano meglio di passatempi), ora tutte le professioni richiedono un impegno full time (cioè a tempo pieno).

Fashion & style
Anche il mondo della moda e del beauty sono stati contaminati dall'inglese: i termini fashion e style hanno preso sempre più piede, così come aggettivi come trendy, cool, hip, funky... E scommettiamo che tra qualche anno si dirà solo catwalk e non più passerella? Certo un conto è essere trendy (cioè essere al passo con la moda e conoscere tutti i trend, gli stili del momento), un conto diventare una fashion victim, una schiava, una vittima della moda. E il trucco? Ovvero il make up? Intanto va tenuto in ordine in un bel beauty-case, dove ci possono entrare tutti i rossetti, sia gloss (lucidi) che matte (opachi), per non parlare poi di ombretti per dare al viso un tocco di glitter (ovvero con un effetto brillante).

[1] «MASTICHI»… *"Chew" (here, say) without realizing it* [2] *by now* [3] *si… get access by typing* [4] *or rather*

D. Il verbo giusto. Completa le frasi con la forma corretta del verbo giusto.

chiacchierare   scherzare   raccontare (2)

litigare   dire   discutere

1. Michele è un tipo molto spiritoso; gli piace _____ barzellette.

2. Quante volte te lo devo _____? Non voglio uscire con te!

3. Marina e Stefano non vanno molto d'accordo e _____ sempre. Non capisco perché si sono sposati.

4. Nostro nonno ci _____ sempre delle sue esperienze durante la Seconda Guerra Mondiale (*World War II*).

5. Quando Lisa va a casa, _____ con sua sorella per delle ore.

6. Dai, Maurizio. Non ti offendere, stavo _____.

7. Oggi ho un appuntamento con il capo. Dobbiamo _____ dei problemi dell'ufficio.

E. Dici bugie?

Parte prima. Completa le frasi in modo che siano vere per te. Usa una di queste espressioni o completa le frasi liberamente.

una volta al mese   raramente   spesso

sempre   una volta alla settimana

1. Litigo con i miei genitori...
2. Discuto di politica con gli amici...
3. Racconto barzellette...
4. Dico bugie...
5. Faccio due chiacchiere con il mio migliore amico / la mia migliore amica...

Parte seconda. Formate gruppi di quattro o cinque studenti. Confrontate le vostre risposte e poi decidete chi del gruppo è...

1. il figlio/la figlia migliore
2. più interessato/a alla politica
3. più buffo/a
4. più onesto/a
5. l'amico/a migliore

Parte terza. Presentate i risultati ai compagni.

Esempio: Maria è l'amica migliore perché parla sempre con i suoi amici.

F. Le barzellette. Completa le barzellette con le seguenti parole.

dice   dico   risponde   chiede

sta scherzando   si dice

Un tipo va dallo psicanalista. Si sdraia sul lettino, poi dice: «Dottore, nessuno mi prende sul serio (*seriously*).»

Lo psicanalista risponde: «_____?»

Due carabinieri entrano in un bar. Il primo _____ al compagno: «Cosa prendi?»

Il compagno risponde: «Prendo quello che prendi tu.»

Il primo dice al barista: «Due caffè, per favore.»

Il compagno _____ al barista: «Due caffè anche per me.»

Alla scuola elementare, una maestra corregge i temi dei bambini. Nel tema Pierino ha scritto: «Ieri, ho caduto per terra. (*Yesterday I fell down.*)»

La maestra gli dice: «Attenzione, Pierino. Non si dice *ho caduto*. _____ *sono caduto.*»

Pierino _____: «Ma maestra, che importanza ha se _____ *ho caduto* o *sono caduto*, sempre per terra ho andato.»

IN ITALIA

Lingua nazionale o dialetto? *Italians tend to use* **il dialetto** *at home; whereas they use* **la lingua nazionale** *outside the home. They also use* **il dialetto** *more in informal conversation and with the elderly. Men tend to use more dialect than women. It is used more often in rural settings than in the city. People who have little formal education tend to speak more dialect and less standard Italian, but dialect is also used by people who are more highly educated (***laureati***) who use both dialect and standard Italian.*

After the Second World War, linguists were afraid that dialect use was in danger of disappearing in Italy. Instead, the use of dialect is still very strong **nel Nord-Est, nel Sud e nelle isole (la Sicilia e la Sardegna).** *Even where exclusive use of local dialects has not been maintained, Italians still color their language with dialectal expressions and words, to create a feeling of informality, intimacy, and lightheartedness in their conversation.*

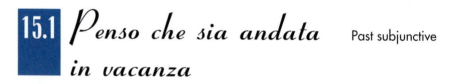

*S*trutture

15.1 *Penso che sia andata in vacanza*   Past subjunctive

Durante le vacanze a Salerno con la famiglia, Vanda ha telefonato al suo migliore amico, Vincenzo, per sapere tutti i pettegolezzi (*gossip*) sui loro amici. Abbina le domande di Vanda (dell'insieme A) con le risposte di Vincenzo (dell'insieme B).

A

1. Paola e Marco sono ancora insieme?
2. Riccardo parte la settimana prossima per Bologna?
3. Marina ha comprato una nuova macchina?
4. Alberto e Francesca hanno trovato un appartamento?
5. Sara è uscita con Francesco?
6. Marina e Stefano hanno litigato di nuovo?
7. Aurora lavora ancora in ufficio?

B

a. No. Penso che **abbiano deciso** di vivere con i genitori di lui.

b. Sì. Credo che **siano andati** a mangiare una pizza insieme.

c. No. Non litigano più. Sembra che **abbiano fatto** la pace.

d. No. Credo che **si siano lasciati**.

e. No. Pare che **si sia licenziata** ieri.

f. Penso che **sia partito** la settimana scorsa.

g. Sì. Credo che **abbia preso** una Fiat.

1. Il congiuntivo passato is the equivalent of the **passato prossimo,** but in the subjunctive mood. It is formed with the present subjunctive of **avere** or **essere** and the past participle of the verb. Do you remember the present subjunctive of **avere** and **essere**? Write the forms here. (If you need help, see **Capitolo 14, Strutture 14.2.**)

	avere	essere
io		
tu		
lui/lei/Lei		
noi		
voi		
loro		

2. Conjugate the following verbs in the **congiuntivo passato. Attenzione!** First decide which of the following verbs take **essere** as their auxiliary and which take **avere.**

	divertirsi	litigare	partire
io			
tu			
lui/lei/Lei			
noi			
voi			
loro			

⊙ Answers to these activities are in Appendix 2 at the back of your book.

3. The past subjunctive is used primarily after verbs and/or expressions that express doubt, opinion, emotions, and impersonal statements + **che.**

> **Credo che** Mirella **sia partita** per l'Italia.
>
> *I think that Mirella has left for Italy.*
>
> **Ho paura che** Marco **abbia** già **letto** quel libro.
>
> *I'm afraid that Marco has already read that book.*

A. Gli indizi.

Sei andato/a via per una settimana. Torni lunedì mattina alle 7.30 e trovi l'appartamento in disordine. Osserva bene e cerca degli indizi (*clues*) per capire cosa ha fatto il tuo compagno / la tua compagna di casa durante la tua assenza (*absence*).

1. È probabile che il mio compagno / la mia compagna di casa abbia fatto _____.

2. Pare che abbia mangiato _____.

3. Sembra che abbia suonato _____.

4. Credo che abbia guardato _____.

5. Penso che abbia studiato _____.

B. I pettegolezzi.

È venerdì. Vanda è tornata dalle vacanze e parla con Vincenzo della loro amica Paola. Paola e il suo ragazzo, Marco, si sono lasciati ed è da circa una settimana che non si vede Paola in giro. Vincenzo racconta su Paola delle chiacchiere che sono del tutto false. Fai la parte di Vanda, che conosce bene Paola e dai le informazioni giuste a Vincenzo. **Attenzione!** Vanda parla con certezza, quindi usa l'indicativo nelle sue risposte.

Esempio: VINCENZO: Penso che Marco l'abbia chiamata venerdì scorso. Hanno parlato per delle ore!

               VANDA: Marco non l'ha chiamata! Le ha telefonato Roger, un ragazzo irlandese che ha conosciuto in biblioteca la settimana scorsa.

1. Sembra che sia andata dalla parrucchiera (*hairdresser*) e abbia comprato un vestito nuovo per tirarsi su di morale (*raise her spirits*).

2. Credo che sia rimasta sempre a casa il weekend scorso. Dicono che abbia pianto (*cried*) tanto.

3. Penso che abbia saltato (*skipped*) le lezioni lunedì perché aveva paura di vedere Marco.

4. Non è venuta a lezione nemmeno martedì e mercoledì. Sembra che sia andata a casa a trovare la famiglia e stare un po' tranquilla.

5. Sembra che sia uscita ieri sera, ma non so dove sia andata o con chi.

C. *Essere o avere?*

Parte prima. Scegli la forma appropriata di **essere** o **avere**.

1. L'insegnante immagina che gli studenti abbiano / siano studiato molto per l'esame.

2. Mia sorella ha fatto la spesa, ma mia madre ha paura che abbia / sia dimenticato di comprare il latte.

3. Sembra che Giuseppe non si abbia / sia fatto la barba oggi.

4. È triste che Marina e Stefano si abbiano / siano separati.

5. Gli studenti sperano che l'insegnante non abbia / sia preparato un test per oggi.

Parte seconda. Completa le frasi con la forma appropriata di **essere** o **avere**.

1. Mio padre è contento che io _____ deciso di studiare medicina.

2. Mi dispiace che tu e Michele _____ usciti senza di me ieri sera.

3. Sono contenta che mio nonno mi _____ raccontato le sue esperienze della Seconda Guerra Mondiale.

4. Mia madre dubita che Giancarlo ed io _____ studiato in biblioteca ieri sera. Pensa che _____ andati ad una festa.

5. Sembra che i ragazzi non si _____ divertiti al mare ieri.

D. Vero o falso?

Parte prima. Scrivi tre frasi per dire le attività che hai fatto ieri. **Attenzione!** Una delle tre frasi deve essere falsa.

Esempio: 1. Ho nuotato in piscina.
2. Sono andato al cinema.
3. Ho mangiato la pizza.

Parte seconda. Formate gruppi di quattro o cinque. Leggi le frasi ai compagni del tuo gruppo. Ognuno deve indovinare quale frase è falsa e scrivere: **Dubito che...** Le persone che indovinano, vincono un punto.

(continued)

Esempio: **S2:** Dubito che tu abbia nuotato in piscina.

S3: Dubito che tu sia andato al cinema.

S4: Dubito che tu abbia mangiato la pizza.

S1: Ha indovinato lo studente/studentessa 3 perché non sono andato al cinema.

15.2 *Sono sicura che è partita per le vacanze*

The subjunctive vs. the indicative

Leggi le affermazioni. Indica quali frasi hanno un verbo evidenziato all'indicativo e quali hanno un verbo al congiuntivo. (Due sono già state inserite.) Riesci a capire quando si usa l'indicativo e quando si usa il congiuntivo?

	indicativo	congiuntivo
1. Penso che Gianni **parli** il dialetto.	☐	☑
2. So che i ragazzi **arrivano** stasera alle 8.00.	☑	☐
3. Non credo che Tina **sia andata** alla festa ieri sera.	☐	☐
4. Sono sicura che Rita e Vanda **sono andate** alla festa ieri.	☐	☐
5. È importante che i linguisti **studino** i dialetti.	☐	☐
6. È vero che sempre meno giovani **parlano** il dialetto.	☐	☐
7. Preferisco che mia madre **prepari** una torta al cioccolato.	☐	☐

▶ Answers to this activity are in Appendix 2 at the back of your book.

As you know, expressions followed by **che** that indicate opinion, doubt, desire, emotions, or impersonal statements or judgments are followed by a verb in the subjunctive. In contrast, expressions that express certainty and objectivity are followed by a verb in the indicative. Here are some expressions that denote certainty and therefore take the indicative.

▶ To learn about conjunctions that are followed by the subjunctive, see **Per saperne di più** at the back of your book.

è chiaro (*clear*) **che...**	**si sa che...**
è ovvio (*obvious*) **che...**	**so che...**
è un fatto che...	**sono certo/a** (*certain*) **che...**
è vero che...	**sono sicuro/a** (*sure*) **che...**
non c'è dubbio (*doubt*) **che...**	**vedo che...**

A. La risposta precisa.
Completa la risposta appropriata secondo le tue conoscenze. Chi sa tutto con certezza?

La nascita di Venere (circa 1484)

1. Chi dipinse *La nascita di Venere* (Venus)?

   a. Sono certo/a che _____ dipinse *La nascita di Venere*.

   b. Mi sembra che _____ abbia dipinto *La nascita di Venere*.

   c. Non ho la minima idea.

2. Chi inventò il telescopio?

   a. Sono certa che _____ inventò il telescopio.

   b. Mi sembra che _____ abbia inventato il telescopio.

   c. Non ho la minima idea.

3. Quante persone nel mondo parlano italiano?

   a. Sono certa che circa _____ persone nel mondo parlano italiano.

   b. Mi sembra che circa _____ persone nel mondo parlino italiano.

   c. Non ho la minima idea.

4. Sai elencare cinque paesi dove si parla italiano?

   a. Sono certa che si parla italiano in _____.

   b. Mi sembra che si parli italiano in _____.

   c. Non ho la minima idea.

5. Quali sono le due isole principali d'Italia?

   a. Sono certa che le due isole principali d'Italia sono_____.

   b. Mi sembra che le due isole principali d'Italia siano_____.

   c. Non ho la minima idea.

B. Ascolta. L'insegnante legge delle frasi incomplete. Scegli la fine giusta.

1. a. parlano italiano.   b. parlino italiano.

2. a. ha dovuto lavorare oggi.   b. abbia dovuto lavorare oggi.

3. a. i suoi amici le fanno una   b. i suoi amici le facciano una
      festa per il compleanno.   festa per il compleanno.

4. a. non hanno imparato   b. non abbiano imparato
      il dialetto.   il dialetto.

5. a. Ettore si è trasferito a Milano   b. Ettore si sia trasferito a
      per motivi di lavoro.   Milano per motivi di lavoro.

C. So che... Dubito che...

Parte prima. Collabora con i compagni. Fate due liste: una lista di sette espressioni che sono seguite dall'indicativo e una seconda lista di sette espressioni che sono seguite dal congiuntivo.

Parte seconda. Con un compagno / una compagna completate queste affermazioni con una delle espressioni della **Parte prima.**

1. _____ Fausto si sia licenziato ieri.

2. _____ il padre di Lorenzo sia andato in pensione l'anno scorso.

3. _____ ci sono 365 giorni in un anno.

4. _____ Silvano ha preso 30 e lode (*A+*) all'esame di chimica.

5. _____ c'è molta povertà nel mondo di oggi.

6. _____ Rita abbia cambiato casa.

7. _____ ci sono molti studenti che vogliono imparare l'italiano.

D. Minidialoghi.   Completa i minidialoghi con la forma appropriata del verbo.

Dialogo 1

CRISTINA: Hai visto Marcello? È / Sia[1] molto scontento.
GIACOMO: So che non gli piace / piaccia[2] il suo lavoro. Lavora / Lavori[3] 50 ore alla settimana e il capo non gli dà / dia[4] le ferie quest'anno. Credo che cerca / cerchi[5] un altro lavoro.
CRISTINA: Beh, farebbe bene.

Dialogo 2

MICHELE: Dove vai oggi pomeriggio?
SANDRA: Vado / Vada[6] a trovare la mia amica. Penso che lei si sente / si senta[7] un po' triste.
MICHELE: Perché?
SANDRA: Perché lei e il suo ragazzo si sono lasciati / si siano lasciati[8] ieri.

Dialogo 3

GIANNI: È vero che Clara e Cinzia <u>vanno / vadano</u>[9] a fare una vacanza avventurosa?

RICCARDO: Sì. Credo che <u>fanno / facciano</u>[10] il paracadutismo in Australia.

GIANNI: Non è possibile. Clara <u>ha / abbia</u>[11] paura di volare.

Dialogo 4

RAFFAELLA: Hai sentito che Gianni e Marcella hanno comprato la casa?

TONINO: Sì. E so che <u>comprano / comprino</u>[12] molti mobili pregiati (*high quality*). Stanno spendendo (*spending*) un sacco di (molti) soldi!

RAFFAELLA: Dove <u>trovano / trovino</u>[13] tutti questi soldi?

TONINO: Sono sicuro che i genitori di Gianni <u>sono / siano</u>[14] ricchi. Penso che <u>hanno / abbiano</u>[15] una ditta di computer.

Dialogo 5

ALESSANDRO: Beatrice conosce il dialetto del suo paese?

ROBERTA: No. Ma sua nonna pensa che lei lo <u>parla / parli</u>[16] molto bene. Ogni volta che <u>va / vada</u>[17] a trovarla, la nonna le parla in dialetto. Beatrice <u>capisce / capisca</u>[18] un po', ma non <u>sa / sappia</u>[19] mai rispondere.

E. Indicativo o congiuntivo? Leggi le frasi. Prima decidi se il verbo deve essere al presente indicativo o al presente del congiuntivo, poi scrivi la forma corretta del verbo.

	indicativo	congiuntivo	
1.	☐	☐	Si sa che ci _____ (essere) molti dialetti in Italia.
2.	☐	☐	Sembra che Angela e Antonio _____ (avere) un appuntamento con l'avvocato domani.
3.	☐	☐	La signora Onorato è contenta che i figli _____ (frequentare) l'università.
4.	☐	☐	So che Mario _____ (venire) alla riunione stasera alle 5.00.
5.	☐	☐	Mi dispiace che più giovani non _____ (imparare) il dialetto.
6.	☐	☐	È chiaro che la professoressa _____ (fare) di tutto per aiutare gli studenti.
7.	☐	☐	È ovvio che i ragazzi _____ (uscire) insieme dopo l'esame.

Many languages other than Italian and the dialects of Italy are spoken in Italy today. Franco-Provençal (a combination of French and Occitan, the traditional language of the South of France) is used in the **Valle d'Aosta.** *In* **Piemonte,** *Franco-Provençal and Occitan are both heard. In the* **Sud Tirol** *(in the area of Bolzano, near the Austrian border), about three-quarters of the population speaks German as their normal means of communication. A large number of Slovenian speakers live in* **Trieste** *(the north-east border with Slovenia). Over the centuries, settlers brought Albanian, Greek, and Franco-Provençal to small villages scattered throughout the South of Italy where they are still spoken today.*

Bolzano

15.3 *Se vincessi un viaggio gratis...* Hypotheticals of possibility

Vanda e Vincenzo spiegano quello che farebbero se vincessero (*if they won*) un viaggio di un mese a qualsiasi paese del mondo gratis. Secondo te, chi farebbe un viaggio in Svizzera? Chi farebbe un viaggio in Cina?

Vanda: Se vincessi un viaggio gratis, andrei in un paese dove conosco bene la cultura e c'è gente che parla italiano. Visiterei tutti i musei e mangerei solo nei ristoranti italiani. Se rimanessi in questo paese per un mese, scriverei tante cartoline perché avrei molta nostalgia di casa.

Vincenzo: Se vincessi un viaggio gratis, andrei in un paese dove non conosco né la cultura né la lingua. Passerei delle ore ad osservare la gente ed eviterei (*I would avoid*) i ristoranti italiani. Se rimanessi in questo paese per un mese, uscirei con la gente del luogo. Mi divertirei e dimenticherei di telefonare a casa.

1. In **Capitolo 9** you learned hypotheticals of probability, or statements that predict what will most likely happen if and only if another event occurs.

if (**se**) clause	*then* clause (**conseguenza**)
Se avrò tempo, *If I (will) have time,*	uscirò con gli amici. *I will go out with my friends.*

It is also possible to talk about imaginary situations, or what *would* happen if another event occurred.

if (**se**) clause	*then* clause (**conseguenza**)
Se vincessi un viaggio gratis, *If I won a free trip,*	andrei in Italia. *I would go to Italy.*

2. Vanda and Vincenzo described the choices that they would make if they won a free trip anywhere in the world. Fill in the clauses from Vanda's hypothetical statements in this chart.

if (**se**) clause	*then* clause (**conseguenza**)
Se io vincessi un viaggio gratis,	
	scriverei tante cartoline perché avrei molta nostalgia di casa.

3. You have already been introduced to the form of the verb used in the *then* clause. It is the present conditional. (To review the present conditional, go to **Capitolo 13, Strutture 13.1.**) The form of the verb in the *if* clause is a new conjugation. It is the imperfect subjunctive (**l'imperfetto del congiuntivo**).

4. The **imperfetto del congiuntivo** is easy to form. Drop the **-re** from the infinitive and add the same endings to all three conjugations: **-ssi, -ssi, -sse.**

	mangia(re)	**prende(re)**	**dormi(re)**
io	mangia**ssi**	prende**ssi**	dormi**ssi**
tu	mangia**ssi**	prende**ssi**	dormi**ssi**
lui/lei/Lei	mangia**sse**	prende**sse**	dormi**sse**

Answers to this activity are in Appendix 2 at the back of your book.

> ### Study Tip
>
> In this chapter you will learn the first three persons (***io, tu, lui/lei/Lei***) of the imperfect subjunctive and one irregular verb (***essere***). The singular forms of the verb are used most frequently and are usually acquired by learners before the plural forms. Remember, during your first year of study, it's not necessary (or possible) to acquire all the grammar of Italian. Acquisition of a second language is a slow process that requires building on previous knowledge. The goal is to develop a strong base on which to build more structures.

5. The verb **avere** is regular in the imperfect subjunctive.

avere	
io	avessi
tu	avessi
lui/lei/Lei	avesse

6. The verb **essere** is irregular.

essere	
io	fossi
tu	fossi
lui/lei/Lei	fosse

▶ To learn the full conjugation and more irregular verbs in the imperfect subjunctive, see **Per saperne di più** at the back of your book.

A. Conosci bene il tuo compagno / la tua compagna?

Parte prima. Completa queste affermazioni personali.

1. Se avessi 10.000 euro, comprerei _____.

2. Se potessi imparare una nuova lingua, imparerei _____.

3. Se avessi un aereo privato, andrei _____.

4. Se potessi passare una serata con qualsiasi (*any*) persona, uscirei con _____.

5. Se non fossi a lezione adesso, vorrei _____.

Parte seconda. Secondo te, cosa farebbe il tuo compagno / la tua compagna in queste situazioni? Completa le frasi in modo che siano vere per lui/lei. Poi, confronta le tue ipotesi della **Parte seconda** con le sue ipotesi della **Parte prima.** Vi conoscete bene?

> **Esempio:** Se avesse 10.000 euro, il mio compagno / la mia compagna comprerebbe una barca a vela.

IN ITALIA

Contrary to what many believe, sign language is not standardized internationally. As with spoken languages, sign language varies from region to region. **La Lingua Italiana dei Segni** (Italian Sign Language) *is partially intelligible with French Sign Language, but it is not intelligible with American Sign Language. There are regional differences across Italy, but signers from different regions in the country seem to communicate fluently.*

〰〰〰 **Clicca qui** You can learn more about Italian Sign Language at the *Avanti!* website, **Clicca qui (www.mhhe.com/avanti).**

B. Le possibilità. Completa i verbi.

se	conseguenza
1. Se io pote_____ andare al mare oggi,	andrei a Rimini.
2. Se mia madre ave_____ lo zucchero,	farebbe una torta.
3. Se tu anda_____ in vacanza,	andresti in montagna.
4. Se io litigassi con un amico / una amica,	chieder_____ subito scusa.
5. Se il mio fidanzato avesse i soldi,	mi comprer_____ un regalo.
6. Se tu comprassi una macchina nuova,	prender_____ una Fiat Punto.

C. Sei romantico/a?

Parte prima. Con un compagno / una compagna abbinate le ipotesi dell'insieme A con le conseguenze dell'insieme B. Poi, decidete chi è la persona più romantica.

A

1. Se Giovanni andasse a Roma con la sua ragazza,

2. A Marco piace molto la natura. Se lui portasse la sua ragazza a fare un viaggio,

3. Se Giulia avesse molti soldi,

4. Se Filippo invitasse la sua ragazza a cena fuori,

5. Se Marina noleggiasse un film da vedere stasera con il suo ragazzo,

B

a. andrebbero ad una pizzeria dove si spende poco.

b. sceglierebbe un documentario.

c. andrebbero a vedere il Colosseo al tramonto (sunset).

d. la porterebbe a fare campeggio (camping) in Alaska.

e. farebbe molti regali al suo ragazzo.

Parte seconda. Sei romantico/a tu? Completa le frasi e poi confronta le risposte con quelle dei compagni. Chi è più romantico/a?

1. Se andassi a Roma con il mio ragazzo / la mia ragazza...

2. Se portassi il mio ragazzo / la mia ragazza a fare un viaggio...

3. Se avessi molti soldi...

4. Se portassi il mio ragazzo / la mia ragazza a cena fuori...

5. Se noleggiassi un film da vedere stasera con il mio ragazzo / la mia ragazza...

D. Un'indagine.

Parte prima. Completa queste affermazioni personali.

1. Se fossi ricco/a...

2. Se potessi vivere in qualsiasi paese del mondo...

3. Se potessi risolvere un problema nel mondo...

4. Se potessi fare qualsiasi carriera...

5. Se potessi mangiare qualsiasi cosa a cena stasera...

6. Se potessi comprare qualsiasi cosa...

Parte seconda. Fate un sondaggio fra gli studenti. Quali sono le risposte più frequenti?

E. Se potessi essere qualsiasi animale... Se potessi essere qualsiasi animale, quale animale vorresti essere? Perché?

Esempio: Se potessi essere qualsiasi animale, vorrei essere un gatto perché il gatto dorme sempre!

la giraffa

l'elefante

l'aquila

il topo

il leone

In italiano

The equivalent of *If I were you . . .* in Italian is **Se fossi in te...**

Completa il consiglio che Michele dà al suo amico Gianni: «**Gianni, se fossi in te...** »

Cultura

Una breve storia della lingua italiana

«Quaeso, puella, ubi cauponam reperire possum?»

«Di grazia, madamigella, in qual sito invenir potrei una taberna?»

«Mi scusi, signorina, dove potrei trovare un bar?»

A. Ascolta. Ascolta mentre l'insegnante ti parla della storia della lingua italiana.

B. Completa. Completa le seguenti frasi, inserendo la parola più appropriata della lista qui sotto. Usa ogni parola *una sola volta*. **Attenzione!** La lista contiene 12 parole; devi usarne solamente otto.

dialetti	**Duecento**	**fiorentino**	**mille**
parlato	**popoli**	**questione**	**romanza**
scritto	**settantacinque**	**Trecento**	**volgari**

1. La lingua italiana deriva dal latino _____.

2. _____ per cento delle parole italiane vengono dal latino.

3. L'italiano, come il francese, il portoghese, il rumeno e lo spagnolo, è una lingua _____.

4. Il primo documento che dà testimonianza di una lingua italiana diversa dal latino risale a _____ anni fa.

5. Dopo la caduta dell'Impero romano le lingue parlate nel territorio italiano erano chiamati i _____ italiani perché erano parlati dal popolo.

6. Il grande dibattito, avvenuto nel Cinquecento, sulla ricerca di uno standard della lingua scritta viene detto «la _____ della lingua».

7. Il _____ scritto fu scelto come «l'italiano» grazie all'influenza di tre grandi autori del _____: Dante, Petrarca e Boccaccio.

8. Anche se esisteva una lingua letteraria «italiana», la gente ha continuato a parlare i _____ fino a tempi recenti.

C. Tocca a te! È importante avere una lingua nazionale, uguale per tutti o no? Completa la frase.

Secondo me, avere una lingua nazionale (non) è importante perché...

Leggiamo!

Sapremo tutti l'inglese?

Quest'articolo è apparso sul settimanale *Focus*, una rivista che offre informazioni su argomenti di scienza e cultura popolare. Leggilo per sapere perché, secondo gli esperti, l'inglese è importante.

2050: parleremo tutti inglese

Lo vuole la storia: entro 50 anni in uffici, fabbriche e scuole italiane si userà solo l'inglese. Ma lo parleremo facilmente: magari con un traduttore vocale automatico.

È la lingua ufficiale per l'85% delle organizzazioni internazionali. La parlano quasi 650 milioni di persone, un miliardo[1] la studiano o l'hanno studiata. Ormai gli esperti non hanno più dubbi: entro[2] il 2050, l'inglese sarà parlato da almeno la metà della popolazione mondiale. E in Italia le previsioni[3] non sono diverse. Dice il sociologo Sabino Acquaviva: «L'Unione Europea non può fare a meno di[4] una lingua unica e questa non può che essere l'inglese: col tempo sostituirà l'italiano e le altre lingue nazionali». Al momento, poco più di 22 mila docenti[5] insegnano l'inglese al 76,83% degli italiani fra i 6 e i 19 anni: nel '95 erano appena[6] il 55%, nel 2007 saranno il 100% degli allievi[7] delle scuole medie. È proprio vero, dunque,[8] come scrive il saggista[9] Paolo Brera, che fra un secolo in Italia si parlerà solo inglese? «Non sarei così categorico» risponde Paolo Balboni, studioso[10] di glottodidattica[11] all'Università Ca' Foscari di Venezia «la lingua è anche e soprattutto un elemento di identificazione e scompare[12] solo se si estingue[13] la comunità che la parla: l'inglese, quindi, impoverito[14] nel vocabolario e nella grammatica, diventerà la lingua del fare, quella usata sul lavoro. Ma per vivere e in famiglia, continueremo a servirci dell'italiano ancora a lungo».

[1]*billion* [2]*by* [3]*predictions* [4]*non… can't do without* [5]*instructors* [6]*barely* [7]*pupils*
[8]*therefore* [9]*essayist* [10]*scholar* [11]*language teaching* [12]*disappears* [13]*si… dies out*
[14]*impoverished*

Perché? Completa le frasi.

1. Secondo le statistiche, sapere l'inglese è importante perché…

2. Secondo il sociologo Acquaviva, gli europei parleranno l'inglese perché…

3. Secondo il saggista Brera, fra 100 anni l'italiano scomparirà perché…

4. Secondo lo studioso Balboni, l'italiano non scomparirà perché…

5. Secondo me, gli italiani (non) dovranno imparare l'inglese perché…

IN ITALIA

Young Italians, like young Americans, use a language that is particular to their age group **il linguaggio dei giovani.** *They speak it with each other, informally, jokingly, to talk about school, sports, relationships, and other areas that interest them.*

The most striking characteristic of **il linguaggio dei giovani** *is the constant creation of new words or the use of existing words to convey new meanings. Can you guess what these words mean to young Italians?*

1. un cranio
2. i matusa*
3. fico (*fig*)
4. un ragazzo togato (*wearing a toga*)
5. da paura

a. i genitori
b. un bel ragazzo
c. un ragazzo ben vestito
d. una persona intelligente
e. eccezionale

Risposte: 1. d 2. a 3. b 4. c 5. e

IN ITALIA

Italians love their **telefonini.** *Young people especially use them to send* **messaggini** *or* **sms** (*text messages*) *to their friends. To save time and money (users are charged by the number of characters in the message), people have devised a special shorthand in Italian, much like there is in English. Can you decipher these words and expressions?*

1. xché
2. dove 6?
3. + o −

4. tvb
5. 6 3mendo!
6. Se nn mi kiami, t kiamo io.

Risposte: 1. perché 2. dove sei? 3. più o meno 4. ti voglio bene 5. sei tremendo! 6. Se non mi chiami, ti chiamo io.

Scriviamo!

Io e l'italiano

Scrivi un tema in cui racconti la tua esperienza con la lingua italiana. Cosa hai imparato? Cosa non hai imparato che volevi imparare? Nel tuo apprendimento, cosa ti è servito di più? Cosa hai trovato facile? Cosa hai trovato difficile?

---

*Refers to Methuselah, the patriarch from the Bible who lived 969 years.

Parliamo!

Quale italiano bisogna studiare?

Non esiste un'unica lingua italiana. Ci sono invece molte lingue italiane: la lingua nazionale, le varietà regionali, il linguaggio dei giovani e altri linguaggi speciali e, in più, i dialetti. Secondo te, quale lingua dovrebbero studiare gli stranieri che vogliono imparare «l'italiano»? Secondo te, uno studente dovrebbe imparare una specifica varietà regionale o un dialetto? Secondo te, la scuola dovrebbe insegnare il linguaggio dei giovani? Discuti l'argomento prima con il compagno / la compagna e poi con la classe.

Guardiamo!

Film: *Ciao, professore!* (Commedia. Italia. 1993. Lina Wertmuller, Regista. 99 min.)

Riassunto: A stuck-up schoolteacher from the North (Paolo Villaggio) requests a transfer to an elite school and instead, because of a bureaucratic mistake, ends up in Corzano, a poor small town near Naples. When only three pupils show up on the first day of class, he sets out to recruit others and comes face to face with life on the other side of the tracks.

Scena (DVD Capitolo 1): The film opens with the professor's arrival in Corzano. He meets almost immediately a couple of his pupils, who are working instead of attending school.

Ciak, si gira!

Cosa ha detto?

Parte prima. Già dalle prime scene, notiamo contrasti nell'uso della lingua. Spiega con parole tue:

1. il significato del titolo: «Ciao, professore».

2. il significato della musica che il professore ascolta con le cuffie (*headphones*) e quella invece che sente nel paese.

Parte seconda. Il professore non ha capito quando Vincenzino ha detto «i pirucchi». Ha capito la parola «parrucche» (*wigs*). Dopo ha capito che il ragazzo diceva «pidocchi» (*lice*). Secondo te, chi era più facile da capire: il professore, il primo ragazzo o Vincenzino (il secondo ragazzo)? Perché?

IN ITALIA

Public schools in Italy are named for famous figures in Italian culture: Dante Alighieri, Galileo Galilei, Alessandro Manzoni. In the film Ciao, professore! the elementary school is named for Edmondo De Amicis (1846–1908). De Amicis was the author of Cuore, a book that he wrote in the form of a diary written from the perspective of **un alunno di terza** *(third-grade elementary school pupil). It became one of the most popular pedagogical texts in Italian culture. It was used to describe socially appropriate school behavior and attitudes to the middle class.*

 Clicca qui. You can learn more about De Amicis and *Cuore* at the *Avanti!* website, **Clicca qui (www.mhhe.com/avanti).**

IN AMERICA

In the early twentieth century, when many Italians emigrated to the United States and South America, the majority came from rural areas of Southern Italy and had little formal education. They came speaking the local dialect of their village. As new immigrants, they often settled in Italian communities in large urban areas ("Little Italys"), where they met other immigrants who spoke different dialects. The languages influenced each other to create interesting varieties of the language that contained elements of various dialects, standard Italian, and English. Children, who were encouraged to learn English, often only understood single words of the Italian they heard at home and, even those, imperfectly. They were surprised and confused when they traveled to Italy, or took a formal language course, and were told that those words weren't Italian. Maria Laurino describes this experience in a wonderful chapter entitled "Words" in Were You Always an Italian? (2000, Norton)

Vocabolario

Domande ed espressioni

è chiaro che...	it's clear that . . .
è ovvio che...	it's obvious that . . .
è un fatto che...	it's a fact that . . .
non c'è dubbio che...	there's no doubt that . . .
Puoi/Può dire qualcosa?	Can you (*inform./form.*) say something?
Sai/Sa (l'inglese)?	Do you know (*inform./form.*) (English)?
se fossi in te...	if I were you . . .
si sa che...	everyone knows that . . .
sono certo/a che...	I'm certain that . . .
sono sicuro/a che...	I'm certain that . . .

Verbi

cambiare	to change
chiacchierare / fare due chiacchiere	to chat
chiedere	to ask
derivare	to derive
diffondersi	to spread
discutere	to discuss
evolversi	to evolve
litigare	to argue
raccontare (una storia / una barzelletta)	to tell (*a story/joke*)
risalire a	to date back to

scherzare	to joke, to kid
scomparire	to disappear

Sostantivi

la barzelletta	joke
il dialetto	dialect
il fiorentino	Florentine dialect
l'italiano regionale	regional variation of standard Italian
la lingua nazionale	standard Italian
la lingua romanza	Romance language
la lingua scritta/parlata	written/spoken language
il napoletano	Neapolitan dialect
la pronuncia	pronunciation

il rumeno	Romanian (*language*)
il termine	word
il toscano	Tuscan dialect
la tradizione letteraria	literary tradition

Aggettivi

centrale	central
centro-meridionale	central-southern
contemporaneo	contemporary
diffuso	widespread
meridionale	southern
settentrionale	northern
toscano	Tuscan

Sono famosi

Ripasso

In this chapter you will review:

- how to talk about activities in the present
- how to talk about past activities
- how to use object pronouns

Scopi

In this chapter you will learn:

- about famous historical figures and important dates

Garibaldi a cavallo durante la difesa di Roma nel 1849 (19° secolo), Anonimo

RISORSE MULTIMEDIALI

Strategie di comunicazione

Hai qualcosa da dire? / Ha qualcosa da dire?

Making recommendations

A. Osserva ed ascolta. Gli italiani che abbiamo intervistato hanno offerto consigli agli studenti nord americani. Osserva ed ascolta quello che (*what*) dicono questi italiani. Per ogni persona, segna (✔) il consiglio o i consigli che senti. Qual è il consiglio più comune?

	di studiare l'italiano	di venire in Italia	di provare la cucina italiana	di imparare altre culture	di viaggiare
1. Anna Maria					
2. Antonella					
3. Annalisa e Claudia					
4. Chiara					
5. Lucia					
6. Stefano					
7. Iolanda					

B. E tu, che dici? Come risponderesti ai consigli degli italiani? Scegli uno dei consigli e prepara una risposta appropriata.

Esempio: (imparare l'italiano) Grazie. È un buon consiglio. Studio l'italiano perché, anche secondo me, è importante sapere un'altra lingua. (Grazie. È un buon consiglio, ma è difficile imparare un'altra lingua e devo studiare altre cose per laurearmi.)

C. Tutto sommato. Usando tutto ciò che hai imparato nel corso d'italiano, cosa consiglieresti tu agli studenti italiani? Con un compagno / una compagna, fate una lista di tre consigli che dareste agli studenti italiani.

Lessico

I personaggi storici

Talking about historical people and events

Abbina queste figure con gli oggetti o le persone con cui li associate.

1. il politico*
2. il religioso / la religiosa
3. lo scrittore / la scrittrice
4. il soldato / la soldatessa
5. l'artista
6. il compositore / la compositrice
7. l'inventore / l'inventrice

l'affresco

la Costituzione   la chiesa

i diritti (*rights*)   il dittatore   il generale

la guerra   l'indipendenza   l'invenzione

la medicina   il militare   la musica

il/la musicista   l'orchestra   il papa (*pope*)

il Parlamento   la patria (*homeland*)   la poesia

il quadro (*painting/picture*)   la regina (*queen*)

la Repubblica   il re (*king*)   il romanzo (*novel*)

il santo / la santa (*saint*)   la scultura

il sonetto   la vittoria

---

*The feminine form of **il politico** is **una donna in politica.** In most cases specific terms are used, such as **la deputata, la senatrice, la candidata,** and **la rappresentante della Camera.**

Abbina i personaggi famosi al quadro o ritratto giusto: Galileo Galilei,
Leonardo da Vinci, Artemisia Gentileschi, Cristoforo Colombo, Francesco
d'Assisi.

1.

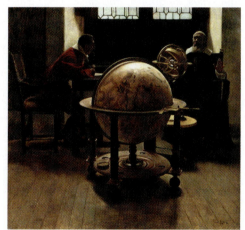

2.

3.

4.

5.

In un sondaggio degli italiani è stato chiesto chi è stato il personaggio
italiano più illustre del secondo millennio (dall'anno 1000 in poi). I personaggi indicati sono presentati nell'insieme A. Abbina questi personaggi
con le ragioni per cui sono famosi nell'insieme B.

A	B
1. Alessandro Manzoni (1785–1873) scrittore	a. la prova (*proof*) che la terra (*earth*) gira intorno al sole (*sun*).
2. Alessandro Volta (1745–1827) inventore/scienziato	b. l'energia nucleare e la bomba atomica
3. Enrico Fermi (1901–1954) inventore/scienziato	c. la Spedizione dei Mille e l'unificazione d'Italia
4. Francesco d'Assisi (1181–1226) religioso	d. *La Divina Commedia*
	e. la pila (*battery*) elettrica

(*continued*)

A	B
5. Guglielmo Marconi (1874–1937) inventore/scienziato	f. *La Gioconda* (*Mona Lisa*) e *L'Ultima Cena*
6. Dante Alighieri (1265–1321) scrittore	g. *I Promessi Sposi* (*The Betrothed*)
7. Leonardo da Vinci (1452–1519) artista	h. la scoperta dell'America da parte degli europei nel 1492
8. Giuseppe Garibaldi (1807–1882) generale	i. la rinuncia ai beni terreni e la predicazione della povertà e dell'amore per tutti, anche gli animali
9. Cristoforo Colombo (1451–1506) navigatore	j. la comunicazione senza fili (*wireless*) e la radio
10. Galileo Galilei (1564–1642) inventore/scienziato	

 Answers to this activity are in Appendix 2 at the back of your book.

IN ITALIA

Prior to 1861, Italy was not a unified nation, but rather a conglomeration of separate states, kingdoms, and dukedoms. Giuseppe Garibaldi, a revolutionary general with dreams of a united Italy, fought for unification with 1,000 volunteer soldiers. Their campaign is known as the **Spedizione dei Mille.** *This nineteenth-century movement for unification is known as* **il Risorgimento.**

Ecco alcuni verbi che si associano con le attività dei personaggi famosi. Alcuni conosci già e altri hanno parole simili in inglese. Riesci a capire il significato di tutti i verbi?

	passato prossimo	**passato remoto**
combattere	ha combattuto	combatté
comporre	ha composto	compose
dimostrare	ha dimostrato	dimostrò
fondare	ha fondato	fondò
governare	ha governato	governò
inventare	ha inventato	inventò
liberare	ha liberato	liberò
proteggere	ha protetto	protesse
realizzare*	ha realizzato	realizzò
rischiare	ha rischiato	rischiò
risolvere	ha risolto	risolse
scoprire (*to discover*)	ha scoperto	scoprì
trasformare	ha trasformato	trasformò

*****Realizzare** has two meanings: *to realize* and *to carry out, to bring about.*

Italian women have left their mark in history.

Santa Caterina da Siena *(1347–1380) was one of the most profound theological minds of her day, although she had no formal education. Her letters and her treatise, A dialogue, are considered among the most brilliant writings in the history of the Catholic Church. She was canonized in 1461 and is one of the two patron saints of Italy. The other is San Francesco d'Assisi.*

Caterina dei Vigri *(Santa Caterina da Bologna) (1413–1463) was a renowned painter (one of the few of her time), who was also well versed in Latin and skilled in music and manuscript illumination. She was canonized in 1703 and is one of the patron saints of Bologna.*

Gaspara Stampa *(1523–1554) is considered one of the greatest female poets of the Italian Renaissance. After her death, Stampa's sister published her Rime, containing 311 poems, most of which are sonnets.*

Sonfonisba Anguissola *(1531/2–1625) is considered one of the first Italian women painters to have a successful career. She studied with famous painters in Cremona, had her work critiqued by Michelangelo, and worked as a court painter in Spain.*

Artemisia Gentileschi *(1593–1652/3) was one of the first women artists to achieve recognition in the male-dominated world of Baroque art. In an era when female artists were limited to portrait painting and imitative poses, she was the first woman to paint major historical and religious scenarios.*

Maria Gaetana Agnesi *(1718–1799) was an extraordinary figure in mathematics in the eighteenth century. Agnesi was a child prodigy who mastered many languages, such as Latin, Greek, and Hebrew, by a young age. At the age of 20, she wrote her most important work in mathematics, Istituzioni analitiche.*

Laura Bassi *(1711–1778) was a physicist and the first woman to earn a doctoral degree from the Università degli Studi di Bologna. She became the university's first female professor.*

Anna Morandi Manzolini *(1716–1774) was an anatomical artist and the first person to make models of internal organs. Her models were used to train medical students and can still be seen in the Anatomical Museum of the Università degli Studi di Bologna.*

A. Ascolta. L'insegnante dice delle frasi. Decidi se sono vere o false.

vero   **falso**

1. ☐   ☐

2. ☐   ☐

3. ☐   ☐

4. ☐   ☐

5. ☐   ☐

6. ☐   ☐

7. ☐   ☐

Stanza della Segnatura (1510–1511), Raffaello Sanzio

B. I personaggi storici. Completa le affermazioni con il verbo appropriato.

fece   dimostrò   dipinse   governò   scrisse

inventò   compose   combatté   realizzò

1. Raffaello Sanzio fu l'artista rinascimentale che _____ la *Stanza della Segnatura*, nei Palazzi Pontifici del Vaticano.

2. Giuseppe Verdi fu il compositore dell'Ottocento che _____ *L'Aida*, *Falstaff* e *Rigoletto*.

3. Nel Settecento Anna Morandi Manzolini _____ modelli degli organi umani che furono studiati dagli studenti dell'Università degli Studi di Bologna.

4. Francesco Petrarca fu lo scrittore del Trecento che _____ *Il Canzoniere*, una raccolta di poesie dedicate al suo grande amore, Laura.

5. Giuseppe Garibaldi fu un generale coraggioso che _____ molte battaglie (*battles*) per l'unificazione d'Italia.

6. Benito Mussolini fu un dittatore che _____ per vent'anni la società italiana.

7. Maria Gaetana Agnesi fu una matematica che _____ il suo capolavoro, *Istituzioni analitiche*, quando aveva solo 20 anni.

8. Galileo Galilei fu lo scienziato del Seicento che _____ che la terra gira intorno al sole.

9. Gugliemo Marconi _____ la radio e la comunicazione senza fili.

C. Quando vissero (*did they live*)?

Parte prima. Con i compagni, elencate tutti i personaggi italiani che conoscete che vissero durante questi periodi.

1. il Medioevo
2. il Rinascimento
3. il Seicento
4. il Settecento
5. l'Ottocento
6. il Novecento

Parte seconda. Collabora con un compagno / una compagna. Scegliete cinque personaggi e fate una lista dei capolavori o delle attività per cui sono famosi. Poi, leggete le vostre liste ad un'altra coppia e loro devono indovinare chi è.

D. Rischio.

Parte prima. Collabora con un compagno / una compagna. Scegliete cinque delle seguenti parole e scrivete una frase completa che descrive ciascuna parola.

Esempio: (il papa) È il capo della chiesa cattolica.

il romanzo
la regina   l'invenzione
la guerra   l'indipendenza
la vittoria   l'orchestra   il dittatore
il militare   la poesia   la costituzione
la patria   il compositore
il navigatore   il quadro
il santo

Parte seconda. Leggete le descrizioni ad un'altra coppia. Loro devono indovinare chi o cosa è.

Esempio: È il capo della chiesa cattolica. → È il papa.

Strutture

☺ Ripasso: *Torniamo all'inizio!*

The infinitive and present indicative

Parte prima. Completa le coniugazioni.

l'infinito

rilass_____: mi rilass**o**   ti rilass**i**   si rilass_____   ci rilass**iamo**
               vi rilass_____   si rilass_____

risolv_____: risolv**o**   risolv**i**   risolv_____   risolv**iamo**
               risolv_____   risolv_____

scopr_____: scopr**o**   scopr**i**   scopr_____   scopr**iamo**
              scopr_____   scopr_____

cap_____: cap_____   cap_____   cap_____   cap_____
            cap_____   cap_____

dimentic_____: dimentic_____   dimentic_____   dimentic_____
                dimentic_____   dimentic_____   dimentic_____

litig_____: litig_____   litig_____   litig_____   litig_____
             litig_____   litig_____

Parte seconda. Scrivi la forma indicata di questi verbi irregolari.

Esempio: dire (io) → dico

1. volere (io)
2. andare (loro)
3. uscire (tu)
4. dovere (lui/lei)
5. dare (voi)
6. stare (noi)

7. potere (tu)
8. bere (noi)
9. essere (voi)
10. sapere (loro)
11. avere (lui/lei)
12. fare (io)

◗ Answers to this activity are in Appendix 2 at the back of your book.

◗ To review the present indicative and the infinitive, see **Capitolo 3, Strutture 3.1, 3.2,** and **3.3.**

A. Cosa fanno?   Completa le frasi con la forma appropriata dei verbi della lista. Usa il presente indicativo. (**Attenzione!** Non si usano tutti i verbi.)

godersi   smettere   crescere   affittare   litigare

proteggere   rischiare   noleggiare   cominciare   viaggiare

1. Gianni, perché _____ sempre con tua sorella? Dovete cercare di andare d'accordo.

2. Paola ha un bellissimo bambino. Ogni volta che lo vedo è più alto: _____ così velocemente!

3. Che fate quest'estate? _____ un appartamento al mare con gli amici o andate in montagna con la famiglia?

4. Quando vado al mare, _____ il sole e la spiaggia.

5. Maria, quando vai in Italia, _____ una macchina o _____ sempre in treno?

6. Domani Franco butta via (*will throw away*) tutte le sigarette e _____ di fumare!

B. Le frasi originali.

Parte prima. Abbina in modo appropriato i verbi dell'insieme A agli elementi dell'insieme B. **Attenzione!** Conosci già alcuni verbi e altri hanno verbi simili in inglese.

A	B
1. costruire (isc)	a. i diritti
2. scoprire	b. una battaglia
3. difendere	c. il prigioniero (*prisoner*)
4. risolvere	d. la vita
5. rischiare	e. un problema
6. combattere	f. una nuova cura
7. liberare	g. il materiale
8. distribuire (isc)	h. un nuovo palazzo

Parte seconda. Collabora con un compagno / una compagna. Scrivete insieme una frase completa per ogni combinazione della **Parte prima.** Chi ha scritto le frasi più lunghe e interessanti?

Esempio: I volontari costruiscono un nuovo palazzo per il quartiere più povero della città.

1. I volontari...

2. Lo scienziato...

3. La Costituzione...

4. Il presidente...

5. I carabinieri...

6. I soldati...

7. Il generale...

8. L'assistente...

C. Qui si parla italiano.

Parte prima. L'insegnante leggerà un breve testo due volte. La prima volta, ascolta soltanto. La seconda volta, prendi appunti mentre l'insegnante legge.

Parte seconda. Collabora con un compagno / una compagna. Usando i vostri appunti, cercate di riscrivere in modo preciso il testo che avete sentito.

D. Racconta una storia!
Collabora con un compagno / una compagna. Scegliete un biglietto e create una breve storia usando le tre parole indicate e verbi al presente indicativo. Quando avete finito, cambia compagno/a e raccontagli/le la storia a memoria; non guardare gli appunti. Chi ha creato la storia più carina?

a. il divano
   il bicchiere
   il salotto

d. il cucchiaio
   il primo piatto
   il vino

g. i pantaloni
   le scarpe
   la gonna

j. il soldato /
   la soldatessa
   la guerra
   la patria

b. il biglietto
   il concerto
   gli amici

e. il sole
   la spiaggia
   l'estero

h. Natale
   il regalo
   la sorpresa

c. il viaggio
   la prenotazione
   l'albergo

f. i genitori
   i parenti
   il futuro

i. l'immigrato/a
   l'alloggio
   la famiglia

E. Le attività preferite.

To review verb + infinitive constructions, see **Capitolo 5, Strutture 5.2.**

Parte prima. Completa le frasi con le tue attività. (**Attenzione! Dormire** non è un'attività!)

1. Nel weekend di solito mi piace...   3. Questa settimana vorrei...

2. La sera preferisco...   4. D'estate amo...

Parte seconda. Intervista i tuoi compagni. Quando trovi qualcuno che desidera fare la tua stessa attività, fate un programma per fare l'attività insieme.

Esempio: **S1:** Cosa ti piace fare di solito nel weekend?

S2: Mi piace andare al cinema.

S1: Anche a me. Andiamo insieme?

S2: Va bene! Quale film vuoi vedere?

S1: ...

Ripasso: *L'abbiamo già studiato!*   The present perfect

Parte prima. Scrivi **E** (**essere**) o **A** (**avere**) accanto ad ogni verbo secondo il suo ausiliare al passato prossimo.

1. ___ festeggiare	7. ___ nascere	13. ___ essere
2. ___ risolvere	8. ___ seguire	14. ___ vincere
3. ___ partire	9. ___ rimanere	15. ___ dipingere
4. ___ fermarsi	10. ___ proteggere	16. ___ combattere
5. ___ vincere	11. ___ venire	17. ___ aprire
6. ___ rompere	12. ___ bere	18. ___ fare

Parte seconda. Su un foglio di carta scrivi il passato prossimo (alla prima persona singolare [**io**]) dei verbi elencati sopra.

Answers to this activity are in Appendix 2 at the back of your book.

To review the present perfect, see **Capitolo 6, Strutture 6.1** and **6.2.**

A. La mia verità.
Completa le frasi in modo che siano vere per te e poi parlane (*talk about them*) con i compagni.

1. Non ho mai composto...

2. L'ultima volta che sono andato/a in vacanza, mi sono goduto/a...

3. Non ho mai creduto a...

4. Sono cresciuto/a in una casa...

5. Ieri ho discusso di... con...

6. Ho detto « ... » a... stamattina.

B. I contrari. Completa le frasi con il contrario del verbo evidenziato.

1. Gianni _____ il portafoglio (*wallet*), ma Maria **ha trovato** le sue carte di credito.

2. Lorena **ha chiuso** la porta e Silvia _____ la finestra.

3. Rocco ha studiato fino a tardi. **È andato a letto** alle 3.00 e _____ per andare a lezione alle 7.00.

4. Quando è uscita Marina _____ le chiavi ma **ha lasciato** lo zaino a casa.

5. Oggi la mia squadra di calcio **ha vinto** 3–0, ma la settimana scorsa _____ 0–3.

6. Cristiano **è entrato** in ufficio alle 8.00, ma _____ di nuovo alle 8.30.

7. Gianni e Riccardo _____ all'aeroporto di Milano alle 19.00, e **sono partiti** per Parigi alle 20.00.

C. Cosa hanno fatto?

Parte prima. Immagina la vita di questi personaggi. Descrivi tre o quattro esperienze che, secondo te, hanno avuto durante la vita. Cosa hanno fatto? Chi hanno conosciuto? Dove sono stati?

Lorena Roberti
35 anni
nubile
attrice

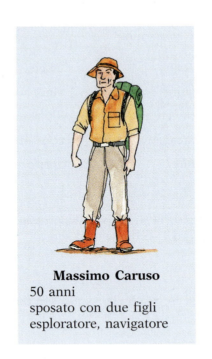

Massimo Caruso
50 anni
sposato con due figli
esploratore, navigatore

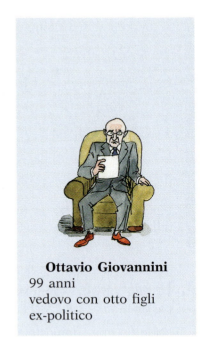

Ottavio Giovannini
99 anni
vedovo con otto figli
ex-politico

Parte seconda. Collabora con un compagno / una compagna. Scegliete uno dei tre personaggi. Scrivete un paragrafo in cui usate le frasi per raccontare la storia della vita del vostro personaggio. Poi, cambia compagno/a e raccontagli/le la storia senza guardare gli appunti.

IN ITALIA

Amerigo Vespucci (1454–1512) was born in Florence and became a Genoese merchant, navigator, and sea explorer who voyaged to and wrote about the Americas. Although the record is unclear, it is generally accepted that Vespucci joined an expedition with Alonso de Ojeda to the northeastern coast of South America in 1499 under the flag of Spain. He made a second voyage in 1502. The stories that Vespucci reached South America in 1497 and made a fourth voyage in 1504 are not reliable. Nevertheless, the story of the 1497 voyage was published and led the cartographer, Martin Wardseemüller, to believe that Vespucci had commanded the expedition and had reached the New World before Christopher Columbus, who found the mainland (South America) in 1498. Wardseemüller labeled the new continent "America" on his world map in 1507. Since Vespucci styled himself Americus Vespucius in his Latin writings, Waldseemüller based the new name on the Latin form, thus taking the feminine form America. Vespucci's real achievement seems to be that he concluded America had to be a new continent and not the eastern part of Asia, as Columbus believed.

D. Dove siete andati in vacanza?

Parte prima. Tu e il tuo compagno / la tua compagna avete fatto una vacanza di una settimana in Italia. Collaborate per rispondere alle domande.

1. Dove siete andati/e?

2. Quali monumenti avete visitato?

3. Cosa avete visto?

4. Cosa avete fatto?

Parte seconda. Scrivete una cartolina ai vostri compagni in cui descrivete la vacanza che avete fatto.

Parte terza. Scambiatevi le cartoline con un altro gruppo e riscrivetele. Modificate la descrizione aggiungendo cinque frasi nuove. Quando avete finito, riconsegnate le cartoline. Adesso, come sono andate le vacanze? Meglio o peggio?

▶ To review the **passato remoto**, see **Capitolo 12, Strutture 12.1.**

E. Dante Alighieri. Leggi il breve testo su Dante Alighieri alla pagina seguente. Trova tutti i verbi al passato remoto e scrivi le forme equivalenti al passato prossimo. (**Attenzione!** Ci sono 8 verbi.)

Dante Alighieri nacque nel 1265. Fu uno scrittore che compose molte opere sia in prosa sia[1] in poesia, ma il suo capolavoro fu la *Divina Commedia*. Egli[2] lo intitolò solo *Commedia*, altri poi vi aggiunsero l'aggettivo *divina*. Dante racconta un immaginario viaggio da lui compiuto[3] attraverso[3] i tre regni dell'aldilà:[4] Inferno,[5] Purgatorio e Paradiso. Nel suo cammino[6] egli è accompagnato dapprima[7] dal poeta a lui più caro, Virgilio, poi da Beatrice, la donna amata in vita che lo condurrà[8] in Paradiso. Il racconto è allegorico, vuole cioè insegnare quale è stata per Dante la via della redenzione[9] per conquistare la felicità celeste.[10] Dante scrisse il poema in italiano, non in latino come allora ancora si usava per scrivere le opere importanti. Per la prima volta, più di sei secoli fa, alla lingua italiana fu riconosciuta[11] dignità poetica.

[1]sia... *both in prose and* [2]*He* [3]compiuto... *made through* [4]regni... *kingdoms of the afterworld* [5]*Hell* [6]*travels* [7]*first* [8]*will guide* [9]via... *road to redemption* [10]*celestial* [11]fu... *was recognized*

Dante e il suo poema, Domenico di Michelino

⟳ Ripasso: *Era così bello!*   The imperfect

Parte prima. L'imperfetto è un altro tempo passato. Ti ricordi come si forma? L'insegnante dice 15 verbi. Scrivi i verbi su un foglio di carta e poi segna (✔) i verbi all'imperfetto.

Parte seconda. Abbina le frasi con una delle ragioni per cui si usa l'imperfetto.

Si usa l'imperfetto per...

a. descrivere le persone, i luoghi, le cose o il tempo nel passato.

b. descrivere quello che stava succedendo

c. dare la data, l'ora o l'età nel passato.

d. parlare di avvenimenti ripetuti nel passato.

(continued)

___ 1. Quando Giulio **aveva** 20 anni, ha fatto un viaggio in Africa.

___ 2. Quando Gianni è entrato, Michele **suonava** la chitarra.

___ 3. Da giovane, ogni anno Roberta **festeggiava** il compleanno con la sua migliore amica.

___ 4. **Erano** le 5.00 di mattina quando Sandro è rientrato a casa dal suo viaggio.

___ 5. Il signor Marchi **era** molto bello e affascinante.

___ 6. Quel giorno il tempo **era** bruttissimo: **nevicava** (*it was snowing*) e **tirava** vento (*the wind was blowing*).

▶ Answers to this activity are in Appendix 2 at the back of your book.

▶ To review the imperfect, see **Capitolo 10, Strutture 10.2.** and **Capitolo 11, Strutture 11.1.**

IN ITALIA

Vittoria Colonna *(1490–1547) was Marchioness of Pescara and a poet. She married Ferrante Francesco d'Avalos, Marquis of Pescara, a Neapolitan nobleman of Spanish origin, who was one of the chief generals of Emperor Charles V. After her husband's death in 1525 in the Battle of Pavia, she dedicated herself to religion and literature. Her poetry consisted of religious poems and Petrarchan sonnets (sonnets whose form originated in the thirteenth century and was perfected by the Italian poet Petrarch [1304–1374]) in her husband's memory. She had many intellectual friendships with writers and artists, the most notable of which was with Michelangelo Buonarroti, whom she met in 1538. They exchanged letters and sonnets, and he was with her at her deathbed.*

Ritratto di Vittoria Colonna (c. 1540), Michelangelo Buonarroti

Clicca qui You can learn more about Vittoria Colonna at the *Avanti!* website, **Clicca qui (www.mhhe.com/avanti).**

A. Casa tua.

La tua casa era ordinata o disordinata quando sei uscito/a stamattina? Segna (✔) tutte le frasi vere. Poi aggiungi due frasi in più.

____ 1. In cucina c'erano bicchieri e piatti sul tavolo.

____ 2. C'erano piatti nel lavandino.

____ 3. Nel frigo c'era del succo d'arancia.

____ 4. Il pavimento (*floor*) del bagno era sporco e bagnato.

____ 5. Il letto era fatto.

____ 6. La scrivania era ordinata.

____ 7.

____ 8.

B. Quando avevo 15 anni.

Parte prima. Confronta come sei adesso e com'eri a 15 anni. Completa le frasi in modo che siano vere per te.

Adesso, all'università...	Quando avevo 15 anni...
1. _____ raramente.	6. _____ raramente.
2. _____ spesso.	7. _____ spesso.
3. _____ sempre.	8. _____ sempre.
4. _____ la domenica.	9. _____ la domenica.
5. _____ a Capodanno.	10. _____ a Capodanno.

Parte seconda. Racconta le tue abitudini al tuo compagno / alla tua compagna. Lui/Lei prenderà appunti e poi racconterà come sei cambiato/a ai compagni.

Esempio: Quando Giovanni era al liceo, giocava sempre a calcio. Adesso, invece, gli piace recitare a teatro.

C. Giulio.

Parte prima. Ora Giulio ha 65 anni. Com'era da giovane? Insieme ai compagni guardate quest' immagine e fate una lista di aggettivi che si potrebbero usare per descrivere Giulio quando aveva 20 anni e frequentava l'università.

Parte seconda. Con un compagno / una compagna, decidete come o quanto spesso Giulio faceva queste attività quando aveva 20 anni. Abbinate i verbi dell'insieme A con gli avverbi appropriati dell'insieme B. **Attenzione!** Non è necessario usare tutti gli avverbi; potete usare alcuni avverbi più di una volta.

A	B
vestirsi	spesso
fare i compiti ballare	lentamente bene
fare delle feste lavarsi	sempre velocemente
cucinare uscire con amici	raramente puntualmente
andare a lezione guidare	male in ritardo
studiare	non... mai

Parte terza. Scrivete una descrizione di Giulio quando era giovane. Quando avete finito, leggete la descrizione a due altre coppie. Quanto sono simili o diverse le vostre descrizioni?

Esempio: Quando aveva 20 anni, Giulio...

D. La storia di Giulio.   Ecco la vera storia di Giulio. Completa la sua storia con il passato prossimo o l'imperfetto dei verbi tra parentesi.

Quando Giulio _____[1] (avere) 20 anni, _____[2] (essere) un ragazzo molto serio. Tutte le sere _____[3] (studiare) fino a tardi, non _____[4] (fare) mai feste, e _____[5] (andare) sempre a lezione. Per rilassarsi, gli _____[6] (piacere) leggere romanzi e suonare la chitarra. Poi, il giorno del suo ventunesimo compleanno, ha conosciuto (*met*) Alessandro. Alessandro _____[7] (avere) 25 anni. Non _____[8] (avere) un lavoro; _____[9] (suonare) la chitarra per strada per guadagnarsi da vivere. Giulio _____[10] (essere) molto affascinato da Alessandro, perché la sua vita _____[11] (essere) completamente diversa dalla sua. Giulio _____[12] (cominciare) a studiare di meno perché tutte le sere _____[13] (suonare) la chitarra con Alessandro. (Loro) _____[14] (suonare) dappertutto, per strada, alle feste universitarie e nei locali e tutti li _____[15] (conoscere). Un giorno, poi _____[16] (fare) un CD insieme e sono diventati famosi. Oggi sono ricchissimi e hanno case a Roma, Los Angeles e New York.

● To review the difference between the imperfect and present perfect, see **Capitolo 11, Strutture 11.1.**

Michelangelo Buonarroti *(1475–1563), painter, sculpture, architect, and poet of the* **Rinascimento,** *was born in Caprese (in Tuscany). Michelangelo became an apprentice to the prominent Florentine painter Domenico Ghirlandaio at the age of 12, but soon began to study sculpture instead. He attracted the attention and patronage of Lorenzo de' Medici, who was ruler of Florence until 1494. At age 23, Michelangelo completed his magnificent* **Pietà,** *a marble statue of the Virgin Mary grieving over her dead son, which is displayed today in the* **Basilica di San Pietro** *in Rome. He began work on the colossal figure of* **David** *in 1501, and by 1504 the sculpture (standing at 4.34 meters/14 feet 3 inches tall) was in place outside the* **Palazzo Vecchio** *in Florence. Today the* **David** *is located in the* **Galleria dell'Accademia** *and a copy stands in the piazza. From 1508 until 1512 Michelangelo worked on his most famous project, the ceiling of the Sistine Chapel in the Vatican, on which nine scenes from the Old Testament are depicted. Michelangelo later painted* **Il Giudizio Universale** *(The Last Judgment) on the altar wall of the Sistine Chapel. Toward the end of his life, Michelangelo became more involved in architecture and poetry. In 1546 he was made chief architect of the partly finished* **Basilica di San Pietro.**

Il Giudizio Universale (1536–1541), Michelangelo

Clicca qui You can learn more about Michelangelo at the *Avanti!* website, **Clicca qui (www.mhhe.com/avanti).**

☉ Ripasso: *Lo vedo e gli parlo*   Object pronouns

Decidi se i pronomi evidenziati hanno funzione di complemento oggetto diretto o indiretto.

	Complemento oggetto diretto	Complemento oggetto indiretto
1. **Gli** do il suo libro.	☐	☐
2. **Le** compro dei fiori.	☐	☐
3. Non **le** mangia mai.	☐	☐
4. **Li** vedo domani.	☐	☐
5. **Vi** offro un gelato.	☐	☐
6. **La** prepara per la festa.	☐	☐
7. Ecco**lo**!	☐	☐
8. **Ti** telefono domani.	☐	☐

▶ Answers to this activity are in Appendix 2 at the back of your book.

▶ To review direct and indirect object pronouns, see **Capitolo 11, Strutture 11.2.**

▶ To learn about stressed pronouns and pronominal verbs, see **Per saperne di più** at the back of your book.

Maria Montessori
(1870–1952) was one of the first women to receive a degree in medicine. She dedicated herself to the care of children with psychological problems, convinced that treatment through education would bring better results than traditional medicines. In 1906 she founded the **Casa dei Bambini** *and began her activities in education with the children of blue-collar workers in the* **quartiere di San Lorenzo** *in Rome. Opposing fascism, she left Italy in 1936 and founded Montessori schools around the world. Before the euro was adopted, she appeared on the 1.000 lire note.*

Maria Montessori (1870–1952)

A. Ascolta. Ascolta le domande dell'insegnante e scegli le risposte corrette.

1. a. Lo metto in cucina.
   b. Li metto in cucina.
   c. Le metto in cucina.

2. a. Sì, lo guardo ogni giovedì.
   b. Sì, la guardo ogni giovedì.
   c. Sì, li guardo ogni giovedì.

3. a. Certo! Vi scriverò tutti i giorni.
   b. Certo! Ti scriverò tutti i giorni.
   c. Certo! Ci scriverò tutti i giorni.

4. a. No, ti telefono domani.
   b. No, vi telefono domani.
   c. No, gli telefono domani.

5. a. Sì, mi piacciono molto.
   b. Sì, ti piacciono molto.
   c. Sì, gli piacciono molto.

6. a. Sì, ti compro i fiori.
   b. Sì, gli compro i fiori.
   c. Sì, le compro i fiori.

B. Domanda e risposta.

Parte prima. Scrivi la forma appropriata del verbo in queste risposte.

1. Preparate i documenti?
   Sì, li _____ questa settimana.

2. Mi telefoni stasera?
   No, ti _____ domani pomeriggio.

3. I bambini guardano la TV?
   Sì, la _____ da tre ore!

4. Lasciate il fratellino a casa con vostra madre?
   No, lo _____ dai nonni.

5. Scrivete un'e-mail al signor Rossi?
   No, gli _____ una lettera.

Parte seconda. Scrivi le domande per queste risposte. **Attenzione!** Non usare pronomi nelle domande.

1. _____?
   No, le parliamo domani.

2. _____?
   Sì, voglio vederlo domani.

3. _____?
   No, le compriamo per Giovanna.

4. _____?
   Sì, lo prendo ogni mattina.

5. _____?
   Sì, gli telefono domani.

C. Intervista.

Parte prima. Abbina un interrogativo dell'insieme A con un verbo dell'insieme B. Poi, aggiungi altri elementi per formare domande da fare ad un compagno / una compagna.

Esempio: Dove fai il bucato?

A

quando
con chi
a che ora
perché
dove

B

fare
bere   ascoltare
leggere   cominciare
mangiare   guardare
telefonare   scrivere
finire

Parte seconda. Fai le domande ad un compagno / una compagna. Quando lui/lei risponde, deve usare un pronome.

Esempio: **S1:** Dove fai il bucato?

S2: Lo faccio a casa mia.

▶ To review hypotheticals of possibility, see **Capitolo 15, Strutture 15.3.**

D. L'Italia, gli italiani e l'italiano.

In questo corso hai imparato molte cose dell'Italia, degli italiani e della lingua italiana. Completa le seguenti frasi secondo la tua opinione. Poi parlane con i tuoi compagni.

1. Se andassi in vacanza dieci giorni in Italia, visiterei... perché...

2. Se vivessi in Italia, abiterei... perché...

3. Se potessi passare una festa (Natale, San Silvestro, eccetera) insieme ad una famiglia italiana, sceglierei... perché...

4. Se potessi conoscere un italiano famoso (vivo o morto), vorrei conoscere... perché...

5. Se potessi fare una qualsiasi domanda ad un italiano / un'italiana, gli/le chiederei...

Study Tip

The best way to learn Italian is to use it! Take every opportunity to practice your Italian with other students and native speakers that you meet. When you go to Italy, don't be afraid to try speaking. Italians are very patient with those who make an effort to speak their language. **Buon proseguimento!**

*C*ultura

L'unificazione d'Italia: Perché tutte le strade si chiamano Cavour?

Quando si cammina per le strade di qualsiasi città italiana e si guardano i nomi delle vie e delle piazze, si nota come alcuni nomi si ripetono spesso: via Mazzini, corso Cavour, piazza Garibaldi, viale XX settembre, corso Vittorio Emanuele. Perché questi nomi sono così importanti nella cultura italiana?

A. Ascolta. Ascolta mentre l'insegnante ti parla del periodo in cui l'Italia è diventata una nazione.

L'Italia dopo il Congresso di Vienna, 1815

B. Completa. Completa le seguenti frasi, inserendo la parola più appropriata della lista qui sotto. Usa ogni parola *una sola volta*. **Attenzione!** La lista contiene 12 parole; devi usarne solamente nove.

Cavour	**Garibaldi**	**Mazzini**	**dei Mille**
Napoli	**una nazione**	**il Piemonte**	**il Rinascimento**
il Risorgimento	**Roma**	**di Sardegna**	**Torino**

1. Prima di diventare _____, l'Italia era divisa in tanti regni (*kingdoms*) e stati, ognuno sotto il dominio di diverse case (*dynasties*) italiane e straniere.

2. La casa dei Savoia regnava sul regno di Sardegna, che comprendeva _____ e la Sardegna.

3. La casa dei Borbone (*Bourbon*) regnava sul territorio di Parma, di _____ e della Sicilia.

4. Il movimento per l'unificazione d'Italia, detto _____, era sotto la leadership del Regno di Sardegna, l'unico stato che ebbe in quegli anni una costituzione.

5. Giuseppe _____ fu un intellettuale importante nel Risorgimento ed era a favore della formazione di una repubblica.

6. Camillo Benso il conte di _____ fu un grande diplomatico che ricercò l'alleanza (*alliance*) delle potenze straniere ed era a favore della formazione della monarchia.

7. _____ fu un grande generale che comandò la Spedizione _____.

8. La prima capitale d'Italia fu _____.

C. Tocca a te! Secondo te, quale personaggio—Mazzini, Cavour o Garibaldi—è il più interessante? Perché?

Secondo me, _____ è il personaggio più interessante perché...

In italiano

Addio is another way to say *good-bye*. It is used less commonly than **arrivederci** because it refers to a more definitive good-bye. Literally, it means **a** (*until*) **dio** (*god*) which presupposes a long separation, perhaps even final.

IN ITALIA

Il bacio, *painted by Francesco Hayez in 1859 during* **il Risorgimento,** *obtained enormous popularity. Although the setting appears medieval, the painting was meant to symbolize the patriot's* **addio** (farewell) *as he left to fight for the liberation of Italy. In a similar way, Verdi's 1841 opera* Nabucco, *recounting the enslavement of the Hebrews in Babylon, was perceived as a metaphor for the people of the Lombardo-Veneto region under the domination of the Austrians. In fact, patriotic Italians suggested that the opera's famous aria «Va pensiero» become Italy's national anthem.*

Il bacio (1859), Francesco Hayez

Leggiamo!

Dire le cose come stanno

Ecco la poesia di Trilussa che si trova sulla statua del poeta in Piazza Trilussa a Roma. Leggila e poi rispondi alle domande.

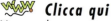

Statua del poeta Trilussa (1871–1950), (Roma)

(la traduzione in italiano dal dialetto di Roma)
All'ombra[1]

Mentre mi leggo il solito giornale
Sdraiato[2] all'ombra d'un pagliaio[3]
Vedo un porco e gli dico: Addio, maiale[4]!
Vedo un ciuco[5] e gli dico: Addio, somaro[6]!

Forse queste bestie[7] non mi capiranno,
Ma provo almeno la soddisfazione
Di poter dire le cose come stanno
Senza paura di finire in prigione.[8]

[1]*In the shade* [2]*Sdraiato… Stretched out* [3]*pile of straw* [4]*pig* [5]*donkey* [6]*donkey (synonym)*
[7]*animals, beasts* [8]*prison*

Trilussa ha qualcosa da dire. Rispondi alle domande.

1. Una caratteristica delle poesie di Trilussa è la presenza di animali. Quanti animali sono nominati nella poesia *All'ombra*?

2. Tutte le poesie di Trilussa finiscono con una morale. Secondo te, qual è la morale della poesia *All'ombra*?

$\mathcal{S}$criviamo!

La morale della storia

Come Trilussa, scrivi una brevissima poesia su qualche aspetto della vita umana. La tua poesia avrà quattro righe e seguirà questa forma:

il soggetto (un nome)
due aggettivi (che descrivono il soggetto)
tre verbi (coniugati, che indicano ciò che fa il soggetto)
una frase che conclude la poesia con una morale

> **Esempio:** *Amore*
> *Dolce, pazzo.*
> *Nasce, ipnotizza, conquista.*
> *Definisce la vita umana.*

$\mathcal{P}$arliamo!

La tua intervista

Ecco alcune delle domande che sono state rivolte alle persone che hai sentito sul video. Intervista un compagno / una compagna, facendo a lui/lei queste domande. Registra (o scrivi) le sue risposte. Poi scambiatevi i ruoli.

1. Ti puoi presentare: dire il nome, l'età, di dove sei e cosa fai?

2. Ti piace il cinema italiano? Chi sono i tuoi attori preferiti? (Ti piace la musica italiana? Che genere di musica preferisci?)

3. Com'è un giorno tipico per te? (A che ora… ?)

4. Cosa ti piace fare nel tempo libero?

5. Puoi descrivere la tua famiglia? (Com'è… ?)

6. Ti piacerebbe visitare l'Italia? Cosa ti piacerebbe vedere? (Sei stato/a in Italia? Dove sei stato/a? Cosa hai visto?)

7. Sai l'italiano?

8. Hai un sogno nel cassetto? Cos'è?

Guardiamo!

Film: *Nuovo Cinema Paradiso.* (Commedia. Italia. 1990. Giuseppe Tornatore, Regista. 124 min.)

Riassunto: A famous Italian filmmaker, Salvatore (Salvatore Cascio) returns to his hometown in Sicily after an absence of 30 years. While at home, he remembers the events that shaped his life, especially his friendship with Alfredo (Philippe Noiret) who first introduced him to movies.

Scena (DVD Chapter 26): In this scene a young Salvatore (Totò) leaves his hometown, Giancaldo. His mother, sister, and Alfredo accompany him to the train station to see him off.

Ciak, si gira!

La stazione: luogo degli addii.

Parte prima. Alfredo dà diversi consigli a Totò. Scrivi qui almeno tre dei consigli.

1.

2.

3.

Parte seconda. Molti dei consigli sono sorprendenti (*surprising*). Secondo te, perché Alfredo li ha dati a Totò? Parlane con il compagno / la compagna.

IN AMERICA

Every year the president of the United States designates the month of October National Italian American Heritage Month to recognize and celebrate the contributions and achievements of Americans of Italian background, as well as Italians living in America. According to the last census, there are over 26 million Americans of Italian descent in the United States, constituting the fifth largest ethnic group. Most of them are employed in professions such as business, medicine, law, and education.

Tanti saluti da... Siena!

Paesaggio toscano (Val d'Orcia)

Finalmente, eccomi «under the Tuscan sun». Siena è favolosa, un gioiello. È grande com'era 700 anni fa! Ho visto Piazza del Campo dove fanno il Palio. Ho dato del pane ai piccioni. Il pavimento della piazza è come un ventaglio[1] diviso in 9 parti. Rappresenta il Consiglio dei 9 che governava nel Trecento. In fondo alla piazza c'è il Palazzo Pubblico. Ho cercato il signor Civai, ma non c'era.

Il Duomo è bellissimo. La facciata[2] è di marmo[3] multicolore, ma il campanile è a righe[4] bianche e nere.

Ho fatto un giro in campagna e ho visitato le piccole città di provincia. Ricordi quegli spot della **TV** dove una macchina sportiva corre attraverso una campagna bellissima? Sono girati qui! Ci sono strade tutte tortuose, a S. Ho fatto mille foto. Vai a vedere l'album che ho creato in Internet. A presto!

[1]*fan* [2]*facade* [3]*marble* [4]*stripes*

Clicca qui You can see the wine cellars of the Contucci family who produce the **Vino Nobile** that Montepulciano is world famous for at the *Avanti!* website (**www.mhhe.com/avanti**).

Video Connection: In the video, can you spot **il Palazzo Pubblico, il campanile del Duomo,** and a famous S-shaped road?

Vocabolario

Domande ed espressioni

Hai/Ha qualcosa da dire?   Can you (*inform./form.*) make a recommendation?

Verbi

combattere	to fight
comporre	to compose
dimostrare	to demonstrate
fondare	to found
governare	to govern
inventare	to invent
liberare	to liberate, to free
proteggere	to protect
realizzare	to realize; to carry out, to bring about
rischiare	to risk
scoprire	to discover

Sostantivi

l'affresco	fresco
il compositore / la compositrice	composer
il consiglio	advice
la Costituzione	Constitution
i diritti	rights
il dittatore / la dittatrice	dictator
il generale	general
l'indipendenza	independence
l'inventore / l'inventrice	inventor
l'invenzione (*f.*)	invention
la medicina	medicine
il militare	military
il navigatore / la navigatrice	navigator
l'orchestra	orchestra
il papa	pope
il Parlamento	Parliament
la patria	homeland
la pila	battery
la poesia	poetry
la politica	politics
il politico / la donna in politica	politician
il re	king
la regina	queen
il religioso / la religiosa	member of religious order
la repubblica	republic
il romanzo	novel
il santo / la santa	saint
lo scrittore / la scrittrice	writer
la scultura	sculpture
il senatore / la senatrice	senator
il soldato / la soldatessa	soldier
il sonetto	sonnet
l'unificazione (*f.*)	unification
la vittoria	victory

Per saperne di più

Capitolo 1

1.1 Gender

▶ Activities to practice the structure points presented in **Per saperne di più** are at the back of the *Workbook / Laboratory Manual*.

1. Some nouns are an abbreviation of a longer word. They retain the gender of the long form.

foto	fotografia (*f.*)
cinema	cinematografo (*m.*)
moto	motocicletta (*f.*)
auto	automobile (*f.*)
bici	bicicletta (*f.*)

2. Not all nouns that end in **-a** are feminine. Some are masculine.

il programma   il problema   il sistema

3. Not all nouns that end in **-o** are masculine. One common exception is:

la mano (*hand*)

4. Some words have a different suffix to indicate the gender. The suffix **-tore** is masculine and the suffixes **-trice** and **-essa** are feminine.

actor	**l'attore**	**l'attrice**
painter	**il pittore**	**la pittrice**
doctor	**il dottore**	**la dottoressa**
professor	**il professore**	**la professoressa**
student	**lo studente**	**la studentessa**

1.3 Number

1. Nouns do not change in the plural if their singular form

a. is an abbreviation of a longer word:

una bicicletta	**una bici**	→	**due bici**
un cinematografo	**un cinema**	→	**due cinema**
una fotografia	**una foto**	→	**due foto**

b. is monosyllabic:

un re (*king*)	→	**due re**
uno sci	→	**due sci**

c. ends in **-i**:

una crisi (*crisis*)	→	**due crisi**
un brindisi (*toast*)	→	**due brindisi**
una tesi (*thesis*)	→	**due tesi**

2. Some nouns have irregular plurals.

l'uomo (*man*)   →   **gli uomini**

3. Nouns that end in **-ca** and **-ga** in the singular add an **-h-** before the **-e** in the plural form in order to preserve the hard sound of the consonant.

	SINGOLARE	PLURALE
-ca → **-che**	am**ica**	am**iche**
-ga → **-ghe**	tar**ga** (*license plate*)	tar**ghe**

4. Nouns ending in **-go** in the singular generally form their plural by adding an **-h-**.

	SINGOLARE	PLURALE
-go → **-ghi**	la**go** (*lake*)	la**ghi**

Note that:

- The plural of **asparago** (*asparagus*) is **asparagi.**
- Nouns that end in **-logo** form their plural by adding an **-h-** when the noun refers to things: **dialogo / dialoghi, catalogo / cataloghi.** The **-h-** is not added in the plural for nouns referring to people: **biologo** (*biologist*) / **biologi, astrologo** (*astrologist*) / **astrologi.**

5. Nouns that end in **-co** in the singular form don't always have an **-h-** in the plural to preserve the hard sound. The form of the plural depends on the location of the stress in the word. An **-h-** is added only if the stress falls on the second-to-last syllable (the syllable before **-co**). Compare the following examples.

		SINGOLARE	PLURALE
Stress on second-to-last syllable	**-co** → **-ci**	<u>par</u>-**co** *park*	par-**chi**
Stress on third-to-last syllable	**-co** → **-ci**	<u>me</u>-di-**co** *doctor*	me-di-**ci**

One common exception to this rule is:

a-<u>mi</u>-co (*sing.*) → **a-<u>mi</u>-ci** (*pl.*)

6. If a masculine singular noun ends in **-io** and the **-i-** is stressed, the plural is formed normally (by changing **-o** to **-i**). If the **-i-** is unstressed, the **-o** is dropped and plural has one **-i.**

		SINGOLARE	PLURALE
Stressed **-i-**	**-io** → **ii**	<u>zi</u>-**o** (*uncle*)	zi-**i**
Unstressed **-i-**	**-io** → **i**	o-ro-<u>lo</u>-gio	o-ro-lo-g**i**

7. Nouns ending in **-cia** or **-gia** omit the **-i-** when it is not stressed or pronounced, and when **c** or **g** are preceded by another consonant.

arancia (*orange*) → **arance**
spiaggia (*beach*) → **spiagge**

Note that the **-i-** is retained when it is stressed or if a vowel precedes **c** or **g.**

farma**ci**a (*pharmacy*)	→	farma**cie**
camic**i**a (*shirt*)	→	camicie
ciliegia (*cherry*)	→	ciliegie

Capitolo 2

2.1 *Adjectives*

Activities to practice the structure points presented in **Per saperne di più** are at the back of the *Workbook / Laboratory Manual*.

Irregular plural adjectives

1. Adjectives that end in **-ca, -co,** and **-ga** form the plural just like nouns with the same endings. (For a review of the plurals of nouns, see **Capitolo 1, Per saperne di più**).

| un'amica simpati**ca** | due amiche simpati**che** |
| una porta lar**ga** (*wide*) | due porte lar**ghe** |

Remember, the plural of adjectives ending in **-co** depends on the location of the stress in the word. An **-h-** is inserted before the **-i** only if the stress falls on the second-to-last syllable (the syllable before **-co**).

| un quaderno bian**co** | due quaderni bian**chi** |
| un ragazzo simpati**co** | due ragazzi simpati**ci** |

2. All adjectives ending in **-go** form the plural by adding an **-h-** before the **-i.**

| un tavolo lar**go** | due tavoli lar**ghi** |

The demonstrative pronouns *questo* and *quello*

When you are pointing out someone or something, **questo** and **quello** can also be used alone to mean *this one / that one* in the singular or *these / those* in the plural. When **questo** and **quello** are used as pronouns, they both have four forms and agree in gender and number with the object or person you are pointing out.

	SINGOLARE	PLURALE	SINGOLARE	PLURALE
MASCHILE	**questo**	**questi**	**quello**	**quelli**
FEMMINILE	**questa**	**queste**	**quella**	**quelle**

(*pointing to your mother in a photo*)	**Questa** è mia madre. *This is my mother.*
(*pointing to your books*)	**Questi** sono i miei libri. *These are my books.*
(*pointing to your car down the street*)	**Quella** è la mia macchina. *That is my car.*
(*pointing to your dog in the park*)	**Quello** è il mio cane. *That is my dog.*
(*pointing to your female friends across the street*)	**Quelle** sono le mie amiche. *Those are my (female) friends.*

Other adjectives that precede the noun

1. Two common adjectives always precede the noun: **altro** (*other*) and **stesso** (*same*).

l'**altro** amico	*the other friend*
gli **altri** studenti	*the other students*
lo **stesso** zaino	*the same backpack*
le **stesse** penne	*the same pens*

2. The adjectives **buono** and **bello** usually precede the noun, but they have special forms. The singular forms of **buono** resemble the indefinite article. (See **Capitolo 1, Strutture 1.2** for a review of the indefinite article.)

SINGOLARE		PLURALE	
(uno) il **buono** zaino	(una) la **buona** scuola		zaini — scuole
(un) il **buon** libro	(una) la **buona** penna	i **buoni** libri — le **buone** — penne	
(un) il **buon** amico	(un') la **buon'**università		amici — università

The forms of **bello** are similar to the definite article and the demonstrative adjective **quello**. (See **Capitolo 1, Strutture 1.4** for a review of the definite article.)

SINGOLARE		PLURALE	
(lo) il **bello** zaino	(la) la **bella** scuola	(gli) i **begli** zaini	scuole
(il) il **bel** libro	(la) la **bella** penna	(i) i **bei** libri — (le) le **belle**	penne
(l') il **bell'**amico	(l') la **bell'**università	(gli) i **begli** amici	università

2.2 The verbs «essere» (to be) and «avere» (to have)

Here are some other idiomatic expressions with **avere**.

avere bisogno di (*to need*)	**Che caldo! Abbiamo bisogno di una limonata.**
avere paura di (*to be afraid of*)	**Salvatore ha paura di volare** (*fly*)**.**
avere ragione (*to be right*)	**Ho sempre ragione!**
avere torto (*to be wrong*)	**Gianni ha sempre torto!**
avere voglia di (*to want*)	**Ho fame. Ho voglia di un hamburger.**

Capitolo 3

3.3 Irregular verbs

The verbs *rimanere* and *scegliere*

Here are two more irregular verbs that follow the same pattern as the verb **venire**. (Note that **-gl-** in **scegliere** becomes **-lg-** in **scelgo** and **scelgono**.)

▶ Activities to practice the structure points presented in **Per saperne di più** are at the back of the *Workbook / Laboratory Manual*.

venire	rimanere (to stay, to remain)	scegliere (to choose)
vengo	rimango	scelgo
vieni	rimani	scegli
viene	rimane	sceglie
veniamo	rimaniamo	scegliamo
venite	rimanete	scegliete
vengono	rimangono	scelgono

Mario **rimane** a casa stasera.
Gina **sceglie** il vestito blu.

Mario is staying home tonight.
Gina chooses the blue dress.

Capitolo 4

4.4 *The comparative*

Comparatives of inequality with *che*

Activities to practice the structure points presented in **Per saperne di più** are at the back of the *Workbook / Laboratory Manual*.

1. Di is used when comparing two nouns with a particular quality.

Il cane è più <u>intelligente</u> del **gatto.**
Gianna è più <u>simpatica</u> di **Marco.**

The dog is more intelligent than the cat.
Gianna is nicer than Marco.

2. Che is used when comparing two parts of speech or two of the same construction: two adjectives, two nouns, two verbs, or two nouns preceded by a preposition.

(two adjectives) L'atleta è più **agile** che **veloce.**

The athlete is more agile than fast.

(two nouns) Ho meno **penne** che **matite.**

I have fewer pens than pencils.

(two verbs) Mi piace più **correre** che **nuotare.**

I like running more than swimming.

(two nouns preceded by a preposition) Vado più spesso **in montagna** che **al mare.**

I go more often to the mountains than to the sea.

Comparatives of equality

1. As you already know, when you want to talk about the differences between two people or things, you use **più... di** or **meno... di.** If you want to say that a person or thing is the same as another, place **così** before the adjective, and **come** after it. Note that **così** is often omitted.

Rita è (**così**) simpatica **come** Gina.

Rita is as nice as Gina.

2. An alternative construction is **tanto... quanto.** Like **così, tanto** is often omitted.

Salvatore è (**tanto**) bello **quanto** Riccardo.

Salvatore is as handsome as Riccardo.

● Activities to practice the structure points presented in **Per saperne di più** are at the back of the *Workbook / Laboratory Manual*.

Capitolo 5

5.3 *Prepositions*

The preposition *di*

1. Remember the use of **di** as an alternative way to indicate possession? (See **Capitolo 2, Strutture 2.3.**)

il compleanno **di** Maria	*Maria's birthday* (literally, *the birthday of Maria*)
il libro **dello** studente	*the student's book* (literally, *the book of the student*)

2. Di is also used in the following constructions.

il corso **di** scienze politiche	*the political science course*
la professoressa **di** matematica	*the math professor*

The preposition *da*

1. The preposition **da** means *from* in English.

Sono partita **da** Roma.	*I left from Rome.*
Ho ricevuto un regalo **da** mia madre.	*I received the gift from my mother.*
Abito a dieci chilometri **da** Napoli.	*I live 10 kilometers from Naples.*

2. Attenzione! To say where you are from, you use **di.**

Sono **di** Milano.	*I'm from Milan.*

3. Da is frequently used with the verb **uscire** to mean *to leave/exit* (*from*) a place.

Esco **dall'**uffico.	*I leave/exit* (*from*) *the office.*

4. When **da** is used with a pronoun or proper name, it means *at the house/office/business of.*

Vado **da** Mirella.	*I'm going to Mirella's house.*
Vado **dal** dentista oggi.	*I'm going to the dentist today.*

The pronoun *ci*

1. In order to avoid repetition, you can use the pronoun **ci** (*there*) to replace nouns or phrases referring to places. These phrases are often introduced by the prepositions **a** or **in.** Note that **ci** precedes the conjugated verb.

—Vai **a casa?**	*Are you going home?*
—Sì, **ci** vado.	*Yes, I'm going* (*there*).
—Vai **in centro**?	*Are you going downtown?*
—No, non **ci** vado.	*No, I'm not going* (*there*).

Note: Although the word *there* is not always expressed in English, **ci** must be used in Italian.

2. Ci can also replace **a** + infinitive after verbs such as **andare.**

—Vai **a ballare** stasera?	*Are you going dancing tonight?*
—No, non **ci** vado.	*No, I'm not going* (*dancing*).

3. As you have seen, **ci** always precedes the conjugated verb, but when using verb + infinitive constructions, it may be attached to the infinitive. The infinitive drops the final **-e**.

—Vuoi andare **al cinema**?   *Do you want to go to the movies?*
—Sì, **ci** voglio andare.   *Yes, I want to go (*there*).*
 (No, non voglio **andarci**.)   (*No, I don't want to go [*there*].*)

Capitolo 6

 The present perfect

Sapere and *conoscere*

1. In **Capitolo 4, Strutture 4.3,** you learned the difference in meaning between **sapere** and **conoscere** in the present tense. In the **passato prossimo** these verbs take **avere** as their auxiliary and have regular past participles, but their meanings change.

▶ Activities to practice the structure points presented in **Per saperne di più** are at the back of the *Workbook / Laboratory Manual.*

	PRESENTE	PASSATO PROSSIMO
sapere	• to know something (a fact) **So** perché Luigi studia stasera. *I know why Luigi will study tonight.*	• to find out something (a fact) **Ho saputo** perché Luigi studia stasera. *I found out why Luigi will study tonight.*
conoscere	• to be familiar with a person, place, or thing **Conosco** tua sorella. *I know your sister.*	• to have met a person for the first time **Ho conosciuto** tua sorella alla festa. *I met your sister at the party.*

Piacere

1. Piacere is conjugated with **essere** in the **passato prossimo,** so the subject agrees in gender and number with the past participle. **Attenzione!** Remember that the subject is the person, place, or thing that is liked and it often follows **piacere.**

Mi piace la musica.   Mi è piaciut**a** la musica.

I like the music.   *I liked the music.*

Ti piacciono gli spettacoli.   Ti sono piaciut**i** gli spettacoli.

You like the shows.   *You liked the shows.*

2. When the subject is an action (an infinitive verb), **piacere** is in the third person singular and the participle ends in **-o**.

A Gianna è piaciut**o** sciare.   A Luigi e Massimo è piaciut**o** cucinare.

Gianna liked skiing.   *Luigi and Massimo liked cooking.*

6.3 Negative Expressions

Other negative expressions

1. Two other negative expressions are:

> **non... né... né** (*neither . . . nor*)
> **non... ancora** (*not . . . yet*)

Non mangio **né** la carne **né** il pesce.	*I eat neither meat nor fish.*
Non ho studiato **né** l'italiano **né** lo spagnolo.	*I've studied neither Italian nor Spanish.*
Non parto **ancora.**	*I'm not leaving yet.*
Non ho **ancora** fatto il letto.	*I haven't made my bed yet.*

Attenzione! Non ancora means *not . . . yet* but **ancora** means *still.*

Devo **ancora** fare il componimento.	*I still have to write the composition.*
Non ho **ancora** fatto il tema.	*I haven't written the composition yet.*

Capitolo 7

7.4 Adverbs

Molto and *poco*

1. Adjectives describe nouns. Their endings change to agree in gender and number with the noun they describe. As you learned in **Capitolo 2, Strutture 2.1,** when **molto** and **poco** are adjectives, they precede the noun and the definite article is omitted.

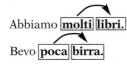

Abbiamo **molti libri.**	*We have many books.*
Bevo **poca birra.**	*I drink little beer. (I don't drink much beer.)*

2. Adverbs can modify verbs, adjectives, or other adverbs. Their endings never change. When describing a verb, **molto** means *a lot / frequently* and **poco** means *little/rarely.* They both follow the verb.

Tu e Marianna studiate **molto.**	*You and Marianna study a lot.*
Silvia parla **poco** al telefono.	*Silvia rarely talks/doesn't talk long on the phone.*

3. As you learned in **Capitolo 2, Strutture 2.1,** when modifying an adjective or adverb, the adverb **molto** means *very* and **poco** means *not very.* They both come before the adjective or adverb and their endings do not change.

Quella ragazza è **molto** simpatica.	*That girl is very nice.*
I ragazzi sono **poco** simpatici.	*The guys are not very nice.*

Gianni esce **molto** spesso.	*Gianni goes out very often.*
Oggi mi sento **poco** bene.	*Today I don't feel very well.*

Buono/cattivo vs. bene/male

1. As you learned in **Capitolo 2, Lessico, buono** and **cattivo** are adjectives. They indicate how *good* or *bad* something or someone is, so they agree in gender and number with the noun they modify.

 Activities to practice the structure points presented in **Per saperne di più** are at the back of the *Workbook / Laboratory Manual.*

Questa **torta** è buona.   *This cake is good.*

Queste **bistecche** sono cattive.   *These steaks are bad.*

2. The adverbs **bene** and **male** modify verbs. They indicate how *well* or *badly* something is done, so they appear after the verb and their forms are invariable.

Giacomo gioca **bene** a calcio.   *Giacomo plays soccer well.*
Mariella suona **male** il clarinetto.   *Mariella plays the clarinet badly.*

Capitolo 8

 The present perfect

The present perfect of *dovere, potere,* and *volere*

The choice of the auxiliary of **dovere, potere,** and **volere** in the **passato prossimo** depends on whether the infinitive following these verbs takes **avere** or **essere.**

I ragazzi...

sono voluti <u>andare</u> a casa.

sono potuti <u>uscire</u>.

sono dovuti <u>stare</u> a casa.

hanno voluto <u>mangiare</u>.

hanno potuto <u>cucinare</u>.

hanno dovuto <u>dormire</u>.

 Activities to practice the structure points presented in **Per saperne di più** are at the back of the *Workbook / Laboratory Manual*.

 Prepositions

The pronoun *ne*

1. The pronoun **ne** replaces nouns preceded by **di** + *article* (**partitivo**), a number, or by an expression of quantity, such as **molto.** It literally means *of it, of them* and is usually not expressed in English.

Mangio **della pasta.**	→ **Ne** mangio.	*I eat some (of it).*
Ho due **fratelli.**	→ **Ne** ho due.	*I have two (of them).*
Ho molti **CD.**	→ **Ne** ho molti.	*I have many (of them).*

2. Ne is often used in response to questions with **quanto** (*how many*).

—Quante sorelle hai?   *How many sisters do you have?*
—**Ne** ho due.   *I have two (of them).*

3. Ne also replaces phrases introduced with the preposition **di.** The equivalent in English is often *of* or *about it/them*. It may be optional in English, but it is required in Italian.

—Parli spesso **di politica**?   *Do you talk about politics often?*
—Sì, **ne** parlo spesso.   *Yes, I often talk about it.*

—Hai paura **dei cani**?   *Are you afraid of dogs?*
—No, non **ne** ho paura.   *No, I'm not afraid of them.*

—Hai voglia **di un panino**?   *Do you feel like [having] a sandwich?*
—Sì **ne** ho voglia.   *Yes, I feel like [having] one.*

 See **Capitolo 2, Strutture 2.2** and **Per saperne di più, Capitolo 2** to review idiomatic expressions with **avere.**

4. The pronoun **ne** may precede a conjugated verb or it may be attached to the infinitive. The infinitive drops the final **-e.**

Vuoi prendere un caffè?	*Do you want to have a coffee?*
Ne voglio prendere due! /	*I want to have two [of them]!*
Voglio prender**ne** due!	

5. Ne is also used to express the date.

Quanti **ne** abbiamo oggi? *What is today's date?* (Literally, *How many of them do we have today?*)

Capitolo 9

9.1 *Indefinite pronouns*

Indefinite adjectives

1. Like indefinite pronouns, indefinite adjectives do not refer to a particular person or thing. Unlike most adjectives, however, indefinite adjectives are placed before the noun. You have already learned the indefinite adjective that means *every.*

Ogni giorno studio l'italiano.	*I study Italian every day.*

2. Two indefinite adjectives mean *some* and can be used interchangeably.

a. **Qualche** is invariable and always precedes a singular noun

Qualche ragazzo è venuto alla festa.	*Some guys came to the party.*
Qualche ragazza è venuta alla festa.	*Some girls came to the party.*

Attenzione! In English the noun is plural (*guys/girls*), but in Italian it is singular (**ragazzo/ragazza**).

b. **Alcuni/alcune** always precede a plural noun, and agree in gender and number with the noun.

Alcuni ragazzi sono venuti alla festa.	*Some guys came to the party.*
Alcune ragazze sono venute alla festa.	*Some girls came to the party.*

Some is also expressed with the partitive. See **Capitolo 5, Strutture 5.4.**

9.4 *The relative pronoun «che»*

The relative pronoun *cui* (whom/which)

1. In informal, spoken English prepositions are often left dangling at the end of a sentence. Italian, however, follows the structure of formal, written English, in which prepositions are not allowed to dangle.

INFORMAL	FORMAL
I like the student I gave the book **to.**	*I like the student* **to whom** *I gave the book.*
Gianni saw the film you are talking **about.**	*Gianni saw the film* **about which** *you are talking.*
This is the girl I'm going to the party **with.**	*This is the girl* **with whom** *I am going to the party.*

2. The relative pronoun **cui** is an alternative form of **che** that is used with prepositions. Compare the following sentences.

Gianni è lo studente **che** parla tre lingue.	*Gianni is the student who speaks three languages.*

Activities to practice the structure points presented in **Per saperne di più** are at the back of the *Workbook / Laboratory Manual.*

Il libro **che** ho letto è interessante.
Mi piace la studentessa **a cui** ho dato il libro.
Gianni ha visto il film **di cui** parlate.

Questa è la ragazza **con cui** vado alla festa.

The book that I read is interesting.
I like the student to whom I gave the book.
Gianni saw the film about which you are talking.
This is the girl with whom I am going to the party.

Capitolo 10

Lessico

Suffixes

● Activities to practice the points presented in **Per saperne di più** are at the back of the *Workbook / Laboratory Manual*.

1. Adding certain suffixes to nouns (and even names) can modify their meaning. The suffix **-accio** (**a/i/e**) expresses badness or ugliness.

la parola	→ **la parolaccia**	*dirty word*
il tempo	→ **il tempaccio**	*bad weather*

2. The suffix **-ino** (**a/i/e**) expresses smallness or endearment and is often used when speaking with children.

la ragazza	→ **la ragazzina**	*cute little girl*
la mano	→ **la manina**	*cute little hand*
il naso	→ **il nasino**	*cute little nose*
la finestra	→ **la finestrina**	*little window*

3. The suffix **-one** (**a/i/e**) suggests largeness.

la macchina	→ **la macchinona**	*big car*
il ragazzo	→ **il ragazzone**	*big boy*
il libro	→ **il librone**	*big book*

Attenzione! None of the suffixes should be used indiscriminately because they can change the meaning (and the gender) of the noun. Compare:

il mulo	*mule*	**il mulino**	*windmill*
la finestra	*window*	**il finestrino**	*window (of a train, bus, or car)*
la bocca	*mouth*	**un boccone**	*a mouthful*
la porta	*door*	**il portone**	*main entrance, front door*
la foca	*seal*	**la focaccia**	*flatbread*

Capitolo 11

11.1 *The imperfect vs. the present perfect*

da/per + expressions of time

● Activities to practice the structure points presented in **Per saperne di più** are at the back of the *Workbook / Laboratory Manual*.

1. To talk about how long you have been doing an activity that began in the past and that you are still doing today, you use the following expression:

> present tense verb + **da** + length of time

Studio l'italiano **da** tre anni.   *I have been studying Italian for three years.*
   (I began three years ago and I am still studying Italian today.)

2. To talk about how long you did an activity in the past that you are no longer doing now, use this expression:

$$\text{past tense verb} + \textbf{per} + \text{length of time}$$

Ho studiato l'italiano **per** tre anni.   *I studied Italian for three years*. (I did it for three years and now I am no longer studying Italian.)

Sapere and conoscere

Sapere and **conoscere** have different meanings in the **imperfetto** and the **passato prossimo**.

	IMPERFETTO	PASSATO PROSSIMO
sapere	• to have known a fact **Sapevo** perché Irene era arrabbiata. I *knew* why Irene was mad. • to have known how to do something **Sapevo** sciare quando ero giovane. I *knew how* to ski when I was young.	• to have found out something (*a fact*) **Ho saputo** perché Irene era arrabbiata. I *found out* why Irene was mad.
conoscere	• to have been familiar with a person, place, or thing **Conoscevo** Irene quando ero giovane. I *knew / was familiar with* Irene when I was young.	• to have met a person for the first time **Ho conosciuto** Martino alla festa. I *met Martino (for the first time)* at the party.

11.2 *Object pronouns*

Object pronouns and the present perfect

1. When the direct object pronouns, **lo, la, li, le,** precede a verb in the **passato prossimo,** the past participle must agree in gender and number with the pronoun.

Ho visto **l'amico.**	→	**L'**ho vist**o.**
Ho visto **l'amica.**	→	**L'**ho vist**a.**
Ho visto **gli amici.**	→	**Li** ho vist**i.**
Ho visto **le amiche.**	→	**Le** ho vist**e.**

Agreement with **mi, ti, ci,** and **vi** is optional.

Mi hai visto/**a.**
Ti ho visto/**a.**
Ci hai visto/**i/e.**
Vi ho visto/**i/e.**

2. The past participle *never* agrees with indirect object pronouns.

Ho parlato **a Gianni.**	→	**Gli** ho parlat**o.**
Ho parlato **a Maria.**	→	**Le** ho parlat**o.**
Ho parlato **a Maria e Gianni.**	→	**Gli** ho parlat**o.**
Ho parlato **a Maria e Irene.**	→	**Gli** ho parlat**o.**

Capitolo 12

12.1 *The past absolute*

The *passato remoto* vs. *l'imperfetto*

▶ Activities to practice the structure points presented in **Per saperne di più** are at the back of the *Workbook / Laboratory Manual.*

As you learned in **Capitolo 11,** when describing past events, there is a difference between the uses of the **passato prossimo** and the **imperfetto.** This same difference exists between the **passato remoto** and the **imperfetto.**

L'artista **dipinse** il quadro quando **aveva** soli 15 anni.	*The artist painted the picture when he was only 15 years old.*
Mentre i soldati **si preparavano** per la guerra, il nemico **arrivò.**	*While the soldiers were preparing for the war, the enemy arrived.*
Il poeta **dedicò** le poesie alla donna che **amava.**	*The poet dedicated his poems to the woman that he loved.*

 Object pronouns

Double object pronouns

1. You have already learned how to substitute either direct objects or indirect objects with pronouns. It is also possible to replace both at the same time using a double object pronoun (**un pronome doppio**).

	Scrivo la lettera a Maria.	*I write the letter to Maria.*
COMPLEMENTO OGGETTO DIRETTO	**La** scrivo a Maria.	*I write it to Maria.*
COMPLEMENTO OGGETTO INDIRETTO	**Le** scrivo la lettera.	*I write the letter to her.*
PRONOME DOPPIO	**Gliela** scrivo.	*I write it to her.*

2. Here are all the combinations.

	lo	la	li	le
mi	me lo	me la	me li	me le
ti	te lo	te la	te li	te le
ci	ce lo	ce la	ce li	ce le
vi	ve lo	ve la	ve li	ve le
gli / le / Le	glielo	gliela	glieli	gliele

Note that:

a. the indirect object pronoun always comes first.

b. the indirect object pronouns **mi, ti, ci,** and **vi** change to **me, te, ce,** and **ve** and are separated from the direct object pronoun.

c. **gli, le,** and **Le** all have the same form, **glie-,** when they are combined with the direct object pronoun.

3. Double object pronouns are placed in the same positions as single object pronouns. They usually appear before the conjugated verb, but they may also be attached to an infinitive, which drops the final **-e.**

Roberto ed io vogliamo dare **la bicicletta a Antonella.**

Roberto ed io **gliela** vogliamo dare.
Roberto ed io vogliamo dar**gliela.**

4. When a double object pronoun precedes a verb in the **passato prossimo,** the past participle agrees in gender and number with the direct object pronoun.

Mi hai preparato i biscotti.   **Me li** hai preparat**i.**
Ti ho preparato le lasagne.   **Te le** ho preparat**e.**

Capitolo 13

ℒessico

The future of probability

The future tense has an additional function that is unrelated to future time; it can be used to speculate about a present situation. It expresses ideas that in English are introduced by *probably* or *must.* Here are some examples.

Gianni went out late last night and didn't come to his 8:30 class today, so the students speculate about where he must be and what he must be doing.

Sarà a casa.   *He's probably at home.*
Vorrà dormire.   *He probably wants to sleep.*

Milena and Virginia are out shopping and neither has a watch.

MILENA: Che ore **saranno**?   *What time must it be?*
VIRGINIA: **Saranno** le tre.   *It's probably about 3:00.*

13.1 The present conditional

The past conditional

1. The present conditional is used to talk about what you *would* do today or in the future. The past conditional is used to talk about what you *would have* done in a past moment (but did not do). It is formed with the conditional of the auxiliary verb **avere** or **essere** and the past participle.

	comprare	andare
io	avrei comprato	sarei andato/a
tu	avresti comprato	saresti andato/a
lui/lei/Lei	avrebbe comprato	sarebbe andato/a
noi	avremmo comprato	saremmo andati/e
voi	avreste comprato	sareste andati/e
loro	avrebbero comprato	sarebbero andati/e

Ieri **avrei comprato** il libro, ma non avevo soldi.

Yesterday I would have bought the book, but I didn't have any money.

Sarei andata in vacanza con Giuseppe l'anno scorso, ma ho dovuto lavorare.

I would have gone on vacation with Giuseppe last year, but I had to work.

● Activities to practice the structure points presented in **Per saperne di più** are at the back of the *Workbook / Laboratory Manual.*

2. Notice the meanings of **dovere, potere,** and **volere** in the past conditional.

Avrei dovuto fare i compiti, ma ho deciso di uscire con gli amici.
I should have *done my homework, but I decided to go out with friends.*

Sarei potuta andare alla partita perché Gianni aveva due biglietti.
I could have *gone to the game because Gianni had two tickets.*

Sarei voluta rimanere a casa, ma mio marito voleva uscire.
I would have liked *to stay home, but my husband wanted to go out.*

Capitolo 14

14.2 *The present subjunctive*

More irregular verbs in the subjunctive

 Activities to practice the structure points presented in **Per saperne di più** are at the back of the *Workbook / Laboratory Manual.*

1. An easy way to remember the present subjunctive of many irregular verbs is to drop the **-o** from the first-person present indicative (**io**) form and add the present subjunctive endings.

PRESENT INDICATIVE (io)					PRESENT SUBJUNCTIVE
andare	vado	→	vad-	→	vada
bere	bevo	→	bev-	→	beva
uscire	esco	→	esc-	→	esca

Note: Verbs that have stem changes in the **noi** and **voi** forms of the present indicative, such as **dovere** and **venire**, also have stem changes in these forms in the present subjunctive.

bere (bevo)	dire (dico)	fare (faccio)	piacere (piaccio)	potere (posso)	volere (voglio)
beva	dica	faccia		possa	voglia
beva	dica	faccia		possa	voglia
beva	dica	faccia	piaccia	possa	voglia
beviamo	diciamo	facciamo		possiamo	vogliamo
beviate	diciate	facciate		possiate	vogliate
bevano	dicano	facciano	piacciano	possano	vogliano

dovere (devo)	uscire (esco)	venire (vengo)
deva/debba	esca	venga
deva/debba	esca	venga
deva/debba	esca	venga
dobbiamo	usciamo	veniamo
dobbiate	usciate	veniate
devano/debbano	escano	vengano

2. Some common verbs that do not follow this pattern are **avere**, **dare**, **essere**, **sapere**, and **stare**.

avere	dare	essere	sapere	stare
abbia	dia	sia	sappia	stia
abbia	dia	sia	sappia	stia
abbia	dia	sia	sappia	stia
abbiamo	diamo	siamo	sappiamo	stiamo
abbiate	diate	siate	sappiate	stiate
abbiano	diano	siano	sappiano	stiano

14.3 *Verbs and expressions that are followed by the subjunctive*

a/di + infinitive

1. In **Capitolo 3, Strutture 3.1, Capitolo 4, Strutture 4.3,** and **Capitolo 5, Strutture 5.1,** you learned that the infinitive may directly follow certain verbs.

amare	odiare	potere	sapere
dovere	piacere	preferire	volere

Amo **mangiare!** Gianni odia **ballare.** Preferisci **uscire** stasera?

However, many verbs require the preposition **a** or **di** between the verb and the infinitive.

Gianni impara **a ballare.** *Gianni learns to dance.*
Mirella ha deciso **di licenziarsi.** *Mirella decided to quit* (*her job*).

2. Here are some common verbs that are followed by **a** or **di** before an infinitive.

verbo + a + infinito	verbo + di + infinito
andare	accettare
cominciare	cercare (*to try*)
continuare	chiedere
fermarsi (*to stop*)	credere
imparare (*to learn*)	decidere
insegnare (*to teach*)	dimenticare
prepararsi	finire
riuscire (*to succeed; to be able to*)	promettere (*to promise*)
venire	ricordare (*to remember*)
	smettere (*to stop* [*doing something*])
	sperare

Mi fermo a guardare la vetrina.	*I stop to look in the shop window.*
Riesco a finire il lavoro entro le 5.00.	*I am able to finish the job by 5:00.*
Spero di uscire.	*I hope to go out.*
Cerco di fare del mio meglio.	*I try to do my best.*

3. Do you remember these idiomatic expressions with **avere** + the preposition **di?**

Ho bisogno di dormire.	*I need to sleep.*
Simona **ha paura di** volare.	*Simona is afraid to fly.*
Abbiamo voglia di bere qualcosa.	*We want to drink something.*

Capitolo 15

 15.2 *Subjunctive vs. indicative*

Conjunctions followed by the subjunctive

1. A conjunction (such as *and, but, because, while*) connects words and phrases. The conjunctions that you have learned so far are followed by phrases with indicative verbs.

Raffaella va a studiare **e** Simone **prepara** la cena.
Rita ha una bici **ma** il suo ragazzo **ha** la macchina.
Mia madre non va al supermercato **perché ha fatto** la spesa ieri.
Ettore faceva il bucato **mentre** il suo compagno **puliva** la casa.

2. Here are several conjunctions that are always followed by verbs in the subjunctive. Note that the first three (**a condizione che, benché,** and **affinché**) each have a synonym (another form with the same meaning) that is also followed by the subjunctive.

a condizione che / purché	*on the condition that / as long as*
affinché / perché	*so that*
benché / sebbene	*even though*
prima che	*before*
senza che	*without*

a. **a condizione che / purché**

| Ti do la macchina **a condizione che** me la **riporti** entro le cinque. | I'll give you the car *on the condition that (as long as)* you bring it back to me by five o'clock. |
| La mamma mi presta dei soldi **purché** glieli **restituisca** entro una settimana. | My mom will lend me some money *on the condition that (as long as)* I pay it back within a week. |

b. **affinché / perché**

| Pulisco **affinché** la casa **sia** pulita per la visita dei tuoi genitori. | I'll clean *so that* the house is clean for your parents' visit. |
| Ti compro il biglietto **perché** tu **possa** andare al concerto. | I'll buy the ticket *so that* you can go to the concert. |

Attenzione! Note that **perché** has two meanings: *because,* which is followed by a verb in the indicative, and *so that,* which is followed by a verb in the subjunctive.

▶ Activities to practice the structure points presented in **Per saperne di più** are at the back of the *Workbook / Laboratory Manual.*

c. **benché / sebbene**

Benché non **abbiano finito** il lavoro, partiranno lo stesso.	*Even though* they haven't finished the job, they will leave anyway.
Sebbene non **abbia** tanti soldi, Marco compra una macchina nuova.	*Even though* he doesn't have a lot of money, Marco is going to buy a new car.

d. **senza che**

Parlerò con il direttore **senza che** Roberto me lo **chieda**.	I will talk with the director *without* Robert asking me to do it.

e. **prima che**

Parto **prima che** gli altri **arrivino**.	I'm going to leave *before* the others arrive.

3. When the subjects of both sentences are the same, **senza che** and **prima che** become **senza** and **prima di** and are followed by the infinitive.

Esco stasera **senza chiedere** il permesso ai miei.	I'm going out tonight *without* asking my parents' permission.
Faccio la spesa **prima di tornare** a casa.	I'm going shopping *before* returning home.

15.3 *Hypotheticals of possibility*

The imperfect subjunctive

1. Here are all of the endings of the imperfect subjunctive.

io	**-ssi**
tu	**-ssi**
lui/lei/Lei	**-sse**
noi	**-ssimo**
voi	**-ste**
loro	**-ssero**

mangiare	**credere**	**dormire**
mangiassi	credessi	dormissi
mangiassi	credessi	dormissi
mangiasse	credesse	dormisse
mangiassimo	credessimo	dormissimo
mangiaste	credeste	dormiste
mangiassero	credessero	dormissero

2. The verbs **bere, dare, dire, essere, fare,** and **stare** are irregular.

bere	dare	dire	essere	fare	stare
bevessi	dessi	dicessi	fossi	facessi	stessi
bevessi	dessi	dicessi	fossi	facessi	stessi
bevesse	desse	dicesse	fosse	facesse	stesse
bevessimo	dessimo	dicessimo	fossimo	facessimo	stessimo
beveste	deste	diceste	foste	faceste	steste
bevessero	dessero	dicessero	fossero	facessero	stessero

Se **stessi** a casa, guarderei la TV.	*If I stayed home, I would watch TV.*
Se mi **deste** i soldi, vi comprerei i panini.	*If you gave me the money, I would buy you the sandwiches.*
Se gli studenti **facessero** i compiti, supererebbero l'esame senza problemi.	*If the students did their homework, they would pass the exam without a problem.*

Capitolo 16

 *Object* **pronouns**

Stressed pronouns

▶ Activities to practice the structure points presented in **Per saperne di più** are at the back of the *Workbook / Laboratory Manual*.

1. Stressed pronouns (**pronomi tonici**) are used after a verb or a preposition.

me	*me*	**noi**	*us*
te	*you*	**voi**	*you (pl.)*
Lei	*you* (form.)	**Loro**	*you* (form.)
lui, lei	*him, her*	**loro**	*them*
sé	*oneself, him-/herself*	**sé**	*themselves*

Vedo **lui** tutti i giorni.	*I see him every day.*
Voglio parlare con **lei.**	*I want to talk with her.*
Secondo **te,** la torta è buona?	*In your opinion, is the cake good?*

2. Stressed pronouns are often used to create a contrast or to give greater emphasis to the noun to which they refer.

Compro il regalo per **voi,** non per **loro.**	*The gift is for you all, not for them!*
Vado alla festa con **lei,** non con **lui!**	*I'm going to the party with her, not with him!*

3. You have already learned the expression **meglio di me** (*better than me*) in **Capitolo 12, Strutture 12.3.** Stressed pronouns are also used in comparisons.

Mio fratello è più alto di **me.**	*My brother is taller than me.*
Franca è meno stressata di **te.**	*Franca is less stressed than you.*

Pronominal verbs and the idiomatic expressions: *andarsene, farcela,* and *avercela con qualcuno*

Pronouns are added to certain verbs to form idiomatic expressions. Three of the most common are **andarsene, farcela,** and **avercela con qualcuno.**

a. The verb **andarsene** means *to go away, to leave, to get out.* It is formed with the reflexive pronoun + **ne** + **andare.** **Ne** is invariable, but the reflexive pronoun agrees with the subject of the verb.

Me ne vado subito.	*I'm leaving right away.*
Perché **te ne vai** così presto?	*Why are you leaving so early?*

Attenzione! The imperative **Vattene!** means *Get out of here!*

b. **Farcela** means *to manage* or *to cope* and **avercela con qualcuno** means *to hold a grudge against someone* or *to be angry with someone.* Unlike **andarsene,** both pronouns are invariable.

Non **ce la faccio** a finire i compiti.	*I can't manage to finish my homework.*
Non **ce la facciamo** più!	*We can't take it anymore!*
Marco **ce l'ha** con me perché sono uscito con sua sorella.	*Marco is angry with me because I went out with his sister.*
Ce l'ho con mio fratello perché ha rotto il mio computer.	*I'm holding a grudge against my brother because he broke my computer.*

Coniugazione del verbo *avere*

INFINITO		PARTICIPIO	GERUNDIO
PRESENTE: avere **PASSATO:** avere avuto		avuto	avendo

INDICATIVO				CONDIZIONALE	CONGIUNTIVO		IMPERATIVO
PRESENTE	**IMPERFETTO**	**PASSATO REMOTO**	**FUTURO**	**PRESENTE**	**PRESENTE**	**PASSATO**	
ho	avevo	ebbi	avrò	avrei	ạbbia	ạbbia	——
hai	avevi	avesti	avrai	avresti	ạbbia	ạbbia	abbi (non avere)
ha	aveva	ebbe	avrà	avrebbe	ạbbia	ạbbia ⎫	ạbbia
abbiamo	avevamo	avemmo	avremo	avremmo	abbiamo	abbiamo ⎬ avuto	abbiamo
avete	avevate	aveste	avrete	avreste	abbiate	abbiate	abbiate
hanno	avẹvano	ẹbbero	avranno	avrẹbbero	ạbbiano	ạbbiano ⎭	ạbbiano
PASSATO PROSSIMO	**TRAPASSATO**	**TRAPASSATO REMOTO**	**FUTURO ANTERIORE**	**PASSATO**	**IMPERFETTO**	**TRAPASSATO**	
ho ⎫	avevo ⎫	ebbi ⎫	avrò ⎫	avrei ⎫	avessi	avessi ⎫	
hai ⎪	avevi ⎪	avesti ⎪	avrai ⎪	avresti ⎪	avessi	avessi ⎪	
ha ⎬ avuto	aveva ⎬ avuto	ebbe ⎬ avuto	avrà ⎬ avuto	avrebbe ⎬ avuto	avesse	avesse ⎬ avuto	
abbiamo ⎪	avevamo ⎪	avemmo ⎪	avremo ⎪	avremmo ⎪	avẹssimo	avẹssimo ⎪	
avete ⎪	avevate ⎪	aveste ⎪	avrete ⎪	avreste ⎪	aveste	aveste ⎪	
hanno ⎭	avẹvano ⎭	ẹbbero ⎭	avranno ⎭	avrẹbbero ⎭	avẹssero	avẹssero ⎭	

Coniugazione del verbo *ẹssere*

INFINITO		PARTICIPIO	GERUNDIO
PRESENTE: ẹssere **PASSATO:** ẹssere stato/a/i/e		stato/a/i/e	essendo

INDICATIVO				CONDIZIONALE	CONGIUNTIVO		IMPERATIVO
PRESENTE	**IMPERFETTO**	**PASSATO REMOTO**	**FUTURO**	**PRESENTE**	**PRESENTE**	**PASSATO**	
sono	ero	fui	sarò	sarei	sia	sia ⎫	——
sei	eri	fosti	sarai	saresti	sia	sia ⎬ stato/a	sii (non ẹssere)
è	era	fu	sarà	sarebbe	sia	sia ⎭	sia
siamo	eravamo	fummo	saremo	saremmo	siamo	siamo ⎫	siamo
siete	eravate	foste	sarete	sareste	siate	siate ⎬ stati/e	siate
sono	ẹrano	fụrono	saranno	sarẹbbero	sịano	sịano ⎭	sịano
PASSATO PROSSIMO	**TRAPASSATO**	**TRAPASSATO REMOTO**	**FUTURO ANTERIORE**	**PASSATO**	**IMPERFETTO**	**TRAPASSATO**	
sono ⎫	ero ⎫	fui ⎫	sarò ⎫	sarei ⎫	fossi	fossi ⎫	
sei ⎬ stato/a	eri ⎬ stato/a	fosti ⎬ stato/a	sarai ⎬ stato/a	saresti ⎬ stato/a	fossi	fossi ⎬ stato/a	
è ⎭	era ⎭	fu ⎭	sarà ⎭	sarebbe ⎭	fosse	fosse ⎭	
siamo ⎫	eravamo ⎫	fummo ⎫	saremo ⎫	saremmo ⎫	fọssimo	fọssimo ⎫	
siete ⎬ stati/e	eravate ⎬ stati/e	foste ⎬ stati/e	sarete ⎬ stati/e	sareste ⎬ stati/e	foste	foste ⎬ stati/e	
sono ⎭	ẹrano ⎭	fụrono ⎭	saranno ⎭	sarẹbbero ⎭	fọssero	fọssero ⎭	

B. Verbi regolari

Coniugazione del verbo *lavorare*

INFINITO	PARTICIPIO	GERUNDIO
PRESENTE: lavorare PASSATO: avere lavorato	lavorato	lavorando

INDICATIVO				CONDIZIONALE	CONGIUNTIVO		IMPERATIVO

PRESENTE	IMPERFETTO	PASSATO REMOTO	FUTURO	PRESENTE	PRESENTE	PASSATO	
				lavorerei			——
lavoro	lavoravo	lavorai	lavorerò	lavoreresti	lavori	abbia	lavora (non lavorare)
lavori	lavoravi	lavorasti	lavorerai	lavorerebbe	lavori	abbia	lavori
lavora	lavorava	lavorò	lavorerà	lavoreremmo	lavori	abbia }lavorato	lavoriamo
lavoriamo	lavoravamo	lavorammo	lavoreremo	lavorereste	lavoriamo	abbiamo	lavorate
lavorate	lavoravate	lavoraste	lavorerete	lavorerebbero	lavoriate	abbiate	lavorino
lavorano	lavoravano	lavorarono	lavoreranno		lavorino	abbiano	

PASSATO PROSSIMO	TRAPASSATO	TRAPASSATO REMOTO	FUTURO ANTERIORE	PASSATO	IMPERFETTO	TRAPASSATO	
ho	avevo	ebbi	avrò	avrei	lavorassi	avessi	
hai	avevi	avesti	avrai	avresti	lavorassi	avessi	
ha	aveva	ebbe	avrà	avrebbe	lavorasse	avesse }lavorato	
abbiamo }lavorato	avevamo }lavorato	avemmo }lavorato	avremo }lavorato	avremmo }lavorato	lavorassimo	avessimo	
avete	avevate	aveste	avrete	avreste	lavoraste	aveste	
hanno	avevano	ebbero	avranno	avrebbero	lavorassero	avessero	

Coniugazione del verbo *credere*

INFINITO	PARTICIPIO	GERUNDIO
PRESENTE: credere PASSATO: avere creduto	creduto	credendo

INDICATIVO				CONDIZIONALE	CONGIUNTIVO		IMPERATIVO

PRESENTE	IMPERFETTO	PASSATO REMOTO	FUTURO	PRESENTE	PRESENTE	PASSATO	
				crederei			——
credo	credevo	credei	crederò	crederesti	creda	abbia	credi (non credere)
credi	credevi	credesti	crederai	crederebbe	creda	abbia	creda
crede	credeva	credé	crederà	crederemmo	creda	abbia }creduto	crediamo
crediamo	credevamo	credemmo	crederemo	credereste	crediamo	abbiamo	credete
credete	credevate	credeste	crederete	crederebbero	crediate	abbiate	credano
credono	credevano	crederono	crederanno		credano	abbiano	

PASSATO PROSSIMO	TRAPASSATO	TRAPASSATO REMOTO	FUTURO ANTERIORE	PASSATO	IMPERFETTO	TRAPASSATO	
ho	avevo	ebbi	avrò	avrei	credessi	avessi	
hai	avevi	avesti	avrai	avresti	credessi	avessi	
ha	aveva	ebbe	avrà	avrebbe	credesse	avesse }creduto	
abbiamo }creduto	avevamo }creduto	avemmo }creduto	avremo }creduto	avremmo }creduto	credessimo	avessimo	
avete	avevate	aveste	avrete	avreste	credeste	aveste	
hanno	avevano	ebbero	avranno	avrebbero	credessero	avessero	

Coniugazione del verbo *dormire*

INFINITO	PARTICIPIO	GERUNDIO
PRESENTE: dormire PASSATO: avere dormito	dormito	dormendo

INDICATIVO				CONDIZIONALE	CONGIUNTIVO		IMPERATIVO
PRESENTE	**IMPERFETTO**	**PASSATO REMOTO**	**FUTURO**	**PRESENTE**	**PRESENTE**	**PASSATO**	
dormo	dormivo	dormii	dormirò	dormirei	dorma	abbia	——
dormi	dormivi	dormisti	dormirai	dormiresti	dorma	abbia	dormi (non dormire)
dorme	dormiva	dormì	dormirà	dormirebbe	dorma	abbia ⎫	dorma
dormiamo	dormivamo	dormimmo	dormiremo	dormiremmo	dormiamo	abbiamo ⎬ dormito	dormiamo
dormite	dormivate	dormiste	dormirete	dormireste	dormiate	abbiate	dormite
dormono	dormivano	dormirono	dormiranno	dormirebbero	dormano	abbiano ⎭	dormano
PASSATO PROSSIMO	**TRAPASSATO**	**TRAPASSATO REMOTO**	**FUTURO ANTERIORE**	**PASSATO**	**IMPERFETTO**	**TRAPASSATO**	
ho ⎫	avevo ⎫	ebbi ⎫	avrò ⎫	avrei ⎫	dormissi	avessi ⎫	
hai ⎪	avevi ⎪	avesti ⎪	avrai ⎪	avresti ⎪	dormissi	avessi ⎪	
ha ⎬ dormito	aveva ⎬ dormito	ebbe ⎬ dormito	avrà ⎬ dormito	avrebbe ⎬ dormito	dormisse	avesse ⎬ dormito	
abbiamo ⎪	avevamo ⎪	avemmo ⎪	avremo ⎪	avremmo ⎪	dormissimo	avessimo ⎪	
avete ⎪	avevate ⎪	aveste ⎪	avrete ⎪	avreste ⎪	dormiste	aveste ⎪	
hanno ⎭	avevano ⎭	ebbero ⎭	avranno ⎭	avrebbero ⎭	dormissero	avessero ⎭	

Coniugazione del verbo *capire*

INFINITO	PARTICIPIO	GERUNDO
PRESENTE: capire PASSATO: avere capito	capito	capendo

INDICATIVO				CONDIZIONALE	CONGIUNTIVO		IMPERATIVO
PRESENTE	**IMPERFETTO**	**PASSATO REMOTO**	**FUTURO**	**PRESENTE**	**PRESENTE**	**PASSATO**	
capisco	capivo	capii	capirò	capirei	capisca	abbia	——
capisci	capivi	capisti	capirai	capiresti	capisca	abbia	capisci (non capire)
capisce	capiva	capì	capirà	capirebbe	capisca	abbia ⎫	capisca
capiamo	capivamo	capimmo	capiremo	capireste	capiamo	abbiamo ⎬ capito	capiamo
capite	capivate	capiste	capirete	capirebbero	capiate	abbiate	capite
capiscono	capivano	capirono	capiranno		capiscano	abbiano ⎭	capiscano
PASSATO PROSSIMO	**TRAPASSATO**	**TRAPASSATO REMOTO**	**FUTURO ANTERIORE**	**PASSATO**	**IMPERFETTO**	**TRAPASSATO**	
ho ⎫	avevo ⎫	ebbi ⎫	avrò ⎫	avrei ⎫	capissi	avessi ⎫	
hai ⎪	avevi ⎪	avesti ⎪	avrai ⎪	avresti ⎪	capissi	avessi ⎪	
ha ⎬ capito	aveva ⎬ capito	ebbe ⎬ capito	avrà ⎬ capito	avrebbe ⎬ capito	capisse	avesse ⎬ capito	
abbiamo ⎪	avevamo ⎪	avemmo ⎪	avremo ⎪	avremmo ⎪	capissimo	avessimo ⎪	
avete ⎪	avevate ⎪	aveste ⎪	avrete ⎪	avreste ⎪	capiste	aveste ⎪	
hanno ⎭	avevano ⎭	ebbero ⎭	avranno ⎭	avrebbero ⎭	capissero	avessero ⎭	

C. Verbi irregolari

Forms and tenses not listed here follow the regular pattern.

VERBI IRREGOLARI IN *-ARE*

There are only four irregular **-are** verbs: **andare, dare, fare,** and **stare.**

andare to go

PRESENTE:	vado, vai, va; andiamo, andate, vanno
FUTURO:	andrò, andrai, andrà; andremo, andrete, andranno
CONDIZIONALE:	andrei, andresti, andrebbe; andremmo, andreste, andrebbero
CONGIUNTIVO PRESENTE:	vada, vada, vada; andiamo, andiate, vadano
IMPERATIVO:	va' (vai), vada; andiamo, andate, vadano

dare to give

PRESENTE:	do, dai, dà; diamo, date, danno
FUTURO:	darò, darai, darà; daremo, darete, daranno
CONDIZIONALE:	darei, daresti, darebbe; daremmo, dareste, darebbero
PASSATO REMOTO:	diedi (detti), desti, diede (dette); demmo, deste, diedero (dettero)
CONGIUNTIVO PRESENTE:	dia, dia, dia; diamo, diate, diano
IMPERFETTO DEL CONGIUNTIVO:	dessi, dessi, desse; dessimo, deste, dessero
IMPERATIVO:	da' (dai), dia; diamo, date, diano

fare to do, to make

PARTICIPIO:	fatto
GERUNDIO:	facendo
PRESENTE:	faccio, fai, fa; facciamo, fate, fanno
IMPERFETTO:	facevo, facevi, faceva; facevamo, facevate, facevano
FUTURO:	farò, farai, farà; faremo, farete, faranno
CONDIZIONALE:	farei, faresti, farebbe; faremmo, fareste, farebbero
PASSATO REMOTO:	feci, facesti, fece; facemmo, faceste, fecero
CONGIUNTIVO PRESENTE:	faccia, faccia, faccia; facciamo, facciate, facciano
IMPERFETTO DEL CONGIUNTIVO:	facessi, facessi, facesse; facessimo, faceste, facessero
IMPERATIVO:	fa' (fai), faccia; facciamo, fate, facciano

stare to stay

PRESENTE:	sto, stai, sta; stiamo, state, stanno
FUTURO:	starò, starai, starà, staremo, starete, staranno
CONDIZIONALE:	starei, staresti, starebbe; staremmo, stareste, starebbero
PASSATO REMOTO:	stetti, stesti, stette; stemmo, steste, stettero
CONGIUNTIVO PRESENTE:	stia, stia, stia; stiamo, stiate, stiano
IMPERFETTO DEL CONGIUNTIVO:	stessi, stessi, stesse; stessimo, steste, stessero
IMPERATIVO:	sta' (stai), stia; stiamo, state, stiano

VERBI IRREGOLARI IN *-ERE*

assumere to hire

PARTICIPIO:	assunto
PASSATO REMOTO:	assunsi, assumesti, assunse; assumemmo, assumeste, assunsero

bere to drink

PARTICIPIO:	bevuto
GERUNDIO:	bevendo
PRESENTE:	bevo, bevi, beve; beviamo, bevete, bevono
IMPERFETTO:	bevevo, bevevi, beveva; bevevamo, bevevate, bevevano
FUTURO:	berrò, berrai, berrà; berremo, berrete, berranno
CONDIZIONALE:	berrei, berresti, berrebbe; berremmo, berreste, berrebbero
PASSATO REMOTO:	bevvi, bevesti, bevve; bevemmo, beveste, bevvero

CONGIUNTIVO PRESENTE: beva, beva, beva; beviamo, beviate, bevano
IMPERFETTO DEL CONGIUNTIVO: bevessi, bevessi, bevesse; bevessimo, beveste, bevessero
IMPERATIVO: bevi, beva; beviamo, bevete, bevano

cadere to fall
FUTURO: cadrò, cadrai, cadrà; cadremo, cadrete, cadranno
CONDIZIONALE: cadrei, cadresti, cadrebbe; cadremmo, cadreste, cadrebbero
PASSATO REMOTO: caddi, cadesti, cadde; cademmo, cadeste, caddero

chiedere to ask
PARTICIPIO: chiesto
PASSATO REMOTO: chiesi, chiedesti, chiese; chiedemmo, chiedeste, chiesero

chiudere to close
PARTICIPIO: chiuso
PASSATO REMOTO: chiusi, chiudesti, chiuse; chiudemmo, chiudeste, chiusero

condividere to share
PARTICIPIO: condiviso
PASSATO REMOTO: condivisi, condividesti, condivise; condividemmo, condivideste, condivisero

conoscere to know **riconoscere** to recognize
PARTICIPIO: conosciuto
PASSATO REMOTO: conobbi, conoscesti, conobbe; conoscemmo, conosceste, conobbero

convincere to convince
PARTICIPIO: convinto
PASSATO REMOTO: convinsi, convincesti, convinse; convincemmo, convinceste, convinsero

correre to run
PARTICIPIO: corso
PASSATO REMOTO: corsi, corresti, corse; corremmo, correste, corsero

crescere to grow (up); to raise; to increase
PARTICIPIO: cresciuto

cuocere to cook
PARTICIPIO: cotto
PRESENTE: cuocio, cuoci, cuoce; cociamo, cocete, cuociono
PASSATO REMOTO: cossi, cocesti, cosse; cocemmo, coceste, cossero
CONGIUNTIVO PRESENTE: cuocia, cuocia, cuocia; cociamo, cociate, cuociano
IMPERATIVO: cuoci, cuocia; cociamo, cocete, cuociano

decidere to decide
PARTICIPIO: deciso
PASSATO REMOTO: decisi, decidesti, decise; decidemmo, decideste, decisero

dipendere to depend
PARTICIPIO: dipeso
PASSATO REMOTO: dipesi, dipendesti, dipese; dipendemmo, dipendeste, dipesero

dipingere to paint
PARTICIPIO: dipinto
PASSATO REMOTO: dipinsi, dipingesti, dipinse; dipingemmo, dipingeste, dipinsero

discutere to discuss
PARTICIPIO: discusso
PASSATO REMOTO: discussi, discutesti, discusse; discutemmo, discuteste, discussero

distinguere to distinguish
PARTICIPIO: distinto
PASSATO REMOTO: distinsi, distinguesti, distinse; distinguemmo, distingueste, distinsero

dividere to divide
> PARTICIPIO: diviso
> PASSATO REMOTO: divisi, dividesti, divise; dividemmo, divideste, divisero

dovere to have to
> PRESENTE: devo (debbo), devi, deve; dobbiamo, dovete, devono (debbono)
> FUTURO: dovrò, dovrai, dovrà, dovremo, dovrete, dovranno
> CONDIZIONALE: dovrei, dovresti, dovrebbe; dovremmo, dovreste, dovrebbero
> CONGIUNTIVO PRESENTE: debba, debba, debba; dobbiamo, dobbiate, debbano

iscriversi to join; to enroll
> PARTICIPIO: iscritto
> PASSATO REMOTO: iscrissi, iscrivesti, iscrisse; iscrivemmo, iscriveste, iscrissero

leggere to read
> PARTICIPIO: letto
> PASSATO REMOTO: lessi, leggesti, lesse; leggemmo, leggeste, lessero

mettere to put **scommettere** to bet
> PARTICIPIO: messo
> PASSATO REMOTO: misi, mettesti, mise; mettemmo, metteste, misero

muovere to move
> PARTICIPIO: mosso
> PASSATO REMOTO: mossi, muovesti, mosse; muovemmo, muoveste, mossero

nascere to be born
> PARTICIPIO: nato
> PASSATO REMOTO: nacqui, nascesti, nacque; nascemmo, nasceste, nacquero

offendere to offend
> PARTICIPIO: offeso
> PASSATO REMOTO: offesi, offendesti, offese; offendemmo, offendeste, offesero

piacere to be pleasing
> PARTICIPIO: piaciuto
> PRESENTE: piaccio, piaci, piace; piacciamo, piacete, piacciono
> PASSATO REMOTO: piacqui, piacesti, piacque; piacemmo, piaceste, piacquero
> CONGIUNTIVO PRESENTE: piaccia, piaccia, piaccia; piacciamo, piacciate, piacciano
> IMPERATIVO: piaci, piaccia; piacciamo, piacete, piacciano

piangere to cry
> PARTICIPIO: pianto
> PASSATO REMOTO: piansi, piangesti, pianse; piangemmo, piangeste, piansero

potere to be able
> PRESENTE: posso, puoi, può; possiamo, potete, possono
> FUTURO: potrò, potrai, potrà; potremo, potrete, potranno
> CONDIZIONALE: potrei, potresti, potrebbe; potremmo, potreste, potrebbero
> CONGIUNTIVO PRESENTE: possa, possa, possa; possiamo, possiate, possano

prendere to take **riprendere** to resume **sorprendere** to surprise
> PARTICIPIO: preso
> PASSATO REMOTO: presi, prendesti, prese; prendemmo, prendeste, presero

produrre to produce **tradurre** to translate
> PARTICIPIO: prodotto
> PRESENTE: produco, produci, produce; produciamo, producete, producono
> IMPERFETTO: producevo, producevi, produceva; producevamo, producevate, producevano
> PASSATO REMOTO: produssi, producesti, produsse; producemmo, produceste, produssero

CONGIUNTIVO PRESENTE: produca, produca, produca; produciamo, produciate, producano
IMPERFETTO DEL CONGIUNTIVO: producessi, producessi, producesse; producessimo, produceste, producessero

promettere to promise
PARTICIPIO: promesso
PASSATO REMOTO: promisi, promettesti, promise; promettemmo, prometteste, promisero

rendere to give back
PARTICIPIO: reso
PASSATO REMOTO: resi, rendesti, rese; rendemmo, rendeste, resero

richiedere to require
PARTICIPIO: richiesto
PASSATO REMOTO: richiesi, richiedesti, richiese; richiedemmo, richiedeste, richiesero

ridere to laugh
PARTICIPIO: riso
PASSATO REMOTO: risi, ridesti, rise; ridemmo, rideste, risero

rimanere to remain
PARTICIPIO: rimasto
PRESENTE: rimango, rimani, rimane; rimaniamo, rimanete, rimangono
FUTURO: rimarrò, rimarrai, rimarrà, rimarremo, rimarrete, rimarranno
CONDIZIONALE: rimarrei, rimarresti, rimarrebbe; rimarremmo, rimarreste, rimarrebbero
PASSATO REMOTO: rimasi, rimanesti, rimase; rimanemmo, rimaneste, rimasero
CONGIUNTIVO PRESENTE: rimanga, rimanga, rimanga; rimaniamo, rimaniate, rimangano
IMPERATIVO: rimani, rimanga; rimaniamo, rimanete, rimangano

rispondere to answer
PARTICIPIO: risposto
PASSATO REMOTO: risposi, rispondesti, rispose; rispondemmo, rispondeste, risposero

rompere to break   **interrompere** to interrupt
PARTICIPIO: rotto
PASSATO REMOTO: ruppi, rompesti, ruppe; rompemmo, rompeste, ruppero

sapere to know
PRESENTE: so, sai, sa; sappiamo, sapete, sanno
FUTURO: saprò, saprai, saprà; sapremo, saprete, sapranno
CONDIZIONALE: saprei, sapresti, saprebbe; sapremmo, sapreste, saprebbero
PASSATO REMOTO: seppi, sapesti, seppe; sapemmo, sapeste, seppero
CONGIUNTIVO PRESENTE: sappia, sappia, sappia; sappiamo, sappiate, sappiano
IMPERATIVO: sappi, sappia; sappiamo, sappiate, sappiano

scegliere to choose
PARTICIPIO: scelto
PRESENTE: scelgo, scegli, sceglie; scegliamo, scegliete, scelgono
PASSATO REMOTO: scelsi, scegliesti, scelse; scegliemmo, sceglieste, scelsero
CONGIUNTIVO PRESENTE: scelga, scelga, scelga; scegliamo, scegliate, scelgano
IMPERATIVO: scegli, scelga; scegliamo, scegliete, scelgano

scendere to descend, to go down; to get off
PARTICIPIO: sceso
PASSATO REMOTO: scesi, scendesti, scese; scendemmo, scendeste, scesero

scrivere to write

PARTICIPIO:	scritto
PASSATO REMOTO:	scrissi, scrivesti, scrisse; scrivemmo, scriveste, scrissero

sedere to sit

PRESENTE:	siedo, siedi, siede; sediamo, sedete, siedono
CONGIUNTIVO PRESENTE:	sieda, sieda, sieda (segga); sediamo, sediate, siedano (seggano)
IMPERATIVO:	siedi, sieda (segga); sediamo, sedete, siedano (seggano)

succedere to happen

PARTICIPIO:	successo
PASSATO REMOTO:	successi, succedesti, successe; succedemmo, succedeste, successero

svolgere to carry out; **svolgersi** to take place

PARTICIPIO:	svolto
PASSATO REMOTO:	svolsi, svolgesti, svolse; svolgemmo, svolgeste, svolsero

tenere to hold **appartenere** to belong **ottenere** to obtain

PRESENTE:	tengo, tieni, tiene; teniamo, tenete, tengono
FUTURO:	terrò, terrai, terrà; terremo, terrete, terranno
CONDIZIONALE:	terrei, terresti, terrebbe; terremmo, terreste, terrebbero
PASSATO REMOTO:	tenni, tenesti, tenne; tenemmo, teneste, tennero
CONGIUNTIVO PRESENTE:	tenga, tenga, tenga; teniamo, teniate, tengano
IMPERATIVO:	tieni, tenga; teniamo, tenete, tengano

uccidere to kill

PARTICIPIO:	ucciso
PASSATO REMOTO:	uccisi, uccidesti, uccise; uccidemmo, uccideste, uccisero

vedere to see

PARTICIPIO:	visto *or* veduto
FUTURO:	vedrò, vedrai, vedrà; vedremo, vedrete, vedranno
CONDIZIONALE:	vedrei, vedresti, vedrebbe; vedremmo, vedreste, vedrebbero
PASSATO REMOTO:	vidi, vedesti, vide; vedemmo, vedeste, videro

vincere to win

PARTICIPIO:	vinto
PASSATO REMOTO:	vinsi, vincesti, vinse; vincemmo, vinceste, vinsero

vivere to live

PARTICIPIO:	vissuto
FUTURO:	vivrò, vivrai, vivrà; vivremo, vivrete, vivranno
CONDIZIONALE:	vivrei, vivresti, vivrebbe; vivremmo, vivreste, vivrebbero
PASSATO REMOTO:	vissi, vivesti, visse; vivemmo, viveste, vissero

volere to want

PRESENTE:	voglio, vuoi, vuole; vogliamo, volete, vogliono
FUTURO:	vorrò, vorrai, vorrà; vorremo, vorrete, vorranno
CONDIZIONALE:	vorrei, vorresti, vorrebbe; vorremmo, vorreste, vorrebbero
PASSATO REMOTO:	volli, volesti, volle; volemmo, voleste, vollero
CONGIUNTIVO PRESENTE:	voglia, voglia, voglia; vogliamo, vogliate, vogliano
IMPERATIVO:	vogli, voglia; vogliamo, vogliate, vogliano

VERBI IRREGOLARI IN *-IRE*

aprire to open

PARTICIPIO:	aperto

dire to say, to tell

PARTICIPIO:	detto
GERUNDIO:	dicendo
PRESENTE:	dico, dici, dice; diciamo, dite, dicono
IMPERFETTO:	dicevo, dicevi, diceva; dicevamo, dicevate, dicevano
PASSATO REMOTO:	dissi, dicesti, disse; dicemmo, diceste, dissero

CONGIUNTIVO PRESENTE: dica, dica, dica; diciamo, diciate, dicano
IMPERFETTO DEL CONGIUNTIVO: dicessi, dicessi, dicesse; dicessimo, diceste, dicessero
IMPERATIVO: di', dica; diciamo, dite, dicano

morire to die
PARTICIPIO: morto
PRESENTE: muoio, muori, muore; moriamo, morite, muoiono
CONGIUNTIVO PRESENTE: muoia, muoia, muoia; moriamo, moriate, muoiano
IMPERATIVO: muori, muoia; moriamo, morite, muoiano

offrire to offer
PARTICIPIO: offerto

salire to climb
PRESENTE: salgo, sali, sale; saliamo, salite, salgono
CONGIUNTIVO PRESENTE: salga, salga, salga; saliamo, saliate, salgano
IMPERATIVO: sali, salga; saliamo, salite, salgano

scoprire to discover
PARTICIPIO: scoperto

soffrire to suffer
PARTICIPIO: sofferto

uscire to go out **riuscire** to succeed
PRESENTE: esco, esci, esce; usciamo, uscite, escono
CONGIUNTIVO PRESENTE: esca, esca, esca; usciamo, usciate, escano
IMPERATIVO: esci, esca; usciamo, uscite, escano

venire to come **avvenire** to happen
PARTICIPIO: venuto
PRESENTE: vengo, vieni, viene; veniamo, venite, vengono
FUTURO: verrò, verrai, verrà, verremo, verrete, verranno
CONDIZIONALE: verrei, verresti, verrebbe; verremmo, verreste, verrebbero
PASSATO REMOTO: venni, venisti, venne; venimmo, veniste, vennero
CONGIUNTIVO PRESENTE: venga, venga, venga; veniamo, veniate, vengano
IMPERATIVO: vieni, venga; veniamo, venite, vengano

VERBI CON PARTICIPI PASSATI IRREGOLARI

aprire *to open*	aperto	eleggere *to elect*	eletto
assumere *to hire*	assunto	esistere *to exist*	esistito
avvenire *to happen*	avvenuto	esprimere *to express*	espresso
bere *to drink*	bevuto	essere *to be*	stato
chiedere *to ask*	chiesto	fare *to do; to make*	fatto
chiudere *to close*	chiuso	interrompere *to interrupt*	interrotto
comporre *to compose*	composto	iscriversi *to enroll*	iscritto
condividere *to share*	condiviso	leggere *to read*	letto
conoscere *to know*	conosciuto	mettere *to put*	messo
convincere *to convince*	convinto	morire *to die*	morto
convivere *to live together*	convissuto	muovere *to move*	mosso
correre *to run*	corso	nascere *to be born*	nato
crescere *to grow (up);*	cresciuto	nascondersi *to hide (oneself)*	nascosto
to raise; to increase		offendere *to offend*	offeso
cuocere *to cook*	cotto	offrire *to offer*	offerto
decidere *to decide*	deciso	parere *to seem*	parso
dimettersi *to resign*	dimesso	perdere *to lose*	perso *or* perduto
dipendere *to depend*	dipeso	permettere *to allow*	permesso
dipingere *to paint*	dipinto	persuadere *to persuade*	persuaso
dire *to say, to tell*	detto	piacere *to be pleasing*	piaciuto
dirigere *to direct*	diretto	piangere *to cry*	pianto
discutere *to discuss*	discusso	prendere *to take*	preso
distinguere *to distinguish*	distinto	produrre *to produce*	prodotto
dividere *to divide*	diviso	promettere *to promise*	promesso

promuovere *to promote*	promosso	scrivere *to write*	scritto
proteggere *to protect*	protetto	smettere *to stop*	smesso
rendere *to return, to give back*	reso	(*doing something*)	
resistere *to resist*	resistito	soffrire *to suffer*	sofferto
richiedere *to require*	richiesto	sopravvivere *to survive*	sopravvissuto
riconoscere *to recognize*	riconosciuto	sorprendere *to surprise*	sorpreso
ridere *to laugh*	riso	sorridere *to smile*	sorriso
rimanere *to remain*	rimasto	spingere *to push*	spinto
riprendere *to resume*	ripreso	succedere *to happen*	successo
risolvere *to solve; to resolve*	risolto	svolgersi *to take place*	svolto
rispondere *to answer*	risposto	trasmettere *to broadcast*	trasmesso
rompere *to break*	rotto	uccidere *to kill*	ucciso
scegliere *to choose*	scelto	vedere *to see*	visto *or* veduto
scendere *to get off*	sceso	venire *to come*	venuto
scommettere *to bet*	scommesso	vincere *to win*	vinto
scoprire *to discover*	scoperto	vivere *to live*	vissuto

D. *Verbi coniugati con essere*

andare *to go*
arrivare *to arrive*
avvenire *to happen*
bastare *to suffice, to be enough*
bisognare *to be necessary*
cadere *to fall*
cambiare* *to change, to become different*
capitare *to happen*
cominciare* *to begin*
costare *to cost*
crescere *to grow (up); to increase*
dipendere *to depend*
dispiacere *to be sorry*
diventare *to become*
durare *to last*
entrare *to enter*
esistere *to exist*
essere *to be*
finire* *to finish*
fuggire *to run away*
guarire *to get well*
ingrassare *to put on weight*

mancare *to be missing*
morire *to die*
nascere *to be born*
parere *to seem*
partire *to leave, to depart*
passare† *to stop by*
piacere *to like, to be pleasing*
restare *to stay*
rimanere *to remain*
ritornare *to return*
riuscire *to succeed*
salire‡ *to go up; to get in*
scappare *to run away*
scendere* *to go down; to get off*
sembrare *to seem*
stare *to stay*
succedere *to happen*
tornare *to return*
uscire *to leave, to go out*
venire *to come*
vivere *to live*
volerci *to take (time)*

In addition to these verbs, all reflexive and reciprocal verbs are conjugated with **essere.**

---

*Conjugated with **avere** when used with a direct object.
†Conjugated with **avere** when the meaning is *to pass, to spend* (*time*).
‡Conjugated with **avere** when the meaning is *to climb.*

E. Le frasi ipotetiche

Hypothetical statements are also called *if-then statements*, because they have two clauses, an *if* (**se**) clause that states the condition and a *then* clause that indicates the outcome of the condition. Here are the most common types of hypothetical statements.

1. To make truthful statements about the present (or past), use the present (or past) tense in both clauses.

Se vuoi ballare, possiamo andare in discoteca.	*If you want to dance, we can go to a disco.*
Se volevi ballare, potevamo andare in discoteca.	*If you wanted to dance, we could have gone to a disco.*
Se non faccio colazione, mi viene fame verso le undici.	*If I don't have breakfast, I get hungry at around eleven o'clock.*
Se non facevo colazione, mi veniva fame verso le undici.	*If I didn't have breakfast, I got hungry at around eleven o' clock.*

2. To predict what *will most likely happen* if (and only if) another event occurs, use the future tense in both clauses.

Se andrò in Italia, visiterò Roma.	*If I (will) go to Italy, I will visit Rome.*

3. To describe what *would happen* in the present if another event occurred, use the imperfect subjunctive in the **se** clause and the present conditional in the *then* clause. This is also known as a contrary-to-fact situation, because the outcome will not occur.

Se avessi più soldi, comprerei quel vestito azzurro.	*If I had more money, I would buy that blue dress.*

4. To describe what *would have happened* in the past if another event had occurred, use the pluperfect subjunctive in the **se** clause and the past conditional in the *then* clause. This is also a contrary-to-fact situation, because the outcome did not occur.

Se avessi avuto più soldi, avrei comprato quel vestito azzurro.	*If I had had more money, I would have bought that blue dress.*

F. La correlazione dei tempi nel congiuntivo

The subjunctive is used primarily after verbs or phrases that express doubt, opinion, emotions, and after impersonal statements + **che.** The tense of the verb in the subjunctive is determined by the tense of the verb that precedes **che** and by the time relationship between the two actions. The verb preceding **che** establishes the point of reference.

1. If the verb preceding **che** is in the present tense,

   a. the following verb is in the **presente del congiuntivo** if the action took place at the same time or in the future.

Credo che Maria vada alla festa.	*I think Maria is going to the party.*

   b. the following verb is in the **passato prossimo del congiuntivo** if the action took place in the past.

Credo che Maria sia andata alla festa.	*I think Maria went to the party.*

2. If the verb preceding **che** is in the past tense or the present conditional,

a. the following verb is in the **imperfetto del congiuntivo** if the action took place at the same time or later.

Credevo che Maria andasse alla festa.	*I believed Maria was going to the party.*
Vorrei che Maria andasse alla festa.	*I wish Maria was going to the party.*

b. the following verb is in the **trapassato del congiuntivo** if the action took place before the action of the verb preceding **che**.

Credevo che Maria fosse andata alla festa.	*I believed Maria had gone to the party.*
Avrei voluto che Maria fosse andata alla festa.	*I wished Maria had gone to the party.*

This appendix contains the answers to the activities in the **Strategie di comunicazione, Lessico** and **Strutture** presentations that require students to write on graph paper charts within the chapters. Answers are also included for the **Ripasso** activities in **Capitoli 4, 8, 12,** and **16**.

CAPITOLO 1

Strutture 1.1, Act. A (p. 14): -o (*m.*): aereo, dizionario, gatto, inverno, libro, numero, orologio, quaderno, voto, zaino; **-a (*f.*):** bicicletta, festa, macchina, penna, residenza, università; **-e (*m.* o *f.*):** cane (*m.*), cellulare (*m.*), esame (*m.*), studente (*m.*), televisione (*f.*)

CAPITOLO 3

Lessico (pp. 67–8): 1. d 2. l 3. f 4. c 5. b 6. m 7. a 8. g 9. h 10. j 11. k 12. e 13. i
Lessico (p. 69), Salvatore: Guardo la TV con la mia ragazza. La mattina faccio colazione. Gioco a carte. Leggo molti libri. Vado al cinema. Parlo al telefonino. Faccio sport. Ascolto la musica. Frequento le lezioni tutte le mattine. Bevo un'aranciata. Prendo l'autobus per andare all'università. Mangio alla mensa. Prendo un caffè. Esco con gli amici. Studio in biblioteca. **Riccardo**: Pulisco la pizzeria. Bevo un'aranciata. Prendo un caffè. Dormo a lungo. Lavo i piatti, Lavoro tutte le sere fino alle due di notte. La mattina faccio colazione. Torno a casa molto tardi. Ascolto la musica. Ballo in discoteca. Leggo molti libri.
Strutture 3.1 (p. 72), -are: frequentare, giocare, guardare, ascoltare, ballare, lavorare, iniziare, mangiare, studiare, tornare, suonare, parlare, lavare, arrivare; **-ere:** prendere, leggere, chiudere, scrivere; **-ire:** dormire, pulire, servire, preferire, aprire
Strutture 3.2 (p. 76), parlare: parli, parla, parliamo, parlano; **scrivere:** scrive, scrivete, scrivono; **aprire:** apri, apriamo, aprite
Strutture 3.2 (p. 77), finire: finisco, finisci, finisce, finiamo, finite, finiscono; **preferire:** preferisco, preferisci, preferisce, preferiamo, preferite, preferiscono; **pulire:** pulisco, pulisci, pulisce, puliamo, pulite, puliscono

CAPITOLO 4

Lessico (p. 97): 1. zio, Salvatore 2. nonno, Riccardo 3. cugino, Silvio 4. zia, Aurelia 5. nonna, Sara
Ripasso (p. 99): 1. i 2. mie 3. il 4. mia
Ripasso (p. 102): 1. Che cosa 2. Quando, Perché 3. Dove 4. Quando, Perché 5. Come 6. Chi 7. Quale
Strutture 4.3 (p. 107): avere: ho, hai, ha, hanno; **fare:** fai, fa, fate, fanno
Ripasso (p. 111): 1. anziani 2. attivo 3. creativa 4. generoso 5. magro 6. agitata 7. estroversa 8. avventurosi

CAPITOLO 5

Lessico (pp. 127–8): 1. prima del primo piatto 2. Il primo piatto è pasta o riso o zuppa e il secondo piatto è carne o pesce. (Answers may vary.) 3. Il secondo piatto 4. prima del dolce 5. **la carne:** il secondo piatto; **Il pesce:** il secondo piatto; **la verdura:** il contorno; **la frutta:** il dolce
Strutture 5.1 (p. 133): 1. T1 2. T3 3. T2 4. T1
Strutture 5.2 (p. 136): dovere: devo, dobbiamo; **potere:** posso, possiamo; **volere:** vuoi
Strutture 5.3 (p. 140) circled: con, a, a, di, per, in, ad, ad, a, con; **underlined:** al, alle, dalla, del, sulla
Strutture 5.3 (p. 140): a: allo, all', agli; **da:** dal, dalla, dai, dalle; **su:** sullo, sulla, sull', sui, sulle; **di:** del, dell', degli; **in:** nello, negli; **con:** con lo, con la, con i, con gli; **per:** per il, per l', per i, per le
Strutture 5.4 (p. 143): di: dello, della, dei, delle

CAPITOLO 6

Strategie di comunicazione (p. 155): 1. Hey! 2. Ahi! 3. Oddio! 4. Come on! 5. Macché! 6. Ugh! 7. Boh! 8. I wish! 9. Too bad!

Lessico (pp. 158–9): Il weekend di Gessica, sabato: 2, 6; **domenica:** 1, 4, 5; **Il weekend di Luigi, sabato:** 2, 5; **domenica:** 6, 1, 4

Strutture 6.1 (p. 162): Gessica: ho comprato, ho fatto, ho festeggiato, ho letto, ho scritto, ho visto, sono tornata; **Luigi:** ho avuto, ho dormito, ho guardato, ho preso, sono tornato

Strutture 6.1 (p. 164): [Green] **comprare:** ho comprato, ha comprato, abbiamo comprato, hanno comprato; **credere:** hai creduto, ha creduto, abbiamo creduto, avete creduto; **dormire:** ho dormito, hai dormito, avete dormito, hanno dormito; [Blue] **andare:** sono andato/a, è andato/a, siamo andati/e, sono andati/e; **uscire:** sono uscito/a, sei uscito/a, siamo usciti/e, siete usciti/e

Strutture 6.2 (p. 168): -ere: ho chiuso, ho corso, ho dipinto, ho letto, ho perso, ho preso, ho rotto, ho scelto, ho scritto, ho vinto, sono nato/a; **-ire:** ho detto, ho offerto, sono morto/a

CAPITOLO 7

Strutture 7.2 (p. 198): stai, stiamo, stanno

Strutture 7.3 (p. 202): lavarsi: si lava, si lavano; **mettersi:** ti metti, ci mettiamo, si mettono; **vestirsi:** mi vesto, si veste, vi vestite

CAPITOLO 8

Lessico (pp. 219–21): 1. b 2. a 3. e, b 4. e 5. f 6. d 7. c 8. g

Strutture 8.1 (p. 224): ci baciamo, vi baciate

Ripasso (p. 227): 1. sono 2. hanno 3. hanno 4. hanno 5. sono 6. hanno 7. ha 8. è 9. è 10. ha

Strutture 8.2 (p. 228): guardarsi: mi sono guardato/a, ti sei guardato/a, ci siamo guardati/e, vi siete guardati/e, si sono guardati/e; **incontrarsi:** ci siamo incontrati/e, vi siete incontrati/e

Ripasso (p. 233–4): Parte prima: al, per la, nel, con i, del, sul, agli, degli, dalla; **Parte seconda:** 1. nel 2. sul 3. agli 4. degli 5. per la 6. con i 7. del 8. al 9. dalla

CAPITOLO 9

Lessico (p. 247): 1. c 2. b. 3. f. 4. d. 5. a. 6. e.

Lessico (p. 248): -o/-a: l'architetto/l'architetta, il veterinario/la veterinaria, lo psicologo/la psicologa, il poliziotto/la poliziotta, il fotografo/la fotografa, l'avvocato/l'avvocata l'avocatessa, il commesso/la commessa, il maestro/la maestra; **-iere/-iera:** l'infermiere/l'infermiera; **-e, -ista, parole inglesi:** il dentista/la dentista, l'assistente sociale/l'assistente sociale, il farmacista/la farmacista, il giornalista/la giornalista, l'insegnante/l'insegnante, l'ingegnere/l'ingegnere, il dirigente/la dirigente

Strutture 9.1 (p. 251): le persone: tutti, qualcuno; **le cose:** tutto, qualcosa

Strutture 9.3 (p. 257): lavorare: lavorerò, lavorerai, lavoreremo, lavorerete, lavoreranno; **risolvere:** risolverò, risolverai, risolverà, risolverete, risolveranno; **pulire:** pulirò, pulirai, pulirà, puliremo, pulirete

Strutture 9.3 (p. 257): avere: avrò, avrai, avrà, avremo, avrete, avranno; **essere:** sarò, sarai, sarà, saremo, sarete, saranno

Strutture 9.3 (p. 258): dare: darai, darà, darete, daranno; **fare:** farai, farà, faremo, faranno; **stare:** starai, starà, staremo, staranno

CAPITOLO 10

Lessico (p. 275): 1. gli occhi 2. i denti 3. le spalle 4. i piedi 5. le gambe

Lessico (pp. 275–6): 1. pancia 2. le gambe/i piedi 3. il dente 4. le dita le mani 5. la schiena 6. testa

Strutture 10.1: (pp. 279–80): 1. d 2. e 3. g 4. c 5. h 6. b 7. f 8. a

Strutture 10.2 (p. 283): 1. malata 2. bella 3. lunghi 4. castani 5. magra 6. alta 7. lunghe 8. tuo 9. bellissimo 10. neri 11. verdi 12. simpatico 13. intelligente 14. timido 15. mia 16. mio

Strutture 10.2 (pp. 283–4): a: molti ragazzi mi chiedevano di uscire; **b:** veniva a casa mia tutti i giorni; **c:** aveva i capelli neri, ero magra e alta; **d:** avevo 18 anni

Strutture 10.2 (p. 284) accettare: accettavi, accettava, accettavamo, accettavate, accettavano; **prendere:** prendevo, prendevi, prendevamo, prendevate, prendevano; **venire:** venivo, venivi, veniva, venivamo, venivano

Strutture 10.2 (p. 285) bere: bevevi, beveva, bevevamo, bevevano; **fare:** facevo, facevi, facevamo, facevate

Strutture 10.2 (p. 285) essere: ero, eri, era, eravamo, eravate, erano

CAPITOLO 11

Lessico (p. 301): 1. marciapiede 2. strada 3. giardino 4. bidone 5. balcone 6. cucina 7. camera (da letto) 8. bagno 9. soggiorno 10. sala da pranzo

Strutture 11.1 (p. 306): Underlined: parlava, parlavo, conoscevo, era, portava, aveva, mangiavo, guardavo, ero, mi piaceva

Strutture 11.1 (p. 307): 1. era alto, magro e portava una giacca nera; 2. aveva circa 25 o 26 anni, ero bambino; 3. mi piaceva guardare la TV in pigiama

Strutture 11.2 (p. 312): Complemento oggetto diretto: 2. La mangio. 3. Li compro. 4. Le vedo. **Complemento oggetto indiretto:** 2. Le parlo. 3. Gli scrivo. 4. Gli scrivo.

CAPITOLO 12

Lessico (p. 329): 1. la macelleria 2. la pescheria 3. il negozio di frutta e verdura 4. il panificio / il forno 5. la gioielleria 6. la macelleria

Ripasso (p. 333): 1. sono nato/a 2. sono rimasto/a 3. ho vinto 4. ho perso 5. ho letto 6. ho visto 7. sono stato/a 8. ho preso

Ripasso (p. 338): 1. facevo 2. guardavo 3. facevamo 4. studiavo 5. cercavi 6. volevo

Strutture 12.2 (p. 339): stare: stava, stavamo, stavate, stavano; **gerundio:** sto guardando, sto prendendo, sto dormendo

Ripasso (p. 346): 1. indiretto, diretto 2. diretto 3. indiretto 4. diretto 5. indiretto, diretto 6. diretto, indiretto

Strutture 12.4 (p. 347): 1. sciare 2. i nostri regali 3. i biscotti 4. il cane di Maria 5. la nuova macchina

CAPITOLO 13

Strutture 13.1 (p. 366): prenotare: prenoteresti, prenoterebbe, prenoteremmo, prenotereste, prenoterebbero; **prendere:** prenderei, prenderebbe, prenderemmo, prendereste, prenderebbero; **dormire:** dormirei, dormiresti, dormiremmo, dormireste, dormirebbero

Strutture 13.1 (p. 367): andrei, dovrei, potrei, rimarrei; darei, farei, starei; pagherei, comincerei

CAPITOLO 14

Lessico (pp. 388–9): 1. b 2. e 3. a 4. c 5. d

Strutture 14.2 (pp. 396–7): sia/essere; faccia/fare; abbia/avere; sia/essere

Strutture 14.2 (p. 398): lavorare: lavori, lavori, lavoriamo, lavoriate, lavorino; **prendere:** prenda, prenda, prendiamo, prendiate, prendano; **dormire:** dorma, dorma, dorma, dormiamo, dormiate; **capire:** capisca, capisca, capiate, capiscano

Strutture 14.3 (p. 403): 1. b 2. e 3. a 4. c 5. f 6. d

CAPITOLO 15

Lessico (pp. 417–8): 1. b 2. c 3. b 4. b 5. a 6. a 7. b 8. a 9. a 10. c 11. c 12. b

Strutture 15.1 (pp. 422–3): 1. d 2. f 3. g 4. a 5. b 6. c 7. e

Strutture 15.1 (p. 423): avere: abbia, abbia, abbia, abbiamo, abbiate, abbiano; **essere:** sia, sia, sia, siamo, siate, siano **divertirsi:** mi sia divertito/a, ti sia divertito/a, si sia divertito/a, ci siamo divertiti/e, vi siate divertiti/e, si siano divertiti/e; **litigare:** abbia litigato, abbia litigato, abbia litigato, abbiamo litigato, abbiate litigato, abbiano litigato; **partire:** sia partito/a, sia partito/a, sia partito/a, siamo partiti/e, siate partiti/e, siano partiti/e

Strutture 15.2 (p. 426): 1. congiuntivo 2. indicativo 3. congiuntivo 4. indicativo 5. congiuntivo 6. indicativo 7. congiuntivo

Strutture 15.3 (pp. 430–431): 1. Se rimanessi in questo paese per un mese. 2. Andrei in un paese dove conosco bene la cultura.

CAPITOLO 16

Ripasso (p. 450): Parte prima: rilassarsi, si rilassa, vi rilassate, si rilassano; risolvere, risolve, risolvete, risolvono; scoprire, scopre, scoprite, scoprono; capire, capisco, capisci, capisce, capiamo, capite, capiscono; dimenticare, dimentico, dimentichi, dimentica, dimentichiamo, dimenticate, dimenticano; litigare, litigo, litighi, litiga, litighiamo, litigate, litigano; **Parte seconda:** 1. voglio 2. vanno 3. esci 4. deve 5. date 6. stiamo 7. puoi 8. beviamo 9. siete 10. sanno 11. ha 12. faccio

Ripasso (p. 453): Parte prima: 1. A 2. A 3. E 4. E 5. A 6. A 7. E 8. A 9. E 10. A 11. E 12. A 13. E 14. A 15. A 16. A 17. A 18. A; **Parte seconda:** 1. ho festeggiato 2. ho risolto 3. sono partito/a 4. mi sono fermato/a 5. ho vinto 6. ho rotto 7. sono nato/a 8. ho seguito 9. sono rimasto/a 10. ho protetto 11. sono venuto/a 12. ho bevuto 13. sono stato/a 14. ho vinto 15. ho dipinto 16. ho combattuto 17. ho aperto 18. ho fatto

Ripasso (p. 456–7): 1. c 2. b 3. d 4. c 5. a 6. a

Ripasso (p. 461): 1. indiretto 2. indiretto 3. diretto 4. diretto 5. indiretto 6. diretto 7. diretto 8. indiretto

Glossario

The Italian–English vocabulary contains contextual meanings of most words used in this book. Active vocabulary is indicated by the number of the chapter in which the word first appears (the designation PSP refers to **Per saperne di più,** the supplemental grammar section following Chapter 16). Proper and geographical names are not included in this list. Exact cognates do not appear unless they have an irregular plural or irregular stress.

The gender of nouns is indicated by the form of the definite article, or by the abbreviation *m.* or *f.* if neither the article nor the final vowel reveals the gender. Adjectives are listed by their masculine form. Irregular stress is indicated by a dot under the stressed vowel. Idiomatic expressions are listed under the major word(s) in the phrase, usually a noun or a verb. An asterisk (*) before a verb indicates that the verb requires **essere** in compound tenses. Verbs ending in **-si** always require essere in compound tenses and therefore are not marked. Verbs preceded by a dagger (†) usually take **essere** in compound tenses unless followed by a direct object, in which case, they require **avere.** Verbs followed by **(isc)** are third-conjugation verbs that insert **-isc-** in the present indicative, present subjunctive, and in the imperative. The following abbreviations have been used:

abbr.	abbreviation	*form.*	formal	*p.p.*	past participle
adj.	adjective	*gram.*	grammar	*pl.*	plural
adv.	adverb	*inf.*	infinitive	*prep.*	preposition
art.	article	*inform.*	informal	*pron.*	pronoun
conj.	conjunction	*inv.*	invariable	*s.*	singular
coll.	colloquial	*lit.*	literally	*subj.*	subjunctive
def.	definite article	*m.*	masculine		
f.	feminine	*n.*	noun		

Glossario italiano-inglese

A

a at (5); to (5); in

a condizione che on the condition that, as long as (PSP-15)

a.C. (avanti Cristo) B.C. (Before Christ) (12)

l'abbandono abandonment; neglect (*of duty or responsibility*)

abbassare to lower

abbastanza *inv.* enough

abbellire (isc) to beautify

l'abbigliamento clothing

abbinare to match

abbondante abundant, plentiful

abbracciare to hug; **abbracciarsi** to hug (*each other*) (8)

l'abbronzante *m.* suntan lotion

abile capable

l'abilità skill, ability

l'abilitazione *f.* certificate; **l'abilitazione per l'insegnamento** teaching certificate

l'abitante *m./f.* inhabitant; **gli abitanti** inhabitants (12)

abitare to live; **abitare in** to live on (*street*) (1)

l'abito outfit; item of clothing; **gli abiti** clothes (7); **l'abito non fa il monaco** the clothes don't make the man (*lit.* the habit doesn't make the monk)

abituarsi a to get used to

l'abitudine *f.* habit

l'abuso abuse

***accadere** to take place; to happen

accanto a next to (11)

accendere (*p.p.* **acceso**) to turn on

l'accento accent

l'accessorio (*pl.* **gli accessori**) accessory (7)

accettare to accept (10); **accettare di** (+ *inf.*) to accept to (*do something*) (PSP-14)

accomodarsi to make oneself comfortable (13); to have a seat

accompagnare to accompany

accontentare to please, to satisfy

l'accordo agreement; ***andare d'accordo** to get along; **d'accordo** OK; ***essere d'accordo** to agree (13); **mettersi d'accordo** to come to an agreement

l'accusa accusation

l'aceto vinegar (5); **l'aceto balsamico** balsamic vinegar

l'acqua water (1); **l'acqua minerale (naturale/gassata)** (still/sparkling) mineral water (5)

adattato adapted

adatto a suited to, appropriate for

addio good-bye

l'addio (*pl.* **gli addii**) farewell, good-bye

addirittura even

adesso now

l'adolescenza adolescence

adorare to adore; to love

adriatica *adj.* Adriatic

l'adulto adult

l'aereo plane (1); ***andare in aereo** to fly, to go by plane (8); **prendere l'aereo** to travel by plane (4)

l'aerobica aerobics; **fare aerobica** to do aerobics

l'aeroporto airport

affascinante charming

affascinato fascinated

affermare to claim, to assert; **affermarsi** to establish oneself

l'affermazione *f.* statement, claim

gli affettati misti (*m. pl.*) assortment of sliced meats and sausages (5)

affiancato placed side by side

affidato entrusted

affinché so that (PSP-15)

affittare to rent (*apartments, houses*) (13); **affittasi** for rent

l'affitto rent (12)

affollato crowded

affrescare to fresco

l'affresco (*pl.* **gli affreschi**) fresco (16)

affrontare to confront

l'agenda agenda, appointment book

l'agenzia di viaggi travel agency (13)

l'aggettivo adjective

aggiungere (*p.p.* **aggiunto**) to add

agile agile (PSP-4)

agitato agitated, restless, anxious, upset

l'ago (*pl.* **gli aghi**) needle

l'agopuntura acupuncture

agosto August (1)

agricolo agricultural

l'agricoltore/l'agricoltrice farmer

l'agricoltura agriculture

l'agriturismo farm vacation

ahi! ow!, ouch! (6)

aiutare to help

l'aiuto help

albanese *adj.* Albanian

alberghiero *adj.* hotel; **la scuola alberghiera** hotel-management school

l'albergo (*pl.* **gli alberghi**) hotel (13); **l'albergo a quattro stelle** four-star hotel

l'albero tree (8); **l'albero genealogico** family tree; **l'albero di Natale** Christmas tree (8)

l'alcolico (*pl.* **gli alcolici**) alcoholic drink

alcuni/alcune some

l'aldilà *m.* afterlife

alimentare *adj.* food

l'alimentazione *f.* nutrition

gli alimenti foods

l'allarme *m.* alarm

l'alleanza alliance

allearsi con to form an alliance with

allegorico (*m. pl.* **allegorici**) allegoric

allegro happy, cheerful

l'allergia allergy

allergico (*m. pl.* **allergici**) allergic

l'alloggio (*pl.* **gli alloggi**) lodging (13); **vitto e alloggio** room and board

allontanarsi to walk away

allora so; then

allungare to extend, to lengthen

almeno at least

alternarsi to take turns

alternativo alternate

alto tall (2); high; **l'alta stagione** high season (13)

altrettanto same to you (8); likewise

altro other (PSP-2); **un altro** another; **l'uno dell'altro** one another, each other

altruista altruistic; unselfish

l'alunno/l'alunna pupil

alzarsi to get up (7)

amare to love (5); **amarsi** to love (*each other*) (8)

ambedue *inv.* both

ambientale environmental

americano *adj.* American (2)

l'amicizia friendship

l'amico/l'amica (*pl.* **gli amici / le amiche**) friend (1)

ammalarsi to get sick (10)

ammalato ill, sick (7)

l'amministrazione *f.* administration; management; government

l'amore *m.* love; **l'amore a prima vista** love at first sight

analitico (*pl.* **analitici**) analytical

anche also; **anche se** even if

ancora still (PSP-6); yet; again

***andare** to go (3); ***andare (a** + *inf.*) to go (*to do something*) (3); ***andare d'accordo** to get along; ***andare in aereo** to fly, to go by plane (8); ***andare in bagno** to go in the bathroom (8); ***andare in banca** to go to the bank (8); ***andare bene** to go well; to be ok; ***andare in bicicletta** to go by bicycle

(8); ***andare in camera da letto** to go in the bedroom (8); ***andare a casa** to go home (PSP-5); ***andare in centro** to go downtown (8); ***andare in chiesa** to go to church (8); ***andare al cinema** to go to the movies (6); ***andare ad un concerto** to go to a concert; ***andare in cucina** to go in the kitchen (8); ***andare da** (*name of a person*) to go to (*person's*) house (PSP-5); ***andare da** (+ *name of professional*) to go to (*professional's office/place of business*) (PSP-5); ***andare dal dentista** to go to the dentist's (office) (PSP-5); ***andare dal medico** to go to the doctor's (office); ***andare da Mirella** to go to Mirella's (house); ***andare dalla parrucchiera** to go to the hairdresser's; ***andare diritto** to go straight (13); ***andare in giro** to go around; ***andare in giro a piedi** to go walk around; ***andare a letto** to go to bed (3); ***andare al mare** to go to the seaside; ***andare in macchina** to go by car (8); ***andare di moda** to be in style (7); ***andare in montagna** to go to the mountains (4); ***andare in pensione** to retire (14); ***andare in piazza** to go to the town square (8); ***andare a piedi** to walk, go on foot (8); ***andare in salotto** to go in the living room (8); ***andare a teatro** to go to the theater (6); ***andare in treno** to go by train (8); ***andare a trovare** to visit (*people*) (6); ***andare in ufficio** to go to the office (8); ***andare in vacanza** to go on vacation (PSP-13); ***andare via** to go away; ***andarsene** to go away; to leave; to get out (PSP-16); **Come va?** How's it going? (2); **Ti va di** (+ *inf.*)**?** Do you feel like (*doing something*)? (3); **va bene** OK; **Vattene!** Get out of here! (PSP-16)

l'anello ring
l'anfiteatro amphitheater
l'angolo corner; **nell'angolo** in the corner (11)
l'animale *m.* animal; **l'animale domestico** domesticated animal; pet
l'animazione *f.* organized activities
annaffiare to water
l'anniversario (*pl.* **gli anniversari**) anniversary (8); **Buon anniversario!** Happy Anniversary! (8)
l'anno year (1); **l'anno prossimo** next year (9); **l'anno scorso** last year (PSP-13); **Buon anno!** Happy New Year! (8); **compiere gli anni** to have a birthday (8); **Quanti anni ha?** How old are you? (*form.*) (2); **Quanti anni hai?** How old are you? (*inform.*) (2)
annoiarsi to get bored (7)
l'annuncio (*pl.* **gli annunci**) announcement; ad; notice

annuo annual
anonimo anonymous
l'ansia anxiety; **in ansia** anxious, worried
ansioso anxious, worried
l'antenna antenna
l'antibiotico (*pl.* **gli antibiotici**) antibiotic
l'anticipo advance; **in anticipo** early; in advance
antico (*m. pl.* **antichi**) ancient, old
l'antipasto antipasto (5); appetizer
l'antropologia anthropology (1)
l'anziano/l'anziana elderly man/woman (14)
anziano old, elderly (2)
l'apertura opening; **l'apertura mentale** open mindedness
apparecchiare la tavola to set the table (5)
*apparire (*p.p.* **apparso**) to appear
l'appartamento apartment
†appartenere (a) to belong (to)
appena as soon as; just
appendere (*p.p.* **appeso**) to hang
l'appetito appetite; **Buon appetito!** Enjoy your meal! (8)
appoggiarsi to lean on
apprendere (*p.p.* **appreso**) to learn
l'apprendimento learning
apprezzare to appreciate
appropriato appropriate
l'appuntamento appointment; date; **l'appuntamento al buio** blind date
l'appunto note; **prendere appunti** to take notes
aprile April (1)
aprire (*p.p.* **aperto**) to open (3)
l'arancia (*pl.* **le arance**) orange (*fruit*) (PSP-1); **il succo d'arancia** orange juice (1)
l'aranciata orange soda
arancione *adj. inv.* orange (2)
l'archeologo/l'archeologa (*pl.* **gli archeologi / le archeologhe**) archeologist
l'architetto *m./f.* architect (9)
l'area area
argentato silvered
l'argento silver; **d'argento** *adj.* silver
l'argomento topic
l'aria air; aria; **l'aria condizionata** air conditioning (13)
l'armadio (*pl.* **gli armadi**) armoire (11); wardrobe, closet
arrabbiarsi to get angry (7)
arrabbiato angry (2)
arrestare to arrest
*arrivare to arrive (6); **arrivarci** to get there (13)
arrivederci good-bye (1)
l'arrivo arrival
arrosto *inv.* roast, roasted; **il pollo arrosto** roast chicken (5)
l'arte *f.* art; **la Commedia dell'arte** form of popular theater in 14th–18th-century

Italy; **l'opera d'arte** work of art; **la storia dell'arte** art history
l'articolo article; **gli articoli sanitari** hygiene products
l'artificio (*pl.* **gli artifici**) device; **fuochi d'artificio** fireworks (8)
l'artista *m./f.* artist (9)
l'ascensore *m.* elevator (11)
l'asciugamano towel
†asciugare to dry
ascoltare to listen to (3)
asiatico (*pl.* **asiatici**) *adj.* Asian
l'asilo nido nursery school
l'asma asthma
l'asparago (*pl.* **gli asparagi**) asparagus (PSP-1)
aspettare to wait for (7); **aspettare un attimo** to wait a moment (13)
l'aspetto appearance; look; aspect
l'aspirina aspirin
assaggiare to taste
l'assenza absence
assicurare to assure; **assicurarsi** to guarantee
l'assistente sociale *m./f.* social worker (9)
l'assistenza assistance; care; welfare
associare to associate
associativo associative
l'associazione *f.* association; society
assolutamente absolutely
assoluto absolute
l'assunzione *f.* hiring; staffing
assurdo absurd, ridiculous
astemio (*m. pl.* **astemi**) *adj.* teetotal (abstaining from alcohol)
astratto abstract
l'astrologo/l'astrologa (*pl.* **gli astrologi / le astrologhe**) astrologist (PSP-1)
l'atleta *m./f.* athlete (PSP-4)
atletico (*pl.* **atletici**) athletic
l'atmosfera atmosphere
atomico (*pl.* **atomici**) atomic, **la bomba atomica** atomic bomb
attento careful
l'attenzione *f.* attention; **Attenzione!** Attention!, Note!, Careful!; **fare attenzione a** to pay attention to
atteso awaited; **in attesa** in anticipation
l'attimo moment; **aspettare un attimo** to wait a moment (13)
l'attività *f.* activity; **l'attività fisica** physical activity; **l'attività sportiva** sports activity
attivo active (2)
l'attore/l'attrice actor (9)
attraversare to cross
attraverso through; across; by way of
attualmente currently
attuare to put into effect
l'augurio (*pl.* **gli auguri**) wish; **Auguri!** Best wishes! (8); **farsi gli auguri** to exchange good wishes (8)

l'aula classroom
aumentare to increase (14)
l'aumento increase (14)
l'ausiliare auxiliary (verb)
australiano *adj.* Australian (2)
austriaco (*m. pl.* **austriaci**) *adj.* Austrian (2)
l'autobus *m.* bus (3); **prendere l'autobus** to take the bus (4)
l'automobile, l'auto (*pl.* **le auto**) *f.* car (PSP-1)
autonomo autonomous, independent
l'autore/l'autrice author
l'autorità authority
l'autostrada highway
l'autosufficienza self-sufficiency
l'autunno autumn (1), fall; **in autunno** in the autumn
avanti before; ahead; **Avanti!** Come in! Go ahead! Keep moving!; **avanti Cristo (a.C.)** Before Christ (B.C.) (12); **più avanti** further ahead, further on, later
avere (*p.p.* **avuto**) to have (2); **avere un altro impegno** to have something else to do (5); **avere... anni** to be . . . years old (PSP-12); **avere bisogno di** to need (PSP-2); **avere caldo** to be hot (2); **avere l'entusiasmo** to have enthusiasm, to be enthusiastic; **avere fame** to be hungry (2); **avere una fame da lupo** to be ravenously hungry; to be starving (*coll.*); **avere freddo** to be cold (2); **avere l'influenza** to have the flu (10); **avere intenzione di** (+ *inf.*) to intend to (*do something*); **avere un intervento** to have an operation; **avere un intervento chirurgico** to have surgery (10); **avere luogo** to take place; **avere mal di pancia** to have a stomachache (10); **avere mal di testa** to have a headache (10); **avere paura di** to be afraid of (PSP-2); **avere un raffreddore** to have a cold (10); **avere ragione** to be right (PSP-2); **avere sete** to be thirsty (2); **avere un sogno nel cassetto** to have a secret wish (*lit.* to have a dream in the drawer) (13); **avere sete** to be thirsty; **avere torto** to be wrong (PSP-2); **avere voglia di** to want (PSP-2); **avercela con qualcuno** to hold a grudge against someone (PSP-16); to be angry with someone (PSP-16); **Abbi pazienza!** Have patience!, Be patient!; **Quanti anni ha?** How old are you? (*form.*) (2); **Quanti anni hai?** How old are you? (*inform.*) (2)
l'avvenimento event
***avvenire** (*p.p.* **avvenuto**) to take place; to happen
l'avventura adventure
avventuroso adventurous
avviarsi to start (up)

avvicinarsi to near, move closer
l'avvocato *m./f.* lawyer (9); **l'avvocatessa** *f.* lawyer (*rarely used form*)
l'azione *f.* action
azzurro (sky) blue (2)

B

il babbo dad; **Babbo Natale** Santa Claus (8)
baciare to kiss; **baciarsi** to kiss (*each other*) (8)
il bacio (*pl.* **i baci**) kiss
badare a to look after; to take care of
bagnato wet
il bagno bathroom (11); ***andare in bagno** to go in the bathroom (8); **con bagno** with bath; **il costume da bagno** bathing suit (7); **fare il bagno** to take a bath; to go swimming; **la vasca da bagno** bathtub (11)
il balcone balcony (11)
ballare to dance (3)
la ballerina dancer
il ballo dance; **le lezioni di ballo** dance lessons
balneare *adj.* swimming; **lo stabilimento balneare** beach club
balsamico (*m. pl.* **balsamici**) *adj.* balsamic; **l'aceto balsamico** balsamic vinegar
il bambino / la bambina child, little boy/ little girl; **da bambino/a** as a child (10)
la banca (*pl.* **le banche**) bank (12); ***andare in banca** to go to the bank (8)
il Bancomat ATM
la bandiera flag
il bar bar; café
la barba beard; **farsi la barba** to shave (*men*) (7)
la barca (*pl.* **le barche**) boat; **la barca a vela** sail boat (13)
il/la barista bartender; café worker
il barocco Baroque period (17th–18th centuries) (12)
la barzelletta joke (15); **raccontare una barzelletta** to tell a joke (15)
la base base; basis; **a base di** based on; **in base a** according to, based on; **sulla base di** based on
basso short (2); low; **la bassa stagione** low season (13); **lineetta bassa** underscore
il bastone cane, walking stick
la battaglia battle
battere to beat (*heart*)
il battesimo baptism
la Befana Befana (*celebration of the Catholic feast of the Epiphany, January 6; the kindly old woman who brings gifts to children on Epiphany eve*) (8)
beige *inv.* beige (2)
la bellezza beauty

bello beautiful (PSP-2); good, nice (*thing*); **fare bello** to be beautiful weather (2); **Che bel ragazzo!** What a cute guy! (4); **Che bella ragazza!** What a cute girl! (4); **Che bello!** How beautiful! (4); **Cosa fai di bello?** What fun (interesting) thing do you have planned? (*inform.*) (3); **fare bella figura** to make a good impression (7)
benché even though (PSP-15)
bene *adv.* well, fine (2); ***andare bene** to go well; to be ok; **benissimo** great (2); **è bene che** it's good that (14); **molto bene** very good; ***stare bene** to be well (2); ***stare benissimo** to be great (2); ***stare molto bene** to be very well (2); **va bene** ok; **volere bene** to love; **volersi bene** to love each other (8)
benedetto blessed
beneducato well-mannered, well-brought-up
il benessere *m. inv.* wellness
i beni goods, commodities; **i Beni Culturali** cultural assets (archeological, historical, artistic, environmental, or archival treasures)
la benzina gasoline
bere (*p.p.* **bevuto**) to drink (3); **qualcosa da bere** something to drink; **niente da bere** nothing to drink
il berretto cap (7)
la bestia beast, animal
la bevanda drink (5)
bianco (*m. pl.* **bianchi**) white (2); **la settimana bianca** a week-long skiing vacation
la bibita soft drink
la biblioteca (*pl.* **le biblioteche**) library (3); ***andare in biblioteca** to go to the library; **studiare in biblioteca** to study in the library
il bicchiere glass (1)
la bicicletta bicycle (1); **la bici** (*pl.* **le bici**) bike (PSP-1); ***andare in bicicletta** to go by bicycle (8); **fare un giro in bici** to go for a bike ride (6)
il bidè bidet (11)
il bidone trash bin (11)
la biglietteria ticket booth
il biglietto ticket (6); card (*greeting card, written note*)
la bimba baby girl, toddler
il bimbo baby boy
la biologia biology (1)
il biologo / la biologa (*pl.* **i biologi / le biologhe**) biologist (PSP-1)
biondo blond; **i capelli biondi** blond hair (2)
la birra beer (1)
bis encore
il biscotto cookie (PSP-12)
bisognare (che) to be necessary (that) (14)

il bisogno need; **avere bisogno di** to need (PSP-2)

la bistecca (*pl.* **le bistecche**) steak (5)

blu *inv.* blue (2)

la bocca (*pl.* **le bocche**) mouth (10); **In bocca al lupo!** Good luck! (*lit.* In the mouth of the wolf!) (8); **parlare a bocca piena** to talk with one's mouth full

il boccone mouthful (PSP-10); **mangiare un boccone** to grab a bite to eat

boh! I dunno! (6)

bollire to boil

bolognese *adj.* Bolognese

la bomba bomb; **la bomba atomica** atomic bomb

la bomboniera party favor

la borghesia middle class; **la piccola borghesia** lower middle class

la borsa purse (7); bag; **la borsetta di soldi** money purse

la bottega (*pl.* **le botteghe**) shop

la bottiglia bottle (1)

il bozzetto sketch

il braccio (*pl.* **le braccia**) arm (10)

la braciola cutlet (5)

il brano excerpt

bravo good, capable; *****essere bravo in** to be good at

breve brief, short

il brindisi (*pl.* **i brindisi**) toast (PSP-1)

la brioche (*pl.* **le brioche**) type of sweet roll, danish

il brodo broth (5)

la bruschetta toasted bread with chopped tomato, onion and garlic topping

brutto ugly; **fare brutto** to be bad weather (2)

il bucato laundry; **fare il bucato** to do laundry (6)

la bufala buffalo; **la mozzarella di bufala** buffalo-milk mozzarella

buffo funny (2)

la bugia lie

il buio darkness; **l'appuntamento al buio** blind date

buono good (2); **Buon anniversario!** Happy Anniversary! (8); **Buon anno!** Happy New Year! (8); **Buon appetito!** Enjoy your meal! (8); **Buon compleanno!** Happy Birthday! (8); **buon giorno** good morning, good day (1); **Buon lavoro!** Work well! (8); **Buon Natale!** Merry Christmas! (8); **Buon proseguimento!** Keep on going!; **Buon viaggio!** Have a good trip! (8); **Buona giornata!** Have a nice day!; **buona notte** good night (1); **Buona Pasqua!** Happy Easter! (8); **buona sera** good evening (1); **Buone feste!** Happy Holidays! (8); **Buone vacanze!** Have a good vacation! (8)

il burattino puppet

il burro butter (5)

la bussola compass

la busta envelope

buttare to throw; **buttare via** to throw away

C

*****cadere** to fall

la caduta fall

il caffè coffee (1); **prendere un caffè** to have a coffee (3)

il calamaro squid

calare to drop (14); to fall, to reduce

il calcio soccer; **giocare a calcio** to play soccer (3); **la partita di calcio** soccer game

calcolare to calculate

caldo hot; **avere caldo** to be hot (2); **fare caldo** to be hot weather (2); **la tavola calda** cafeteria (*lit.* hot table)

il caldo heat

calmo calm

il calo drop, reduction (14); **in calo** falling

le calze stockings (8)

i calzini socks (7)

†**cambiare** to change (15); †**cambiare casa** to move (11)

la camera bedroom (8); **la camera singola** single room (13); **la camera doppia** double room (13); **la Camera degli Sposi** the Wedding Chamber; *****andare in camera da letto** to go in the bedroom (8); **prenotare una camera** to reserve a room

il cameriere / la cameriera waiter/waitress (5)

la camicia (*pl.* **le camicie**) shirt (7)

il camiciotto shirt

camminare to walk

la campagna country; campaign

la campana bell

il campeggio camping; **fare campeggio** to camp; **la tenda da campeggio** camping tent

il campionato championship

il campo field; **il campo da tennis** tennis court

canadese *adj.* Canadian (2)

il canale channel

il cancro cancer

la candelina candle

il candidato / la candidata candidate

il cane dog (1)

il/la cantante singer

cantare to sing

il cantiere construction site (9)

la canzone song (6)

il caos chaos (12)

caotico (*m. pl.* **caotici**) chaotic

la capacità skill, ability

i capelli hair (2); **i capelli biondi** blond hair (2); **i capelli castani** brown hair (2); **i capelli lisci** straight hair (2); **lavarsi i capelli** to wash one's hair (7)

capire (isc) to understand (3)

la capitale capital

il capitolo chapter

il capo head; boss; top; **da capo** from the beginning

il Capodanno New Year's Day (8)

il capolavoro masterpiece

il cappello hat

il cappotto coat

Cappuccetto Rosso Little Red Riding Hood

il cappuccino cappuccino (1)

il/la carabiniere military police officer

il carattere personality

la caratteristica (*pl.* **le caratteristiche**) characteristic

caratterizzare to characterize

i carboidrati carbohydrates

il carbone coal (8)

a carico di at the expense of; care of

carino cute

la carne meat (5)

il Carnevale Carnival, Mardi Gras

caro dear, sweetie; expensive

la carota carrot

il carrello shopping cart

la carriera career

la carrozza carriage

la carrozzina baby carriage

la carta paper; card; **la carta di credito** credit card; **la carta di identità** identity card; **la carta igienica** toilet paper; **il foglio di carta** sheet of paper

le carte (*playing*) cards; **le carte da gioco** playing cards; **giocare a carte** to play cards (3)

il cartello placard, sign

la cartina map

la cartoleria stationery store; office supply store

la cartolina postcard

la casa house, home (1); dynasty; *****andare a casa** to go home (PSP-5); †**cambiare casa** to move (11); **il compagno di casa** housemate; **le faccende di casa** housework; **la padrona di casa** female head of house; *****tornare a casa** to go home; **il vicino di casa** neighbor

casalingo *adj.* homemade; homeloving *****essere casalingo** to be a homemaker

il casco helmet

il caso case; **a caso** at random; **farci caso** to take notice

il cassetto drawer; **avere un sogno nel cassetto** to have a secret wish (*lit.* to have a dream in the drawer) (13)

castano brown (*color*); **i capelli castani** brown hair (2)

il catalogo (*pl.* **i cataloghi**) catalogue (PSP-1)

la categoria category

cattivo bad, naughty, mean (2); **di cattivo umore** in a bad mood

cattolico (*m. pl.* **cattolici**) Catholic

a causa di because of

il cavallo horse; ***andare a cavallo** to ride a horse; **la corsa di cavalli** horse race

il CD CD-ROM (1); CD (PSP-8)

c'è there is (4)

celebrare to celebrate; to honor

la celebrazione celebration

celeste celestial, heavenly; light blue

celibe (*m.*) single, unmarried (4)

il cellulare cell phone

la cena dinner

cenare to have dinner, to eat dinner

il cenone large, important dinner (for a special occasion, such as New Year's Eve)

cento hundred; **per cento** percent

centrale central (15)

centro central; **centro-meridionale** Central-Southern (15)

il centro (commerciale) (large) shopping center (7)

il centro town center (7); **il centro amministrazione** management office; **il centro commerciale** large shopping center, mall; **il centro storico** historical center (of a city) (12); **il centro urbano** city (12); ***andare in centro** to go downtown (8)

cercare to look for (3); **cercare di** (+ *inf.*) to try to (*do something*) (PSP-14); **cercare lavoro** to look for work (9); **cercasi** wanted

il cerchio circle

i cereali cereal

la certezza certainty; **con certezza** with certainty

certo certain; **Certo!** Of course!, Certainly!; ***essere certo che** to be certain that (15)

il cespuglio (*pl.* **i cespugli**) shrub, bush

che what (4); **che cosa** what (4); **Che bel ragazzo!** What a cute guy! (4); **Che bella ragazza!** What a cute girl! (4); **Che bello!** How beautiful! (4); **Che disastro!** What a disaster! (4); **Che ora è? / Che ore sono?** What time is it? (3); **A che ora... ?** At what time . . . ? (3); **Che ore saranno?** What time must it be? (PSP-13)

chi who (4); **Chi è?** Who is it? (4)

la chiacchiera chit-chat; **fare due chiacchiere** to chat (15)

chiacchierare to chat (15)

chiamare to call; **chiamarsi** to call oneself, to be named; **Come si chiama?** What's your name? (*form.*) (1); **Come ti chiami?** What's your name? (*inform.*) (1); **Mi chiamo...** My name is . . . (1)

chiaro clear; ***essere chiaro che** to be clear that (15)

chiedere (*p.p.* **chiesto**) to ask (15); **chiedere di** (+ *inf.*) to ask to (*do something*) (PSP-14)

la chiesa church (8); ***andare in chiesa** to go to church (8)

il chilometro kilometer (PSP-5)

la chimica chemistry (1)

la chiocciola snail; @

chirurgico (*m. pl.* **chirurgici**) surgical; **avere un intervento chirurgico** to have surgery (10)

la chitarra guitar (3)

chiudere (*p.p.* **chiuso**) to close (3)

chiunque whoever

ci *pron.* us; there (PSP-5); **c'era una volta** once upon a time there was

ci sono there are (4)

il ciak clapperboard (*film*); **Ciak, si gira!** Action, rolling!

ciao hi; bye (1)

ciascuno each, every

la ciliegia (*pl.* **le ciliegie**) cherry (PSP-1)

il cinema (*pl.* **i cinema**) movie theater (1); film (*industry*) (3); ***andare al cinema** to go to the movies (6)

il cinematografo movie theater (PSP-1)

cinese *adj.* Chinese

il Cinquecento the 1500s

la cintura belt (7); **la cintura di sicurezza** seatbelt, safety belt

la cioccolata hot chocolate

il cioccolatino chocolate; **la scatola di cioccolatini** box of chocolates

il cioccolato chocolate (5); **al cioccolato** chocolate (*flavored*)

la cipolla onion (5)

circa about, approximately

circondare to surround

circondato surrounded

il citofono speakerphone (11)

la città city (1); **la città di origine** hometown

il cittadino / la cittadina city dweller (14); citizen

civico civic (12)

civile civil; **i paesi civili** civilized countries; **lo stato civile** marital status

il clarinetto clarinet (PSP-7)

la classe group (*of students*) (1); classroom (1); **il compagno di classe** classmate

classico classic, classical; **il liceo classico** high school with a focus on literature (humanities); **la musica classica** classical music

cliccare to click; **clicca qui** click here

il/la cliente client; customer

il clima climate

la clinica clinic

il cognome last name

la colazione breakfast; **fare colazione** to eat breakfast (3)

collaborare (con) to work (with)

la collana necklace (7)

il/la collega colleague

collegare to link, to connect

il collo neck (10); **il collo a "v"** v-neck

collocarsi to place oneself

il colloquio (*pl.* **i colloqui**) interview; **il colloquio di lavoro** job interview

la colomba dove (8); traditional Easter cake (*in the shape of a dove*) (8)

la colonia colony

la colonna column

colorare to color

il colore color (2)

la colpa fault; guilt; **è tutta colpa mia** it's all my fault

colpito da hit, struck by

il coltello knife (5)

coltivare to cultivate, to farm

combattere to fight (16)

combinare to combine; to do; to be up to

come how (4); like; **Com'è... ?** What is she/he/it like? (2); **Come no!** Of course!; **Come si dice... in italiano?** How do you say . . . in Italian?; **Come si fa?** How is it done? How do people do it? (14); **Come sono... ?** What are they like? (2); **Come sta?** How are you? (*form.*) (2); **Come stai?** How are you? (*inform.*) (2); **Come va?** How's it going? (2)

comico (*m. pl.* **comici**) comic, funny

†**cominciare** to begin; †**cominciare a** (+ *inf.*) to start to (*do something*) (PSP-14)

la commedia comedy; **la Commedia dell'arte** form of popular theater in 14th–18th-century Italy; **le maschere della Commedia** masked characters of the Commedia dell'arte

commerciale *adj.* commercial, trade; **il centro commerciale** large shopping center, mall (7)

il/la commerciante shopkeeper

il commercio (*pl.* **i commerci**) commerce; business; **l'economia e commercio** business administration

il commesso / la commessa store clerk (9)

la comodità comfort, amenity

comodo comfortable

il compagno / la compagna (di classe) classmate; **il compagno / la compagna di casa** housemate/roommate (PSP-15)

il comparativo comparative

compatibile compatible

comperare (*p.p.* **comprato**) to buy (PSP-13)

la competizione competition

compiere (*p.p.* **compiuto**) to complete; **compiere gli anni** to have a birthday (8)

il compito homework assignment; **fare i compiti** to do homework (3)

il compleanno birthday (6); **Buon compleanno!** Happy Birthday! (8); **la festa di compleanno** birthday party

complessivo total
completamente completely
completare to complete
completo complete; **la pensione completa** bed-and-breakfast with breakfast, lunch, and dinner included (13)
complicato complicated, complex
il complimento compliment; **fare i complimenti** to pay compliments
il componimento composition (PSP-6)
comporre (*p.p.* **composto**) to compose (16)
il comportamento behavior; conduct; **le regole di comportamento** rules of etiquette
comportarsi to behave
il compositore / la compositrice composer (16)
composto di composed of, made up of
comprare to buy
comprendere (*p.p.* **compreso**) to include; to comprise
compreso di composed of, made up of; **tutto compreso** all-inclusive
il computer computer (1); **giocare al computer** to play on the computer; **studiare con il computer** to study on the computer
comunale *adj.* city, community; **il palazzo comunale** city hall (12)
comune common; normal; **in comune** in common
comunicare to communicate
la comunicazione communication
la comunione communion; **la prima comunione** first communion
la comunità community
con with (5)
concentrarsi to concentrate
concentrato concentrated, focused
il concerto concert (6); ***andare ad un concerto** to go to a concert
concludere (*p.p.* **concluso**) to end
la conclusione end, ending
concreto concrete, tangible
la condanna penalty
condividere (*p.p.* **condiviso**) to share
il condizionale conditional (*gram.*)
condizionato conditioned; **l'aria condizionata** air conditioning (13)
la condizione condition
la condotta chapter of the Slow Food movement
il condottiere soldier of fortune; captain
condurre (*p.p.* **condotto**) to lead, to guide
i confetti sugared almonds
il conflitto conflict
confrontare to confront
la confusione confusion
il congiuntivo subjunctive (*gram.*)
congruo a relative to
il coniglio (*pl.* **i conigli**) rabbit
coniugare to conjugate

la conoscenza knowledge
conoscere (*p.p.* **conosciuto**) to know (*a person or place*) (4); to meet (*in the past tense*); to be familiar with a person, place, or thing (PSP-6)
conquistare to attain, to achieve
la conseguenza conclusion
consentire to allow
conservare to save, to keep
conservato preserved; **ben conservato** well-preserved
considerare to consider
considerato considered
consigliare to recommend; to give advice
il consiglio (*pl.* **i consigli**) (*piece of*) advice (16); **dare consigli** to give advice
la consonante consonant
consultare to consult
il consultorio doctor's office
consumarsi to take
il consumo consumption, use; **il mercato dei consumi** consumer market
contadino *adj.* farm
la contaminazione contamination
contare to count
contattare to contact
il contatto contact; **a contatto con** in contact with; **le lenti a contatto** contact lenses (2); **mettersi in contatto** to contact, to get into contact
il conte count
contemporaneo contemporary (15)
contenere to contain
contento happy (2); ***essere contento di** to be happy about
il contesto context
†continuare to continue; **†continuare a** (+ *inf.*) to continue to (*do something*); to keep on (*doing something*)
continuato continuous; **l'orario continuato** continuous hours, all-day hours (*shops, businesses*)
la continuazione continuation; **in continuazione** in continuation
il conto bill (5); count
il contorno side dish (5)
contrario (*m. pl.* **contrari**) *adj.* opposite
il contrario (*pl.* **i contrari**) opposite
il contrasto contrast, difference
contribuire (a) (isc) to contribute (to)
il contributo contribution
contro against
controllare to control; to check
il controllo control
il controllore conductor
convalidare to validate
la conversazione conversation
convincere (*p.p.* **convinto**) to convince; **convincersi** to convince oneself
coordinato coordinated
la coperta blanket
coperto covered

il coperto cover charge (5)
copiare to copy
la coppia couple, pair
il coraggio courage; **Su, coraggio!** Cheer up!
coraggioso courageous, brave
i coriandoli confetti (*paper*)
il corpo body
correggere (*p.p.* **corretto**) to correct
correlato correlated
†correre (*p.p.* **corso**) to run (4)
corretto correct
la correzione correction
la corsa race; **la corsa di cavalli** horse race
corsivo *adj.* italicized
il corsivo italics; **in corsivo** in italics
il corso course (*of study*) (1); avenue; **lo studente fuori corso** "super senior"
il cortile courtyard
corto short
cosa what; **Cos'è?** What is it? (4); **Cosa fai di bello?** What fun (interesting) thing do you have planned? (*inform.*) (3); **Cosa vuoi fare?** (*inform.*) / **Cosa vuole fare?** (*form.*) What do you want to do in the future? (9)
la cosa thing; **qualsiasi cosa** anything
così so (PSP-16); **così così** so-so (2)
così… come as . . . as (PSP-4)
la costa coast
*costare to cost; **Quanto costa?** How much does it cost?; **Quanto costano?** How much do they cost?
la Costituzione Constitution (16)
il costo cost; **il costo della vita** cost of living
costoso expensive (12)
costruire (isc) to construct (12)
la costruzione construction
il costume costume; outfit; habit; custom; **il costume da bagno** bathing suit (7)
il cranio (*pl.* **i crani**) (*coll.*), brainiac, intelligent person
la cravatta tie (7)
creare to create
creativo creative
la creazione creation
credere to believe (14); to think; **credere a/in** to believe in (*something/someone*) (14); **credere che** to believe that (14); **credere di** (+ *inf.*) to believe or think about (*doing something*) (PSP-15)
il credito credit; **la carta di credito** credit card
la crema cream; lotion
*crepare to die; **Crepi!** Thanks! (*lit.* May the wolf die!) (8)
†crescere (*p.p.* **cresciuto**) to grow (14); to increase
la crescita growth (14), increase; **in crescita** growing, on the rise
la cresima Confirmation

la criminalità crime
la crisi (*pl.* **le crisi**) crisis (PSP-1)
il cristallo glass
cristiano *adj.* Christian
il cristiano / la cristiana Christian
Cristo Christ; **avanti Cristo, a.C.** before Christ, B.C. (12); **dopo Cristo, d.C.** anno domini, A.D. (12)
i criteri criteria
la croce cross
cronico (*m. pl.* **cronici**) chronic
cronologico (*m. pl.* **cronologici**) chronological; **l'ordine cronologico** chronological order
il cruciverba crossword
crudo raw; **il prosciutto crudo** cured ham
cubano *adj.* Cuban (2)
la cuccagna earthly paradise
il cucchiaio (*pl.* **i cucchiai**) spoon (5)
la cucina kitchen (11); stove (11); cuisine, cooking; ***andare in cucina** to go in the kitchen (8); **la cucina a gas** gas stove; **la cucina italiana** Italian cuisine, Italian cooking
cucinare to cook (4)
le cuffie headphones
il cugino / la cugina cousin (4)
cui whom; which (PSP-9)
la cultura culture
culturale cultural; **i Beni culturali** cultural assets (archeological, historical, artistic, environmental, or archival treasures)
il cuoco / la cuoca (*pl.* **i cuochi / le cuoche**) cook; chef
il cuore heart
la cura treatment, care; cure; doctor's instructions for care (10)
curioso curious (2)
il curricolo career; resumé, curriculum vitae
la curva curve
curvo curved; bent over, hunched

D

d.C. (dopo Cristo) A.D. (anno domini) (12)
da from (5); to (*a place*); at (PSP-5); ***andare da** (*name of a person*) to go to (*person's*) house (PSP-5); ***andare da** (+ *name of professional*) to go to (*professional's office/place of business*) (PSP-5); ***andare dal dentista** to go to the dentist's (office) (PSP-5); ***andare dal medico** to go to the doctor's (office); ***andare da Mirella** to go to Mirella's (house); ***andare dalla parrucchiera** to go to the hairdresser's; **dal vivo** live
dai! come on! (6)
il danno damage
dappertutto everywhere
dapprima at first

dare to give (4); **dare consigli** to give advice
la data date; **Qual è la data di oggi?** What is today's date? (1)
davanti a in front of (11)
davvero really
il debito debt; **pagare i debiti** to pay one's debts
debole weak (2)
decidere (*p.p.* **deciso**) to decide (12); **decidere di** (+ *inf.*) to decide to (*do something*) (PSP-14)
decimo tenth (1)
la decisione decision; **prendere una decisione** to make a decision
decollare to take off, to get off the ground (*airplane*)
dedicare to dedicate (PSP-12); **dedicarsi (a)** to dedicate oneself (to)
definire (isc) to define
definitivamente finally; definitively
definitivo final
la definizione definition
i defunti dead, deceased (*persons*); **la Commemorazione dei Defunti** Commemoration of the Dead
la delinquenza crime (*in general*) (14)
democratico (*m. pl.* **democratici**) democratic
la demografia demography
demografico (*m. pl.* **demografichi**) *adj.* demographic, population
il dente tooth (10); **al dente** cooked al dente, firm (*lit.* to the tooth); **lavarsi i denti** to brush one's teeth (7); **lo spazzolino da denti** toothbrush
il/la dentista dentist (9); ***andare dal dentista** to go to the dentist's (office); **dal dentista** at the dentist's (office)
dentistico (*m. pl.* **dentistici**) dental
dentro inside
depresso depressed
il deputato / la deputata representative (*in government*); member of Parliament
***derivare** to derive (15)
descrittivo descriptive
descritto described
descrivere (*p.p.* **descritto**) to describe
la descrizione description
deserto deserted; **l'isola deserta** deserted island
desiderare to want, to desire; to wish
il desiderio (*pl.* **i desideri**) desire; wish
la destinazione destination (13)
destra right (*direction*); **a destra di** to the right of (11); **di destra** right-wing; **girare a destra** to turn right (13); **sulla destra** on the right (13)
determinato particular, certain
il deterrente deterrent
il detersivo detergent
il dettaglio (*pl.* **i dettagli**) detail; **in dettaglio** in detail

il dettato dictation
devastante devastating
di of (5); about (5); ***essere di** to be from
il dialetto dialect (15)
il dialogo (*pl.* **i dialoghi**) dialogue (PSP-1)
il diario (*pl.* **i diari**) diary, journal
il dibattito debate
dicembre December (1)
la dieta diet; **la dieta mediterranea** Mediterranean diet
dietro behind (11)
difendere (*p.p.* **difeso**) to defend
differente different
la differenza difference
differenziarsi da to be different from; to distinguish oneself from
difficile difficult (2)
la difficoltà difficulty
diffondersi (*p.p.* **diffuso**) to spread (15)
diffuso widespread (15)
la dignità dignity
la dimensione dimension
dimenticare to forget (3); **dimenticare di** (+ *inf.*) to forget to (*do something*) (PSP-14)
†**diminuire (isc)** to reduce, to decrease; to lessen
dimostrare to demonstrate (16)
il dio (*pl.* **gli dei**) god
dipingere (*p.p.* **dipinto**) to paint (4)
dipinto painted; **lo stendardo dipinto** colored banner
il diploma diploma (9)
diplomatico diplomatic
il diplomatico / la diplomatica (*pl.* **i diplomatici / le diplomatiche**) diplomat
dire (*p.p.* **detto**) to say, to tell (3); **Come si dice… in italiano?** How do you say . . . in Italian?; **dire di no** to say no; **dire di sì** to say yes
diretto direct
il direttore / la direttrice director (PSP-15), manager
il/la dirigente executive, manager (9)
dirigere (*p.p.* **diretto**) to manage, to run (9); **dirigere a** to direct to
i diritti rights (*legal*) (16)
diritto straight; ***andare diritto** to go straight (13)
il disastro disaster; **Che disastro!** What a disaster! (4)
disciplinare to discipline
il discopub pub with dancing
la discoteca (*pl.* **le discoteche**) discotheque (3)
discutere (*p.p.* **discusso**) to discuss (15)
disegnare to draw
il disegno design; drawing
disinteressato disinterested
disoccupato unemployed

la disoccupazione unemployment (14); **il tasso di disoccupazione** unemployment rate (14)

disordinato messy, untidy; disorganized

il disordine disorder, mess, untidiness; **in disordine** in disorder, in a mess, untidy

disorientato disoriented

disperatamente desperately

***dispiacere** (*p.p.* **dispiaciuto**) to be sorry; **mi dispiace** I'm sorry (5); **Ti/Le dispiace... ?** Do you mind . . . ? (*inform./form.*) (10)

distinguere (*p.p.* **distinto**) to distinguish; **distinguersi** to distinguish oneself

distratto distracted

distribuire (isc) to distribute; to hand out

distrutto destroyed

disturbare to bother; to disturb

disturbato bothered, disturbed

il disturbo disturbance

il dito (*pl.* **le dita**) finger (10); **il dito del piede** toe (10)

la ditta company (9)

il dittatore / la dittatrice dictator (16)

il divano couch (11)

***diventare** to become (9)

diverso different

divertente fun

il divertimento fun; good time

divertirsi to have fun (7); to have a good time; to enjoy oneself

dividere, dividersi (*p.p.* **diviso**) to divide; to split up

divino divine

la divisa uniform

divorziare to divorce

divorziato divorced (4)

il divorzio (*pl.* **i divorzi**) divorce (14)

il dizionario (*pl.* **i dizionari**) dictionary (1)

la doccia (*pl.* **le docce**) shower (11); **fare la doccia** to take a shower

il documentario (*pl.* **i documentari**) documentary

il documento document; paper

dodicesimo twelfth; **il dodicesimo secolo** the 12th century

dolce sweet; **il mais dolce** sweet corn

il dolce dessert (5)

il dollaro dollar

il dolore pain; ache

la domanda question; **fare una domanda** to ask a question (3)

domandare (a) to ask (*someone*)

domani tomorrow (7); **Ci vediamo domani!** See you tomorrow!; **dopo domani** the day after tomorrow (9); **meglio un uovo oggi che una gallina domani** better an egg today than a chicken tomorrow

domenica Sunday (3)

domestico (*m. pl.* **domestici**) domestic; **l'animale domestico** domestic animal; pet; **il lavoro domestico** housework

il dominio (*pl.* **i domini**) rule, dominion

il donatore / la donatrice donor

la donna woman (PSP-12)

dopo after (6); **dopo aver mangiato** after having eaten; **dopo Cristo (d.C.)** anno domini (A.D.) (12); **dopo di che** after (6); **dopo domani** the day after tomorrow (9)

doppio (*m. pl.* **doppi**) double; **la camera doppia** double room (13)

dorato gilded

dormire to sleep (3)

il dottore / la dottoressa doctor (PSP-1)

dove where (4); **Di dove sei?** Where are you from? (*inform.*) (1); **Di dov'è?** Where are you from? (*form.*) (1)

†**dovere** to have to, must (5); to be supposed to (*in the imperfect*)

il dramma drama

drammatico (*m. pl.* **drammatici**) dramatic

la droga drugs (14)

drogarsi to take drugs (14)

il dubbio (*pl.* **i dubbi**) doubt; **non c'è dubbio che** there's no doubt that (15)

dubitare (che) to doubt (that) (14)

il Duecento the 1200s (12)

il duomo cathedral (12)

duramente hard; **lavorare duramente** to work hard

durante during

E

e, ed (*before vowels*) and

eccetera etcetera

eccezionale exceptional

l'eccezione *f.* exception

ecco here is, here are (7); here it is, here they are

ecologico (*m. pl.* **ecologici**) ecological

l'economia economy, economics (1); **l'economia e commercio** business administration

economico (*m. pl.* **economici**) economic; inexpensive; **il liceo economico** high school with a focus on economics

l'edicola newsstand (12); **in edicola** at the newsstand

l'edificio (*pl.* **gli edifici**) building

educare to bring up, to rear

l'effetto effect

egli he

egoista selfish

ehi! hey

ehilà! hey! (6)

l'elefante *m.* elephant

elegante elegant

elementare elementary; **la scuola elementare** elementary school (9)

l'elemento element; item

elencare to list

l'elenco (*pl.* **gli elenchi**) list

elettrico (*m. pl.* **elettrici**) electrical; **la pila elettrica** battery; **la torcia elettrica** flashlight

elevato elevated, high

eliminare to eliminate

l'eloquenza eloquence

l'e-mail (*pl.* **le e-mail**) *f.* email (3)

l'emergenza emergency

†**emigrare** to emigrate (14)

l'emigrato/l'emigrata emigrant (14); (14)

l'emigrazione *f.* emigration (14)

emozionante exciting, thrilling

emulare to emulate

l'energia energy; **l'energia nucleare** nuclear energy

l'enigmistica puzzles; puzzle-solving

enigmistico (*m. pl.* **enigmistici**) *adj.* puzzle; **La settimana enigmistica** Puzzle Week

enorme enormous, huge; tremendous

***entrare** to enter (6)

entro within, by (*a certain time*) (PSP-14)

l'entusiasmo enthusiasm, excitement; **avere l'entusiasmo** to have enthusiasm, to be enthusiastic; to be excited

l'Epifania Epiphany (Catholic holiday of January 6th)

l'equitazione *f.* horseback riding

equivalente equivalent, equal

l'erboristeria herbalist's shop

l'errore *m.* error, mistake (1)

l'eruzione *f.* eruption

esagerato exaggerated

l'esame *m.* exam (1), test; **l'esame orale** oral exam; **l'esame scritto** written exam; **dare l'esame** to take an exam; **fare l'esame** to take an exam

esaminare to examine

esattamente exactly

l'escursione *f.* excursion (13)

eseguire to carry out; to perform

l'esempio (*pl.* **gli esempi**) example

l'esigenza need

esistente existing

***esistere** (*p.p.* **esistito**) to exist

esotico (*m. pl.* **esotici**) exotic

l'esperienza experience

l'esperto/l'esperta expert

l'esploratore/l'esploratrice explorer

esporre (*p.p.* **esposto**) to present

l'esportazione *f.* export

l'espressione *f.* expression

l'espresso espresso (coffee)

esprimere (*p.p.* **espresso**) to express

essa *f.* it

esse *f.* they

essenziale essential; ***essere essenziale che** to be essential that (14)

***essere** (*p.p.* **stato**) to be (2); ***essere** (+ *nationality*) to be (*nationality*) (2); ***essere d'accordo** to agree (13);

*ẹssere bravo in to be good at; ***ẹssere di** (+ *city*) to be from (*city*) (2); ***ẹssere in ritardo** to be late; ***ẹssere ricoverato all'ospedale** to be admitted to the hospital (10); ***ẹssere in vacanza** to be on vacation; **Che ora è? / Che ore sono?** What time is it? (3); **Com'è... ?** *What* is he/she/it like? (2); **Come sono... ?** What are they like? (2); **è mezzogiorno** it's noon (3); **è mezzanotte** it's midnight (3); **è presto** it's early (3); **è tardi** it's late (3); **saranno le tre** it's probably about 3:00 (PSP-13); **se fossi in te** if I were you (15)

l'ẹssere *m.* being; **l'ẹssere umano** human being

essi *m.* they

esso *m.* it

l'Est East; **il Nord-Est** Northeast

l'estate *f.* summer (1); **d'estate** in the summer; **in estate** in the summer, during the summer

ẹstero *adj.* abroad (13); **all'ẹstero** *n.* abroad

estẹtico (*m. pl.* **estẹtici**) aesthetic

l'estinzione *f.* extinction; **in via d'estinzione** dying-out

estivo *adj.* summer; **le vacanze estive** summer vacation

estremo extreme

estroverso outgoing (2)

l'età *f.* age; **la terza età** the "golden years" (14)

l'euro euro (currency of the European Union)

europeo European

l'evento event

evidenziato highlighted; indicated

evitare to avoid

evọlversi (*p.p.* **evoluto**) to evolve (15)

l'extracomunitạrio/l'extracomunitạria (*pl.* **gli extracomunitari / le extracomunitarie**) resident from outside the European community

F

fa ago (6)

la fạbbrica (*pl.* **le fạbbriche**) factory

la faccenda chore; **le faccende di casa** housework

la fạccia (*pl.* **le facce**) face

fạcile easy

facilmente easily

la facoltà department (*college*)

i fagiolini green beans (5)

falso false

la fame hunger (14); **avere fame** to be hungry

la famịglia family (4); **l'ạlbero della famịglia** family tree

familiare familiar; *adj.* family

famoso famous

la fantasia imagination; fantasy

fantạstico (*m. pl.* **fantạstici**) imaginary

fare (*p.p.* **fatto**) to do (3); to make (3); to do for a living (4); to study (*a subject*); **fa per te** perfect/ideal for you; **fare attenzione a** to pay attention to; **fare il bagno** to take a bath; **fare bella figura** to make a good impression (7); **fare bello** to be beautiful weather (2); **fare brutto** to be bad weather (2); **fare il bucato** to do laundry (6); **fare caldo** to be hot weather (2); **fare campeggio** to camp; **fare due chiạcchiere** to chat (15); **fare colazione** to eat breakfast (3); **fare i cọmpiti** to do homework (3); **fare i complimenti** to pay compliments; **fare una domanda** to ask a question (3); **fare l'esame** to take an exam; **fare le ferie** to go on vacation; **fare una foto** to take a photo (3); **fare foto** to take photos; **fare freddo** to be cold weather (2); **fare un giro in bici** to go for a bike ride (6); **fare un giro in mạcchina** to go for a car ride (6); **fare un giro in moto** to go for a motorcycle ride (6); **fare il letto** to make the bed (PSP-6); **fare male** to hurt (*a body part*) (10); **fare le ore piccole** to stay up late (3); **fare il paracadutismo** to go parachuting/skydiving; **fare un paragone** to make a comparison; **fare una passeggiata** to take a walk (3); **fare una prenotazione** to make a reservation (13); **fare una riunione** to have a meeting; **fare un salto** to stop by (12) **fare le scale** to take the stairs; **fare shopping** to go shopping; **fare la spesa** to go grocery shopping (PSP-15); **fare sport** to play sports (3); **fare uno spuntino** to have a snack (3); **fare una telefonata** to make a phone call; **fare il tifo per** to be a fan of; **fare il trekking** to go hiking (13); **fare una vacanza** to take a vacation; **fare vedere** to show; **fare un viạggio** to take a trip; **fare yoga** to do yoga (3); **farsi gli auguri** to exchange good wishes (8); **farsi la barba** to shave (*men*) (7); **fạrcela** to manage, to cope (PSP-16); **Che tempo fa?** What's the weather like; **Come si fa?** How are things done? (14); **Cosa fai di bello?** What fun (interesting) thing do you have planned? (*inform.*) (3); **Cosa si fa?** What do people do? (14); **Cosa vuoi fare?** (*inform.*) / **Cosa vuole fare?** (*form.*) What do you want to do in the future? (9); **niente da fare** nothing to do; **qualcosa da fare** something to do

la farmacia (*pl.* **le farmacie**) pharmacy (10); **la farmacia di turno** pharmacy whose turn it is to remain open in case of an emergency

il/la farmacista pharmacist (9)

il fạrmaco (*pl.* **i farmaci**) medicine, drug

il fatto fact; ***ẹssere un fatto che** to be a fact that (15)

la fạvola fable; fairy tale

il favore favor; **a favore di** in favor of; **per favore** please (1)

favorito favorite

febbraio February (1)

la febbre fever

il fẹgato liver (5)

felice happy (2)

la felicità happiness

la felpa sweatshirt (7)

la fẹmmina female; girl

femminile feminine

il fenọmeno phenomenon (14)

le fẹrie vacation; **fare le ferie** to go on vacation; **in ferie** on vacation

ferito wounded; injured

il fermạglio (*pl.* **i fermagli**) hair clip

fermarsi to stop oneself (*from moving*); **fermarsi a** (+ *inf.*) to stop to (*do something*) (PSP-14)

il Ferragosto Catholic feast of the Assumption (August 15)

il ferro iron

fertile fertile

la fertilità fertility

la festa party (1); holiday (1); **Buone feste!** Happy Holidays! (8); **fare una festa** to have a party; **la festa di compleanno** birthday party; **la festa patronale** feast/celebration of a patron saint; **la festa di San Silvestro** feast of San Silvestro (New Year's Eve) (8)

festeggiare to celebrate (6)

festivo *adj.* holiday; **i giorni festivi** Sundays and public holidays

la fiaba fairy tale

i fiammịferi matches

il fico (*pl.* **i fichi**) fig; cute guy (*coll.*)

fidanzarsi to get engaged

il fidanzato / la fidanzata fiance/fiancée

la fiducia (*pl.* **le fiducie**) trust

il fịglio / la fịglia (*pl.* **i figli / le figlie**) son/daughter (4); **la fịglia ụnica** only daughter; **il fịglio ụnico** only son

la figura image; **fare bella figura** to make a good impression (7)

figurarsi to imagine; **Figurati!** Imagine that!, Would you believe it?!

il film film, movie (1); **un film da vedere** a "must-see" film

il filmato film clip; short film

il filo thread; wire; **senza fili** wireless

la filosofia philosophy (1)

finale final

finalmente finally

finché until

la fine end, ending; **il fine settimana** weekend (6)

la finestra window (11)

la finestrina little window (PSP-10)

il finestrino window (*train, bus, car*) (PSP-10)

†**finire (isc)** to finish, to end; †**finire di** (+ *inf*.) to finish (*doing something*) (PSP-14)

fino a until; **fin quando** until

il fiore flower; **il mazzo di fiori** bouquet of flowers

fiorentino *adj*. Florentine

il fiorentino Florentine dialect (15)

la firma signature

firmare to sign

la fisica physics (1)

fisico (*m. pl.* **fisici**) physical; **l'aspetto fisico** physical appearance; **l'attività fisica** physical activity

fissare to set; to arrange

la fitoterapia medicinal plants

il fiume river

flagellare to lash, to whip

il foglio (*pl.* **i fogli**) sheet; **il foglio di carta** sheet of paper

fondamentale fundamental

fondare to found (16)

la forchetta fork (5)

la forma form

il formaggio (*pl.* **i formaggi**) cheese (5)

formale formal

formare to form, to create

la formazione formation; training; **la formazione professionale** vocational training

la formula formula; form

formulare to formulate

fornire (isc) to provide

il forno oven (11); bread shop, bakery (12); **il forno a microonde** microwave oven (11)

forse maybe; perhaps (4)

forte strong (2); **lavorare forte** to work hard

la fortuna fortune; luck; **per fortuna** luckily

fortunato lucky; fortunate

la forza force; **le forze lavoro** workforce

la fotografia photograph (1); **la foto** photo (PSP-1); photography; **fare una foto** to take a photo (3); **fare foto** take photos

fotografico (*m. pl.* **fotografici**) photographic; **la macchina fotografica** camera

il fotografo / la fotografa photographer (9)

il/la fotoreporter press photographer

fra between (5); within; **fra due giorni** in two days (9); **fra un mese** in a month (9); **fra un'ora** in an hour (9)

la fragola strawberry; **la macchia di fragola** beauty mark (*lit*. spot of strawberry)

francese *adj*. French (2)

il francese French (*language*)

il francobollo stamp

la frase sentence; phrase

il fratellino little brother

il fratello brother (4)

freddo cold; **avere freddo** to be cold (2); **fare freddo** to be cold weather (2); **il tè freddo** iced tea

il freddo cold

frenetico (*m. pl.* **frenetici**) hectic

frequentare to attend (3)

frequente frequent

frequentemente frequently (7)

fresco (*m. pl.* **freschi**) fresh

la fretta hurry; haste; **avere fretta** to be in a hurry; **in fretta** in a hurry

il frigorifero refrigerator (11); **il frigo** fridge

fritto fried; **le patate fritte** french fries (5)

di fronte a facing

frustrato frustrated

la frutta fruit (5); **il negozio di frutta e verdura** fruit and vegetable shop (12); **un succo di frutta** fruit juice

fumare to smoke; **vietato fumare** no smoking

il fumatore / la fumatrice smoker

il/la fumettista comic strip writer

il fumetto comic strip

il fumo smoke

i funghi mushrooms (5)

funzionare to work, to function

la funzione function; **avere funzione di** to function as

il fuoco (*pl.* **i fuochi**) fire; **i fuochi d'artificio** fireworks (8)

fuorché except

fuori out; outside; **lo studente fuori corso** "super senior"

furbo sly

il furto robbery

futuro *adj*. future

il futuro future

G

il galateo etiquette

la galleria gallery (*architecture*); arcade

la gallina chicken; **meglio un uovo oggi che una gallina domani** better an egg today than a chicken tomorrow

la gamba leg (10); **rompersi la gamba** to break a leg (10)

il gas gas; **la cucina a gas** gas stove

gassato sparkling; **l'acqua gassata** sparkling water

il gatto cat (1)

la gelateria ice cream parlor

il gelato ice cream (1); **prendere un gelato** to get an ice cream

gemello *adj*. twin; **il fratello gemello** twin brother

il gemello/la gemella twin brother/sister; **i gemelli** twins

generale general

il generale general (16)

la generalizzazione generalization

generalmente generally

il genere kind, type; **in genere** in general, generally

generico (*m. pl.* **generici**) generic

generoso generous (2)

il genio (*pl.* **i geni**) genius; **Che genio!** What a genius!

il genitore parent; **i genitori** parents (4)

gennaio January (1)

la gente people (10)

gentile kind

gentilmente nicely, kindly (7)

il gentiluomo gentleman

la geografia geography

geografico (*m. pl.* **geografici**) geographic

germanico Germanic

il gerundio gerund (*gram*.)

la gestione management

il gesto gesture

gettare to throw

il ghiaccio (*pl.* **i ghiacci**) ice

già already

la giacca (*pl.* **le giacche**) jacket (7)

giallo yellow (2)

il giallo detective story, mystery novel

giapponese *adj*. Japanese (2)

il giapponese Japanese (*language*)

il giardino garden (11)

la ginnastica exercise; **le scarpe da ginnastica** sneakers; **la tuta da ginnastica** sweats, sweatsuit

il ginocchio (*pl.* **le ginocchia / i ginocchi**) knee (10)

giocare to play (*game, sport*) (3); **giocare a calcio** to play soccer (3); **giocare a carte** to play cards (3); **giocare a golf** to play golf (3); **giocare a tennis** to play tennis (3); **giocare al computer** to play on the computer

il giocattolo toy

il gioco (*pl.* **i giochi**) game; **le carte da gioco** playing cards

la gioielleria jewelry store (12)

il gioiello piece of jewelry; jewel

il giornale newspaper (14)

il/la giornalista journalist (9)

la giornata day, the whole day; **Buona giornata!** Have a nice day! (8)

il giorno day (PSP-9); **al giorno** each day, per day; **buon giorno** good morning, good day (1); **di giorno** during the day; **fra due giorni** in two days (9); **il giorno lavorativo** workday; **un giorno** one day; **ogni giorno** everyday (3); **tutti i giorni** everyday (3); **tutto il giorno** all day

giovane young (2)

il/la giovane youth; young person; **da giovane** as a youth (10)

giovedì Thursday (3)

la gioventù youth

la giovinezza youth

la giraffa giraffe

girare to turn (13); to film; **girare a destra** to turn right (13); **girare a sinistra** to turn left (13)

il giro tour; trip; *****andare in giro** to go around; **fare un giro in bici** to go for a bike ride (6); **fare un giro in macchina** to go for a car ride (6); **fare un giro in moto** to go for a motorcycle ride (6); **in giro** around

la gita trip; **la gita scolastica** school trip

il giubbotto winter jacket (7)

il giudizio (*pl.* **i giudizi**) judgement; **il Giudizio Universale** The Last Judgment

giugno June (1)

il giullare jester

giuridico (*m. pl.* **giuridici**) legal

la giurisprudenza law

giustificare to justify

la giustificazione justification; excuse

la giustizia justice

giusto right, correct; **l'ora giusta** the right time

il glossario (*pl.* **i glossari**) glossary

gli gnocchi gnocchi (potato dumplings) (5)

lo gnomo gnome; troll

godere, godersi to enjoy oneself (13)

il golf golf; **giocare a golf** to play golf (3)

il gomito elbow

la gonna skirt (7)

governare to govern (16)

il governo government (14)

il grado degree

la graduatoria ranking

grande big, great (2)

grandioso grand, majestic

grasso fat (2)

grassottello chubby

gratis free

gratuito free of charge

grave serious

grazie thank you (1); **Grazie, altrettanto!** Thanks, same to you! (8); **grazie tanto** thanks a lot; **mille grazie!, Tante grazie!** Thanks a lot!

grazioso gracious, charming

greco (*m. pl.* **greci**) *adj.* Greek

il greco Greek (language)

grigio (*m. pl.* **grigi**) gray (2)

il grillo cricket; **il Grillo parlante** The Talking Cricket

grosso big

il gruppo group; **il gruppo musicale** musical group, band

guadagnare to earn money, to make money (9); **guadagnarsi da vivere** to earn a living

i guai trouble; **mettersi nei guai** to get into trouble

guardare to look at (3); to watch; **guardare la televisione** to watch television;

guardare la TV to watch TV; **guardare le vetrine** to window shop (12)

guardarsi to look at oneself

la guardia guard

il guasto mechanical problem

la guerra war (14); **la Seconda Guerra Mondiale** Second World War (WWII)

guidare to drive

guidato guided; **la visita guidata** guided tour

il gusto taste

H

l'hamburger hamburger (1)

I

l'idea idea; **non ho la minima idea** I don't have the slightest idea; **sarebbe una buon'idea** it would be a good idea (13)

ideale ideal, perfect

identificare to identify

l'identità identity; **la carta d'identità** identity card

l'idraulico/l'idraulica (*pl.* **gli idraulici / le idrauliche**) plumber

l'idromassaggio (*pl.* **gli idromassaggi**) hydromassage; whirlpool tub

ieri yesterday (6); **ieri sera** yesterday evening, last night

igienico (*m. pl.* **igienici**) hygienic, sanitary; **la carta igienica** toilet paper

illogico (*m. pl.* **illogici**) illogical

illustre renowned, famous

imbarazzato embarassed

immaginare to imagine; **immaginare che** to imagine that (14)

immaginario (*m. pl.* **immaginari**) imaginary

l'immagine *f.* image

immediatamente immediately (7)

*****immigrare** to immigrate (14)

l'immigrato / l'immigrata immigrant (14)

l'immigrazione *f.* immigration (14)

l'immondizia trash, garbage (11)

imparare to learn (PSP-14); **imparare a** (+ *inf.*) to learn to (*do something*) (PSP-14)

impazzirsi to go crazy

impegnato busy (2)

l'impegno: avere un altro impegno to have something else to do (5)

l'imperativo imperative (*gram.*)

l'imperatore/l'imperatrice emperor/empress

l'imperfetto imperfect (*gram.*)

l'impermeabile *m.* raincoat (7)

l'impero empire

impersonale impersonal

l'impiegato/l'impiegata employee (9)

imponente imposing, grand, stately

imporre (*p.p.* **imposto**) to impose

importante important; *****essere importante che** to be important that (14)

l'importanza importance

impossibile impossible; *****essere impossibile che** to be impossible that (14)

l'impressione *f.* impression

improvviso sudden; **all'improvviso** suddenly; **d'improvviso** suddenly (11)

in in (5); to (5); at (5)

inammorarsi to fall in love

inammorato in love (2)

incerto uncertain

l'incidente *m.* accident

l'inclinazione *f.* inclination

includere (*p.p.* **incluso**) to include

incompleto incomplete

incontaminato unspoiled, uncontaminated

incontrare to meet; to meet with; to run into; **incontrare per strada** to meet, to run into on the street; **incontrarsi** to meet (*each other*) (8)

incoraggiare to encourage

incrementare to increase

l'indagine *f.* survey, poll

indefinito indefinite

indeterminativo indefinite

indicare to indicate

l'indicativo indicative (*gram.*)

l'indicazione *f.* indication; direction; sign

indifferente indifferent

indimenticabile unforgettable

indipendente independent

l'indipendenza independence (16)

indiretto indirect

l'indirizzo address

l'indizio (*pl.* **gli indizi**) clue

indossare to wear (7)

indovinare to guess

l'indumento article of clothing

l'industria industry (14)

industriale industrial

l'industriale *m./f.* industrialist, manufacturer

infantile *adj.* infant; **l'assistenza materno-infantile** mother-infant care

l'infanzia childhood

l'infermiere/l'infermiera nurse (9)

l'inferno Hell

infilare to stick

infine finally

l'infinito infinitive (*gram.*)

l'inflazione *f.* inflation

l'influenza flu; **avere l'influenza** to have the flu (10)

influenzare to influence

informale informal

l'informatica computer science

l'informazione *f.* information; **un'informazione** piece of information

l'ingegnere *m./f.* engineer (9)

l'ingegneria engineering

inglese *adj.* English (2); **la zuppa inglese** English trifle (dessert of sponge cake soaked in liqueur with cream)

l'inglese English (*language*)

l'ingresso foyer (11); entry (admission)

l'inimicizia animosity

†iniziare to begin (3)

l'iniziativa initiative

l'iniziazione *f.* initiation

l'inizio (*pl.* gli inizi) beginning

innamorarsi to fall in love (8)

innamorato in love (2)

l'inquilino/l'inquilina tenant

l'inquinamento pollution (12)

l'insalata salad (5); **l'insalata mista** mixed salad

l'insegnamento teaching; **l'abilitazione per l'insegnamento** teaching certificate

l'insegnante *m./f.* teacher (9)

insegnare to teach; **insegnare a** (+ *inf.*) to teach to (*do something*) (PSP-14)

inseguire to chase, to run after

inserire (isc) to insert

l'insetto insect

insieme together; **insieme a** together with; **mettersi insieme** to be a couple (8)

l'insieme *m.* the whole

insignificante insignificant

insistere (*p.p.* insistito) to insist

insoddisfatto unsatisfied, disappointed

insomma not very well (2); well . . . (10)

insopportabile intolerable

intellettuale intellectual

intelligente intelligent (2)

l'intelligenza intelligence

l'intenzione *f.* intention; **avere intenzione di** (+ *inf.*) to intend to (do something)

interamente entirely

interessante interesting (2)

interessato a interested in

l'interesse *m.* interest

l'interiezione *f.* interjection

internazionale international

intero entire; **il costume da bagno intero** one-piece bathing suit

interregionale inter-regional; **il treno inter-regionale (IR)** train that connects different regions in Italy

l'interrogativo interrogative

interrompere (*p.p.* interrotto) to interrupt

l'interruzione *f.* interruption

l'intervento operation; **l'intervento chirurgico** surgery; **avere un intervento** to have an operation; **avere un intervento chirurgico** to have surgery (10)

l'intervista interview

intervistare to interview

intitolare to entitle; to title

intitolato entitled

intorno a around

introdurre (*p.p.* introdotto) to introduce

introverso introverted (2)

l'invecchiamento aging (14)

*invecchiare to get old (14)

invece instead; on the other hand; **invece di** instead of

inventare to invent (16)

l'inventore/l'inventrice inventor (16)

l'invenzione *f.* invention (16)

invernale *adj.* winter

l'inverno winter (1); **d'inverno** in the winter, during the winter; **in inverno** in the winter

invidiabile enviable

invisibile invisible

invitare to invite

l'invito invitation

io I

l'ipermercato superstore

ipnotizzare to hypnotize

l'ipotesi (*pl.* le ipotesi) *f.* hypothesis

irlandese *adj.* Irish

irregolare irregular

iscritto enrolled

l'iscrizione *f.* enrollment; membership

l'isola island (13); **l'isola deserta** deserted island

l'istituto institute

l'istituzione *f.* institution

l'istruzione *f.* direction, instruction; education; **dare istruzioni** to give directions/instructions

italiano *adj.* Italian (2)

l'italiano Italian (*language*) (1); **l'italiano/ l'italiana** Italian (*person*); **l'italiano regionale** regional variation of standard Italian (15)

l'itinerario (*pl.* gli itinerari) itinerary

L

il labbro (*pl.* le labbra) lip

il ladro / la ladra thief

il lago (*pl.* i laghi) lake (13)

lamentarsi to complain (13)

la lampada lamp (11)

la lana wool; **il maglione di lana** wool sweater

largo (*m. pl.* larghi) wide, broad (10)

le lasagne lasagna (PSP-12)

lasciare to leave; **lasciarsi** to break up (8)

il latino Latin (*language*)

il latte milk (5)

il latticino dairy product

la laurea degree (*college*) (9); graduation

laurearsi to graduate (*college*) (9)

la lavagna (black)board

il lavandino sink (11)

lavare to wash (3); **lavarsi** to wash oneself (7); **lavarsi i denti** to brush one's teeth (7); **lavarsi i capelli** to wash one's hair (7)

la lavastoviglie dishwasher (11)

la lavatrice washing machine

lavorare to work (3); **lavorare a tempo pieno** to work full-time (9); **lavorare part-time** to work part-time (9); **lavorare sodo** to work hard (9); **lavorare duramente/forte** to work hard; **smettere di lavorare** to stop working (9)

lavorativo *adj.* work; **il giorno lavorativo** workday

il lavoro job (PSP-15); work (PSP-15); **Buon lavoro!** Work well! (8); **cercare lavoro** to look for work (9); **il colloquio di lavoro** job interview; **le forze lavoro** workforce

Legambiente Italian environmentalist group

legare to link, to connect

la legge law

leggere (*p.p.* letto) to read (3); **leggere nel pensiero** to mindread; **un libro da leggere** a "must-read" book

leggero light

il legno wood

lei her; **Lei** you (*form.*) (PSP-16)

lentamente slowly (7)

la lente lens; **le lenti a contatto** contact lenses (2)

la lenticchia lentil

lento slow (2)

il lessico (*pl.* i lessici) vocabulary

lesso boiled

la lettera letter (PSP-12); **le lettere** letters, humanities

letterario (*m. pl.* letterari) literary; **la tradizione letteraria** literary tradition (15)

la letteratura literature; **la letteratura inglese** English literature (1)

il lettino beach lounge chair (13); cot

il letto bed (11); **la camera da letto** bedroom (11); ***andare in camera da letto** to go in the bedroom (8); ***andare a letto** to go to bed (3); **fare il letto** to make the bed; **il letto a castello** bunk bed

la lettura reading

la lezione lesson, individual class period (1); ***andare a lezione** to go to class; **prendere lezioni di** to take lessons in (4)

liberamente freely

liberare to liberate, to free (16)

libero free (2); available; **il tempo libero** free time

la libreria bookstore (12)

il libro book (1); **un libro da leggere** a "must read" book

il librone big book (PSP-10)

licenziarsi to quit a job (9)

il liceo high school (9); **il liceo classico** high school with a focus on literature (humanities); **il liceo economico** high school with a focus on economics; **il liceo scientifico** high school with a focus on the sciences

ligure *adj.* Ligurian
la limonata lemonade
il limone lemon
la lineetta hyphen, dash (-); **la lineetta bassa** underscore (_)
la lingua language (1); **la Lingua Italiana dei Segni** Italian Sign Language; **la lingua nazionale** standard Italian (15); **la lingua romanza** Romance language (15); **la lingua parlata** spoken language (15); **la lingua scritta** written language (15)
il linguaggio (*pl.* **i linguaggi**) jargon; special language
il/la linguista linguist
il liquido liquid
la lira lira (*former Italian currency*)
lirico (*m. pl.* **lirici**) operatic, lyrical
liscio (*m. pl.* **lisci**) smooth; straight (*hair*); **i capelli lisci** straight hair (2)
la lista list
litigare to argue (15)
il litro liter
il livello level
il locale place, spot
la località place; **la località di villeggiatura** vacation resort
la lode honors
logico (*m. pl.* **logici**) logical
lontano far, distant (2)
loro they; their (2); them (PSP-16); **Loro** you (*pl. form.*) (PSP-16); your (*pl. form.*) (2);
la lotteria lottery
la luce light; **spegnere le luci** to turn off the lights
luglio July (1)
lui he (PSP-16); him
lei her (PSP-16); she
luminoso bright
lunedì Monday (3)
lungo (*m. pl.* **lunghi**) long; **a lungo** for a long time, for a while
il luogo (*pl.* **i luoghi**) place; **avere luogo** to take place
il lupo wolf; **avere una fame da lupo** to be ravenously hungry, to be starving (*coll.*); **In bocca al lupo!** Good luck! (*lit.* In the mouth of the wolf!) (8)
il lusso luxury; **di lusso** luxury, deluxe

M

ma but (PSP-13)
macché! get outta here!, no way! (6)
la macchia spot; **la macchia di fragola** beauty mark (*lit.* spot of strawberry)
la macchina car (1); *andare in macchina** to go by car (8); **fare un giro in macchina** to go for a car ride (6); **noleggiare una macchina** to rent a car
la macchinona big car (PSP-10)
la macelleria butcher shop (12)

la madre mother (4); **madre natura** Mother Nature
il/la madrelingua native speaker
il maestro / la maestra elementary/middle school teacher (9)
magari! I wish! (6)
maggio May (1)
la maggioranza majority
maggiore *adj.* older (4); greater, larger; **il/la maggiore** greatest, largest; **il maggior numero di** the majority of; **la maggior parte di** the majority of
magico (*m. pl.* **magici**) magical
la maglia shirt
la maglietta t-shirt (7)
il maglione sweater (7); **il maglione di lana** wool sweater
magro thin (2)
mai ever, never; **non... mai** never (3)
il maiale pig
la maionese mayonnaise
il mais corn; **il mais dolce** sweet corn
malato ill, sick
la malattia illness, disease
il male harm; pain; **il mal di pancia** stomachache; **il mal di testa** headache; **avere mal di pancia** to have a stomachache (10); **avere mal di testa** to have a headache (10); **Meno male!** Thanks goodness; **non c'è male** not bad (2)
male *adv.* badly (7); **fare male** to hurt (*a body part*) (10); *stare male** to not feel well, to feel unwell
maleducato ill-mannered
mamma mia! omigosh! (6)
la mamma mom
il mammismo momism (excessive dependence on one's mother)
il/la manager executive, manager (9)
†**mancare** to not have, to be missing
la mancia (*pl.* **le mance**) tip
mandare to send (e-mail/letter)
mangiare to eat (3); **mangiare un boccone** to grab a bite to eat; **niente da mangiare** nothing to eat; **qualcosa da mangiare** something to eat
il manico (*pl.* **i manici** or **manichi**) handle
la maniera way
la manifestazione demonstration, protest
la manina cute little hand (PSP-10)
la mano (*pl.* **le mani**) hand (10)
la mantellina cape
il mantello cloak
mantenere to maintain
il marchese marquis
il marciapiede sidewalk (11)
il mare sea (13); *andare al mare** to go to the seaside
marino *adj.* seaside; **la località marina** seaside resort
il marito husband (4)

la marmellata jam (5)
marocchino *adj.* Moroccan
marrone brown (2)
martedì Tuesday (3)
marzo March (1)
la maschera mask; masquerade (*costume or party*); masquerade character; **le maschere italiane / le maschere della Commedia** masked characters of the Commedia dell'arte
il maschietto baby boy
maschile masculine
il maschio (*pl.* **i maschi**) male
la massa mass; **di massa** *adj.* mass
la matematica mathematics (1)
la materia (di studio) subject matter (1)
il materiale material
materno *adj.* mother; **l'assistenza materno-infantile** mother-infant care
la matita pencil (PSP-4)
il matrimonio (*pl.* **i matrimoni**) marriage
la mattina morning; **di mattina** in the morning (3)
matto crazy; **una cosa da matti** a crazy thing/situation; **prezzi da matti** crazy prices; **ridere da matti** to laugh like crazy
il mattone brick; **Che mattone!** What a bore! (*lit.* What a brick!)
i matusa parents (*coll.*); elderly people
il mazzo bunch; **il mazzo di fiori** bouquet of flowers
me me (PSP-16); **secondo me** in my opinion
la media average; **in media** on average
la medicina medicine (16)
medico (*m. pl.* **medici**) *adj.* medical
il medico (*pl.* **i medici**) *m./f.* doctor (9); *andare dal medico** to go to the doctor's (office)
medievale medieval
medio (*m. pl.* **medi**) average; middle; medium; **la città media** medium-sized city; **le medie** middle school; **la scuola media** middle school (9); **la vita media** average lifespan
il Medioevo the Middle Ages (12)
mediterraneo Mediterranean; **la dieta mediterranea** Mediterranean diet
meglio *adv.* better; **meglio di** better than (12); **meglio un uovo oggi che una gallina domani** better an egg today than a chicken tomorrow; **il mio meglio** my best (PSP-14)
il melone melon (5)
il membro member
la memoria memory; **raccontare a memoria** to tell by heart
meno less, fewer; minus; **il/la meno** least, fewest; **meno... che** less . . . than (PSP-4); **meno... di** less . . . than (PSP-4); **meno + *adj.* + di** less . . . than (4); **Meno male!** Thank goodness!

la mensa cafeteria (3)

mensile monthly

mentale mental; **l'apertura mentale** open mindedness

mentre while (10)

menzionare to mention

la meraviglia wonder; **il paese delle Meraviglie** Wonderland

meraviglioso wonderful

il/la mercante shopkeeper, merchant

il mercato market; **il mercato dei consumi** consumer market

la merce merchandise

mercoledì Wednesday (3)

meridionale Southern (15); **centro-meridionale** Central-Southern (15)

il mese month; **fra un mese** in a month (9)

il messaggino text message

il messaggio (*pl.* **i messaggi**) message

messicano *adj.* Mexican (2)

il mestiere trade (14); occupation (14)

la metà half; **a metà** halfway

il metallurgico / la metallurgica (*pl.* **i metallurgici / le metallurgiche**) metal worker

la metropoli big city (12)

la metropolitana subway (12)

mettere (*p.p.* **messo**) to put; **mettersi** to put on (*clothes*) (7); **mettere su famiglia** to start a family (9); **mettersi d'accordo** to come to an agreement; **mettersi insieme** to become a couple (8); **mettersi nei guai** to get into trouble

mezzanotte midnight; **è mezzanotte** it's midnight (3)

mezzo *adj.* half; **mezz'ora** half an hour; **la mezza pensione** bed-and-breakfast with breakfast and lunch or dinner included (13)

il mezzo means; middle; **i mezzi pubblici** public transportation (12); **i mezzi di trasporto** means of transportation (12); **in mezzo a** among, in the midst of

mezzogiorno noon; **è mezzogiorno** it's noon (3)

mi to/for me

la microonda microwave; **il forno a microonde** microwave oven (11)

i miei my parents (*coll.*) (PSP-15)

il miele honey (5)

migliorato improved

migliore *adj.* better; **migliore di** better than (12); **il/la migliore** best

il milione million

il militare military (16)

mille (*pl.* **mila**) a thousand

il millennio (*pl.* **i millenni**) millennium

mimare to mime

la mimosa mimosa (flower)

minerale mineral; **l'acqua minerale (naturale/gassata)** (still/sparkling) mineral water (5)

la minestra soup

il minestrone vegetable soup

minimo smallest, least; **non ne ho la minima idea** I don't have the slightest idea

il ministro *m./f.* minister (*government*); **il primo ministro** prime minister

minore *adj.* younger (4)

il minuto minute

mio my (2); **a mio parere** in my opinion

mirare to aim

misterioso mysterious

misto mixed; assorted; **gli affettati misti** assortment of sliced meats and sausages (5); **l'antipasto misto** assorted appetizer; **l'insalata mista** mixed salad

la misura measure; **su misura** customized

mite mild

i mobili furniture

il mocasino loafer

la moda fashion (7); style; **alla moda / di moda** fashionable, in style; ***andare di moda** to be in style (7)

il modello/la modella model

moderno modern (12)

il modo way; **in modo che** in a way that, so that

la moglie wife (4)

molto *adj.* many, a lot of (2); *adv.* very (7); a lot, frequently (7); **molto bene** very good; ***stare molto bene** to be very well (2)

il momento moment

il monaco (*pl.* **i monaci**) monk; **l'abito non fa il monaco** the clothes don't make the man (*lit.* the habit doesn't make the monk)

la monarchia monarchy

mondiale global, worldwide; **la Seconda Guerra Mondiale** Second World War (WWII)

il mondo world; **del mondo** in the world; **in tutto il mondo** all over the world

monotono dull, tedious

la montagna mountain (13); ***andare in montagna** to go to the mountains (4)

il monumento monument

la morale *f.* morale, spirits; **tirarsi su di morale** to raise one's spirits

***morire** (*p.p.* **morto**) to die (6)

la morta dead person

la mortadella bologna

la mortalità mortality rate, death rate

la morte death (14)

morto dead

il morto dead person

la mostarda mustard

la mostra exhibit, exhibition

il mostro monster

motivato motivated

il motivo reason

la motocicletta motorcycle (PSP-1); **la moto** motorcycle (PSP-1); **fare un giro in moto** to go for a motorcycle ride (6)

il motore motor

il movimento movement

la mozzarella mozzarella (5)

il mulino windmill (PSP-10)

il mulo mule (PSP-10)

la multa fine

multicolore *adj.* multicolor

multimediale *adj.* multimedia

il muro wall

il muscolo muscle

muscoloso muscular (10)

il museo museum (12)

la musica music (16); **la musica classica** classical music

musicale musical; **il gruppo musicale** musical group, band

il/la musicista musician (9)

musulmano *adj.* Muslim

il musulmano / la musulmana Muslim (*person*)

le mutande underwear

N

il nano dwarf

napoletano *adj.* Neapolitan (*from Naples*)

il napoletano Neapolitan dialect (15); **il napoletano / la napoletana** Neapolitan (*person from Naples*)

***nascere** (*p.p.* **nato**) to be born (6)

la nascita birth (14)

nascondersi (*p.p.* **nascosto**) to hide oneself

il nasino cute little nose (PSP-10)

il naso nose (10)

il Natale Christmas (8); **l'albero di Natale** Christmas tree (8); **Babbo Natale** Santa Claus (8); **Buon Natale!** Merry Christmas! (8)

la natura nature; **madre natura** Mother Nature

naturale natural; **l'acqua minerale naturale** still mineral water (5)

la nausea nausea

navigare to navigate; **navigare in Internet** to surf the web

il navigatore / la navigatrice navigator (16)

nazionale national; **la lingua nazionale** standard Italian (15); **l'italiano nazionale** standard Italian

la nazionalità nationality

la nazione nation

ne of it, of them (PSP-8); about it, about them (PSP-8)

necessario (*m. pl.* **necessari**) necessary; ***essere necessario che** to be necessary that (14)

la necessità necessity

la necropoli necropolis (*lit.* city of the dead)

negativo negative

il negozio (*pl.* **i negozi**) store, shop (9); **il negozio di frutta e verdura** fruit and vegetable shop (12)

il nemico / la nemica (*pl.* **i nemici / le nemiche**) enemy (PSP-12)

nemmeno not even

il neolaureato / la neolaureata recent graduate

il neretto boldface

nero black (2)

nervoso nervous (2)

nessuno, non... nessuno no one, nobody (6)

†**nevicare** to snow

il nido nest; **l'asilo nido** nursery school

niente nothing; **(non...) niente** nothing (6); **niente da** + *inf.* nothing to + *inf.* (9); **niente da bere** nothing to drink; **niente da fare** nothing to do (9); **niente da mangiare** nothing to eat

il/la nipote grandchild, grandson/ granddaughter (4); nephew/niece (4)

il nipotino / la nipotina little nephew/ niece; little grandson/granddaughter

nobile noble

noi we; us (PSP-16)

la noia boredom (14); **Che noia!** How boring!

noioso boring

noleggiare to rent (*bikes, cars, videos*) (13)

il noleggio (*pl.* **i noleggi**) rental; **prendere a noleggio** to rent (*cars, bikes, videos*)

il nome noun; name

non no, not; **non... ancora** not yet (PSP-6); **non c'è male** not bad (2); **non... mai** never (3); **non... né... né** neither . . . nor (PSP-6); **(non...) nessuno** no one, nobody (6); **(non...) niente** nothing (6); **non... più** not anymore, no longer (6)

il nonno / la nonna grandfather/ grandmother (4)

nono ninth (1)

nonostante despite

la nostalgia nostalgia; **la nostalgia di casa** homesickness

nostro our (2)

il notaio *m./f.* notary

notare to note

notevole notable, noteworthy

la notizia piece of news

notoriamente notoriously, well known (*for a particular quality*)

la notte night; **buona notte** good night (1)

il Novecento the 1900s

la novella short story

novembre November (1)

le nozze wedding (8); marriage

nubile *f.* single, unmarried (4)

nucleare nuclear; **l'energia nucleare** nuclear energy

il numero number (1); issue (1); **il maggior numero di** the majority of; **il numero di telefono** phone number (1); **il numero verde** toll-free number; **Che numero porta?** What size to you wear? (*form.*) (7)

numeroso numerous

nuotare to swim (4); **nuotare in piscina** to swim in the pool (4)

nuovamente again

nuovo new (2); **di nuovo** again; **la Nuova Zelanda** New Zealand

O

obbligato obligatory, required

l'obbligo obligation; **la scuola dell'obbligo** compulsory education

l'obiettivo objective, goal, target

l'occasione *f.* occasion; **in occasione di** on the occasion of

l'occhio (*pl.* **gli occhi**) eye (10); **gli occhi** eyes (2); **gli occhi azzurri** blue eyes (2); **gli occhi verdi** green eyes (2)

gli occhiali eyeglasses (2); **gli occhiali da sole** sunglasses (7)

*****occorrere** (*p.p.* **occorso**) to be necessary

occupare to take up (*time*)

occupato occupied, busy

l'occupazione *f.* employment (14); occupation (14)

oddio! omigosh! (6)

odiare to hate (5)

offendersi (*p.p.* **offeso**) to take offense

l'offerta sale, bargain, discount (13); offer

offrire (*p.p.* **offerto**) to offer (6)

l'oggetto object

oggi today (7); **meglio un uovo oggi che una gallina domani** better an egg today than a chicken tomorrow; **Qual è la data di oggi?** What is today's date? (1)

ogni *inv.* each, every (PSP-9); **ogni giorno** everyday (3); **ogni tanto** sometimes (3); every now and then

ognuno *adj.* each one; *pron.* everyone, each one

l'olio (*pl.* **gli oli**) oil (1); **l'olio di mais** corn oil; **l'olio di oliva** olive oil

l'oliva olive; **l'olio d'oliva** olive oil

oltre che besides, in addition to, as well as

l'ombra shadow

l'ombrello umbrella

l'ombrellone *m.* beach umbrella (13)

l'omeopatia homeopathic treatments

onesto honest

l'onomastico (*pl.* **gli onomastici**) the feast day of one's namesake saint

l'onore *m.* honor; **in onore di** in honor of

l'opera opera; work (*artistic, literary, musical, etc.*); **l'opera d'arte** work of art

l'opinione *f.* opinion

l'opportunità *f.* opportunity, occasion, chance

opportuno suitable, appropriate

l'oppositore/l'oppositrice opponent

l'oppresso/l'oppressa oppressed person

oppure or

l'opzione *f.* option

ora now

l'ora hour; time; **fare le ore piccole** to stay up late (3); **A che ora... ?** At what time . . . ? (3); **Che ora è? / Che ore sono?** What time is it? (3); **fra un'ora** in an hour (9); **mezz'ora** half an hour; **non vedere l'ora di** (+ *inf.*) to not be able to wait (to do something); **l'ora di pranzo** lunchtime, lunch hour

orale oral; **l'esame orale** oral exam

l'orario (*pl.* **gli orari**) schedule; **l'orario continuato** all-day/continuous hours

l'orchestra orchestra (16)

ordinale ordinal

ordinare to order

ordinato neat, tidy

l'ordine *m.* order; **dare ordini** to give orders; **l'ordine cronologico** chronological order

gli orecchini earrings (7)

l'orecchio (*pl.* **gli orecchi** or **le orecchie**) ear (10)

organizzare to organize (13)

l'organo organ

l'origine *f.* origin; **la città di origine** hometown

orizzontale horizontal

ormai by now

l'oro gold; **d'oro** gold, golden; **le nozze d'oro** golden anniversary; **le regole d'oro** golden rules

l'orologio (*pl.* **gli orologi**) clock, watch (1)

l'oroscopo horoscope

orribile horrible

l'orsacchiotto teddy bear

l'ortaggio (*pl.* **gli ortaggi**) vegetable

ortodosso orthodox

l'ospedale *m.* hospital (9); *****essere ricoverato all'ospedale** to be admitted to the hospital (10)

ospedaliere *adj.* hospital

l'ospite *m./f.* guest

osservare to observe

l'ostello hostel

l'osteria pub

ottavo eighth (1)

ottenere to obtain, to get

ottobre October (1)

l'Ottocento the 1800s

ovvero or, or rather

ovvio (*m. pl.* **ovvi**) obvious; *****essere ovvio che** to be obvious that (15)

P

il pacchetto pack, packet

la pace peace

il padre father (4)

la padrona di casa female head of the house

il paese town (12); land, country; **il Paese dei Balocchi** the Land of Toys; **i paesi civili** civilized countries; **il paese delle Meraviglie** Wonderland; **il paese di provincia** small town (12)

il pagamento payment

pagare to pay (3)

la paghetta allowance

la pagina page; **a pagina...** on page . . .

il pagliaio pile of straw; haystack

il paio (*pl.* **le paia**) pair (7)

la pala shovel

il palazzo building; apartment building (11); **il palazzo comunale** city hall (12)

la palestra gym; ***andare in palestra** to go to the gym

il Palio traditional horse race of Siena

la palla ball

il pallone soccer ball; **giocare a pallone** to play soccer

la pancia stomach (10); **avere mal di pancia** to have a stomachache (10)

il pane bread (5)

il panettone traditional Christmas cake (8)

il panificio (*pl.* **i panifici**) bread shop, bakery (12)

il panino sandwich (1)

il panorama panorama

i pantaloncini shorts (7)

i pantaloni pants (7)

il papa pope (16)

il pappagallo parrot

il paracadutismo parachuting, skydiving; **fare il paracadutismo** to go parachuting/skydiving

il paradiso paradise; heaven

paragonare to compare

il paragone comparison; **fare un paragone** to make a comparison

il paragrafo paragraph

parcheggiare to park; **vietato parcheggiare** no parking

il parcheggio (*pl.* **i parcheggi**) parking; parking space

il parco (*pl.* **i parchi**) park (12)

parecchio (*m. pl.* **parecchi**) quite a lot of

il/la parente relative

la parentesi parenthesis; **tra parentesi** in parentheses

i parenti relatives (4)

*****parere** (*p.p.* **parso**) **(che)** to seem (that) (14)

il parere opinion; **a mio parere** in my opinion (12)

pari equal; **di pari passo** at the same rate/pace; **pari a** equal to

il/la paria (*inv.*) pariah, outcast

il Parlamento Parliament (16)

parlare to talk (3); to speak (3); **parlare a bocca piena** to talk with one's mouth full

parlato spoken; **la lingua parlata** spoken language (15)

il parmigiano Parmesan cheese (5)

la parola word (PSP-10); **la parola simile** cognate

la parolaccia (*pl.* **le parolacce**) dirty word (PSP-10)

la parrucca (*pl.* **le parrucche**) wig

il parrucchiere / la parrucchiera hairdresser; *****andare dal parrucchiere / dalla parrucchiera** to go to the hairdresser's

la parte part; role; **fare la parte di** to play the part/role of; **la maggior parte di** the majority of; **le parti del corpo** parts of the body

partecipare a to participate in, to take part in

la partecipazione participation; wedding, birth, funeral announcement

il participio (*pl.* **i participi**) participle; **il participio passato** past participle

particolare particular; **in particolare** in particular

particolarmente particularly

*****partire** to leave (6); to depart

la partita game, match (6)

il partito political party

il partitivo partitive (*gram.*)

part-time: lavorare part-time to work part-time (9)

la Pasqua Easter (8); **Buona Pasqua!** Happy Easter! (8); **l'uovo di Pasqua** Easter egg (8)

la Pasquetta Easter Monday, the day after Easter

il passaporto passport

il passatempo pastime

il passato past; **il passato prossimo** present perfect (*gram.*); **il passato progressivo** past progressive (*gram.*); **il passato remoto** past absolute (*gram.*)

la passeggiata walk, stroll; **fare una passeggiata** to take a walk (3)

la passione passion

passivo passive

il passo (foot)step; pace; **di pari passo** at the same rate/pace

la pasta pasta; pastry

la pasticceria pastry shop

il pasto meal

la patata potato; **le patate fritte** french fries (5); **le patate lesse** boiled potatoes

la patatina potato chip

paterno paternal

la patria homeland (16)

il patrimonio (*pl.* **i patrimoni**) heritage

la patrona patron; **la santa patrona** patron saint

patronale patronal; **la festa patronale** feast/celebration of a patron saint

il patrono patron; **il santo patrono** patron saint

il patto pact, agreement

la paura fear; **avere paura di** to be afraid of; **da paura** extraordinary

il pavimento floor

paziente *adj.* patient; *****essere paziente** to be patient

il/la paziente patient

la pazienza patience; **avere pazienza** to be patient; **Abbi pazienza!** Be patient!

peccato! too bad! (6)

peggio *adv.* worse; **peggio di** worse than (12)

peggiore *adj.* worse; **peggiore di** worse than (12)

il peluche stuffed animal

pendere to hang

la penisola peninsula

la penna pen (1)

pensare to think (14)

il pensiero thought; **leggere nel pensiero** to mindread

il pensionato / la pensionata retiree (14)

la pensione small hotel (13); pension, bed-and-breakfast (13); retirement; **la mezza pensione** bed-and-breakfast with breakfast and lunch or dinner included (13); **la pensione completa** bed-and-breakfast with breakfast, lunch, and dinner included (13); *****andare in pensione** to retire (14)

pentirsi to regret

la pentola cooking pot

il pepe pepper

il peperone bell pepper (5)

per for (5); **per favore / per piacere** please (1)

la percentuale percentage (14)

perché why (4); because (4); so that (PSP-15)

il percorso route

perdere (*p.p.* **perso** or **perduto**) to lose (6)

perfetto perfect

perfino even

pericoloso dangerous

la periferia periphery (12); outskirts

periodico (*m. pl.* **periodici**) recurring

il periodo period

il peristilio (*pl.* **i peristili**) internal courtyard in ancient homes; internal courtyard that served as a private garden in Pompeii homes

il permesso permission (PSP-15)

permettere (*p.p.* **permesso**) to allow; **permettersi** to allow oneself; to afford

la persona person; **a persona** per person

il personaggio (*pl.* **i personaggi**) character

personale personal

la personalità personality

personalmente personally

pesante heavy

†**pesare** (*p.p.* **peso**) to weigh

il pesce fish (5); **il pescespada** swordfish

la pescheria fish shop (12)

pestare to step on

il pettegolezzo piece of gossip

***piacere** (*p.p.* **piaciuto**) to like (PSP-14); **mi piace** (+ *inf.*) I like (*to do something*) (3); **ti piace** (+ *inf.*) you (*inform.*) like (*to do something*) (3); **le/gli piace** (+ *inf.*) she/he likes to (*do something*) (3); **(Non) ti/Le piace/piacciono... ?** Do (Don't) you like . . . ? (*inform./form.*) (1)

il piacere pleasure; **Piacere!** Pleased to meet you! (1); **per piacere** please (1)

piacevole pleasing

piangere (*p.p.* **pianto**) to cry

pianificare to plan

il piano plan; piano; floor (*of a building*); **il primo piano** the first floor; **il secondo piano** the second floor; **il terzo piano** the third floor; **al primo piano** on the first floor; **al secondo piano** on the second floor; **al terzo piano** on the third floor

il pianoforte piano (3)

la pianta city map

il pianterreno ground floor (*first floor in the United States*); **a pianterreno** on the ground floor

il piatto plate, dish (3); **il primo piatto** first course (5); **il secondo piatto** second course (5)

la piazza town square; ***andare in piazza** to go to the town square (8)

picchiare to tap

piccolo small, little (2); **da piccolo/piccola** as a child (10); **fare le ore piccole** to stay up late (3); **la piccola borghesia** lower middle class

il pidocchio (*pl.* **i pidocchi**) lice

il piede foot (9); **a piedi** on foot; ***andare a piedi** to walk, to go on foot (8); **il dito del piede** toe (9)

pieno full; **lavorare a tempo pieno** to work full-time (9); **parlare a bocca piena** to talk with one's mouth full

il pigiama pajamas

pignolo picky

pigro lazy (2)

la pila elettrica battery (16)

la pinacoteca (*pl.* **le pinacoteche**) art gallery

la pioggia (*pl.* **le piogge**) rain

la piramide pyramid

la piscina swimming pool; **nuotare in piscina** to swim in the pool (4)

i piselli peas (5)

la pistola pistol, handgun

il pittore / la pittrice painter (PSP-1)

più more; **di più** more; **il/la più** the most; **più... che** more . . . than (PSP-4); **più... di** more . . . than (PSP-4); **più + *adj.* + di** more . . . than (4); **non... più** not anymore, no longer (6)

la pizza pizza

la pizzeria pizzeria

il plurale plural

poco (*m. pl.* **pochi**) *adj.* few, not much (2); *adj.* not very (7); *adv.* little, rarely (7); **un po' di** a bit of (5)

il poema poem

la poesia poetry (16); poem (PSP-12)

il poeta / la poetessa poet (PSP-12)

poetico (*m. pl.* **poetici**) poetic

poi then (6); **prima o poi** sooner or later

poiché since

la politica politics (16)

politico (*m. pl.* **politici**) political; **le scienze politiche** political science

il politico (*pl.* **i politici**) politician (16)

la polizia police

il poliziotto / la poliziotta police officer (9)

il pollo chicken; **il pollo arrosto** roast chicken (5)

il polsino cuff

la poltrona armchair (11)

il pomeriggio (*pl.* **i pomeriggi**) afternoon; **del pomeriggio** in the afternoon (3)

il pomodoro tomato (5)

il ponte bridge

popolare popular

popolato populated

la popolazione population (14)

il popolo people

il porcile pigsty

il porco (*pl.* **i porci**) pig

porgere (*p.p.* **porto**) to hand

la porta door (1)

il portafoglio (*pl.* **i portafogli**) wallet

portare to bring, to carry (7); to wear (7); **Che taglia/numero porta?** What size do you wear? (*form.*) (7)

portatile portable; **il computer portatile** laptop

il porto port

portoghese *adj.* Portuguese (2)

il portone front door (11); main entrance

posare to place

le posate silverware

positivamente positively

positivo positive

la posizione position

possessivo *adj.* possessive

possibile possible; ***essere possibile che** to be possible that (14)

la possibilità possibility

la posta post office (12)

postale postal; **l'ufficio postale** post office (12)

il posto place; position (*employment*); **il posto di lavoro** job position; **tutto a posto** everything's OK

potente powerful

la potenza power

†**potere** to be able, can, may (5); **potere** (+ *inf.*) to be able to (*do something*) (7)

il potere power

i poveri the poor

povero poor (2)

la povertà poverty (14)

pranzare to eat lunch

il pranzo lunch (6); **l'ora di pranzo** lunchtime, lunch hour; **la sala da pranzo** dining room (11)

praticare to practice (3)

precedente previous

precedere to precede, to come before

preciso precise

la predicazione preaching

la preferenza preference

preferibile preferable

preferire (isc) to prefer (3)

preferito favorite (2)

pregare to pray (3)

pregiato of high quality

prego you're welcome; come in; please sit down; make yourself comfortable; after you / you first; go ahead; help yourself; by all means; **prego?** may I help you? (1)

preistorico (*m. pl.* **preistorici**) prehistoric

prelevare soldi to withdraw money

premere to press

il premio (*pl.* **i premi**) prize

prendere (*p.p.* **preso**) to take (4); to have (*food or drink*); ***andare a prendere** to pick up (in a car); **prendere l'aereo** to travel by plane (4); **prendere l'autobus** to take the bus (3); **prendere un caffè** to have a coffee (3); **prendere una decisione** to make a decision; **prendere lezioni di** to take lessons in (4); **prendere a noleggio** to rent (*cars, bikes, videos*); **prendere il sole** to sunbathe (4)

prenotare to reserve (13); **prenotare una camera** to reserve a room

la prenotazione reservation (13); **fare una prenotazione** to make a reservation (13)

preoccupare to worry

preoccupato worried

preparare to prepare; **preparare a** (+ *inf.*) to prepare to (*do something*) (PSP-14); **preparare la cena** to prepare dinner, to get dinner ready; **prepararsi** to prepare oneself, to get oneself ready (PSP-12)

la preparazione preparation

la preposizione preposition

presentare to present; to introduce

la presentazione presentation

il presente present tense (*gram.*); **il presente progressivo** present progressive (*gram.*)

la presenza presence

il/la presidente *m./f.* president

presso near

prestare to loan, to lend (PSP-15)

prestigioso prestigious (12)

presto early (7); **A presto!** See you soon!; **è presto** it's early (3); **troppo presto** too early (3)

prevalentemente chiefly, mainly

prevedere (*p.p.* **previsto** or **preveduto**) to predict

prevenire (*p.p.* **prevenuto**) to prevent

la previsione prediction

il prezzo price (13); **prezzi da matti** crazy prices

la prigione prison

il prigioniero / la prigioniera prisoner

prima before (6); first; **prima che** before (PSP-15); **prima di** before; **prima o poi** sooner or later

il primato supremacy

la primavera spring (1); **in primavera** in the spring

primo first (1); **il primo ministro** *m./f.* prime minister; **il primo piano** first floor (*second floor of an Italian building*); **al primo piano** on the first floor (*second floor of an Italian building*); **il primo** (**piatto**) first course (5)

il primogenito / la primogenita first born son/daughter

principale main, principal

il principe prince

privato private

probabile probable

il problema (*pl.* **i problemi**) problem (PSP-1)

la processione procession

il prodotto product

produrre (*p.p.* **prodotto**) to produce

produttivo productive

professionale professional

la professione profession; **di professione** as a profession, professionally

il/la professionista professional

il professore / la professoressa professor (1)

il profumo perfume

progettare to plan

il/la progettista designer

il progetto project; **i progetti** plans

il programma program (PSP-1); **il programma alla TV** TV program; **i programmi** plans

progressivo progressive; **il passato progressivo** past progressive (*gram.*); **il presente progressivo** present progressive (*gram.*)

promesso promised; **i promessi sposi** betrothed

promettere (*p.p.* **promesso**) (**di** + *inf.*) to promise (*to do something*) (PSP-14)

promozionale promotional

promuovere (*p.p.* **promosso**) to promote

il pronome pronoun

pronto ready; hello (*on the telephone*) (3); **il pronto soccorso** emergency room (10)

la pronuncia (*pl.* **le pronunce**) pronunciation (15)

proporre (*p.p.* **proposto**) to propose, to suggest

a proposito di with regard to

la proposta proposition, suggestion

proprio (*m. pl.* **propri**) really

il proprio one's own

la prosa prose

il prosciutto ham (5); **il prosciutto crudo** smoked/cured ham

il proseguimento continuation; **Buon proseguimento!** Keep on going!

prossimo next; **l'anno prossimo** next year (9); **il passato prossimo** present perfect (*gram.*); **la settimana prossima** next week (9)

il/la protagonista protagonist

proteggere (*p.p.* **protetto**) to protect (16)

la prova proof

provare to try; to try on (7); to feel

proveniente (**da**) originating (from), coming (from)

la provenienza place of origin

il proverbio (*pl.* **i proverbi**) proverb

la provincia (*pl.* **le province**) province; **il paese di provincia** small town (12)

provocare to bring on, to provoke

prudente careful

la prudenza carefulness; **con prudenza** carefully (7)

lo/la psicanalista psychoanalyst

la psicologia psychology (1)

lo psicologo / la psicologa (*pl.* **gli psicologi / le psicologhe**) psychologist (9)

pubblicare to publish

la pubblicità ad

pubblico (*m. pl.* **pubblici**) public; **i mezzi pubblici** public transportation (12)

il pubblico audience, public

pulire (**isc**) to clean (3)

pulito clean (PSP-15)

il pullman bus, tour bus (13)

il pullover pull-over (7)

il puntale tip (*of an object*)

il punto period (*gram.*) (.); point; **il punto di vista** point of view

puntuale punctual

puntualmente punctually (7)

purché on the condition that, as long as (PSP-15)

pure even; by all means (*with imperatives*) (13)

purtroppo unfortunately (10)

la puzza stink, bad smell; **Che puzza!** What a stink!

Q

il quaderno notebook (1)

quadrangolare *adj.* square

il quadro picture (11), painting (*individual piece*) (16)

qualche some (PSP-9); **qualche volta** sometimes

qualcosa something (9); **qualcosa da** + *inf.* something to + *inf.* (9); **qualcosa da bere** something to drink; **qualcosa da fare** something to do (9); **qualcosa da mangiare** something to eat

qualcuno someone (9)

quale which (4); **qual è** what is (4); **Qual è la data di oggi?** What is today's date? (1)

la qualità quality; **la qualità della vita** quality of life

qualsiasi any; **qualsiasi cosa** anything

quando when (3); **fin quando** until

la quantità quantity

quanto how much (4); how many (4); **Quanti anni ha?** How old are you? (*form.*) (2); **Quanti anni hai?** How old are you? (*inform.*) (2); **Quanti ne abbiamo oggi?** What is today's date? (*lit.* How many of them do we have today?) (PSP-8); **Quanto costa?** How much does it cost?; **Quanto costano?** How much do they cost?; **ogni quanto** how often

il quartiere neighborhood (12)

quarto fourth (1)

il quarto one quarter; **Sono le sette e un quarto.** It's 7:15. / It's a quarter past 7:00.; **Sono le sette e tre quarti.** It's 7:45. / It's a quarter to 8:00.

il Quattrocento the 1400s

quello that (2); **quello che** what; that which

la questione question; issue

questo this (2)

qui here; **clicca qui** click here; **qui vicino** nearby, near here

quindi therefore

quinto fifth (1)

il quiz *inv.* quiz

la quota fee; amount, level; **la quota associativa** membership fee; **la quota di partecipazione** program fee

quotidianamente *adv.* daily, everyday

quotidiano *adj.* daily, everyday

il quotidiano daily newspaper (14)

R

raccogliere (*p.p.* **raccolto**) to collect, to gather

la raccolta collection

raccontare to tell (15); **raccontare una storia** to tell a story (15); **raccontare una barzelletta** to tell a joke (15)

il racconto short story

raddoppiato doubled

radio *adj. inv.* radio; **la stazione radio** radio station

la radio (*pl.* **le radio**) radio (PSP-1)

la radiofonia radiotelephony (transmission of information via radiowaves)

rafforzato reinforced

il raffreddore cold (*infection*); **avere un raffreddore** to have a cold (10)

il ragazzino / la ragazzina little boy/girl, kid; cute little boy/girl (PSP-10)

il ragazzo / la ragazza boy/girl, guy/girl (PSP-2); boyfriend/girlfriend (PSP-15); **Che bel ragazzo!** What a cute guy! (4); **Che bella ragazza!** What a cute girl! (4)

il ragazzone big boy (PSP-10)

raggiungere (*p.p.* **raggiunto**) to reach, to arrive at

la ragione reason (14); **avere ragione** to be right

il rapporto relationship

il/la rappresentante representative

rappresentare to represent; to perform (*play, opera, etc.*)

la rappresentazione performance

raramente rarely (7)

il razzismo racism (14)

il re (*pl.* **i re**) king (16)

***reagire (isc)** to react

realistico (*m. pl.* **realistici**) realistic

realizzare to realize (16); to carry out, to bring about (16)

la realtà reality; **in realtà** really, actually

la reazione reaction

il rebus word and picture puzzle

recente recent

reciproco (*m. pl.* **reciproci**) reciprocal

recitare to act, to perform

la recitazione acting

la redenzione redemption

regalare to give as a gift

il regalo gift (6)

la regina queen (16)

regionale regional; **l'italiano regionale** regional variation of standard Italian (15); **il treno regionale** train that travels within one region of Italy

la regione region

il/la regista director (*film*)

registrare to record

regnare to rule

il regno kingdom

la regola rule; **le regole di comportamento** rules of conduct; **le regole d'oro** golden rules

regolare regular

regolarmente regularly (7)

relativamente relatively

relativo respective

la religione religion (1)

religioso religious (12)

il religioso / la religiosa monk/nun (16); member of a religious order (16)

remoto remote; **il passato remoto** past absolute (*gram.*)

rendere (*p.p.* **reso**) to make

il rene kidney

il reparto section

la repubblica (*pl.* **le repubbliche**) republic (16)

residente *adj.* resident

il/la residente resident

la residenza residence (1)

residenziale residential

respirare to breath

***restare** to stay, to remain

restituire (isc) to give back (PSP-15)

il resto rest, remainder

la rete net

la revisione revision

riaprire (*p.p.* **riaperto**) to reopen

il riassunto synopsis, summary

la ricchezza wealth

riccio (*m. pl.* **ricci**) curly; **i capelli ricci** curly hair

ricco (*m. pl.* **ricchi**) rich (2)

la ricerca (*pl.* **le ricerche**) research; **fare ricerca** to do research

la ricetta prescription (10); recipe

ricevere to receive (PSP-5)

richiamare to call back

richiedere (*p.p.* **richiesto**) to require

la richiesta request

†**ricominciare** to start over, to start again

riconoscere (*p.p.* **riconosciuto**) to recognize

riconoscibile recognizable

il riconoscimento recognition

riconsegnare to give back

ricordare to remember; to remind; **ricordare di** (+ *inf.*) to remember to (*do something*) (PSP-14)

ricoverato recovered; ***essere ricoverato all'ospedale** to be admitted to the hospital (10)

ricurvo curved

ridere (*p.p.* **riso**) to laugh; **ridere da matti** to laugh like crazy

ridurre (*p.p.* **ridotto**) to reduce

***rientrare** to come home (3)

rifare (*p.p.* **rifatto**) to redo

riferire (isc) to report; to refer to

rifiutare to refuse

riflessivo reflexive

la riforma reform

il rifugio (*pl.* **i rifugi**) refuge

la riga (*pl.* **le righe**) line

rilassarsi to relax (13)

la rima rhyme, verse

***rimanere** (*p.p.* **rimasto**) to stay (6); to remain (6); ***rimanere a casa** to stay home (PSP-3)

rimediare to remedy

rinascimentale *adj.* Renaissance

il Rinascimento Renaissance (12)

il ringraziamento thanks; **il giorno del ringraziamento** Thanksgiving Day

il rinnovamento renewal

la rinuncia (*pl.* **le rinunce**) renunciation

ripassare to review

il ripasso review

il ripensamento change of mind, second thought

ripetere to repeat

riportare to bring back (PSP-15)

riposarsi to rest

riprendere (*p.p.* **ripreso**) to take again

risalire (a) to date back (to) (15)

rischiare to risk (16)

il rischio (*pl.* **i rischi**) risk

rischioso risky

riscrivere (*p.p.* **riscritto**) to rewrite

risolvere (*p.p.* **risolto**) to resolve (*an issue*), to solve a problem (9)

il Risorgimento movement for Italian unification

la risorsa resource

il risotto rice dish (5)

risparmiare to save (*money*) (9)

rispettare to respect; to follow (rules)

rispetto a compared to, respective to

il rispetto respect

rispondere (*p.p.* **risposto**) to respond (6)

la risposta response

il ristorante restaurant (1)

il risultato result

il ritaglio (*pl.* **i ritagli**) clipping

il ritardo delay; ***essere in ritardo** to be late; **in ritardo** late (7)

il ritmo rhythm (12); pace; **il ritmo della vita** rhythm of life (12); pace of life

***ritornare** to return

ritrovare to discover, to find

la riunione meeting; **fare una riunione** to have a meeting

***riuscire** to succeed; ***riuscire a** (+ *inf.*) to succeed in (*doing something*) (PSP-14); to be able (*to do something*)

rivelare to reveal

la rivista magazine (3)

rivolgere, rivolgersi (*p.p.* **rivolto**) **(a)** to turn (to), to address (oneself) (to); to consult

la rivoltella revolver

la roba stuff

romano *adj.* Roman

il romano / la romana Roman (*person from Rome*)

romantico (*m. pl.* **romantici**) romantic

romanzo Romance; **la lingua romanza** Romance language (15)

il romanzo novel (16)

rompere (*p.p.* **rotto**) to break (6); **rompersi la gamba / il braccio** to break a leg / arm (10)

il rompicapo brainteaser

rosa *inv.* pink (2)

rosso red (2); **la Croce Rossa** Red Cross

rubare to rob, to steal

la ruga (*pl.* **le rughe**) wrinkle

il rumeno Romanian (*language*) (15)

il rumore noise (12)

rumoroso noisy

il ruolo role
russo Russian

S

sabato Saturday (3); on Saturday;
  il sabato every Saturday
il sacchetto bag
il sacco (*pl.* **i sacchi**) bag; **il sacco a
  pelo** sleeping bag; **un sacco di** a whole
  lot of
il/la saggista essayist, non-fiction
  writer
la sala hall; **la sala da pranzo** dining
  room (11)
il sale salt (5)
*__salire__ to climb
il salmone salmon (5)
saltare to skip (*something*)
la salumeria delicatessen (12)
salutare to greet; **salutarsi** to greet
  (*each other*) (8)
la salute health; **Salute!** Bless you! /
  Gesundheit! (10)
il saluto greeting; **tanti saluti** best
  regards, all the best
la salvaguardia protection; **la
  salvaguardia ambientale** protection
  of the environment
i sandali sandals (7)
il sangue blood
la sanità health
sanitario (*m. pl.* **sanitari**) *adj.* health;
  gli articoli sanitari hygiene products;
  il sistema sanitario health-care
  system
il santo / la santa saint (16); **Santa Cleopatra!** Good grief!; **il santo patrono /
  la santa patrona** patron saint
sapere to know (*a fact*) (4); to find out
  (*in the past tense*); **sapere** + *inf.* to
  know how to (*do something*) (4); **si sa
  che** everyone knows that (15)
il sapone soap
il sasso stone
il sassofono saxophone
sbagliarsi to be wrong (7)
lo sbaglio (*pl.* **gli sbagli**) error; **per
  sbaglio** by accident
lo scacco (*pl.* **gli scacchi**) checker,
  square; **a scacchi** plaid
lo scaffale bookcase (11)
le scale stairs; **fare le scale** to take the
  stairs
scambiare to exchange
lo scambio (*pl.* **gli scambi**) exchange
gli scampi prawns
lo scandalo scandal
*__scappare__ to run away
le scarpe shoes (7); **le scarpe da
  ginnastica** sneakers (7)
la scarpetta child's shoe; **le scarpette di
  cristallo** glass slippers
lo scarpone boot, hiking boot

scatenarsi to let loose (*lit.* to unchain
  oneself)
la scatola box; **la scatola di cioccolatini**
  box of chocolates
lo scavo excavation site
scegliere (*p.p.* **scelto**) to choose (6)
la scelta choice
lo scemo / la scema moron; **Che
  scemo/scema!** What a moron!
la scena scene
*__scendere__ (*p.p.* **sceso**) to go down,
  to descend
scenico (*m. pl.* **scenici**) *adj.* stage,
  theatrical
scenografico (*m. pl.* **scenografici**) *adj.*
  stage; spectacular
lo sceriffo sheriff
la scheda chart
lo scheletro skeleton
scherzare to joke (15); to kid (15)
la schiena back (10); **schiena a schiena**
  back to back
lo schifo disgust; **Che schifo!** How
  gross!
lo sci (*pl.* **gli sci**) ski (PSP-1)
sciare to ski (4)
la sciarpa scarf (7)
scientifico (*m. pl.* **scientifici**) scientific;
  il liceo scientifico high school with a
  focus on the sciences
la scienza science; **le scienze della
  comunicazione** Communications
  (*subject matter*) (1); **le scienze
  politiche** political science (1)
lo scienziato / la scienziata scientist (9)
la scimmia monkey
sciocco (*m. pl.* **sciocchi**) foolish
lo sciopero strike (14); **lo sciopero
  selvaggio** wild (unannounced) strike;
  lo sciopero a singhiozzo strike scheduled for various periods during the
  day (i.e., morning and evening rush
  hour)
la scogliera cliff, reef
scolastico (*m. pl.* **scolastici**) *adj.* school;
  la gita scolastica school trip; **il sistema
  scolastico** school system
*__scomparire__ (*p.p.* **scomparso**) to
  disappear (15)
sconfitto defeated
scontento unhappy
lo sconto discount
lo scooter motorscooter
la scoperta discovery
lo scopo purpose; goal
scoprire (*p.p.* **scoperto**) to discover (16)
scorretto bad, incorrect
scorso last (6)
scritto written; **l'esame scritto** written
  exam; **la lingua scritta** written
  language (15)
lo scrittore / la scrittrice writer (16)
la scrivania desk (11)

scrivere (*p.p.* **scritto**) to write (3)
lo scudetto Italian Soccer Cup
la scultura sculpture (16)
la scuola school (9); **la scuola alberghiera** hotel-management school;
  la scuola elementare elementary
  school (9); **la scuola media** middle
  school (9); **la scuola superiore**
  secondary school (9)
scuro dark
scusa (*inform.*) excuse me (3); sorry (10)
la scusa excuse
scusi (*form.*) excuse me (3); sorry (10)
sdraiarsi to lay down
se if; **anche se** even if; **se fossi in te**
  if I were you
sé oneself (PSP-16); herself, himself
  (PSP-16); themselves (PSP-16)
sebbene even though (PSP-15)
il secolo century; **l'undicesimo secolo**
  the 11th century (12); **il dodicesimo
  secolo** the 12th century (12)
a seconda di according to; depending on
secondo second (1); **la Seconda Guerra
  Mondiale** Second World War (WWII);
  il secondo piano second floor (*third
  floor of an Italian building*); **al secondo
  piano** on the second floor (*third floor
  of an Italian building*); **il secondo
  (piatto)** second course (5)
secondo *prep.* according to; **secondo me**
  in my opinion (12); **secondo te/Le** in
  your opinion (*inform./form.*) (12)
il secondo second (*unit of time*)
la sedentarietà sedentariness
sedentario (*m. pl.* **sedentari**) sedentary
sedersi to sit (11)
la sedia chair (11)
segnare to mark
il segno sign; **la Lingua Italiana dei
  Segni** Italian Sign Language
il segretario / la segretaria (*pl.*
  i segretari / le segretarie) secretary,
  assistant
la segreteria telefonica answering
  machine
segreto *adj.* secret
il segreto secret
seguente following
seguire to follow; to take a course (1)
il Seicento the 1600s
selvaggio (*m. pl.* **selvaggi**) wild; **lo
  sciopero selvaggio** wild (unannounced)
  strike
*__sembrare__ to seem; **sembrare che**
  to seem that (14)
il seminario (*pl.* **i seminari**) seminary;
  seminar
semplice simple
sempre always (3)
la senape mustard
il senatore / la senatrice senator (16)
senese Sienese

il senso way; **a senso unico** *adj.* one-way; **il senso unico** one way

il sentimento feeling

sentire to hear, to listen; to smell; **sentirsi** to feel (7)

senza without; **senza che** without (PSP-15); **senza di me** without me; **senza fili** wireless

separarsi to separate (*from each other*) (8)

separato separated (4)

la sera evening; **buona sera** good evening (1); **di sera** in the evening (3); **ieri sera** yesterday evening, last night; **da sera** *adj.* evening; **le scarpe da sera** evening shoes; **il vestito da sera** evening dress

la serata evening, the whole evening

seriamente seriously

serio (*m. pl.* **seri**) serious (2); **sul serio** seriously

il serpente snake, serpent

servire to serve (3); to help; to be useful, to be of use; to need

il servizio (*pl.* **i servizi**) service charge; service; **i servizi** service industry

il servo / la serva servant

il sesso sex

sesto sixth (1)

la sete thirst; **avere sete** to be thirsty

il Settecento the 1700s

settembre September (1)

settentrionale Northern (15)

la settimana week; **il fine settimana** weekend (6); **la settimana bianca** a week-long skiing vacation; **la settimana prossima** next week (9)

il settimanale weekly magazine; weekly publication

settimo seventh (1)

il settore sector

la sfilata fashion show (7)

sfiorare to come close to; to skim over; to brush against

lo shopping shopping (3); **fare shopping** to go shopping (3)

gli short shorts (7)

sicuro safe (14); sure; ***essere sicuro che** to be sure that (15)

la sigaretta cigarette

significare to mean; **Che significa... ?** What does . . . mean?

significativo significant

il significato meaning

il signore / la signora gentleman/lady; sir / madam, ma'am; Mr. / Mrs., Ms.

silenzioso quiet

simboleggiare to symbolize

simbolico (*m. pl.* **simbolici**) symbol

simile similar

simpatico (*m. pl.* **simpatici**) nice, likeable (PSP-2)

sinceramente sincerely, honestly (7)

sincero sincere, honest (2)

il singhiozzo hiccup; **lo sciopero a singhiozzo** strike scheduled for various periods during the day (i.e., morning and evening rush hour)

singolare singular

singolo single; **la camera singola** single room (13)

la sinistra left (*direction*); **a sinistra** on the left; **a sinistra di** to the left of (11); **di sinistra** on the left; **girare a sinistra** to turn left (13); **sulla sinistra** on the left (13)

sino a up to

la sirena siren

il sistema system (PSP-1); **il sistema d'istruzione** educational system; **il sistema sanitario** health care system; **il sistema scolastico** school system

sistemare to arrange; to set up; to put in order

il sito Internet web site

la situazione situation

smettere (*p.p.* **smesso**) (**di** + *inf.*) to quit (*doing something*), to stop (*doing something*) (PSP-14); **smettere di lavorare** to stop working (9)

lo smog smog (12)

l'sms *m.* text message

il soccorso emergency care; **il pronto soccorso** emergency room (10)

sociale social

la società society

la sociologia sociology (1)

il sociologo / la sociologa (*pl.* **i sociologi / le sociologhe**) sociologist

soddisfacente satisfying

soddisfatto di satisfied with, happy with

la soddisfazione satisfaction; **provare soddisfazione** to be happy, to feel happy

sodo hard; **lavorare sodo** to work hard (9)

soffiare to blow

soffrire (*p.p.* **sofferto**) to suffer; **soffrire di** to suffer from

il soggetto subject

il soggiorno living room (11); ***andare in soggiorno** to go to the living room (8); stay (*periode* of time) (13)

sognare to dream (14)

il sogno dream; **avere un sogno nel cassetto** to have a secret wish (*lit.* to have a dream in the drawer) (13)

solamente only

il soldato / la soldatessa soldier (16)

i soldi *m. pl.* money (3); **prelevare soldi** to withdraw money

il sole sun; **gli occhiali da sole** sunglasses (7); **prendere il sole** to sunbathe (4)

la solidarietà solidarity, sympathy

solito usual, same; **di solito** usually (10)

la solitudine loneliness, isolation (14)

solo *adj.* sole, only, alone; *adv.* only, alone; **da solo** *adj./adv.* alone; **una sola volta** just one time, just once

soltanto only, just

la soluzione answer, solution

il somaro donkey

la somiglianza similarity

la somma sum

sommato added up, totaled; **tutto sommato** all things considered, all in all

il sondaggio (*pl.* **i sondaggi**) poll, survey

il sonetto sonnet (16)

sopra above

soprattutto above all; especially

*sopravvivere (*p.p.* **sopravvissuto**) to survive

la sorella sister (4)

la sorellina little sister

sorprendente surprising

la sorpresa surprise

sorridere (*p.p.* **sorriso**) to smile

il sostantivo noun

sostenere to maintain; to support

sostituire (isc) to substitute

sotto under, below; **qui sotto** here below

sottolineare to underline

sottolineato underlined

sottoporsi (*p.p.* **sottoposto**) (**a**) to undergo

il sottotitolo subtitle

la sottoveste vest

la spada sword

gli spaghetti spaghetti (5)

spagnolo *adj.* Spanish (2)

lo spagnolo Spanish (*language*) (PSP-6)

la spalla shoulder (10)

sparito disappeared

lo spasso amusement, entertainment; **portare il cane a spasso** to take the dog for a walk

lo spazio (*pl.* **gli spazi**) space

lo spazzolino small brush; **lo spazzolino da denti** toothbrush

lo specchio (*pl.* **gli specchi**) mirror (11); **allo specchio** in the mirror; **guardarsi allo specchio** to look at oneself in the mirror

speciale special

lo/la specialista specialist

specializzato specialized

la specializzazione graduate degree, specialization

specifico (*m. pl.* **specifici**) specific

spedire (isc) to send (12)

spegnere (*p.p.* **spento**) to turn off; **spegnere le luci** to turn off the lights

spendere (*p.p.* **speso**) to spend money

sperare to hope (14); **sperare che** to hope that (14); **sperare di** (+ *inf.*) to hope to (*do something*)

la spesa grocery shopping; **fare la spesa** to go grocery shopping

le spese costs

spesso often (3); **quanto spesso** how often

lo spettacolo show (6)

la spiaggia (*pl.* **le spiagge**) beach (13)

spiegare to explain (3)

la spiegazione explanation

gli spinaci spinach

lo spirito ghost

spiritoso witty, clever

splendido splendid, magnificent

sporadico (*m. pl.* **sporadici**) occasional, sporadic

sporco (*m. pl.* **sporchi**) dirty

sporgente sticking out (10)

lo sport sport (1); **fare sport** to play sports (3); **gli sport estremi** extreme sports

sportivo *adj.* sports; athletic; **l'attività sportiva** sports activity

sposarsi to marry (8)

sposato married (4)

lo sposo / la sposa spouse; **la Camera degli Sposi** Wedding Chamber; **i promessi sposi** betrothed; **gli sposi** newlyweds

spostarsi to move

lo spumante sparkling wine

lo spuntino snack; **fare uno spuntino** to have a snack (3)

la squadra team

†**squillare** to ring

stabile steady, stable

lo stabilimento establishment; **lo stabilimento balneare** beach club

stabilirsi (isc) to settle (oneself)

lo stadio (*pl.* **gli stadi**) stadium

la stagione season; **l'alta stagione** high season (13); **la bassa stagione** low season (13)

stamattina this morning

stanco (*m. pl.* **stanchi**) tired (2)

la stanza room

*****stare** to be (4); to stay (4); to remain (4); *****stare bene** to be well (2); *****stare benissimo** to be great (2); *****stare così così** to be so-so (2); *****stare molto bene** to be very well (2); **Come sta?** How are you? (*form.*) (2); **Come stai?** How are you? (*inform.*) (2)

stasera tonight (PSP-3), this evening

la statistica (*pl.* **le statistiche**) statistic; statistics course

statistico (*m. pl.* **statistici**) statistical

lo stato state; **gli Stati Uniti** the United States; **lo stato civile** marital status

la statua statue

la stazione station; train station; **la stazione radio** radio station

la stella star; **a quattro stelle** *adj.* four-star

stellato starry

lo stendardo banner; **lo stendardo dipinto** colored banner

lo stereotipo stereotype

stesso same (PSP-2); -self; **noi stessi** ourselves; **me stesso** myself; **te stesso** yourself

lo stile style

lo/la stilista designer (7)

stimolante stimulating

lo stipendio (*pl.* **gli stipendi**) salary (9)

gli stivali boots (7)

la storia story; history; **raccontare una storia** to tell a story (15)

storico (*m. pl.* **storici**) historical; **il centro storico** historical center (of a city) (12)

la strada street (11); **per (la) strada** on the street

stradale *adj.* road

straniero foreign

strano strange; *****essere strano che** to be strange that

la strategia strategy

stressante stressful

stressato stressed (2)

stretto narrow; **a stretto contatto** in close contact

la striscia (*pl.* **le strisce**) stripe

lo strumento instrument

la struttura structure

lo studente / la studentessa student (1)

gli studi internazionali International Studies (1)

studiare to study (3); **studiare in biblioteca** to study in the library; **studiare con il computer** to study on the computer

lo studio (*pl.* **gli studi**) study; study, office; practice; **la materia di studio** subject matter (1); **gli studi** studies; **lo studio medico-dentistico** medical-dental practice

studioso studious, diligent (2)

lo studioso / la studiosa scholar, researcher

stupendo wonderful, marvelous

stupido stupid (2)

lo stuzzicadente *inv.* toothpick

su on (5); out of; **20 su 30** 20 out of 30; **Su, coraggio!** Cheer up!; **su misura** customized; **sul serio** seriously; **sulla destra** on the right; **sulla sinistra** on the left

subito immediately, right away (PSP-16); *****tornare subito** to be right back, to come right back

*****succedere** (*p.p.* **successo**) to happen

il successo success

il succo (*pl.* **i succhi**) juice; **il succo d'arancia** orange juice (1); **il succo di frutta** fruit juice

il Sud South

il suffisso suffix

il sugo (*pl.* **i sughi**) sauce (5)

suo her/his (2); its (2); **Suo** your (*sing. form.*) (2)

suonare to play (*an instrument*) (3); *****suonare l'allarme** to sound the alarm

il suono sound

superare to pass; **superare l'esame** to pass an exam (PSP-15)

superiore higher; better; **la scuola superiore** secondary school (9)

il superlativo superlative

il supermercato supermarket (PSP-15)

svariato different, varied

svegliare to wake up; **svegliarsi** to wake (oneself) up (7)

lo sviluppo development

svolgere (*p.p.* **svolto**) to carry out, to do; **svolgersi** to take place

T

il tabaccaio (*pl.* **i tabaccai**) tobacco shop (12), tobacconist

la tabella table

il tacco (*pl.* **i tacchi**) heel; **le scarpe con i tacchi alti** high-heeled shoes

la taglia size (*clothing*); **Che taglia porta?** What size do you take? (*form.*) (7)

il tango (*pl.* **i tanghi**) tango

tanto *adj.* many, a lot (PSP-15); *adv.* very; **ogni tanto** sometimes (3); every now and then; **tanto… quanto** as… as (PSP-4)

il tappeto rug (11)

tardi late (7); **è tardi** it's late (3); **A più tardi!** See you later!; **troppo tardi** too late (3)

la targa license plate (PSP-1)

la tasca (*pl.* **le tasche**) pocket

la tassa tax (14); fee (14); **le tasse universitarie** university fees

il tasso rate (14); **il tasso di disoccupazione** unemployment rate (14)

la tavola table; **apparecchiare la tavola** to set the table (5); **il galateo a tavola** table manners; **la tavola calda** cafeteria (*lit.* hot table)

il tavolino small table

il tavolo table (11)

te you (PSP-16)

il tè tea (1)

teatrale *adj.* theater

il teatro theater (6); *****andare a teatro** to go to the theater (6)

la tecnica (*pl.* **le tecniche**) technology

la tecnologia (*pl.* **le tecnologie**) technology

tedesco (*m. pl.* **tedeschi**) *adj.* German (2)

il tedesco German (*language*)

il telecomando TV remote

telefonare (a) to call, to telephone

la telefonata phone call; **fare una telefonata** to make a phone call

telefonico (*m. pl.* **telefonici**) *adj.* telephone; **la segreteria telefonica** answering machine

il telefonino cellular phone (3)

il telefono telephone (3); **il numero di telefono** phone number (1); **al telefono** on the phone

la televisione television (1); **alla televisione** on television; **guardare la televisione** to watch television; **lavorare alla televisione** to work in television

televisivo *adj.* television; **il programma televisivo** television program
il televisore television set (11)
il tema (*pl.* **i temi**) theme; essay
temere (che) to fear (that) (14)
il tempaccio (*pl.* **i tempacci**) bad weather (PSP-10)
la temperatura temperature
il tempo time; weather (PSP-10); **che tempo fa?** what's the weather like? (2); **lavorare a tempo pieno** to work full-time (9); **passare tempo** to spend time; **il tempo libero** free time
temporaneamente temporarily
la tenda tent; **la tenda da campeggio** camping tent
la tendenza trend
tenere to keep; **tenere a** to care about
il tennis tennis; **giocare a tennis** to play tennis (3)
il termine word, term (15)
la terra earth; ground; **per terra** on the ground
la terrazza terrace
terreno earthly; **i beni terreni** worldly goods
terrestre *adj.* earth; **il paradiso terrestre** earthly paradise
terrificante terrifying
il territorio (*pl.* **i territori**) territory
terzo third (1); **la terza età** the "golden years" (14); **il terzo piano** third floor (*fourth floor of an Italian building*); **al terzo piano** on the third floor (*fourth floor of an Italian building*)
il terzo one third
la tesi (*pl.* **le tesi**) *inv.* thesis (PSP-1)
tesoro honey (*term of endearment; lit.* treasure)
la testa head (10); **avere mal di testa** to have a headache (10)
la testimonianza evidence
il testo text
il tifo support; **fare il tifo per** to be a fan of
il tifoso / la tifosa fan
timido shy
tipico (*m. pl.* **tipici**) typical
il tipo type, kind; **il tipo / la tipa** guy/girl
il tiramisù dessert of ladyfingers soaked in espresso and layered with cream cheese, whipped cream, and chocolate
tirare to pull; to blow (*wind*); **tirare vento** to be windy; **tirarsi su di morale** to raise one's spirits
il titolo title
toccare to touch; **toccare a** to be the turn of; **Tocca a te!** It's your turn!
togato well dressed (*coll.*)
tollerare to tolerate, to stand
la torcia (*pl.* **le torce**) torch; **la torcia elettrica** flashlight
*tornare to return (3); ***tornare a casa** to go home; ***tornare subito** to be right back

la torre tower
la torta cake (5); **la torta al cioccolato** chocolate cake
i tortellini tortellini (5)
i tortelloni large tortellini
il torto wrong, error; **avere torto** to be wrong
toscano Tuscan (15)
il toscano Tuscan dialect (15)
il/la tossicodipendente drug addict (14)
tossire (isc) to cough
totale total
il tovagliolo napkin (5)
tra between (5); **tra parentesi** in parentheses
tradizionale traditional
la tradizione tradition; **la tradizione letteraria** literary tradition (15)
la traduzione translation
il traffico (*pl.* **i traffici**) traffic (12)
il tramonto sunset
tranne except
tranquillamente calmly
la tranquillità calm
tranquillo *adj.* calm (2)
*trascorrere (*p.p.* **trascorso**) to spend time
trascurabile unimportant, irrelevant
trasferirsi (isc) to relocate (11)
trasformare to transform (16); **trasformarsi** to transform (14); **trasformarsi in** to change into
la trasformazione change, transformation
il trasporto transport; **i mezzi di trasporto** means of transportation
il trattino dash, hyphen (-)
tratto da taken from
la trattoria casual restaurant
il Trecento the 1300s (12)
il trekking hiking; **fare trekking** to hike
tremendo awful, terrible
il trench raincoat (7)
il treno train; ***andare in treno** to go by train (8); **prendere il treno** to take the train; **viaggiare in treno** to travel by train
il triangolo triangle
il tribunale courtroom (9)
il triclinio (*pl.* **i triclini**) chaise lounge the people of Pompeii reclined on while eating
triste sad (2)
il triumvirato the group of three magistrates which was the highest governing body in ancient Rome
il triumviro member of the triumvirate
troppo too much; too many; **troppo presto** too early (3); **troppo tardi** too late (3)
trovare to find (12); **trovarsi** to find oneself (*in a place*); ***andare a trovare** to visit (*people*) (6)
truccarsi to put on makeup (7)

la T-shirt t-shirt (7)
il tumore tumor; cancer
tuo your (*sing. inform.*) (2)
i tuoi your parents (*coll.*); your family
turco (*m. pl.* **turchi**) *adj.* Turkish
il turismo tourism
il/la turista tourist
turistico (*m. pl.* **turistici**) *adj.* tourist
il turno turn; **a turno** in turns; **di turno** on duty; **la farmacia di turno** pharmacy whose turn it is to remain open in case of an emergency
la tuta: la tuta da ginnastica sweats, sweatsuit
la tutela protection
tutti everyone (9)
tutto everything (9); all; **tutta la notte** all night; **tutta la sera** all evening; **tutti e due** both; **tutti i giorni** every day (3); **tutto il giorno** all day; **in tutto il mondo** all over the world; **tutto a posto** everything's ok; **tutto sommato** all things considered, all in all
la TV TV; **alla TV** on TV; **guardare la TV** to watch TV

U

ucciso killed
uffa! oh man!, geez! (6)
l'ufficio (*pl.* **gli uffici**) office (9); ***andare in ufficio** to go to the office (8); **l'ufficio postale** post office (12); **in ufficio** in/at the office
l'UFO *inv.* UFO
uguale equal, same
ulteriore additional, further
ultimo last
umano *adj.* human; **l'essere umano** human being
l'umore *m.* mood; **di cattivo umore** in a bad mood
un po' di a bit of (5)
undicesimo eleventh; **l'undicesimo secolo** the 11th century
unico (*m. pl.* **unici**) sole, only (4); **la figlia unica** only daughter; **il figlio unico** only son; **a senso unico** *adj.* one-way; **il senso unico** one way
unifamiliare *adj.* one-family
l'unificazione *f.* unification (16)
uniformare to make uniform, to spread evenly
l'unione *f.* union
unire (isc) to join; to unite
unito united; **gli Stati Uniti** the United States
universale universal; **il Giudizio Universale** The Last Judgement
l'università university (1)
universitario (*m. pl.* **universitari**) *adj.* university; **le tasse universitarie** university fees
uno one; a/an; **l'uno dell'altro** one another, each other

l'uomo (*pl.* **gli uomini**) man (PSP-1)

l'uovo (*pl.* **le uova**) egg (5); **meglio un uovo oggi che una gallina domani** better an egg today than a chicken tomorrow; **l'uovo di Pasqua** Easter egg (8)

urbano *adj.* city, urban; **il centro urbano** city (12)

gli USA the U.S., the United States of America

usare to use

*****uscire** to leave a place (3); to exit (3); *****uscire (con)** to go out (with others) (3)

l'uso use

l'ustione *f.* burn

utile useful

V

la vacanza vacation (13); *****andare in vacanza** to go on vacation; *****essere in vacanza** to be on vacation; **fare una vacanza** to take a vacation

le vacanze vacation (3); **Buone vacanze!** Have a good vacation! (8)

*****valere** (*p.p.* **valso**) to be worth

la valigia (*pl.* **le valigie**) suitcase

il valore value

il vantaggio (*pl.* **i vantaggi**) advantage, benefit

variare to vary

la varietà variety

vario (*m. pl.* **vari**) various

variopinto colorful

la vasca tub; **la vasca da bagno** bathtub (11)

il vaso vase

la vecchiaia old age (14)

vecchio (*m. pl.* **vecchi**) old (2)

il vecchio / la vecchia (*pl.* **i vecchi / le vecchie**) old man/woman

vedere (*p.p.* **visto** or **veduto**) to see (6); **ci vediamo domani** see you tomorrow; **far vedere** to show; **un film da vedere** a "must-see" film; **non vedere l'ora** (**di** + *inf.*) to not be able to wait (*to do something*) (3); **si vede che** you can tell that / it's clear that (14)

vegetariano vegetarian

la vela sail; **la barca a vela** sail boat (13)

veloce fast (2)

velocemente quickly, fast (7)

la velocità speed

vendesi for sale

il venditore / la venditrice vendor

venerdì Friday (3)

*****venire** (*p.p.* **venuto**) to come (PSP-3); *****venire a** (+ *inf.*) to come to (*do something*) (PSP-14)

il vento wind; **tirare vento** to be windy

veramente really, actually (10); truly

il verbo verb

verde green (2); **i Verdi** Green Party; **il numero verde** toll-free number

la verdura vegetable (5); vegetables; **il negozio di frutta e verdura** fruit and vegetable shop (12)

la vergine virgin; **l'olio d'oliva extra vergine** extra virgin olive oil

verificare to check

la verità truth

vero true; **vero?** right?

la versione version

verso toward; around, about

verticale vertical

vestire to dress; **vestirsi** to get dressed (7); **vestire alla moda** to dress fashionably

i vestiti clothes

il vestito dress (7); suit (7)

il veterinario / la veterinaria (*pl.* **i veterinari / le veterinarie**) veterinarian (9)

la vetrina shop window (PSP-14)

via away; *****andare via** to go away; **buttare via** to throw away; **cacciare via** to throw out

la via street

viaggiare to travel (4); **viaggiare in treno** to travel by train

il viaggiatore / la viaggiatrice traveler

il viaggio (*pl.* **i viaggi**) trip; **Buon viaggio!** Have a good trip! (8); **fare un viaggio** to take a trip

il viale avenue, boulevard

vicino (a) near; **qui vicino** nearby, near here

il vicino / la vicina di casa neighbor

il video (*pl.* **i video**) video

vietato prohibited; **vietato fumare** no smoking; **vietato parcheggiare** no parking

il/la vigilessa *m./f.* traffic cop (12)

la vigilia (*pl.* **le vigilie**) eve (8)

la vignetta cartoon

la villa villa, large house

la villeggiatura vacation; **la località di villeggiatura** resort

vincere (*p.p.* **vinto**) to win (6)

il vincitore / la vincitrice winner

il vino wine (5)

viola *inv.* violet (2)

violento violent

la violenza violence (14)

il violino violin (3)

la visita visit (PSP-15); **la visita guidata** guided tour

visitare to visit (*places*) (6)

il viso face (10)

la vista view; **l'amore a prima vista** love at first sight; **il punto di vista** point of view

la vita life; lifespan, lifetime; **il costo della vita** cost of living; **la qualità della vita** quality of life; **il ritmo della vita** rhythm of life (12); pace of life; **la vita media** average lifespan

la vitaccia (*pl.* **le vitacce**) crazy, hectic life

la vitamina vitamin

il vitello veal (5)

il vitto food; **vitto e alloggio** room and board

la vittoria victory (16)

Viva! Hooray!; **Viva... !** Long live . . .!

*****vivere** (*p.p.* **vissuto**) to live (12); **guadagnarsi da vivere** to earn a living

vivo living, live; **dal vivo** live

il vocabolario (*pl.* **i vocabolari**) vocabulary

la vocale vowel

la voce voice; **leggere ad alta voce** to read aloud; **parlare a voce alta** to talk in a loud voice

la voga vogue, style; **in voga** in style

la voglia desire, wish; **avere voglia di** to want

voi you (*pl. inform.*), you all (PSP-16)

†**volare** to fly (PSP-2)

volentieri willingly, gladly

†**volere** to want (5); **volersi bene** to love (*each other*) (8); **vorrei...** I would like . . . (2); **Cosa vuol dire... ?** What does . . . mean?

il volontariato volunteer work (14)

il volontario / la volontaria (*pl.* **i volontari / le volontarie**) volunteer

la volta time (*occasion*); **qualche volta** sometimes; **una volta** once; **un'altra volta** another time (5)

vostro your (*pl. inform.*) (2)

votare to vote

il voto grade (1); vote

W

il water toilet (11)

il weekend weekend (6)

Y

lo yoga yoga; **fare yoga** to do yoga (3)

lo yogurt yogurt

Z

lo zaino backpack (1)

la zia aunt (4)

lo zio (*pl.* **gli zii**) uncle (4)

la zona area, zone

lo zoo (*pl.* **gli zoo**) zoo

lo zucchero sugar (5)

le zucchine zucchini (5)

la zuppa soup; **la zuppa inglese** English trifle (dessert of sponge cake soaked in liqueur with cream)

Glossario inglese-italiano

This glossary contains the translations of all of the words and expressions from the end-of-chapter vocabularies.

A

a lot **tanto** *adj.* (PSP-15)
A.D. (anno domini) **d.C. (dopo Cristo)** (12)
to be able, can, may †**potere** (5); to be able to (*do something*) †**potere** (+ *inf.*) (7)
about **di** (5); about it **ne** (PSP-8); about them **ne** (PSP-8)
abroad **ẹstero** *adj.* (13)
to accept **accettare** (10); to accept to (*do something*) **accettare di** (+ *inf.*) (PSP-14)
accessory **l'accessọrio** (*pl.* **gli accessori**) (7)
active **attivo** (1)
actor **l'attore/l'attrice** (9)
actually **veramente** (10)
advice (*piece of*) **il consịglio** (16)
to be afraid of **avere paura di** (PSP-2)
after **dopo** (6); **dopo di che** (6)
in the afternoon **del pomerịggio** (3)
agile **ạgile** (PSP-4)
aging **l'invecchiamento** (14)
ago **fa** (6)
to agree *****ẹssere d'accordo** (13)
air conditioning **l'ạria condizionata** (13)
always **sempre** (3)
American (*nationality*) **americano** (2)
angry **arrabbiato** (2)
to get angry **arrabbiarsi** (7); to be angry with someone **avẹrcela con qualcuno** (PSP-16)
anniversary **l'anniversạrio** (8); Happy Anniversary! **Buon anniversạrio!** (8)
anthropology **l'antropologia** (1)
antipasto **l'antipasto** (5)
not anymore **non... più** (6)
apartment building **il palazzo** (11)
April **aprile** (1)
architect **l'architetto** *m./f.* (9)
to argue **litigare** (15)
arm **il brạccio** (10)
armchair **la poltrona** (11)
armoire **l'armạdio** (11)
to arrive *****arrivare** (13)
artist **l'artista** *m./f.* (9)
as . . . as **così... come** (PSP-4); **tanto... quanto** (PSP-4); as long as **a condizione che** (PSP-15); **purché** (PSP-15)
to ask **chiẹdere** (15); to ask to (*do something*) **chiẹdere di** (+ *inf.*) (PSP-14); to ask a question **fare una domanda** (3)

asparagus **l'asparago** (PSP-1)
assortment of sliced meats and sausages **gli affettati misti** (5)
astrologist **l'astrọlogo/l'astrọloga** (PSP-1)
at **a** (5); **da** (PSP-5)
athlete **l'atleta** *m./f.* (PSP-4)
to attend **frequentare** (3)
August **agosto** (1)
aunt **la zia** (4)
Australian (*nationality*) **australiano** (2)
Austrian (*nationality*) **austriaco** (2)
autumn **l'autunno** (1)
to go away *****andarsene** (PSP-16)

B

B.C. (Before Christ) **a.C. (avanti Cristo)** (12)
back **la schiena** (10)
backpack **lo zaino** (1)
bad **cattivo** (2); to be bad weather **fare brutto** (2); not bad **non c'è male** (2); too bad! **peccato!** (6)
badly **male** *adv.* (7)
bakery **il forno** (12); **il panifịcio** (12)
balcony **il balcone** (11)
bank **la banca** (12); to go to the bank *****andare in banca** (8)
bargain **l'offerta** (13)
baseball cap **il berretto** (7)
bathing suit **il costume da bagno** (7)
bathroom **il bagno** (11); to go in the bathroom *****andare in bagno** (8)
bathtub **la vasca da bagno** (11)
battery **la pila elẹttrica** (16)
to be *****ẹssere** (2); *****stare** (4); to be (*nationality*) *****ẹssere** (+ *nationality*) (2); to be from (*city*) *****ẹssere di** (+ *city*) (2); to be great *****stare benịssimo** (2); to be so-so *****stare così così** (2); to be very well *****stare molto bene** (2); to be well *****stare bene** (2)
beach **la spiạggia** (13); beach lounge chair **il lettino** (13); beach umbrella **l'ombrellone** *m.* (13)
beautiful **bello** (PSP-2); to be beautiful weather **fare bello** (2); How beautiful! **Che bello!** (4)
because **perché** (4)
to become *****diventare** (9)
bed **il letto** (11); to go to bed *****andare a letto** (3); to make the bed **fare il letto** (PSP-6)

bed-and-breakfast **la pensione** (13); bed-and-breakfast with breakfast and lunch or dinner included **la mezza pensione** (13); bed-and-breakfast with breakfast, lunch, and dinner included **la pensione completa** (13)
bedroom **la cạmera da letto** (11); to go in the bedroom *****andare in cạmera da letto** (8)
beer **la birra** (1)
Befana (*celebration of the Catholic feast of the Epiphany, January 6; the kindly old woman who brings gifts to children on Epiphany eve*) **la Befana** (8)
before **prima** (6); **prima che** (PSP-15); Before Christ (B.C.) **avanti Cristo (a.C.)** (12)
to begin **cominciare**; †**iniziare** (3)
behind **dietro** (11)
beige **beige** *inv.* (2)
to believe **crẹdere** (14); to believe in (*something/someone*) **crẹdere a/in** (14); to believe in (*doing something*) **crẹdere di** (+ *inf.*) (PSP-15); to believe that **crẹdere che** (14)
belt **la cintura** (7)
my best **il mio mẹglio** (PSP-14)
better than *adv.* **mẹglio di** (12); *adj.* **migliore di** (12)
between **fra** (5); **tra** (5)
bicycle **la bicicletta** (1); to go by bicycle *****andare in bicicletta** (8)
bidet **il bidè** (11)
big **grande** (2)
bike **la bici** (PSP-1); to go for a bike ride **fare un giro in bici** (6)
bill **il conto** (5)
biologist **il biọlogo / la biọloga** (PSP-1)
biology **la biologia** (1)
birth **la nạscita** (14)
birthday **il compleanno** (6); Happy Birthday! **Buon compleanno!** (8); to have a birthday **cọmpiere gli anni** (6)
a bit of **un po' di** (5)
black **nero** (2)
Bless you! **Salute!** (10)
blond hair **i capelli biondi** (2)
blue **blu** *inv.* (2); (sky) blue **azzurro** (2)
book **il libro** (1); big book **il librone** (PSP-10)
bookcase **lo scaffale** (11)
bookstore **la libreria** (12)

boots **gli stivali** (7)
to get bored **annoiarsi** (7)
boredom **la noia** (14)
boring **noioso** (2)
to be born ***nascere** (6)
bottle **la bottiglia** (1)
boy **il ragazzo** (PSP-2); big boy **il ragazzone** (PSP-10); cute little boy **il ragazzino** (PSP-10)
bread **il pane** (5); bread shop **il forno** (12); **il panificio** (12)
to break **rompere** (6); to break a leg **rompersi la gamba** (10); to break up **lasciarsi** (8)
to eat breakfast **fare colazione** (3)
to bring **portare** (7); to bring about **realizzare** (16); to bring back **riportare** (PSP-15)
broad **largo** (10)
broth **il brodo** (5)
brother **il fratello** (4)
brown **marrone** (2); brown hair **i capelli castani** (2)
to brush one's teeth **lavarsi i denti** (7)
bus **l'autobus** *m.* (3); (tour) bus **il pullman** (13); to take the bus **prendere l'autobus** (4)
business **l'occupazione** *f.* (14)
busy **impegnato** (2)
but **ma** (PSP-13)
butcher shop **la macelleria** (12)
butter **il burro** (5)
to buy **comprare** (PSP-13)
by (*a certain time*) **entro** (PSP-14); by all means **pure** (*with imperatives*) (13)
bye **ciao** (1)

C

cafeteria **la mensa** (3)
cake **la torta** (5); traditional Easter cake (*in the shape of a dove*) **la colomba** (8); traditional Christmas cake **il panettone** (8)
calm **tranquillo** (2)
can, may, to be able to †**potere** (5)
Canadian (*nationality*) **canadese** (2)
cappuccino **il cappuccino** (1)
car **l'automobile, l'auto** (PSP-1); **la macchina** (1); big car **la macchinona** (PSP-10); to go by car ***andare in macchina** (8); to go for a car ride **fare un giro in macchina** (6)
to play cards **giocare a carte** (3)
carefully **con prudenza** (7)
to carry **portare** (7); to carry out **realizzare** (16)
cat **il gatto** (1)
catalogue **il catalogo** (PSP-1)
cathedral **il duomo** (12)
CD **il CD** (PSP-8)
CD-ROM **il CD** (1)
to celebrate **festeggiare** (6)
cell phone **il telefonino** (3)

(town) center, downtown **il centro** (7); to go downtown ***andare in centro** (8); historical center (of a city) **il centro storico** (12); (large) shopping center, mall **il centro commerciale** (7)
central **centrale** (15); Central-Southern **centro-meridionale** (15)
century: the 11th century **l'undicesimo secolo** (12); the 12th century **il dodicesimo secolo** (12); the 1200s **il Duecento** (12); the 1300s **il Trecento** (12)
to be certain that ***essere certo che** (15)
chair **la sedia** (11)
to change †**cambiare** (15)
chaos **il caos** (12)
to chat **chiacchierare** (15), **fare due chiacchiere** (15)
cheese **il formaggio** (5)
chemistry **la chimica** (1)
cherry **la ciliegia** (PSP-1)
(roast) chicken **il pollo (arrosto)** (5)
as a child **da bambino/a** (10)
chocolate **il cioccolato** (5)
to choose **scegliere** (6)
Christmas **il Natale** (8); Christmas tree **l'albero di Natale** (8); Merry Christmas! **Buon Natale!** (8); traditional Christmas cake **il panettone** (8)
church **la chiesa** (8); to go to church ***andare in chiesa** (8)
city **la città** (1); **il centro urbano** (12); big city **la metropoli** (12); city dweller **il cittadino / la cittadina** (14); city hall **il palazzo comunale** (12)
civic **civico** (12)
clarinet **il clarinetto** (PSP-7)
class (*group of students*) **la classe** (1)
class period **la lezione** (1)
classroom **la classe** (1)
clean **pulito** (PSP-15)
to clean **pulire** (3)
to be clear that ***essere chiaro che** (15); it's clear that **si vede che** (14)
clerk (*in a store*) **il commesso / la commessa** (9)
clock **l'orologio** (1)
to close **chiudere** (3)
closet **l'armadio** (*pl.* **gli armadi**) (11)
clothes **gli abiti** (7)
coal **il carbone** (8)
coffee **il caffè** (1); to have a coffee **prendere un caffè** (3)
to be cold **avere freddo** (2); to be cold weather **fare freddo** (2); to have a cold **avere un raffreddore** (10)
color **il colore** (2)
to come ***venire** (PSP-3); come in! **prego!** (1); to come to (*do something*) ***venire a** (+ *inf.*) (PSP-14); come on! **dai!** (6)
to make oneself comfortable **accomodarsi** (13)

company **la ditta** (9)
to complain **lamentarsi** (13)
to compose **comporre** (16)
composer **il compositore / la compositrice** (16)
composition **il componimento** (PSP-6)
computer **il computer** (1)
concert **il concerto** (6)
Constitution **la Costituzione** (16)
to construct **costruire** (12)
construction site **il cantiere** (9)
contact lenses **le lenti a contatto** (2)
contemporary **contemporaneo** (15)
to cook **cucinare** (4)
cookie **il biscotto** (PSP-12)
to cope **farcela** (PSP-16)
in the corner **nell'angolo** (11)
couch **il divano** (11)
to be a couple **mettersi insieme** (8)
course (*of study*) **il corso** (1); first course (*meal*) **il primo piatto** (5); second course **il secondo piatto** (5); to take a course **seguire** (1)
courtroom **il tribunale** (9)
cousin **il cugino / la cugina** (4)
cover charge **il coperto** (5)
crime (*in general*) **la delinquenza** (14)
crisis **la crisi** (PSP-1)
Cuban (*nationality*) **cubano** (2)
What a cute girl! **Che bella ragazza!** (4); What a cute guy! **Che bel ragazzo!** (4)
cutlet **la braciola** (5)

D

to dance **ballare** (3)
to date back (to) **risalire (a)** (15); What is today's date? **Qual è la data di oggi?** (1); **Quanti ne abbiamo oggi?** (PSP-8)
daughter **la figlia** (4)
day **il giorno** (PSP-9); everyday **ogni giorno** (3); **tutti i giorni** (3); good day **buon giorno** (1); Have a nice day! **Buona giornata!** (8); in two days **fra due giorni** (9); New Year's Day **il Capodanno** (8)
death **la morte** (14)
December **dicembre** (1)
to decide **decidere** (12); to decide to (*do something*) **decidere di** (+ *inf.*) (PSP-14)
to dedicate **dedicare** (PSP-12)
degree (*college*) **la laurea** (9)
delicatessen **la salumeria** (12)
to demonstrate **dimostrare** (16)
dentist **il/la dentista** (9); to go to the dentist's (office) ***andare dal dentista** (PSP-5)
designer **lo/la stilista** (7)
desk **la scrivania** (11)
dessert **il dolce** (5)
destination **la destinazione** (13)

dialect **il dialetto** (15)

dialogue **il dialogo** (PSP-1)

dictator **il dittatore / la dittatrice** (16)

dictionary **il dizionario** (1)

to die *****morire** (6)

dining room **la sala da pranzo** (11)

dinner **la cena** (6)

director **il direttore / la direttrice** (PSP-15)

to disappear *****scomparire** (15)

What a disaster! **Che disastro!** (4)

discotheque **la discoteca** (3)

discount **l'offerta** (13)

to discover **scoprire** (16)

to discuss **discutere** (15)

dish **il piatto** (3); side dish **il contorno** (5)

dishwasher **la lavastoviglie** (11)

divorce **il divorzio** (14)

divorced **divorziato** (4)

to do **fare** (3); to do for a living **fare** (4); How are things done? **Come si fa?** (14); What do people do? **Cosa si fa?** (14); What do you want to do in the future? (9) **Cosa vuoi fare?** (*inform.*) / **Cosa vuole fare?** (*form.*)

doctor **il dottore / la dottoressa** (PSP-1); **il medico** *m./f.* (9); doctor's instructions for care **la cura** (10)

dog **il cane** (1)

door **la porta** (1); front door **il portone** (11)

double room **la camera doppia** (13)

to doubt (that) **dubitare (che)** (14); there's no doubt that **non c'è dubbio che** (15)

dove **la colomba** (8)

to go downtown *****andare in centro** (8)

to dream **sognare** (14)

dress **il vestito** (7)

to get dressed **vestirsi** (7)

drink **la bevanda** (5)

to drink **bere** (3)

drop **il calo** (14)

to drop **calare** (14)

drug addict **il/la tossicodipendente** (14)

drugs **la droga** (14); to take drugs **drogarsi** (14)

I dunno! **boh!** (6)

E

each **ogni** *inv.* (PSP-9)

ear **l'orecchio** (10)

early **presto** (7); it's early **è presto** (3); too early **troppo presto** (3)

to earn money **guadagnare** (9)

earrings **gli orecchini** (7)

Easter **la Pasqua** (8); Easter egg **l'uovo di Pasqua** (8); Happy Easter! **Buona Pasqua!** (8)

to eat **mangiare** (3); to eat breakfast **fare colazione** (3)

economics **l'economia** (1)

economy **l'economia** (1)

egg **l'uovo** (8); Easter egg **l'uovo di Pasqua** (8)

eighth **ottavo** (1)

elderly **anziano** (2)

elderly man/woman **l'anziano/ l'anziana** (14)

elementary school **la scuola elementare** (9); elementary school teacher **il maestro / la maestra** (9)

elevator **l'ascensore** *m.* (11)

email **l'e-mail** *f.* (3)

emergency room **il pronto soccorso** (10)

emigrant **l'emigrato/l'emigrata** *m./f.* (14)

to emigrate †**emigrare** (14)

emigration **l'emigrazione** *f.* (14)

employee **l'impiegato / l'impiegata** (9)

employment **l'occupazione** *f.* (14)

enemy **il nemico / la nemica** (PSP-12)

engineer **l'ingegnere** *m./f.* (9)

English (*nationality*) **inglese** (2)

to enjoy oneself **godere, godersi** (13); Enjoy your meal! **Buon appetito!** (8)

to enter *****entrare** (6)

error **l'errore** *m.* (1)

to be essential that *****essere essenziale che** (14)

eve **la vigilia** (8); New Year's Eve (feast of San Silvestro) **la festa di San Silvestro** (8)

even though **benché** (PSP-15); **sebbene** (PSP-15)

in the evening **di sera** (3); good evening **buona sera** (1)

ever **mai** (6)

every **ogni** *inv.* (PSP-9); everyday **ogni giorno** (3); **tutti i giorni** (3)

everyone **tutti** (9); everyone knows that **si sa che** (15)

everything **tutto** (9)

to evolve **evolversi** (15)

exam **l'esame** *m.* (1); to pass an exam **superare l'esame** (PSP-15)

to exchange good wishes **farsi gli auguri** (8)

excursion **l'escursione** *f.* (13)

excuse me **scusa** (*inform.*) (3); **scusi** (*form.*) (3)

executive **il/la dirigente** (9); **il/la manager** (9)

exile (*person*) **l'emigrato/l'emigrata** (14)

to exit *****uscire** (3)

expensive **costoso** (12)

to explain **spiegare** (3)

extroverted **estroverso** (2)

eye **l'occhio** (10); eyes **gli occhi** (2); blue eyes **gli occhi azzurri** (2); green eyes **gli occhi verdi** (2)

eyeglasses **gli occhiali** (2)

F

face **il viso** (10)

to be a fact that *****essere un fatto che** (15)

to be familiar with (*person, place, or thing*) **conoscere** (PSP-6)

family **la famiglia** (4); to start a family **mettere su famiglia** (9)

far **lontano** (4)

fashion **la moda** (7); fashion show **la sfilata** (7)

fast **veloce** *adj.* (2); **velocemente** *adv.* (7)

fat **grasso** (2)

father **il padre** (4)

favorite **preferito** (2)

to fear (that) **temere (che)** (14)

feast of San Silvestro (New Year's Eve) **la festa di San Silvestro** (8)

February **febbraio** (1)

fee **la tassa** (14)

to feel **sentirsi** (7); Do you feel like (*doing something*)? **Ti va di** (+ *inf.*)**?** (3)

few **poco** (2)

fifth **quinto** (1)

to fight **combattere** (16)

film **il film** (1); film (*industry*) **il cinema** (3)

fine *adv.* **bene** (2)

finger **il dito** (10)

to finish (*doing something*) †**finire di** (+ *inf.*) (PSP-14)

fireworks **i fuochi d'artificio** (8)

first **primo** (1); first course **il primo piatto** (5)

fish **il pesce** (5); fish shop **la pescheria** (12)

floor (of a building) **il piano** (11); ground floor **il pianterreno** (11)

Florentine dialect **il fiorentino** (15)

to have the flu **avere l'influenza** (10)

to fly *****andare in aereo** (8); †**volare** (PSP-2)

foot **il piede** (9); to go on foot *****andare a piedi** (8)

for **per** (5)

to forget **dimenticare** (3); to forget to (*do something*) **dimenticare di** (+ *inf.*) (PSP-14)

fork **la forchetta** (5)

to found **fondare** (16)

fourth **quarto** (1)

foyer **l'ingresso** (11)

free **libero** (2)

to free **liberare** (16)

French (*nationality*) **francese** (2)

french fries **le patate fritte** (5)

frequently **frequentemente** (7); **molto** (7)

fresco **l'affresco** (16)

Friday **venerdì** (3)

friend **l'amico/l'amica** (1)

from **da** (5)

in front of **davanti a** (11)

fruit **la frutta** (5); fruit and vegetable shop **il negozio di frutta e verdura** (12)

to work full-time **lavorare a tempo pieno** (9)

fun **divertente** (2); to have fun **divertirsi** (7); What fun thing do you have planned? **Cosa fai di bello?** (*inform.*) (3)

funny **buffo** (2)

G

game **il gioco; la partita** (6)
garbage **l'immondizia** (11)
garden **il giardino** (11)
geez! **uffa!** (6)
general **il generale** (16)
German (*nationality*) **tedesco** (1)
Gesundheit! **Salute!** (10)
get outta here! **macché!** (6)
to get there ***arrivarci** (13)
gift **il regalo** (6)
girl **la ragazza** (PSP-2); cute little girl **la ragazzina** (PSP-10); What a cute girl! **Che bella ragazza!** (4)
to give **dare** (4); to give back **restituire** (PSP-15)
glass **il bicchiere** (1)
gnocchi (potato dumplings) **gli gnocchi** (5)
to go ***andare** (3); to go (*to do something*) ***andare** (a + *inf.*) (3); to go to (*professional's office/place of business*) ***andare da** (*name of professional*) (PSP-5); to go away ***andarsene** (PSP-16); to go to the bank ***andare in banca** (8); to go in the bathroom ***andare in bagno** (8); to go to bed ***andare a letto** (3); to go in the bedroom ***andare in camera da letto** (8); to go by bicycle ***andare in bicicletta** (8); to go for a bike ride **fare un giro in bici** (6); to go by car ***andare in macchina** (8); to go to church ***andare in chiesa** (8); to go to the dentist's (office) ***andare dal dentista** (PSP-5); to go downtown ***andare in centro** (8); to go on foot ***andare a piedi** (8); to go grocery shopping **fare la spesa** (PSP-15); to go home ***andare a casa** (PSP-5); to go to (*person's*) house ***andare da** (*name of person*) (PSP-5); to go in the kitchen ***andare in cucina** (8); to go in the living room ***andare in salotto** (8); to go to the movies ***andare al cinema** (6); to go to the mountains ***andare in montagna** (4); to go to the office ***andare in ufficio** (8); to go out (with others) **uscire (con)** (3); to go by plane ***andare in aereo** (8); to go to the (town) square ***andare in piazza** (8); to go straight ***andare diritto** (13); to be in style ***andare di moda** (7); to go to the theater ***andare a teatro** (6); to go by train ***andare in treno** (8); to go on vacation ***andare in vacanza** (PSP-13); How's it going? **Come va?** (2)
to play golf **giocare a golf** (3)

good **buono** (2); good day **buon giorno** (1); good evening **buona sera** (1); Good luck! **In bocca al lupo!** (8); good morning **buon giorno** (1); good night **buona notte** (1); Have a good trip! **Buon viaggio!** (8); Have a good vacation! **Buone vacanze!** (8)
good-bye **arrivederci** (1)
to govern **governare** (16)
government **il governo** (14)
grade **il voto** (1)
to graduate (*college*) **laurearsi** (9)
grandchild **il/la nipote** (4)
grandfather **il nonno** (4)
grandmother **la nonna** (4)
gray **grigio** (2)
great **benissimo** (2); **grande** (2); to be great ***stare benissimo** (2)
green **verde** (2)
green beans **i fagiolini** (5)
to greet (*each other*) **salutarsi** (8)
to go grocery shopping **fare la spesa** (PSP-15)
to grow †**crescere** (14)
growth **la crescita** (14)
ground floor **il pianterreno** (11)
to hold a grudge against someone **avercela con qualcuno** (PSP-16)
guitar **la chitarra** (3)
guy **il ragazzo** (PSP-2); What a cute guy! **Che bel ragazzo!** (4)

H

hair **i capelli** (2); blond hair **i capelli biondi** (2); brown hair **i capelli castani** (2); straight hair **i capelli lisci** (2); to wash one's hair **lavarsi i capelli** (7)
ham **il prosciutto** (5)
hamburger **l'hamburger** (1)
hand **la mano** (10); cute little hand **la manina** (PSP-10)
handsome **bello** (2)
happy **felice** (2); Happy Anniversary! **Buon anniversario!** (8); Happy Birthday! **Buon compleanno!** (8); Happy Easter! **Buona Pasqua!** (8); Happy Holidays! **Buone feste!** (8); Happy New Year! **Buon anno!** (8)
to work hard **lavorare sodo** (9)
to hate **odiare** (5)
to have **avere** (2); to have to, must †**dovere** (5); to have a cold **avere un raffreddore** (10); to have the flu **avere l'influenza** (10); to have a headache **avere mal di testa** (10); to have a secret wish **avere un sogno nel cassetto** (*lit.* to have a dream in the drawer) (13); to have a stomachache **avere mal di pancia** (10); to have surgery **avere un intervento chirurgico** (10)
he **lui** (PSP-16)
head **la testa** (10); to have a headache **avere mal di testa** (10)

hello (*on the telephone*) **pronto!** (3)
her **lei** (PSP-16); **suo** (2)
here is **ecco** (7); here are **ecco** (7)
herself **sé** (PSP-16)
hey! **ehilà!** (6)
hi **ciao** (1)
high school **il liceo** (9); **la scuola superiore**
high season **l'alta stagione** (13)
to go hiking **fare il trekking** (13)
himself **sé** (PSP-16)
his **suo** (2)
to hold a grudge against someone **avercela con qualcuno** (PSP-16)
holiday **la festa** (1); Happy Holidays! **Buone feste!** (8)
home **la casa** (1); to come home ***rientrare** (3); to go home ***andare a casa** (PSP-5); to stay home ***rimanere a casa** (PSP-3)
homeland **la patria** (16)
to do homework **fare i compiti** (3)
honey **il miele** (5); (term of endearment) **caro, tesoro**
to hope **sperare** (14); to hope that **sperare che** (14)
hospital **l'ospedale** *m.* (9); to be admitted to the hospital ***essere ricoverato all'ospedale** (10)
to be hot **avere caldo** (2); to be hot weather **fare caldo** (2)
hotel **l'albergo** (13); small hotel **la pensione** (13)
in an hour **fra un'ora** (9)
house **la casa** (1); housemate **il compagno / la compagna (di casa)** (PSP-15)
how **come** (4); How are you? **Come sta? / Come stai?** (*form./inform.*) (2); How's it going? **Come va?** (2); how much **quanto** (4); how many **quanto** (4); How old are you? **Quanti anni ha? / Quanti anni hai?** (*form./inform.*) (2)
to hug (*each other*) **abbracciarsi** (8)
hunger **la fame** (14)
to be hungry **avere fame** (2)
to hurt (*a body part*) **fare male** (10)
husband **il marito** (4)

I

ice cream **il gelato** (1)
it would be a good idea **sarebbe una buon'idea** (13)
if I were you **se fossi in te** (15)
ill **ammalato** (2); to get ill **ammalarsi** (10)
to imagine that **immaginare che** (14)
immediately **immediatamente** (7); **subito** (7)
immigrant **l'immigrato/l'immigrata** (14)
to immigrate ***immigrare** (14)
immigration **l'immigrazione** *f.* (14)
to be important that ***essere importante che** (14)

to be impossible that *essere impossibile che (14)

to make a good impression fare bella figura (7)

in in, a (5)

increase l'aumento (14)

to increase aumentare (14)

independence l'indipendenza (16)

industry l'industria (14)

inhabitants gli abitanti (12)

intelligent intelligente (PSP-4)

interesting interessante (PSP-9); What interesting thing do you have planned? Cosa fai di bello? (inform.) (3)

International Studies gli studi internazionali (1)

introverted introverso (2)

to invent inventare (16)

invention l'invenzione f. (16)

inventor l'inventore/l'inventrice (16)

island l'isola (13)

isolation la solitudine (14)

issue il numero (1)

Italian (nationality) italiano (1); (language) l'italiano (1); regional variation of standard Italian l'italiano regionale (15); standard Italian la lingua nazionale (15)

its suo (2)

J

jacket la giacca (7); winter jacket il giubbotto (7)

jam la marmellata (5)

January gennaio (1)

Japanese (nationality) giapponese (12)

jewelry store la gioielleria (2)

job il lavoro (PSP-15); to quit a job licenziarsi (9)

joke la barzelletta (15); to tell a joke raccontare una barzelletta (15)

to joke scherzare (15)

journalist il/la giornalista (9)

July luglio (1)

June giugno (1)

K

to kid scherzare (15)

kilometer il chilometro (PSP-5)

kindly gentilmente (7)

king il re (16)

to kiss (each other) baciarsi (8)

kitchen la cucina (11); to go in the kitchen *andare in cucina (8)

knee il ginocchio (10)

knife il coltello (5)

to know (a fact) sapere (4); to know (a person or place) conoscere (4); to know how to do something sapere + inf. (4); everyone knows that si sa che (15); I dunno! boh! (6)

L

lake il lago (13)

lamp la lampada (11)

language la lingua (1); Romance language la lingua romanza (15); spoken language la lingua parlata (15); written language la lingua scritta (15)

lasagna le lasagne (PSP-12)

last scorso (6)

late adv. tardi (7); in ritardo (7); it's late è tardi (3); to stay up late fare le ore piccole (3); too late troppo tardi (3)

to do laundry fare il bucato (6)

lawyer l'avvocato m./f. (9)

lazy pigro (2)

to learn imparare (PSP-14); to learn to (do something) imparare a (+ inf.) (PSP-14)

to leave *partire (6); *andarsene (PSP-16); to leave a place *uscire (3)

on the left sulla sinistra (13); to the left of a sinistra di (11); to turn left girare a sinistra (13)

leg la gamba (10); to break a leg rompersi una gamba (10)

to lend prestare (PSP-15)

less . . . than meno... che (PSP-4); meno... di (PSP-4); meno + adj. + di (4)

lesson la lezione (1); to take lessons in prendere lezioni di (4)

letter la lettera (PSP-12)

to liberate liberare (16)

library la biblioteca (3)

license plate la targa (PSP-1)

rhythm of life il ritmo della vita (12)

to like *piacere (PSP-14); Do (Don't) you like . . . ? (Non) ti/Le piace/piacciono... ? (inform./form.) (1); I like (to do something) mi piace (+ inf.) (3); s/he likes to (do something) le/gli piace (+ inf.) (3); you (inform.) like (to do something) ti piace (+ inf.) (3) What is she/he/it like? Com'è... ? (2); What are they like? Come sono... ? (2)

likeable simpatico (PSP-2)

to listen to ascoltare (3)

literary tradition la tradizione letteraria (15)

(English) literature la letteratura (inglese) (1)

little piccolo (2); adv. poco (7)

to live in (a place) abitare (in/a) (1)

liver il fegato (5)

living room il soggiorno (11); to go in the living room *andare in soggiorno (8)

to loan prestare (PSP-15)

lodging l'alloggio (13)

loneliness la solitudine (14)

no longer non... più (6)

to look at guardare (3); to look for cercare (3); to look for work cercare lavoro (9)

to lose perdere (6)

a lot adv. molto (7); a lot of molto (2)

to love amare (5); to love (each other) amarsi (8); volersi bene (8); to fall in love innamorarsi (8); in love innamorato (2)

low season la bassa stagione (13)

Good luck! In bocca al lupo! (lit. In the mouth of a wolf!) (8)

lunch il pranzo (6)

M

magazine la rivista (3)

to make fare (3); to make the bed fare il letto (PSP-6); to make a good impression fare bella figura (7); to make money guadagnare (9)

to put on makeup truccarsi (7)

man l'uomo (PSP-1); oh man! uffa! (6)

to manage dirigere (9); to manage (to do something) farcela (PSP-16)

manager il/la dirigente (9); il/la manager (9)

many molto (2); tanto (PSP-15)

March marzo (1)

married sposato (4)

to marry sposarsi (8)

match la partita (6)

mathematics la matematica (1)

May maggio (1)

may, to be able to, can †potere (5)

maybe forse (4)

me me (PSP-16)

Enjoy your meal! Buon appetito! (8)

mean cattivo (2)

meat la carne (5); assortment of sliced meats and sausages l'affettato misto (5)

medicine la medicina (16)

to meet (each other) incontrarsi (8); Pleased to meet you! Piacere! (1)

melon il melone (5)

member of a religious order il religioso / la religiosa (16)

Merry Christmas! Buon Natale! (8)

Mexican (nationality) messicano (2)

microwave oven il forno a microonde (11)

middle school la scuola media (9); middle school teacher il maestro / la maestra (9)

it's midnight è mezzanotte (3)

military il militare (16)

milk il latte (5)

Do you mind . . . ? Ti/Le dispiace... ? (inform./form.) (10)

(still/sparkling) mineral water l'acqua minerale (naturale/gassata) (5)

mirror lo specchio (11)

mistake l'errore m. (1)

modern moderno (12)

to wait a moment aspettare un attimo (13)

Monday lunedì (3)

money i soldi (3); to earn money guadagnare (9); to make money guadagnare (9) monk **il religioso** (16)

in a month **fra un mese** (9)

more . . . than **più... che** (PSP-4); **più... di** (PSP-4); **più** + *adj.* + **di** (4)

in the morning **di mattina** (3); good morning **buon giorno** (1)

mother **la madre** (4)

motorcycle **la motocicletta** (PSP-1); **la moto** (PSP-1); to go for a motorcycle ride **fare un giro in moto** (6)

mountain **la montagna** (13); to go to the mountains ***andare in montagna** (4)

mouth **la bocca** (10)

mouthful **il boccone** (PSP-10)

to move †**cambiare casa** (11)

movie **il film** (1); movie theater **il cinema** (1); **il cinematografo** (PSP-1); to go to the movies ***andare al cinema** (6)

mozzarella **la mozzarella** (5)

not much **poco** (2)

mule **il mulo** (PSP-10)

muscular **muscoloso** (10)

museum **il museo** (12)

mushrooms **i funghi** (5)

musician **il/la musicista** (9)

must, to have to †**dovere** (5)

my **mio** (2); my parents **i miei** (*coll.*) (PSP-15)

N

My name is . . . **Mi chiamo...** (1); What's your name? **Come si chiama? / Come ti chiami?** (*form./inform.*) (1)

napkin **il tovagliolo** (5)

naughty **cattivo** (2)

navigator **il navigatore / la navigatrice** (16)

Neapolitan dialect **il napoletano** (15)

near **vicino** (2)

to be necessary (that) **bisognare (che)** (14); ***essere necessario (che)** (14)

neck **il collo** (10)

necklace **la collana** (7)

to need **avere bisogno di** (PSP-2)

neighborhood **il quartiere** (12)

neither . . . nor **non... né... né** (PSP-6)

nephew **il nipote** (4)

nervous **nervoso** (2)

never **non... mai** (3)

new **nuovo** (2)

newspaper **il giornale** (14); daily newspaper **il quotidiano** (14)

newsstand **l'edicola** (12)

next to **accanto a** (11)

next week **la settimana prossima** (9)

nice **simpatico** (2)

nicely **gentilmente** (7)

niece **la nipote** (4)

good night **buona notte** (1)

ninth **nono** (1)

no one **nessuno, non... nessuno** (6)

no way! **macché!** (6)

nobody **nessuno, non... nessuno** (6)

noise **il rumore** (12)

it's noon **è mezzogiorno** (3)

Northern **settentrionale** (15)

nose **il naso** (10); cute little nose **il nasino** (PSP-10)

not anymore **non... più** (6); not bad **non c'è male** (2); no longer **non... più** (6); not yet **non... ancora** (PSP-6)

not bad **non c'è male** (2)

notebook **il quaderno** (1)

nothing **(non...) niente** (6); nothing to + *inf.* **niente da** + *inf.* (9); nothing to do **niente da fare** (9)

novel **il romanzo** (16)

November **novembre** (1)

number **il numero** (1); phone number **il numero di telefono** (1)

nun **la religiosa** (16)

nurse **l'infermiere/l'infermiera** (9)

O

to be obvious that ***essere ovvio che** (15)

occupation **il mestiere** (9)

October **ottobre** (1)

of **di** (5); of it **ne** (PSP-8); of them **ne** (PSP-8)

to offer **offrire** (6)

office **l'ufficio** (9); to go to the office ***andare in ufficio** (8); post office **l'ufficio postale** (12)

often **spesso** (3)

old **anziano** (2); **vecchio** (2); older **maggiore** (4); How old are you? **Quanti anni ha? / Quanti anni hai?** (*form./inform.*) (2)

to get old ***invecchiare** (14)

old age **la vecchiaia** (14)

omigosh! **mamma mia!** (6); **oddio!** (6)

on **su** (5); on the condition that **a condizione che** (PSP-15); **purché** (PSP-15)

oneself **sé** (PSP-16)

only **unico** (4)

to open **aprire** (3)

in my opinion **secondo me** (12); in your opinion **secondo te/Le** (*inform./form.*) (12)

orange (*fruit*) **l'arancia** (PSP-1); orange juice **il succo d'arancia** (1)

orange *adj.* **arancione** (2)

orchestra **l'orchestra** (16)

to organize **organizzare** (13)

other **altro** (PSP-2)

ouch! **ahi!** (6)

our **nostro** (2)

to get out ***andarsene** (PSP-16); Get out of here! **Vattene!** (PSP-16)

oven **il forno** (11); microwave oven **il forno a microonde** (11)

ow! **ahi!** (6)

P

to paint **dipingere** (4)

painter **il pittore / la pittrice** (PSP-1)

painting **il quadro** (*individual piece*) (11)

pair **il paio** (7)

pants **i pantaloni** (7)

parents **i genitori** (4); my parents **i miei** (*coll.*) (PSP-15)

park **il parco** (12)

Parliament **il Parlamento** (16)

Parmesan cheese (5) **il parmigiano**

to work part-time **lavorare part-time** (9)

party **la festa** (1)

to pass an exam **superare l'esame** (PSP-15)

to pay **pagare** (2)

peas **i piselli** (5)

pen **la penna** (1)

pencil **la matita** (PSP-4)

pension **la pensione** (13)

people **la gente** (10)

pepper **il pepe** (5); (bell) pepper **il peperone** (5)

percentage **la percentuale** (14)

perhaps **forse** (4)

periphery **la periferia** (12)

permission **il permesso** (PSP-15)

pharmacist **il/la farmacista** (9)

pharmacy **la farmacia** (10)

phenomenon **il fenomeno** (14)

philosophy **la filosofia** (1)

phone number **il numero di telefono** (1)

photograph **la fotografia** (1); photo **la foto** (PSP-1); to take a photo **fare una foto** (3)

photographer **il fotografo / la fotografa** (9)

physics **la fisica** (1)

piano **il pianoforte** (3)

picture **il quadro** (11)

pink **rosa** *inv.* (2)

plane **l'aereo** (1); to fly, to go by plane ***andare in aereo** (8); to travel by plane **prendere l'aereo** (4)

plate **il piatto** (3)

to play (*an instrument*) **suonare** (3)

to play (*game, sport*) **giocare** (3); to play cards **giocare a carte** (3); to play golf **giocare a golf** (3); to play socccer **giocare a calcio** (3); to play sports **fare sport** (3); to play tennis **giocare a tennis** (3)

please **per favore** (1); **per piacere** (1)

pleased: Pleased to meet you! **Piacere!** (1)

poem **la poesia** (PSP-12)

poet **il poeta / la poetessa** (PSP-12)

poetry **la poesia** (16)

police officer **il poliziotto / la poliziotta** (9)

political science **le scienze politiche** (1)

politician **il politico** (16)

politics **la politica** (16)

pollution **l'inquinamento** (12)

poor **povero** (2)

pope **il papa** (16)

population **la popolazione** (14)

Portugese **portoghese** (2)

to be possible that ***essere possibile che** (14)

post office **la posta** (12); **l'ufficio postale** (12)

poverty **la povertà** (14)

to pray **pregare** (3)

to prefer **preferire** (3)

to prepare to (*do something*) **preparare a** (+ *inf.*) (PSP-14); to prepare oneself, to get oneself ready **prepararsi** (PSP-12)

prescription **la ricetta** (10)

prestigious **prestigioso** (12)

price **il prezzo** (13)

problem **il problema** (PSP-1)

professor **il professore / la professoressa** (1)

program **il programma** (PSP-1)

to promise (*to do something*) **promettere** (**di** + *inf.*) (PSP-14)

pronunciation **la pronuncia** (15)

to protect **proteggere** (16)

psychologist **lo psicologo / la psicologa** (9)

psychology **la psicologia** (1)

public transportation **i mezzi pubblici** (12); **i mezzi di trasporto** (12)

pull-over **il pullover** (7)

punctually **puntualmente** (7)

purse **la borsa** (7)

to put on (*clothes*) **mettersi** (7)

Q

queen **la regina** (16)

to ask a question **fare una domanda** (3)

quickly **velocemente** (7)

to quit (*doing something*) **smettere** (**di** + *inf.*) (PSP-14); to quit a job **licenziarsi** (9)

R

racism **il razzismo** (14)

radio **la radio** (PSP-1)

raincoat **l'impermeabile** *m.* (7); **il trench** (7)

rarely **poco** (7); **raramente** (7)

rate **il tasso** (14)

to read **leggere** (3)

to realize **realizzare** (16)

really **veramente** (10)

reason **la ragione** (14)

to receive **ricevere** (PSP-5)

red **rosso** (2)

reduction **il calo** (14)

refrigerator **il frigorifero** (11)

regularly **regolarmente** (7)

relatives **i parenti** (4)

to relax **rilassarsi** (13)

religion **la religione** (1)

religious **religioso** (12)

to relocate **trasferirsi** (11)

to remain ***rimanere** (6); ***stare** (4)

to remember to (*do something*) **ricordare di** (+ *inf.*) (PSP-14)

rent **l'affitto** (12)

to rent (*apartments, houses*) **affittare** (13); to rent (*bikes, cars, videos*) **noleggiare** (13)

republic **la repubblica** (16)

reservation **la prenotazione** (13); to make a reservation **fare una prenotazione** (13)

to reserve **prenotare** (13)

residence **la residenza** (1)

to resolve **risolvere** (9)

ro respond **rispondere** (1)

restaurant **il ristorante** (1)

to retire ***andare in pensione** (14)

retiree **il pensionato / la pensionata** (14)

to return ***tornare** (3)

rhythm **il ritmo** (12); rhythm of life **il ritmo della vita** (12)

rice dish **il risotto** (5)

rich **ricco** (2)

to go for a bike ride **fare un giro in bici** (6); to go for a car ride **fare un giro in macchina** (6); to go for a motorcycle ride **fare un giro in moto** (6)

right away **subito** (PSP-16)

on the right **sulla destra** (13); to the right of **a destra di** (11); to turn right **girare a destra** (13)

to be right **avere ragione** (PSP-2)

rights (*legal*) **i diritti** (16)

to risk **rischiare** (16)

roast chicken **il pollo arrosto** (5)

Romance language **la lingua romanza** (15)

Romanian (*language*) **il rumeno** (15)

room **la camera** (13); double room **la camera doppia** (13); single room **la camera singola** (13)

roommate **il compagno / la compagna (di casa)** (PSP-15)

rug **il tappeto** (11)

to run †**correre** (4); (*manage*) **dirigere** (9)

S

sad **triste** (2)

safe **sicuro** (14)

sail boat **la barca a vela** (13)

saint **il santo / la santa** (16)

salad **l'insalata** (5)

salary **lo stipendio** (9)

sale **l'offerta** (13)

salmon **il salmone** (5)

salt **il sale** (5)

same **stesso** (PSP-2); same to you **altrettanto** (8)

sandals **i sandali** (7)

sandwich **il panino** (1)

Santa Claus **Babbo Natale** (8)

Saturday **sabato** (3)

sauce **il sugo, la salsa** (5)

to save (*money*) **risparmiare** (9)

to say **dire** (PSP-15)

scarf **la sciarpa** (7)

school **la scuola** (9); elementary school **la scuola elementare** (9); middle school **la scuola media** (9); secondary school **la scuola superiore** (9)

scientist **lo scienziato / la scienziata** (9)

sculpture **la scultura** (16)

sea **il mare** (13)

high season **l'alta stagione** (13); low season **la bassa stagione** (13)

to have a seat **accomodarsi** (13)

second **secondo** (1); second course **il secondo piatto** (5)

secondary school **la scuola superiore, il liceo** (9)

to have a secret wish **avere un sogno nel cassetto** (*lit.* to have a dream in the drawer) (13)

to see **vedere** (6)

to seem (that) ***parere (che)** (14); ***sembrare (che)** (14)

senator **il senatore / la senatrice** (16)

to send **mandare, spedire**

to separate (*from each other*) **separarsi** (8)

separated **separato** (4)

September **settembre** (1)

serious **serio** (2)

to serve **servire** (3)

to set the table **apparecchiare la tavola** (5)

seventh **settimo** (1)

to shave **farsi la barba** (*men*) (7)

shirt **la camicia** (7)

shoes **le scarpe** (7)

shop **il negozio** (9)

shopping **lo shopping** (3); to go shopping **fare shopping** (3); to go grocery shopping **fare le spese** (12)

short **basso** (2)

shorts **i pantaloncini** (7); **gli short** (7)

shoulder **la spalla** (10)

show **lo spettacolo** (6)

shower **la doccia** (11)

to get sick **ammalarsi** (10)

side dish **il contorno** (5)

sidewalk **il marciapiede** (11)

sincerely **sinceramente** (7)

single (*unmarried*) **celibe** (*m.*) (4); **nubile** (*f.*) (4)

single room **la camera singola** (13)

sink **il lavandino** (11)

sister **la sorella** (4)

to sit **sedersi** (11)

sixth **sesto** (1)

What size (*clothing*) do you wear? (*form.*) **Che taglia/numero porta?** (7)

ski **lo sci** (PSP-1)

to ski **sciare** (4)

skirt **la gonna** (7)

to sleep **dormire** (3)

slow **lento** (2)

slowly **lentamente** (7)

small **piccolo** (2)

smog **lo smog** (12)

to have a snack **fare uno spuntino** (3)

sneakers **le scarpe da ginnastica** (7)

so **così** (PSP-16); so-so **così così** (2); **insomma** (2); so that **affinché** (PSP-15); **perché** (PSP-15)

to play soccer **giocare a calcio** (3)

social worker **l'assistente sociale** *m./f.* (9)

sociology **la sociologia** (1)

socks **i calzini** (7)

soldier **il soldato / la soldatessa** (16)

sole **unico** (4)

some **qualche** (PSP-9)

someone **qualcuno** (9)

something **qualcosa** (9); something to + *inf.* **qualcosa da** + *inf.* (9); something to do **qualcosa da fare** (9)

sometimes **ogni tanto** (3)

son **il figlio** (4)

song **la canzone** (6)

sonnet **il sonetto** (16)

sorry **scusa** (*inform.*) (10); **scusi** (*form.*) (10); I'm sorry **mi dispiace**

Southern **meridionale** (15); Central-Southern **centro-meridionale** (15)

spaghetti **gli spaghetti** (5)

Spanish (*nationality*) **spagnolo** (1); (*language*) **lo spagnolo** (PSP-6)

to speak **parlare** (3)

speakerphone **il citofono** (11)

spoken language **la lingua parlata** (15)

spoon **il cucchiaio** (5)

sport **lo sport** (1); to play sports **fare sport** (3)

to spread **diffondersi** (15)

spring **la primavera** (1)

to go to the (town) square ***andare in piazza** (8)

stamp (*postage*) **il francobollo** (12)

to start to (*do something*) †**cominciare a** (+ *inf.*) (PSP-14)

stay (*period of time*) **il soggiorno** (13); to stay ***rimanere** (6); ***stare** (4); to stay home ***rimanere a casa** (PSP-3); to stay up late **fare le ore piccole** (3)

steak **la bistecca** (5)

sticking out **sporgente** (10)

still **ancora** (PSP-6)

stockings **le calze** (8)

stomach **la pancia** (10)

to have a stomachache **avere mal di pancia** (10)

to stop (*doing something*) **smettere** (**di** + *inf.*) (PSP-14); to stop to (*do something*) **fermarsi a** (+ *inf.*) (PSP-14); to stop working **smettere di lavorare** (9)

store **il negozio** (9)

stove **la cucina** (11)

straight hair **i capelli lisci** (2)

to go straight ***andare diritto** (13)

street **la strada** (11)

stressed **stressato** (2)

strike **lo sciopero** (14)

strong **forte** (2)

student **lo studente / la studentessa** (1)

to study **studiare** (3)

to be in style ***andare di moda** (7)

subject matter **la materia (di studio)** (1)

subway **la metropolitana** (12)

to succeed in (*doing something*) ***riuscire a** (+ *inf.*) (PSP-14)

suddenly **d'improvviso** (11)

suit **il vestito** (7)

sugar **lo zucchero** (5)

summer **l'estate** *f.* (1)

to sunbathe **prendere il sole** (4)

Sunday **domenica** (3)

sunglasses **gli occhiali da sole** (7)

supermarket **il supermercato** (PSP-15)

to be sure that ***essere sicuro che** (15)

to have surgery **avere un intervento chirurgico** (10)

sweater **il maglione** (7)

sweatshirt **la felpa** (7)

to swim **nuotare** (4); to swim in the pool **nuotare in piscina** (4)

system **il sistema** (PSP-1)

T

to set the table **apparecchiare la tavola** (5); dining table **il tavolo** (11)

to take **prendere** (4)

to talk **parlare** (3)

tall **alto** (2)

tax **la tassa** (14)

tea **il tè** (1)

to teach to (*do something*) **insegnare a** (+ *inf.*) (PSP-14)

teacher **l'insegnante** *m./f.* (9); elementary/middle school teacher **il maestro / la maestra** (9)

telephone **il telefono** (3); phone number **il numero di telefono** (1)

television **la televisione** (1); television set **il televisore** (11)

to tell **dire** (PSP-15); **raccontare** (15); to tell a joke **raccontare una barzelletta** (15); to tell a story **raccontare una storia** (15); you can tell that **si vede che** (14)

to play tennis **giocare a tennis** (3)

tenth **decimo** (1)

term **il termine** (15)

thank you **grazie** (1); Thanks! **Crepi!** (*in response to* **In bocca al lupo!**) (8); Thanks, same to you! **Grazie, altrettanto!** (8)

that **quello** (2)

theater **il teatro** (6); to go to the theater ***andare a teatro** (6)

their **loro** (2)

them **loro** (PSP-16)

themselves **sé** (PSP-16)

then **poi** (6)

there **ci** *pron.* (PSP-5); there is **c'è** (4); there are **ci sono** (4)

thesis **la tesi** *inv.* (PSP-1)

thin **magro** (2)

to think **pensare** (14)

third **terzo** (1)

to be thirsty **avere sete** (2)

this **questo** (2)

Thursday **giovedì** (3)

ticket **il biglietto** (6)

tie **la cravatta** (7)

At what time? **A che ora... ?** (3); another time (*occasion*) **un'altra volta** (4); What time is it? **Che ora è? / Che ore sono?** (3); What time must it be? **Che ore saranno?** (PSP-13); it's probably about 3:00 **saranno le tre** (PSP-13)

tired **stanco** (2)

to **a** (5); **in** (5)

toast **il brindisi** (PSP-1)

tobacco shop **il tabaccaio** (12)

today **oggi** (7); What is today's date? **Qual è la data di oggi?** (1); **Quanti ne abbiamo oggi?** (PSP-8)

toe **il dito del piede** (10)

toilet **il water** (11)

tomato **il pomodoro** (5)

tomorrow **domani** (7); the day after tomorrow **dopo domani** (9)

tonight **stasera** (PSP-3)

too bad! **peccato!** (6); too early **troppo presto** (3); too late **troppo tardi** (3)

tooth **il dente** (10); to brush one's teeth (7)

tortellini **i tortellini** (5)

town **il paese** (12); small town **il paese di provincia** (12)

trade **il mestiere** (14)

literary tradition **la tradizione letteraria** (15)

traffic **il traffico** (12)

to go by train ***andare in treno** (8)

to transform **trasformare** (16); **trasformarsi** (14)

means of transportation **i mezzi di trasporto** (12); public transportation **i mezzi pubblici** (12)

trash **l'immondizia** (11); trash bin **il bidone** (11)

to travel **viaggiare** (4)

travel agency **l'agenzia di viaggi** (13)

tree **l'albero** (8); Christmas tree **l'albero di Natale** (8)

Have a good trip! **Buon viaggio!** (8)

to try to (*do something*) **cercare di** (+ *inf.*) (PSP-14); to try on **provare** (7)

t-shirt **la maglietta** (7); **la T-shirt** (7)

Tuesday **martedì** (3)

to turn **girare** (13); to turn left **girare a sinistra** (13); to turn right **girare a destra** (13)

Tuscan **toscano** (15)
Tuscan dialect **il toscano** (15)

U

beach umbrella **l'ombrellone** *m.* (13)
uncle **lo zio** (4)
to understand **capire** (3)
unemployment **la disoccupazione** (14);
 unemployment rate **il tasso di
 disoccupazione** (14)
unfortunately **purtroppo** (10)
unification **l'unificazione** *f.* (16)
university **l'università** (1)
unkind **antipatico** (2)
unmarried **celibe** (*m.*) (4); **nubile** (*f.*) (4)
to get up **alzarsi** (7)
us **ci** *pron.* (PSP-5); **noi** (PSP-16)
usually **di solito** (10)

V

vacation **la vacanza** (13); **le vacanze** (3);
 to go on vacation *****andare in vacanza**
 (PSP-13); Have a good vacation!
 Buone vacanze! (8)
veal **il vitello** (5)
vegetable **la verdura** (5); fruit and
 vegetable shop **il negozio di frutta e
 verdura** (12)
very *adv.* **molto** (7); not very *adj.*
 poco (7)
veterinarian **il veterinario / la
 veterinaria** (9)
victory **la vittoria** (16)
vinegar **l'aceto** (5)
violence **la violenza** (14)
violet **viola** *inv.* (2)
violin **il violino** (3)
visit **la visita** (PSP-15)
to visit (*people*) *****andare a trovare** (6);
 to visit (*places*) **visitare** (6)
volunteer work **il volontariato** (14)

W

to wait for **aspettare** (7); to wait a
 moment **aspettare un attimo** (13);
 to not be able to wait (*to do something*)
 non vedere l'ora (**di** + *inf.*) (3)
waiter **il cameriere** (5)
waitress **la cameriera** (5)
to wake (oneself) up **svegliarsi** (7)
to walk *****andare a piedi** (8); to take a
 walk **fare una passeggiata** (3)
to want **avere voglia di** (PSP-2); †**volere**
 (5); I would like . . . **vorrei...** (2)

war **la guerra** (14)
to wash **lavare** (3); to wash oneself
 lavarsi (7); to wash one's hair **lavarsi
 i capelli** (7)
watch **l'orologio** (1)
water **l'acqua** (1); (still/sparkling)
 mineral water **l'acqua minerale
 (natural/gassata)** (5)
weak **debole** (2)
to wear **indossare** (7); **portare** (7)
weather **il tempo** (PSP-10); bad weather **il
 tempaccio** (PSP-10); to be bad weather
 fare brutto (2); to be beautiful weather
 fare bello (2); to be cold weather **fare
 freddo** (2); to be hot weather **fare
 caldo** (2); What's the weather like?
 Che tempo fa? (2)
wedding **le nozze, il matrimonio** (8)
Wednesday **mercoledì** (3)
next week **la settimana prossima** (9)
weekend **il fine settimana** (6); **il
 weekend** (6)
You're welcome. **Prego.** (1)
well *adv.* **bene** (2); to be well *****stare
 bene** (2); to be very well *****stare molto
 bene** (2)
well . . . **insomma** (10)
what **che** (4); **(che) cosa** (4); what is
 qual è (4); What is it? **Cos'è?** (4); What
 is today's date? **Qual è la data di
 oggi?** (1); **Quanti ne abbiamo oggi?**
 (PSP-8)
when **quando** (3)
where **dove** (4); Where are you from?
 Di dov'è? (*form.*) (1); **Di dove sei?**
 (*inform.*) (1)
which **cui** (PSP-9); **quale** (4)
while **mentre** (10)
white **bianco** (2)
who **chi** (4); Who is it? **Chi è?** (4)
why **perché** (4)
wide **largo** (10)
widespread **diffuso** (15)
wife **la moglie** (4)
to win **vincere** (6)
windmill **il mulino** (PSP-10)
window **la finestra** (11); (*train, bus, car*)
 il finestrino (PSP-10); little window
 la finestrina (PSP-10); shop window
 la vetrina (PSP-14); to window shop
 guardare le vetrine (12)
wine **il vino** (5)
winter **l'inverno** (1); winter jacket
 il giubbotto (7)

to have a secret wish **avere un sogno
 nel cassetto** (*lit.* to have a dream
 in the drawer) (13); Best wishes!
 Auguri! (8); to exhange good wishes
 farsi gli auguri (8); I wish!
 magari! (6)
with **con** (5)
within (*a certain time*) **entro** (PSP-14)
without **senza che** (PSP-15)
woman **la donna** (PSP-12)
word **la parola** (PSP-10); **il termine** (15);
 dirty word **la parolaccia** (PSP-10)
work **il lavoro** (PSP-15); to look for work
 cercare lavoro (9); Work well! **Buon
 lavoro!** (8)
to work **lavorare** (3); to stop working
 smettere di lavorare (9); to work
 full-time **lavorare a tempo pieno** (9);
 to work hard **lavorare sodo** (9); to
 work part-time **lavorare part-time** (9);
 Work well! **Buon lavoro!** (8)
worse than *adv.* **peggio di** (12);
 adj. **peggiore di** (12)
to write **scrivere** (3)
writer **lo scrittore / la scrittrice** (16)
written language **la lingua scritta** (15)
to be wrong **avere torto** (PSP-2);
 sbagliarsi (7)

Y

year **l'anno** (1); to be . . . years old
 avere... anni (PSP-12); Happy New
 Year! **Buon anno!** (8); the "golden
 years" **la terza età** (14); last year
 l'anno scorso last year (PSP-13);
 next year **l'anno prossimo** (9); New
 Year's Day **il Capodanno** (8)
yellow **giallo** (2)
yesterday **ieri** (6)
not yet **non... ancora** (PSP-6)
to do yoga **fare yoga** (3)
you **Lei** (*form.*) (PSP-16); **Loro** (*pl.
 form.*) (PSP-16); **te** (PSP-16); **voi** (*pl.
 inform.*) (PSP-16); you all **voi**
 (PSP-16)
young **giovane** (2)
younger **minore** (4)
your **Loro** (*pl. form.*) (2); **Suo** (*sing.
 form.*) (2); **tuo** (*sing. inform.*) (2);
 vostro (*pl. inform.*) (2)
as a youth **da giovane** (10)

Z

zucchini **le zucchine** (5)

Indice

PHOTO CREDITS

All video stills courtesy of Hugo Krispyn, Truth Function.
Page 1: Araldo de Luca/Corbis; *30* Uffizi, Florence, Italy/Alinari/Art Resource, NY; *54 top* Bettmann/Corbis; *54 second row* Bettmann/Corbis; *54 third row* Arici/Grazia Neri/Corbis/Sygma; *54 bottom* G. Bruneau/Grazia Neri/Corbis/Sygma; *59* Coll. Mattioli, Milan, Italy/Scala/Art Resource, NY; *82* Antony G. Shuttleworth; *92* Nivaagards Malerisammling, Niva, Denmark/Erich Lessing/Art Resource, NY; *103* Widener Collection/ National Gallery of Art, Washington, D.C. 1942.9.57; *105* Giorgio Benvenuti/AFP/Getty Images; *116* Palazzo Ducale, Mantua, Italy/Alinari/Bridgeman Art Library; *119* Photodisc/Getty Images; *121* Galleria Palatina, Palazzo Pitti, Florence, Italy/Scala/Art Resource, NY; *131* Royalty-free/C Squared Studios/Photodisc/Getty Images; *135* Brian Heston, MyLoupe.com; *144* Diane Musumeci; *153* Private Collection/Scala/Art Resource, NY; *158 left* Rufus F. Folkks/Corbis; *158 right* JupiterImages/ThinkStock; *159* Giuseppe Cacace/Getty Images; *160* M. Gurariglia/Giovanni Salici/GraziaNeri; *166* Arabella Franchi/Iguana Press/Grazia Neri; *173* David Lees/ Corbis; *176* Gianfranco Fainello/Arena Press/Reuters/Corbis; *179* Bo Zaunders/Corbis; *181* Ramella Alberto/Grazia Neri; *184* Uffizi, Florence, Italy/Scala/Art Resource, NY; *190* Punit Paranjpe/Reuters/Corbis; *192 top* Diane Musumeci; *192 left* Stock Italia/Alamy; *192 right*, 193 Melissa Gerr; *196* Tibor Bognár/Corbis; *199* CuboImages srl/Alamy; *209* Tibor Bognár/Alamy; *210 (all)* Bertelli/Bibliotheque des Arts Decoratifs, Paris, France/Bridgeman Art Library; *211* Bertelli/Bibliotheque des Arts Decoratifs, Paris, France/Bridgeman Art Library; *215* Edmund Nagele/myloupe.com; *216* Grazia Neri; *225* Melissa Gerr; *230* Chad Ehlers/Alamy; *242* Royalty-free/Corbis; *244* Galleria d'Arte Moderna, Turin, Italy/Alinari/Art Resource; *251 (all)* Melissa Gerr; *253* Brian Heston, MyLoupe.com; *268* Miramax/courtesy Everett Collection; *273* Royalty-free/Corbis; *280* Vision/Grazia Neri; *294:* Portfolio Accademia, Venice, Italy/Scala/Art Resource, NY; *298* John and Claude Elk/Elk Photography; *302* Apis/Abramis/Royalty-free/Alamy; *312* Keith Levit/Royalty-free/Alamy; *316* makico/Alamy; *318* Eddy Buttarelli/ Cuboimages; *320* Shotfile/Alamy; *323* John Corbett; *325* Uffizi, Florence, Italy/Scala/Art Resource, NY; *327 top* Bob Krist/Corbis; *328* Palazzo Pubblico, Siena, Italy/Scala/Art Resource, NY; *331 left* Melissa Gerr; *331 top right* Massimo Borchi/Atlantide Phototravel; *331 bottom right* Melissa Gerr; *332 top left* Charles Bowman/Alamy; *332 bottom right* Melissa Gerr; *344* Travel-Shots/Alamy; *347* Serge Kozak/Royalty-free/Alamy; *351* Massimo Borchi/Atlantide Phototravel; *356* Tibor Bognár/Corbis; *358* Galleria d'Arte Moderna, Florence, Italy/Scala/Art Resource, NY; *363 top left* Riccardo Lombardo/Cuboimages; *363 top center* Massimo Borchi/Atlantide Phototravel; *363 third row left* Alfio Garozzo/Cuboimages; *363 fourth row left* Steven May/Alamy; *364* Gavin Hellier/Jon Arnold Images/Alamy; *366* Jonathan Blair/Corbis; *387* © 1991 Benetton Group SpA/Photo by O. Toscani; *391 top left* Andre Jenny/Alamy; *391 top right* Carlo Cerchioli/Grazia Neri; *391 bottom left* David R. Frazier Photolibrary Inc./Alamy; *394* Melissa Gerr; *398* Hubert Stadler/Corbis; *399* Christine Webb/Alamy; *404* Fabio Massimo ACETO/Grazia Neri; *413* Coll. Mattioli, Milan, Italy/Scala/Art Resource, NY; *427* Erich Lessing/Uffizi, Florence, Italy/Art Resource, NY; *430* Graziano Arici/Grazia Neri; *442* Museo del Risorgimento, Milan, Italy/Scala/Art Resource; NY; *445 top left* The Art Archive/Palazzo Chigi Siena/Dagli Orti; *445 top right* Galleria d'Arte Moderna di Nervi, Genoa, Italy/Scala/Art Resource, NY; *445 bottom left* S. Francesco, Montefalco, Italy/Alinari/Regione Umbria/Art Resource, NY; *445 bottom right* Museo della Scienza, Florence, Italy/Scala/Art Resource, NY; *445 bottom middle* The Granger Collection, New York; *448* Stanza della Segnatura, Stanze di Raffaello, Vatican Palace, Vatican State/Erich Lessing/Art Resource, NY; *456* Duomo, Florence, Italy/Scala/Art Resource, NY; *457* British Museum, London, Great Britain/Alinari/Art Resource, NY; *460* Sistine Chapel, Vatican Palace, Vatican State/Scala/Art Resource, NY; *461* Italian School/Archives Larousse, Paris, France/Bridgeman Art Library; *465* Pinacoteca di Brera, Milan, Italy/Scala/Art Resource; *466* Andrea Matone/Alamy.

TEXT CREDITS

Page 24 CoolMagazine di Andrea Bonina; *41* based on an advertisement by the Consorzio Produttori Latte; *54* from www.emsf.rai.it/percorsi_tematici/nobel/index.htm (August 10, 2005); *86* text and photo from *Donna Moderna* No. 25, June 25, 2003, p. 37. Used courtesy of the publisher; *147* text: from Dieta Mediterranea di Carmine Baltipede & C.s.a.a. www.di-me.it/sito_dieta/piramide/piramide_0.1.php (March 18, 2005); *158* from "Zucchero" by Aaron Lathani, All Music Guide, www.vh1.com/artists/az/zucchero/bio.jhtml (October 19, 2005); *159* From Jovanotti bio by Joe Sciorra, http://www.italianrap.com/artists/artists_bios/jovanotti; *165* from Pino Daniele bio by Carlo Manfredi, 7/30/2002 www.videomusica.it/articoli/2002/07/16/318035.php; *215* © Second Nature Limited; *275* Fabrizio Dalia / *Focus*—Gruner+Jahr/Mondadori S.p.A.; *291* Sandro Boeri and Fabrizio Dalia / *Focus*—Gurner+Jahr/Mondadori S.p.A.; *292* text: Mirko Mottin / *Focus*—Gruner+Jahr/Mondadori S.p.A.; Photo illustration by C.J. Burton; *306* cartoon courtesy of Pat Carra; *320* from Centro Studi Investimenti Sociali; *352* *Geografia verso il duemila*, Seconda edizione, vol. 1 L'Italia, Loescher Editore, Torino, 1998;

L'Europa

Le regioni d'Italia